Deregulierung und Wettbewerb
in der Elektrizitätswirtschaft

Europäische Hochschulschriften
Publications Universitaires Européennes
European University Studies

Reihe V
Volks- und Betriebswirtschaft

Série V Series V
Sciences économiques, gestion d'entreprise
Economics and Management

Bd./Vol. 2811

PETER LANG
Frankfurt am Main · Berlin · Bern · Bruxelles · New York · Oxford · Wien

Bettina Bonde

Deregulierung und Wettbewerb in der Elektrizitätswirtschaft

Eine Untersuchung der politischen Ökonomie der Liberalisierung im internationalen Vergleich

PETER LANG
Europäischer Verlag der Wissenschaften

Die Deutsche Bibliothek - CIP-Einheitsaufnahme

Bonde, Bettina:

Deregulierung und Wettbewerb in der Elektrizitätswirtschaft : eine Untersuchung der politischen Ökonomie der Liberalisierung im internationalen Vergleich / Bettina Bonde. - Frankfurt am Main ; Berlin ; Bern ; Bruxelles ; New York ; Oxford ; Wien : Lang, 2002
(Europäische Hochschulschriften : Reihe 5, Volks- und Betriebswirtschaft ; Bd. 2811)
Zugl.: Hohenheim, Univ., Diss., 2001
ISBN 3-631-38259-6

D 100
ISSN 0531-7339
ISBN 3-631-38259-6

www.peterlang.de

Vorwort

Die vorliegende Arbeit ist im Rahmen meiner Tätigkeit als wissenschaftliche Mitarbeiterin von Herrn Prof. Dr. Jörn Kruse am Institut für Volkswirtschaftslehre der Universität Hohenheim entstanden. Sie wurde im wesentlichen im Oktober 1999 abgeschlossen; einige Ergänzungen und Aktualisierungen wurden noch bis zum Frühsommer 2001 aufgenommen. Wegen der dynamischen Entwicklung des Untersuchungsgegenstandes schon während der Arbeit an dem Dissertationsprojekt, aber auch nach dessen Abschluß kann jedoch nicht ausgeschlossen werden, daß sich einige Fakten schon wieder geändert haben, was aber die grundsätzlichen Aussagen der Arbeit unberührt läßt.

Dank schulde ich all jenen, die auf vielfältige Weise zum Gelingen des Promotionsvorhabens beigetragen haben. Herrn Prof. Dr. Jörn Kruse sei gedankt für die Betreuung, Herrn Prof. Dr. Ingo Schmidt und Herrn Prof. Dr. Klaus Herdzina für die Mitwirkung am Promotionsverfahren.

Dr. André Schmidt, PD Dr. Wolfgang Burr, PD Dr. Björn Frank, Carsten Wander und den Teilnehmern der Hohenheimer Oberseminare danke ich herzlich für ihre Bereitschaft, Teile der Arbeit kritisch zu lesen, und für hilfreiche Anregungen. Erika Mile und Silvia Rottenbiller haben die Abbildungen erstellt und mich beim Formatieren des Textes unterstützt.

Frau Rosemarie Schlecht als der „guten Seele" des Lehrstuhls für Ordnungspolitik und meinen Kollegen am Institut danke ich für die gute Zusammenarbeit, die menschliche Unterstützung und die oft erheiternden „Sozialraumgespräche".

Vor allem aber danke ich meinen Eltern, ohne deren Unterstützung das Dissertationsprojekt nicht zu realisieren gewesen wäre.

Bad Vilbel, im Juli 2001

Inhaltsverzeichnis

Abbildungs- und Tabellenverzeichnis

Symbolverzeichnis

a	durchschnittliche Organisationskosten
C	Kosten
E	Erzeugung
f	Funktion
F	Isosupportkurve
g	Pro-Kopf-Begünstigung
h	Funktion
H	Stromhandel
i	Inputfaktor
I	Indifferenzkurve
j	Produkt
K	Lobbyingaufwand
KE	Koordination Einspeisung bzw. Entnahme
L	Lobbyingkurve
m	Grenzkosten der Gruppenorganisation
M	Mehrheitsstimmen
n	Anzahl der potentiellen Wähler in der begünstigten Gruppe
N	Gesamtanzahl potentieller Wähler
p, P	Preis
q	Aufwand des Regulierers
R	Funktion
R^2	Regressionskoeffizient
s	Rate of Return des Kapitals
S	versunkene Kosten
t	Steuersatz
T	Transfersumme
u	Nutzenfunktion
Ü	Übertragungsnetz
U	Wohlfahrt
V	Verteilung
W	Wertschätzung, Zahlungsbereitschaft
x, X	Menge
y, Y	Outputmenge
z	Ausbildungsausgaben je Kopf
θ	Budgetanteil
ε	Elastizität
π	Gewinn
λ	positive Zahl
ϕ	Wahrscheinlichkeit

Abkürzungsverzeichnis

ARE	Arbeitsgemeinschaft regionaler Energieversorgungsunternehmen
BDI	Bundesverband der Deutschen Industrie
CCGT	Combined-Cycle-Gas-Turbinen
CECA	Comprehensive Electricity Competition Act
CEGB	Central Electricity Generating Board
DIHT	Deutscher Industrie- und Handelstag
DVG	Deutsche Verbundgesellschaft
EdF	Electricité de France
EEX	European Energy Exchange
ENEL	Ente Nazionale per l'Energia Elettrica
EnWG	Energiewirtschaftsgesetz
FERC	Federal Energy Regulatory Commission
FPA	Federal Power Act
GWh	Gigawattstunden
kV	Kilovolt
kWh	Kilowattstunden
LPX	Leipzig Power Exchange
MW	Megawatt
MWh	Megawattstunden
NGC	National Grid Company
NRC	Nuclear Regulatory Commission
NUTEK	Schwedische Behörde für industrielle und technische Entwicklung
NVE	Norwegische Energie- und Wasserbehörde
o.B.d.A.	ohne Beschränkung der Allgemeinheit
OFFER	Office of Electricity Regulation
OFGAS	Office of Gas Regulation
OFGEM	Office of Gas and Electricity Markets
OFTEL	Office of Telecommunication Regulation
PUHCA	Public Utilities Holding Company Act
PURPA	Public Utility Regulatory Policies Act
SEP	Zusammenschluß der niederländischen Stromerzeuger
STEM	Schwedische Nationale Energiebehörde
TPA	Third Party Access
VDEW	Vereinigung Deutscher Elektrizitätswerke
VEA	Bundesverband der Energie-Abnehmer
VEEL	Vereinigung der niederländischen Elektrizitätsverteiler
VIK	Verband der industriellen Energie- und Kraftwirtschaft
VKU	Verband kommunaler Unternehmen

1 Einführung

Die Regulierung der Elektrizitätswirtschaft ist gegenwärtig in vielen Industrienationen einem Wandlungsprozeß unterworfen. Galt das Produkt „elektrischer Strom" mit seinen vielfältigen und im täglichen Leben unverzichtbaren Verwendungsmöglichkeiten bisher als ein Gut mit Ausnahmecharakter, dessen Anbieter vor Wettbewerb zu schützen sind, um eine sichere und störungsfreie Versorgung der Bevölkerung zu gewährleisten, so hat sich inzwischen die Ansicht etabliert, daß die Eigenschaften des Gutes Elektrizität kein Hindernis für einen wettbewerblichen Markt darstellen. Nicht mehr die Idee, daß potentiellem Marktversagen durch Staatseingriffe zu begegnen sei, steht im Vordergrund, sondern der Gedanke, daß staatliche Monopolregulierung Ineffizienzen erzeugen kann, die dem unregulierten Markt in nichts nachstehen. Die Verabschiedung der europäischen Stromrichtlinie von 1997 unterstreicht einen allgemeinen Trend zum Abbau von staatlichen Eingriffen. Inzwischen hat sich die Elektrizitätswirtschaft in vielen Ländern zu einem wettbewerblichen Markt entwickelt, der nicht nur die Marktstruktur innerhalb der Strombranche verändert hat, sondern mittlerweile auch den Privatverbraucher erreicht. Strom kommt zwar immer noch aus der Steckdose und muß daher durch ein physisches Leitungsnetz zum Verbraucher transportiert werden; der Verbraucher steht aber nicht mehr einem monopolistischen Anbieter gegenüber, der den Strom zu staatlich regulierten Preisen liefert, sondern hat die Freiheit der Wahl der Vertragspartner, die zwar in einigen Bereichen weiterhin reguliert werden, aber um die Versorgung der Kunden konkurrieren.

1.1 Problemstellung und Methodik

Viele Wirtschaftsbereiche leiden unter Überregulierung. Von liberalen Ökonomen wird zwar immer wieder die Forderung nach Deregulierung erhoben, dennoch läßt sich empirisch oft feststellen, daß Deregulierungsmaßnahmen gar nicht oder nur unvollständig durchgeführt werden. Wer Deregulierung fordert und durchsetzen will, muß zunächst die diesbezüglichen Entscheidungsprozesse kennen. Wie laufen diese ab, wodurch werden sie gesteuert oder blockiert? Es ist erforderlich, Deregulierungsmaßnahmen präzise zu beschreiben und zu analysieren, um Erkenntnisse über diese Entscheidungsprozesse und deren Wirkungen zu gewinnen und Prognosen für die generelle Durchsetzbarkeit von Deregulierungsabläufen abzuleiten.

Die Umgestaltung von Wirtschaftssektoren ging bisher fast immer mit heftigen politischen Auseinandersetzungen einher. Unklar ist beispielsweise, warum der Wettbewerb in der Elektrizitätswirtschaft ausgerechnet jetzt eingeführt wird.

Kurz: Es fehlt eine politökonomisch fundierte Theorie der Deregulierung, die dies erklären kann.[1]

Ziel dieser Arbeit ist es, einen Beitrag zu einer solchen Theorie der Deregulierung zu leisten. Dies soll am Beispiel der Stromwirtschaft, die neben der Telekommunikation einen Bereich repräsentiert, in dem in vielen Staaten der Welt Deregulierungsprozesse nachweisbar sind,[2] geschehen.

Die Elektrizitätswirtschaft und ihre zweckmäßige Gestaltung weckte die Begehrlichkeiten der Politik schon bald nach der Inbetriebnahme der ersten Kraftwerke, als die Regierungen die Bedeutung des elektrischen Stroms für die Gesellschaft erkannten, und wurde damit zwangsläufig auch zum Diskussionsgegenstand unter Ökonomen.[3] Der Frage, wie sie am besten zu organisieren sei, standen bisher zahlreiche empirische Beispiele gegenüber. Es gab nicht *eine* Struktur der Elektrizitätswirtschaft, es gab eine für jedes einzelne Land. Nationale Traditionen und unterschiedliche politische Kulturen haben zu einer Vielfalt an Organisationsformen geführt, die allerdings eines gemeinsam hatten: Der Staat war Eigentümer der Stromversorgung oder übte durch Regulierungsmaßnahmen wesentlichen Einfluß auf die Produktionsbedingungen und die Preisgestaltung aus.

So unterschiedlich die Strukturen in den verschiedenen Ländern waren, so unterschiedlich waren auch die Einstellungen der Regierungen zu einer wettbewerblichen Umgestaltung der Elektrizitätswirtschaft. Diese unterschiedlichen Einstellungen beruhen auf dem durchaus nicht vorschnell von der Hand zu weisenden Argument, daß eine monopolistisch integrierte Elektrizitätswirtschaft die ökonomisch effizienteste sei.[4] Die Effizienz einer deregulierten Stromversorgung hängt von den Antworten ab, die auf die Fragen nach natürlichen Monopolen in dieser Branche und damit zusammenhängend nach der Bestreitbarkeit von Strommärk-

---

1 „A general theory of electricity de-regulation still remains to be developed." Kahn (1998), S. 15.

2 Dies sind insbesondere die meisten großen westlichen Industriestaaten, außerdem Länder, deren Elektrizitätswirtschaft mit denen dieser Staaten vernetzt ist. Es fällt zudem auf, daß demokratische Länder eher zu einer Deregulierung ihrer Elektrizitätswirtschaften neigen als andere Staaten. Siehe für einen Überblick über die internationale Elektrizitätsversorgung Energy Information Administration (1999a).

3 Vgl. hierzu die Ausführungen von Joskow/Schmalensee (1985), S. 4ff., Müller/Stahl (1996), S. 279ff. und Mez/Midttun/Thomas (1997), S. 3.

4 Kaserman/Mayo (1991) argumentieren beispielsweise, daß die Elektrizitätswirtschaft von vertikalen Verbundvorteilen geprägt ist, die eine vertikal integrierte Struktur zur Ausnutzung dieser Verbundvorteile erfordern. Das Argument wird in Kapitel 2 ausführlich behandelt.

ten, den Vorteilen einer vertikalen Integration und den Kosten der bisherigen Regulierung gefunden werden.

Für eine Theorie der Deregulierung, die die Vorgänge in der Elektrizitätswirtschaft erklären kann, ist es erforderlich, Aspekte der normativen Theorie der Regulierung, die sich für die Elektrizitätswirtschaft insbesondere auf die Frage nach natürlichen Monopolen konzentriert, mit solchen der positiven Theorie der Regulierung, die das vom effizienten Handeln abweichende Verhalten von Regulierungsinstanzen zu erklären versucht, zu integrieren. Es müssen industrieökonomische mit politökonomischen Elementen verknüpft werden.

Für ein solches Vorgehen eignet sich als Methode zum einen die empirische Untersuchung des optimalen Integrationsgrades der Elektrizitätswirtschaft. Auf diese Weise wird mit Hilfe der Auswertung statistischer und ökonometrischer Studien die in statischer Hinsicht optimale Struktur der Industrie ermittelt. Die möglichen Vorteile des Wettbewerbs, für die eine dynamische Betrachtungsweise nötig ist, können bisher noch nicht mit hinreichend gesicherten Ergebnissen empirisch untersucht werden, da die Zeitspanne seit der Einführung von Wettbewerb in den ersten Staaten noch zu kurz ist. Daher empfiehlt sich hier ein theoretischer Ansatz, mit dem aus den Erkenntnissen der normativen Regulierungstheorie Empfehlungen für die zukünftige Gestaltung der Elektrizitätswirtschaft – unter der Voraussetzung beliebiger Handlungsfreiheit – abgeleitet werden können.

Die Integration von normativen und positiven Aspekten in eine Theorie der Regulierung bzw. der Deregulierung läßt sich mit Hilfe von Fallstudien, anhand derer die Stichhaltigkeit der einzelnen Theorieansätze für die Deregulierung der Elektrizitätswirtschaft in verschiedenen Ländern überprüft werden kann, am besten verwirklichen. Die verschiedenen Theorieansätze basieren dabei zum Teil auf politischen, zum Teil auf ökonomischen Ideen. Ökonomisch ausgerichtete Theorien gehen davon aus, daß Institutionen geschaffen werden, wenn die sozialen Vorteile einer Institution die Transaktionskosten ihrer Schaffung überwiegen. Politisch ausgerichtete Theorien konzentrieren sich eher auf Umverteilung als auf Effizienz. Die Politik und die Institutionen werden hier von den Machthabern etabliert, um an der Macht zu bleiben und Ressourcen zu sich selbst zu transferieren.[5] Es wird zu klären sein, welche Ansätze die Deregulierung der Elektrizitätswirtschaft besser erfassen können.

Unter dem Regulierungsbegriff soll in dieser Arbeit nur die ökonomische Regulierung, die sogenannte „old-style economic regulation“ verstanden werden, die auf die Beeinflussung der Marktstruktur oder des Marktergebnisses zielt. Verhaltens-

---

5 Vgl. La Porta et al. (1998), S. 4.

regulierungen, sogenannte „new-style social regulations", die besonders als Umweltschutzgesetzgebungen stattfinden, sind nicht Gegenstand dieser Untersuchung.[6] Auf eine ausführliche Diskussion des Regulierungsbegriffes und seines Umfangs kann hier verzichtet werden, weil für die Elektrizitätswirtschaft unstrittig ist, daß diese Branche staatlich reguliert wird. Wenn im folgenden von Deregulierung gesprochen wird, so meint das eine Bewegung hin zu einer marktkonformeren Struktur, d.h. zu ökonomischen – fiskalischen und regulierenden – Instrumenten, die die politischen Ziele eher durch Marktsignale als durch Kontrollinstrumente erreichen wollen. Damit muß nicht verbunden sein, daß Regulierungseingriffe abnehmen. Es kann sich auch um eine Veränderung der Regulierungsstruktur mit gleicher oder sogar steigender Regulierungsdichte, die man mit dem Begriff Re-Regulierung erfassen könnte, handeln.[7] Inwiefern die Einführung von Wettbewerb tatsächlich mit einem Regulierungsabbau einhergeht, hängt von der Ausgangssituation ab, in der sich ein Land vor der wettbewerblichen Umgestaltung befindet. Ein staatliches Monopolunternehmen kommt mit wenig Regulierung von außen aus, weil der Staat ohnehin die Unternehmensentscheidungen trifft. Die Einführung von Wettbewerb bedeutet dann unter Umständen ein höheres Ausmaß an – marktkonformer – Regulierung. Umgekehrt findet in einer privatwirtschaftlich organisierten Branche, die der Staat nicht länger vor Wettbewerb schützt, tatsächlich Deregulierung im Sinne von weniger Regulierung statt, wenn staatliche Instanzen auf Preisregulierungen verzichten.

1.2 Gang der Untersuchung

Die beiden folgenden Kapitel befassen sich mit Fragen der effizienten Gestaltung – insbesondere hinsichtlich der vertikalen Organisation – der Elektrizitätswirtschaft. Kapitel 2 gibt einen kurzen Überblick über die Bestandteile der Stromwirtschaft (Erzeugung, Übertragung, Verteilung), bevor das Vorliegen natürlicher Monopole in dieser Branche untersucht wird. Zum einen können Subadditivitäten in horizontaler Hinsicht in den drei Produktionsstufen Erzeugung, Übertragung und Verteilung vorliegen. Zum anderen muß die Frage der vertikalen Skalenerträge und damit die Vorteilhaftigkeit einer vertikalen Integration betrachtet werden.

Neben dem möglichen Vorliegen natürlicher Monopole gibt es weitere Gründe, die die Behandlung der Elektrizitätswirtschaft als normalen Wettbewerbsmarkt ausschließen können. Diesen Markt- und Wettbewerbsversagensgründen, aber auch der Frage, wie diesen begegnet werden kann, wird in Kapitel 3 nachgegangen. Außerdem werden die verschiedenen Möglichkeiten, die Elektrizitätswirt-

---

6 Vgl. zu den Regulierungsarten Kurz (1986), S. 42 und Grossekettler (1989), S. 437f.

7 Zum Deregulierungsbegriff vgl. auch Kasperk (1997), S. 32f.

schaft vertikal zu desintegrieren, beleuchtet, um die optimale Organisationsstruktur zu ermitteln. Die Organisationsstruktur umfaßt dabei die Regulierung der Branche, geht aber in Form der vertikalen und horizontalen Integration bzw. Desintegration der Branchenunternehmen noch darüber hinaus.

In demokratischen Ländern folgen die politischen Entscheidungsprozesse allerdings nicht zwangsläufig den ermittelten optimalen Organisationsstrukturen und damit der normativen Theorie der Regulierung. Technische, praktische, politische und soziale Restriktionen hindern Regierungen daran, marktorientierte Politik zu betreiben. Entscheidungen der Politik und der bestehenden Regulierungsbehörden sind zudem nicht allein von der Idee der Steigerung der gesamten Wohlfahrt eines Staates geleitet, sondern auch von Eigennutzinteressen. Für die Erklärung von Umgestaltungen der Organisations- und Regulierungsstruktur in einer Branche mögen neue Erkenntnisse der normativen Theorie – wie die neueren Untersuchungen über das Vorliegen von natürlichen Monopolen in der Elektrizitätswirtschaft – eine Rolle spielen, den politischen Entscheidungsprozeß selbst können die positiven Theorien der Regulierung aber vermutlich besser erklären als wohlfahrtstheoretische Betrachtungen allein.

Die Kapitel 4 und 5 befassen sich vor allem mit den positiven Theorien der Regulierung und deren Erklärungsmöglichkeiten für die Deregulierung der Elektrizitätswirtschaft. Kapitel 4 stellt die positiven Theorien der Regulierung vor und untersucht deren generelles Erklärungspotential für einen Abbau oder eine Umgestaltung von Regulierung. Die Theorien eignen sich, um zu untersuchen, wer wann was für ein Interesse an ordnungspolitischen Ausnahmeregelungen, also Regulierung hat, wie die Marktgegenseite darauf reagiert und welchen Bestand marktwirtschaftliche Sonderregelungen aufweisen. Es stellt sich die Frage, ob die Regulierungstheorien, die für die Erklärung diskretionärer Entscheidungen innerhalb eines festen Regulierungsrahmens entwickelt worden sind, auch Regulierungsumschwünge erklären können, also Änderungen des Regulierungsrahmens.

In Kapitel 5 werden die Regulierungstheorien auf die konkrete Situation der Umgestaltung der Elektrizitätswirtschaft und der politökonomischen Hintergründe in den Vereinigten Staaten von Amerika und den europäischen Ländern Großbritannien, Norwegen, Schweden, Spanien, den Niederlanden, Frankreich, Italien und Deutschland angewendet. Da die ökonomischen Theorien der Regulierung für demokratische Länder entwickelt worden sind, eignen sich nur Länder mit einer gewachsenen demokratischen Struktur für diese Untersuchung. Die betrachteten europäischen Länder haben zudem ähnliche kulturhistorische Wurzeln – aber zumindest in der Vergangenheit dennoch unterschiedliche gesellschaftspolitische Vorstellungen von der optimalen Gestaltung der Elektrizitätswirtschaft gehabt –, so daß sie miteinander verglichen werden können. Die Vereinigten Staaten von Amerika bilden gewissermaßen einen Referenzfall, da die Regulierungstheorien weitgehend dort entwickelt worden sind. Ziel ist es, die Gründe dafür zu ermitteln, warum Umstrukturierungen in der Elektrizitätswirtschaft stattfinden, warum sie gerade zu diesem Zeitpunkt stattfinden und ob sich eine Bewegung hin zu ähnlichen Strukturen abzeichnet. Die sehr unterschiedlichen Organisationsformen in den einzelnen Ländern vor den Reformen machen die politökonomische Analyse spannend, da zu erwarten ist, daß zum Teil sehr unterschiedliche Gründe und damit auch unterschiedliche Theorien der Regulierung bzw. der Deregulierung zur Erklärung herangezogen werden müssen. Die Frage ist, ob dennoch gewisse Erklärungsmuster auf alle oder zumindest eine Gruppe von Ländern in gleicher Weise zutreffen.

Ein besonderes Interesse gilt dabei den untersuchten Staaten, die Mitglied der Europäischen Union sind. Mit der Verabschiedung der Europäischen Stromrichtlinie wurden diese Länder verpflichtet, ihre Elektrizitätswirtschaften innerhalb kurzer Zeit wettbewerblich zu gestalten und damit auch in gewissem Sinn einander anzugleichen. Der Vergleich der Umstrukturierungen in den EU-Ländern kann als ein anschauliches Beispiel dafür herhalten, wie die politischen Entscheidungsprozesse in den EU-Mitgliedstaaten ablaufen, und Anhaltspunkte dafür bieten, wie der europäische Integrationsprozeß in anderen Bereichen möglicherweise vorankommt. Auf der Basis der gefundenen Ergebnisse gibt das letzte Kapitel einen Ausblick auf die Chancen von Deregulierungsbestrebungen in anderen Bereichen und allgemein auf zukünftige Möglichkeiten der Durchsetzung von ökonomisch effizienten Zielen.

2 Natürliche Monopole in der Elektrizitätswirtschaft

Die Kontroverse über die optimale ordnungspolitische Gestaltung der Elektrizitätswirtschaft ist fast so alt wie die Elektrizitätswirtschaft selbst.[8] Der wesentliche Aspekt ist dabei die Frage, ob die Elektrizitätsunternehmen natürliche Monopole sind, so daß eine monopolistisch-integrierte Marktstruktur effizienter wäre als eine wettbewerblich-desintegrierte Struktur. Inwieweit dies so ist, soll in diesem Kapitel untersucht werden. Zunächst wird die Funktionsweise der Industrie mit ihren Produktionsstufen Stromerzeugung, Übertragung und Verteilung dargestellt. Um das Vorliegen von Voraussetzungen für die Existenz eines natürlichen Monopols zu untersuchen, empfiehlt sich diese an den technischen Bedingungen der Elektrizitätswirtschaft ausgerichtete Unterteilung. Eine stärkere Untergliederung erfolgt in Kapitel 3, wenn die wettbewerbs- und regulierungsrelevanten Aspekte behandelt werden.

Natürliche Monopole können nur bei Subadditivität der Kostenfunktion vorliegen. Kapitel 2.2 erörtert Skalenerträge als Bedingung für Subadditivität und geht auf Faktoren ein, die die Skalenerträge hervorrufen. Danach werden in Kapitel 2.3 verschiedene Verfahren zur Berechnung der Kostenfunktionen von Elektrizitätsunternehmen diskutiert.

Produktionskosten in der Elektrizitätswirtschaft werden durch externe Größen wie die Marktstruktur auf den Inputmärkten, den Stand der Technik oder die Regulierungspraxis beeinflußt. Kapitel 2.4 erläutert die Relevanz dieser Faktoren für die Ergebnisse von Kostenstudien, bevor in Kapitel 2.5 empirische Studien zum Vorliegen von natürlichen Monopolen auf horizontaler und vertikaler Ebene der Elektrizitätswirtschaft betrachtet werden. Der letzte Abschnitt faßt die gefundenen Ergebnisse zusammen.

2.1 Produktionsstufen der Elektrizitätswirtschaft

Die Elektrizitätswirtschaft läßt sich in drei Produktionsstufen unterteilen: die Erzeugung elektrischer Energie, die Übertragung und die Verteilung elektrischen Stroms an die Endverbraucher. Dabei entfallen auf die Erzeugung etwa 65 Prozent der Gesamtkosten, auf die Übertragung 10 Prozent und auf die Verteilung 25 Prozent. Die Kosten setzen sich insgesamt zu 40 Prozent aus Kapitalkosten und zu 60 Prozent aus Kosten für Arbeit und Energieträger zusammen.[9] Die Produkti-

8 „Indeed the structure, behavior, and performance of the electric power industry and the way it is regulated have been controversial almost from the day that Thomas Edison's first central station power plant was placed in operation in New York City in September 1882." Joskow/Schmalensee (1985), S. 4.

9 Vgl. Crew/Kleindorfer (1986), S. 170.

on der Primärenergieträger zum Antreiben des Generators – etwa die Kohleförderung – wird hier nicht als Teil der Elektrizitätswirtschaft betrachtet.[10]

2.1.1 Stromerzeugung

Strom wird erzeugt, indem gespeicherte potentielle Energie in elektrische Energie umgewandelt wird. Mechanische Energie treibt dabei einen Generator an. Die Rotationsenergie kann auf unterschiedliche Weise erzeugt werden. Meist handelt es sich um thermal-mechanische Erzeugung, bei der die Verfeuerung fossiler Brennstoffe (Kohle, Gas oder Öl) oder Kernspaltung heißen Dampf erzeugt, der den Generator antreibt. Daneben gibt es Gasturbinen, hydroelektrische Anlagen, die Wasser aus Flüssen oder Reservoirs verwenden, und alternative Stromerzeugung z.B. aus Wind, Solarenergie, der Ausnutzung der Gezeiten oder geothermischer Energie.[11]

Die verschiedenen Möglichkeiten, Primärenergie in elektrische Energie umzuwandeln, sind unterschiedlich produktiv. Die anfallenden Kosten lassen sich in Kapitalkosten und Betriebskosten aufteilen: Die Kapitalkosten umfassen Lizenzen, Ingenieurleistungen und den Bau des Kraftwerks, in den Betriebskosten sind die Faktorkosten der Energieressourcen, die Arbeitskosten, die Wartung und die Fixkosten des Betriebs (z.B. Speisewasserzirkulationspumpen und andere Hilfseinrichtungen) enthalten. Bei hydroelektrischen Kraftwerken sind die Kapitalkosten sehr hoch, der Betrieb selbst ist vergleichsweise billig. Gasturbinen sind andererseits relativ billig zu bauen, aber teuer zu betreiben. In einem Unternehmen mit mehreren Kraftwerken werden die einzelnen Kraftwerke entsprechend ihrer Betriebsgrenzkosten eingesetzt. Kraftwerke mit hohen Kapitalfixkosten und geringen Betriebskosten werden in der Grundlast eingesetzt, Kraftwerke mit geringen Kapitalfixkosten, aber hohen Betriebskosten produzieren für den Spitzenlastbedarf.[12] Insgesamt ist die Elektrizitätserzeugung durch generell hohe Fixkosten geprägt.

2.1.2 Übertragung des erzeugten Stroms

Da Elektrizität in großen zentralen Einheiten und in der Regel in erheblicher Entfernung von den Endverbrauchern erzeugt wird, ist es nötig, den Strom über

---

10 Im Prinzip lassen sich durchaus Überlegungen zur vertikalen Integration beispielsweise von Kohleförderung und Elektrizitätserzeugung anstellen. Siehe z.B. Joskow (1985), Filer/Herren/Hollas/Zebe (1984) und Fuhr (1990). Dies ist allerdings für den weiteren Verlauf der Untersuchung nicht von Belang.

11 Vgl. Pechman (1993), S. 194 und Crew/Kleindorfer (1986), S. 170.

12 Für eine Darstellung der genauen Einsatzplanung siehe Pfaffenberger (1993), S. 141ff.

weite Strecken in Leitungen zu übertragen und schließlich an die einzelnen Verbraucher zu verteilen. Zum Übertragungsbereich gehören dabei die Höchst- und Hochspannungsnetze mit Spannungsstärken von 110 kV an.[13] Diese Netze werden im folgenden zusammengefaßt als Hochspannungsnetz bezeichnet. Das Hochspannungsnetz hat die Funktion, Energie von der Erzeugung zu den Nachfrageknoten zu übertragen und mit Hilfe von Spannungstransformatoren auf die Spannung zu reduzieren, die schließlich an die Verbraucher verteilt wird. Die einzelnen Leitungsstränge sind miteinander vernetzt, um die Vorteile der Nutzung aller verfügbaren Erzeugungsressourcen der verschiedenen Stromerzeuger ausnutzen zu können. An ein Hochspannungsnetz sind also mehrere Erzeugereinheiten (und meist mehrere Erzeugungsunternehmen, sofern kein Monopol besteht) und viele Abnehmer angeschlossen.

Der tatsächliche elektrische Stromfluß unterscheidet sich von dem vertraglich vereinbarten und angenommenen. Er folgt den physikalischen Prinzipien des geringsten Widerstands und verteilt sich nach dem Ohm'schen Gesetz gleichmäßig im gesamten Netz. Man kann ihn nicht über eine bestimmte Strecke direkt von einem Anbieter zu einem bestimmten Nachfrager leiten. Der Stromfluß spiegelt die jeweilige Netz- und Leitungsstruktur und das Muster von Erzeugung und Ladung des elektrischen Stroms an verschiedenen Stellen des Netzes wider. Auf diese Weise ist von jeder zusätzlichen Einspeisung von Strom in das Netz oder jeder Entnahme aus dem Netz das gesamte System betroffen, also auch die Netzteilnehmer, die an dieser Transaktion nicht beteiligt sind. Dieses Externalitätenproblem, das im gesamten Netz auftritt, wird als „Loop-flow"-Problem bezeichnet. Von der Durchleitung betroffene Dritte müssen unter Umständen kurzfristig ihre eigenen Transaktionen reduzieren und langfristig in mehr Übertragungskapazität investieren.

Während der Übertragung entstehen außerdem Stromverluste. Diese Verluste stellen die variablen Kosten des Übertragungsnetzes dar. Sie sind nicht proportional zum gesamten Stromfluß, sondern steigen quadratisch mit diesem. Die marginalen Verluste sind damit größer als die durchschnittlichen Verluste. Mit jeder zusätzlichen Transaktionseinheit steigen die Stromverluste für alle am Übertragungsnetz Beteiligten, nicht nur für die Verursacher des zusätzlichen Stromflusses.

Weil ein freier Zugang zum Leitungssystem nicht nur zu allokativ ineffizienten Resultaten führt, sondern auch die Netzhardware und die Erzeugungs- und Endeinrichtungen zerstören kann, wird eine zentrale Laststeuerung nötig, die

---

13 Die Höchstspannungsnetze übertragen Strom mit einer Spannung bis zu 380 kV. Vgl. Lang (1999), S. 73.

beim Netzbetreiber angesiedelt sein kann.[14] Dieser muß dann für die Spannungs- und Frequenzstabilität innerhalb des Übertragungsnetzes sorgen und sicherstellen, daß stets genauso viel Strom in das Netz eingespeist wie an den Verteilungsknotenpunkten entnommen wird. Wegen der geringen Speicherbarkeit des Stroms erfordert das langfristige Kapazitätsplanungen und eine kurzfristige Koordination der einspeisenden Kraftwerke.

2.1.3 Verteilung an die Endverbraucher

Die Verteilung elektrischen Stroms an die Abnehmer beginnt an den Verteilungsknoten, nachdem die Spannung von der Hochspannung auf die von den Verbrauchern benötigte Spannung heruntertransformiert worden ist. Von dort wird der Strom an die einzelnen Abnehmer verteilt. Die physische Verteilung elektrischen Stroms an private und industrielle Endverbraucher verläuft dabei ähnlich wie die Hochspannungsübertragung. Der Koordinationsbedarf ist allerdings nicht so groß, weil in der Regel nur wenige Kraftwerke Elektrizität direkt in das Verteilungsnetz einspeisen.[15] Ökonomisch ist aber zu beachten, daß Dichtevorteile entstehen, die sich aus der Versorgung vieler Nachfrager in einem Gebiet ergeben. Diese Economies of Density sind ein Spezialfall der Economies of Scale[16]. Sie können sich bei der Verteilung von Elektrizität aus der Tatsache ergeben, daß die Kosten für die Versorgung von Kunden in einem begrenzten Gebiet mit jedem zusätzlichen Kunden nur unterproportional steigen, so daß die Durchschnittskosten sinken. Solche Dichtevorteile können auftreten, wenn schon Endverbraucher von Elektrizität in einem Gebiet an ein Versorgungsnetz angeschlossen sind und weitere Verbraucher aus diesem Gebiet hinzukommen. Die Gesamtleitungslänge des Verteilungsnetzes nimmt dann nur unterproportional zu. Über die Bedeutung der Dichtevorteile für die Verteilung von Elektrizität gibt es kontroverse Ansichten,[17] die in erster Linie auf die ungenaue Abgrenzung von Dichtevorteilen zurückzuführen sind. Zum einen gibt es Größenvorteile, die daraus resultieren, daß bestehende Kunden mehr Strom beziehen. Hierbei handelt es sich um gewöhnliche Economies of Scale. Es können aber auch zusätzliche Kunden innerhalb eines bestehenden Versorgungsgebietes beliefert werden. Dabei treten Economies of Density auf. Eine Ausweitung des Versorgungsgebietes, die zusätzliche Kunden und damit einen erhöhten Stromabsatz bringt, kann hingegen nicht zu Dichtevorteilen, sondern allenfalls zu normalen Economies of Scale führen.

---

14 Es könnte auch eine weitere Institution geben, die die Laststeuerung regelt und die Durchleitungskapazität jeweils vom Netzbetreiber anmietet. Es ist aber fraglich, ob eine weitere Aufteilung irgendwelche Effizienzgewinne bringen würde. Vgl. auch Kapitel 3.2.

15 Vgl. Kumkar (1998b), S. 6.

16 Siehe dazu Kapitel 2.2.1.

17 Siehe Abschnitt 2.5.1.3.

2.2 Industrieökonomische Grundlagen für die Untersuchung der Subadditivität

Die Produktion, Übertragung und Verteilung von Strom ist durch physikalische Gesetzmäßigkeiten[18] charakterisiert, die darauf schließen lassen, daß Vorteile einer horizontalen und vertikalen Integration vorliegen könnten. Um zu entscheiden, welche Struktur ökonomisch effizient ist, muß die Elektrizitätswirtschaft auf die Existenz natürlicher Monopole untersucht werden. Ein natürliches Monopol liegt vor, wenn ein einzelnes Unternehmen auf einem Markt effizienter produzieren kann als mehrere Unternehmen. Wann diese Voraussetzung gegeben ist, wird in den folgenden Abschnitten erläutert.

2.2.1 Economies of Scale

2.2.1.1 Economies of Scale als hinreichende Bedingung für Subadditivität

Skalenerträge lassen sich in technische und pekuniäre Economies teilen. Technische Economies verringern bei steigender Produktion das Verhältnis von Produktionsfaktoren zur produzierten Gütermenge, reduzieren also die Kosten und vergrößern die ökonomische Effizienz. Pekuniäre Skalenerträge können die einzelwirtschaftliche Wohlfahrt eines produzierenden Unternehmens vergrößern, indem beispielsweise aufgrund von Nachfragermacht für größere Mengen von Inputs Mengenrabatte gegeben werden und so geringere Stückpreise gezahlt werden müssen. Die Ausnutzung dieser Vorteile, die größeren Unternehmen eher möglich ist als kleinen, führt aber nicht zu einer Veränderung der Effizienz, sondern lediglich zu Umverteilungen. Daher werden nur nichtpekuniäre Skalenerträge berücksichtigt.

Für die Beantwortung der Frage, ob es sich in der Elektrizitätswirtschaft um ein natürliches Monopol handelt, muß zunächst geklärt werden, unter welchen Bedingungen ein einzelnes Unternehmen auf einem Markt effizienter produziert als mehrere Unternehmen. Stellt man die Produktionstechnik in Form einer Kostenfunktion dar, die die zur Produktion einer bestimmten Menge benötigten Inputs mit ihren Preisen bewertet, dann ist ein einzelnes Unternehmen effizienter, falls seine Kostenfunktion subadditiv ist. D.h. wenn die Kosten C für die produzierte Menge x geringer sind als die Summe der Kosten für eine beliebige Kombination von Mengen x_i, die in ihrer Gesamtheit die Menge x ergeben, wenn also $C(x) < \Sigma C(x_i)$ mit $i=1,\dots,k$ und $\Sigma x_i = x$ für alle $k \geq 2$, dann liegt für die Produktionsmenge x ein natürliches Monopol vor. Eine Kostenfunktion ist global subadditiv, hat

18 In erster Linie sind das die Nichtspeicherbarkeit und die Leitungsgebundenheit von Elektrizität.

also für jede Outputmenge steigende Skalenerträge, wenn $C(\lambda x) < \lambda C(x)$ für $\lambda>1$, $x \geq 0$ gilt.[19] Das besagt, daß für alle denkbaren Outputmengen ($x \geq 0$) die Kosten bei der Produktion eines Vielfachen λ dieser Menge geringer sind als die λ-fachen Kosten der ursprünglichen Produktion. Aus der Ungleichung ergibt sich durch Umformung[20] $\frac{C(\lambda x)}{\lambda x} < \frac{C(x)}{x}$. Die Durchschnittskosten sinken also mit steigendem Output.

Für das weitere Vorgehen wird das folgende Kriterium für Subadditivität verwendet. Eine Kostenfunktion ist dann strikt subadditiv[21], wenn

a) sie fallende Durchschnittskosten für alle Outputmengen x hat oder
b) sie strikt konkav für alle x ist und $C(0) \geq 0$, d.h. fallende Grenzkosten hat.[22]

Beides sind hinreichende, allerdings keine notwendigen Bedingungen für Subadditivität. Die Eigenschaften lassen sich jedoch anhand der Kostenfunktion nachprüfen, so daß sie in der Regel verwendet werden. Werden sinkende Durchschnittskosten oder strikte Konkavität der Kostenfunktion festgestellt, liegt Subadditivität vor. Können diese Eigenschaften der Kostenfunktion nicht nachgewiesen werden, kann die Kostenfunktion trotzdem subadditiv sein.[23]

2.2.1.2 Gründe für Economies of Scale in der Elektrizitätswirtschaft

Nachdem dargestellt wurde, wie Skalenerträge technisch anhand der Kostenfunktion festgestellt werden können, sollen hier die Ursachen und Gründe für deren Auftreten erläutert werden.

Produktionsvorteile

Economies of Scale in der Produktion treten auf, weil eine größere Produktionsmenge stärkere Arbeitsteilungen und dadurch Spezialisierungen der Arbeitnehmer erlaubt, die ihre Fähigkeiten in ihrem speziellen Einsatzgebiet verbessern, schneller arbeiten können und produktiver werden. Hinzu kommt, daß sich bei größeren Produktionsmengen der Einsatz von Maschinen zur Unterstützung der

---

19 Vgl. Sharkey (1982), S. 58f.

20 unter der Annahme, daß $x > 0$

21 Strikte Subadditivität erfordert, daß $C(x) < \Sigma C(x_i)$, während für einfache Subadditivität $C(x) \leq \Sigma C(x_i)$ ausreichend ist.

22 Vgl. Sharkey (1982), S. 59.

23 Bei einer Produktionsmenge, für die die Durchschnittskostenfunktion nach ihrem Minimum gerade wieder steigt, kann häufig ein Unternehmen die gesamte Menge kostengünstiger erstellen als mehrere Unternehmen.

Arbeiter lohnt, der Produktionsprozeß also automatisiert wird, was die Arbeitsproduktivität zusätzlich steigert. Gleiches gilt für das Management von Stromversorgungsunternehmen. Spezialisierung, die Mechanisierung von Managementfunktionen und Dezentralisierungen von Entscheidungen führen zu Größenvorteilen sowohl innerhalb eines Produktionsbetriebes wie innerhalb eines Kraftwerks, als auch als sogenannte inter-plant economies[24] in einem Unternehmen mit mehreren Kraftwerken.

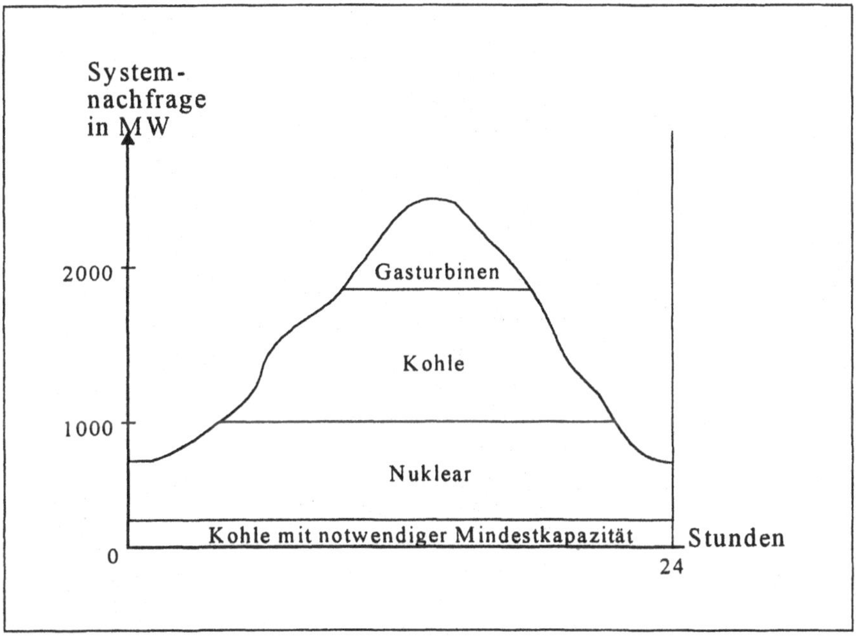

Abbildung 2.1 *Einsatz miteinander koordinierter Kraftwerke im Tagesverlauf*
Quelle: Pechman (1993), S. 199.

Technische Skalenerträge aus dem Fixkapital treten aufgrund von Unteilbarkeiten und Einrichtungskosten für Maschinen auf. In größeren Betrieben kann kapitalintensiver produziert werden, weil sich speziellere Maschinen eher lohnen.[25] Für die Elektrizitätswirtschaft treten Skalenerträge vor allem auf, wenn verschiedene Kraftwerkstypen bei unterschiedlichen Nachfragesituationen im Laufe eines Tages zum Einsatz kommen. Abbildung 2.1 zeigt dies anhand eines Beispiels. Die Grundlast wird hier im wesentlichen von im Betrieb relativ billigem Nuklearstrom

---

24 Vgl. Koutsoyiannis (1981), S. 126.
25 Vgl. Koutsoyiannis (1981), S. 128ff.

gedeckt. Nachfrage über 1000 MW wird aus Kohlekraftwerken gespeist, die im Betrieb zwar teurer, im Bau aber billiger sind. Weil Kohlekraftwerke nicht sofort nach dem Anschalten produktionsbereit sind, produzieren sie ständig mit ihrer notwendigen Grundkapazität und werden bei Bedarf hochgeschaltet. Die Tagesspitzen werden hier von Gasturbinen beliefert, deren Kapitalkosten relativ gering sind, so daß die Nichtnutzung der vorhandenen Kapazität über weite Teile des Tages die geringsten Opportunitätskosten verursacht.

Eine Abstimmung der Kapazitäten der einzelnen Kraftwerke und der Investitionen in neue Kraftwerke führt zu einer effizienteren Produktion. Ein Unternehmen kann dann je nach der aktuellen Netzlast den Strom der kostengünstigsten Kraftwerke[26] in das Netz einspeisen. Unterschiede im Erzeugungsbereich lassen sich effizient ausnutzen, und die Zuverlässigkeit des Systems wird erhöht, weil Kraftwerke mit unterschiedlicher Kapazität, Störanfälligkeit und unterschiedlich hohen Betriebskosten kombiniert werden. Die Economies of Scale nehmen allerdings mit zunehmender Größe des Kraftwerkverbunds ab.

Statistische Gesetzmäßigkeiten bieten weitere Möglichkeiten für Economies of Scale. Das Verhalten einer großen Käufergruppe kann leichter vorhergesagt werden als das einer kleinen Gruppe, so daß bei größeren Produktionsmengen Unsicherheiten reduziert und damit Kosten gespart werden können. In der Elektrizitätswirtschaft können so vor allem Kosten für Reservekapazitäten gespart werden. Geplante und installierte Reservekapazitäten beeinflussen den Verlauf der Kostenfunktion eines Unternehmens. Sie sind zu trennen von ungeplanten Überkapazitäten aufgrund sinkender Nachfrage. Reservekapazitäten entstehen dadurch, daß Unternehmer ihren voraussichtlichen Absatz berechnen und eine Kapazität wählen, die über der erwarteten durchschnittlichen Auslastung liegt. Auf diese Weise kann das Unternehmen auf saisonale und zyklische Nachfrageschwankungen reagieren und den eventuellen Ausfall von Produktionskapazitäten durch Maschinenschaden ausgleichen, aber auch auf dauerhaftes Nachfragewachstum kurzfristig reagieren. Aus technischen Gründen ist es bei einigen Maschinen, wie Turbinen, effizienter, nicht an der Kapazitätsgrenze zu produzieren, sondern etwas Kapazität ungenutzt zu lassen. Außerdem existieren Reservekapazitäten im Management. Die Mitarbeiter im administrativen Bereich eines Unternehmens werden in der Regel in einer Größenordnung eingestellt, die es erlaubt, die Aktivitäten des Unternehmens noch auszuweiten.[27] Das Ziel des Unternehmers ist, zu den geringstmöglichen Kosten bei einem gewissen Grad an Flexibilität zu produzieren, so daß kurzfristige Anpassungen der Produktion an ein-

---

26 Die Kraftwerke unterschieden sich nicht nur in dem eingesetzten Energieträger zur Stromerzeugung, sondern auch im Standort, Alter, Wirkungsgrad und der Kapazität.

27 Vgl. Koutsoyiannis (1981), S. 116.

kalkulierte Veränderungen der Nachfrage möglich sind und erwartete Faktorausfälle kompensiert werden können.

In der Elektrizitätswirtschaft müssen Reservekapazitäten vorgehalten werden, da der Verbrauch von Strom und damit die Nachfrage starken zeitlichen Schwankungen unterliegen. Diese Schwankungen können systematisch z.B. von der Jahreszeit abhängen oder zufällig, d.h. nicht im vorhinein planbar auftreten. Zudem kann es zufällige Angebotsschwankungen geben, beispielsweise infolge von Störfällen oder weil das Wasseraufkommen in hydraulischen Kraftwerken witterungsbedingt variiert.[28] Da sich Elektrizität nur sehr bedingt lagern bzw. speichern läßt, muß sie dann produziert werden, wenn sie nachgefragt wird. Dazu müssen Produktionskapazitäten vorgehalten werden. Weil zusätzliche Kraftwerke nicht sofort nach dem Einschalten einsatzbereit sind, sondern langsam aufgewärmt werden müssen, laufen einige Kraftwerke ständig mit einer Grundlast, die bei zusätzlichem Bedarf erhöht werden kann.

Größere Betriebe müssen relativ weniger Reservekapazitäten vorhalten, um Produktionsunterbrechungen bei Maschinenschäden zu vermeiden; und die Lagerhaltung steigt nur unterproportional mit zunehmendem Produktionsumfang. Das liegt daran, daß das Risiko eines Maschinenausfalls oder eines Lieferengpasses von Vorprodukten gepoolt werden kann. Wenn die einzelnen Risiken unabhängig voneinander sind und das Unternehmen seine Ressourcen frei über die einzelnen Betriebe verteilen kann, führt dieses Risikopooling zu Skalenerträgen, die allerdings mit zunehmender Größe der Kraftwerke eine immer geringere Rolle spielen. Die Kapazität, die je Elektrizitätsnachfrager bereitgehalten werden muß, sinkt zwar mit zunehmender Zahl der Nachfrager, wenn die verschiedenen Stromkonsumenten unterschiedliche Spitzennachfragezeiten haben. Bei sehr großen Nachfragerzahlen wirkt sich dies aber kaum noch aus. Joskow und Schmalensee (1985) verdeutlichen das an einem Zahlenbeispiel: Wenn jeder Konsument zu einem bestimmten Zeitpunkt mit gleicher Wahrscheinlichkeit entweder ein Watt Strom nachfragt oder nichts, wäre bei zwei Nachfragern die höchste Nachfrage 2 Watt mit einer Wahrscheinlichkeit von einem Viertel. Bei 5 Nachfragern wäre die Spitzennachfrage 5 Watt mit 3 Prozent Wahrscheinlichkeit, bei 10 Nachfragern 10 Watt mit der Wahrscheinlichkeit von 0,1 Prozent. Riskiert man mit einer gewissen Wahrscheinlichkeit, nicht alle Nachfrager zur Spitzenzeit bedienen zu können, so sinkt die durchschnittliche Kapazität, die bereitgehalten werden muß, mit jedem weiteren Nachfrager; die Abnahme wird aber schließlich

---

28 Vgl. Lammers (1992), S. 33.

infinitesimal klein. Insofern erschöpfen sich die Integrationsvorteile bei genügend großer Zahl der Nachfrager.[29]

Größere systematische Unterschiede im Auslastungsgrad verschiedener Kraftwerke entstehen hauptsächlich dadurch, daß die Struktur der Nachfrage unterschiedlich ist. Die Nachfrage von industriellen Abnehmern ist relativ konstant, während der private Verbrauch extreme Peak- und Off-Peak-Phasen aufweist. Die unterschiedliche Nachfragestruktur erweist sich aber als empirisch nicht signifikant für die Ausprägung der Skalenerträge und muß daher an dieser Stelle nicht weiter betrachtet werden.[30]

Die Größenvorteile können sich von einer bestimmten Unternehmensgröße an jedoch auch in Diseconomies verwandeln, wenn aus der Dezentralisierung des Managements Kontrollverluste durch verzögerten Informationsfluß entstehen und sich Entscheidungen hinausziehen, weil viele Ebenen beteiligt sein wollen. Hier kommen dann die allgemeinen Bürokratieprobleme zum Tragen. Ebenso verhält es sich mit Forschungs- und Entwicklungsausgaben, die zu Diseconomies führen können, wenn große Forschungsprogramme bürokratisch und unproduktiv werden. Die physischen Gegebenheiten können ebenso zu Diseconomies of Scale führen. Zwischen 1920 und 1970 wurden beispielsweise stets größere Generatoren zur Stromerzeugung gebaut, die mit größerer Hitze und größerem Druck arbeiten konnten. Die daraus resultierenden Skalenerträge erschöpfen sich aber und schlagen in Diseconomies um, wenn die Generatoren so groß werden, daß sich die Ausfälle häufen und kritische Temperaturen erreicht werden, die instabil und gefährlich werden.[31]

Absatzvorteile

Absatzvorteile können dadurch entstehen, daß die durchschnittlichen Werbeausgaben – die Ausgaben je produzierter Stromeinheit – mit steigender Produktionsmenge sinken, da diese Ausgaben Fixkostencharakter haben. Außerdem müssen Verträge mit Händlern nicht ständig neu ausgehandelt werden. Zusätzliche Produktionsmengen verursachen dann keine zusätzlichen Verhandlungskosten mehr. Die Economies of Scale, die in der Elektrizitätswirtschaft durch solche Absatzvorteile entstehen, waren bisher nicht sehr groß, so daß sie für die Kostenfunktion nur eine untergeordnete Rolle spielten. Zudem ist strittig, ob die durchschnittli-

---

29 Bei unterschiedlichen Nachfragestrukturen hat das Poolen der Nachfrage zwar eine noch stärkere Wirkung als in diesem Beispiel mit homogenen Nachfragern, aber auch dann erschöpfen sich die Vorteile letztlich.

30 Burns und Weyman-Jones (1996) ermitteln dies in ihrer Studie.

31 Vgl. Shepherd (1990), S. 216f.

chen Absatzkosten bei großen Produktionsmengen wieder ansteigen oder kontinuierlich fallen.[32]

Transportvorteile

Daß es Skalenerträge im Transport über Leitungsnetze gibt, daran besteht wenig Zweifel.[33] Es gibt physikalische Gesetzmäßigkeiten, die Skalenerträge für Leitungseinrichtungen bewirken. Die Kapazität von Leitungen steigt überproportional zu ihrem Umfang. Für die Übertragung von Strom steigt die Übertragungskapazität mit dem Quadrat der Spannungskapazität, die Konstruktionskosten steigen aber nur proportional zur Spannung.[34] Neben dem Bau von Leitungsnetzen bestehen Skalenerträge bei ihrer Konstruktion und den Anforderungen für Wegerechte (z.B. Verhandlungen mit Gemeinden, in deren Besitz sich der Boden befindet, der zur Durchleitung benötigt wird).[35]

Die Leitungen haben zwar nur eine begrenzte Kapazität für die Übertragung elektrischer Energie; bis diese ausgelastet ist, können zusätzliche Einheiten Strom aber zu geringen zusätzlichen Kosten übertragen werden. Erst dann bestehen die Alternativen, das vorhandene Netz auszubauen oder ein paralleles Netz zu errichten. In Abbildung 2.2 ist x_K die Kapazitätsgrenze des bestehenden Leitungsnetzes. Bis dahin fallen die Durchschnittskosten der Versorgung stetig (dünne Linie C_l/x). An der Kapazitätsgrenze finden Leitungsinvestitionen in Höhe C_A statt. Die Durchschnittskosten steigen bei x_K also sprunghaft um C_A/x_K an, um dann wieder zu sinken. Würden zwei parallele Leitungsnetze existieren (dicke Linie C_2/x), entstünden bis zur Kapazitätsgrenze wesentlich höhere Durchschnittskosten. Ob sich das Parallelnetz jenseits der Kapazitätsgrenze lohnt, hängt von den Kosten C_A im Vergleich mit den Verhandlungs- und Baukosten ($C_V + C_B$) für das Parallelnetz ab. Angenommen, die Leitungsinvestitionen wären $C_A^* \geq C_V + C_B$. Nur bei Erfüllung dieser Bedingung lohnt es sich, zwei parallele Netze zu betreiben. Die Durchschnittskosten des ausgebauten Netzes würden hier C_l^*/x betragen. Allerdings kann man erwarten, daß die Kosten für Erweiterungsarbeiten in der Regel geringer sind als die Kosten neuer Erschließung, Verhandlung und Bautätigkeit, weil die Leitungswege schon bestehen. Die Errichtung eines parallelen Netzes würde demnach – bei gegebener Technik – zu hohe Kosten verursachen.

---

32 Vgl. Koutsoyiannis (1981), S. 133f. In einem wettbewerblichen Markt, in dem die Stromversorger um die Belieferung von Endverbrauchern konkurrieren, haben die Absatzvorteile allerdings größere Bedeutung.

33 Vgl. z.B. International Energy Agency (1994), S. 24.

34 Vgl. Weiss (1975), S. 144.

35 Vgl. Kwoka (1996), S. 38.

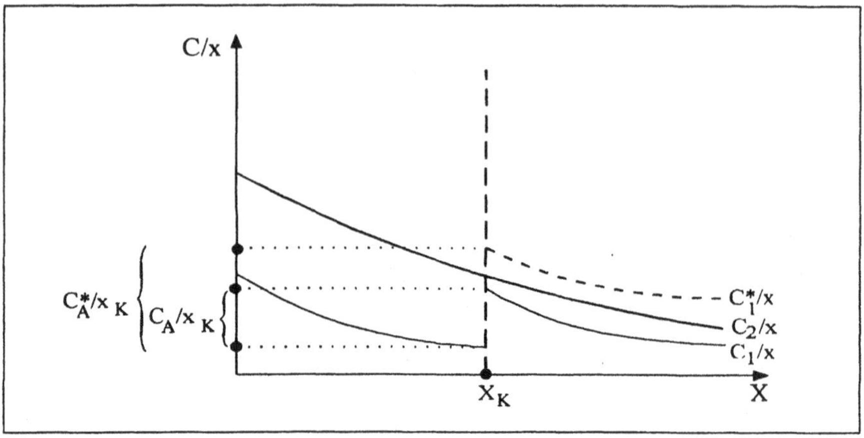

Abbildung 2.2 Horizontale Integration des Leitungsnetzes

2.2.2 Economies of Scope

2.2.2.1 Gründe für Economies of Scope in der Elektrizitätswirtschaft

Economies of Scope sind Kostenvorteile bei der Herstellung von mehreren Produkten in einem Unternehmen. Für die Elektrizitätswirtschaft bedeutet das, daß zwei vertikal aufeinander folgende Produktionsstufen, wie die Stromerzeugung und die Übertragung, in einem Unternehmen integriert sind.[36] Economies of

---

36 Darüber hinaus wird diskutiert, ob die unterschiedlichen Spannungen, mit denen der Strom an die Endverbraucher (private Haushalte und Unternehmen) geliefert wird, auch unterschiedliche Produkte darstellen. Da der Strom zwar immer mit derselben Spannung erzeugt wird, aber die Spannung vor der Verteilung des Stroms an die verschiedenen Kunden jeweils entsprechend transformiert wird, handelt es sich für Karlson dabei um unterschiedliche Produkte für Märkte mit unterchiedlichen Nachfragecharakteristika, so daß die Mehrproduktannahme für die Elektrizitätswirtschaft angemessen sei. Vgl. Karlson (1986), S. 74. Siehe dazu auch Finder (1985), S. 5. Diese Diskussion spielt aber lediglich eine Rolle für das Design empirischer Untersuchungen. Die Mehrproduktannahme wirkt sich nur auf die Verteilung des Stroms aus und hat keinen Einfluß auf vertikale Verbundvorteile. Anders sieht das bei der Trennung des Produktes Strom in „normalen“ und „grünen“ Strom aus erneuerbaren Energiequellen aus. Hierbei handelt es sich um zwei verschiedene Produkte, die auf der Verteilungsebene lediglich eine bestimmte Vertragsgestaltung erfordern, aber Einfluß auf die Erzeugungsebene nehmen. Das Erzeugungsunternehmen produziert dann nicht mehr ein Produkt mit verschiedenen Techniken (vgl. Abschnitt 2.2.1.2), sondern zwei Produkte, so daß untersucht werden kann, ob Economies of Scope auf der Erzeugungsebene vorliegen. Über die Economies of Scale im Erzeugungsbereich können diese Größenvorteile aber nicht hinausgehen, im Gegen-

Scope treten in der Elektrizitätswirtschaft auf, weil die einzelnen Produktionsstufen aufgrund der speziellen technischen Eigenschaften von den Entscheidungen oder Vorfällen in anderen Stufen betroffen werden. Die Elektrizitätswirtschaft ist dadurch charakterisiert, daß Produktion und Konsum zeitlich genau zusammenfallen müssen. Wird zu einem Zeitpunkt nicht die Menge Strom in das Netz eingespeist, die an anderer Stelle entnommen wird, ändert sich die elektrische Frequenz. Dies kann die Qualität des Stroms vermindern. Für die Elektrizitätswirtschaft besteht der Qualitätsfaktor in der Sicherheit, den gewünschten Strom in der gewünschten Spannung zu erhalten. Fällt die Spannung ab, kann das zur Zerstörung von Endgeräten führen. Einspeisung und Entnahme des Stroms müssen daher durch eine zentrale Laststeuerung geregelt werden. Eine Verbundproduktion, bei der die Stromerzeugung und die Verteilung, d.h. die Entnahme aus dem Übertragungsnetz, integriert sind, kann auf eine gesonderte externe Laststeuerung verzichten.

Auch wenn man die Gefahr der physischen Zerstörung des Erzeugungs- oder Übertragungssystems außer acht läßt, schlagen sich Investitionsentscheidungen auf einer Produktionsebene in den Kosten auf anderen Stufen nieder. Investitionen auf einer Stufe können Kosten auf anderen Stufen sparen. Andererseits können durch das Unterlassen von Investitionen zusätzliche Kosten auf anderen Stufen entstehen. Beispielsweise kann eine vernachlässigte Netzinfrastruktur zu hohen Spannungsverlusten führen, die von der Verteilungsebene wieder ausgeglichen werden müssen. Je höher die Grenzkosten der Erzeugung steigen, desto höher sollten die Investitionen in das Netz sein, weil damit Leitungsverluste verringert werden können und Erzeugungskapazität gespart werden kann.[37] Außerdem läßt sich das Blindleistungsmanagement leichter in einem integrierten Unternehmen durchführen als von einem Netzbetreiber, der sich allein um die Spannungshaltung kümmern muß und die geplanten Einspeisungen und Entnahmen der Erzeuger- und Verteilerunternehmen erst kurzfristig kennt.[38]

Die Übertragungskosten sind um so höher, je weiter entfernt die Elektrizitätserzeugung von den Verbrauchern stattfindet, da längere Leitungsnetze benötigt werden und damit verbunden auch die Stromverluste steigen. Baut ein Unternehmen z.B. wenige große Kraftwerke, die weit von den dezentralen Verbrauchsgebieten entfernt liegen, mit denen es die in der Elektrizitätswirtschaft vorhandenen Skalenerträge ausschöpft, entstehen hohe Übertragungskosten zu den Nachfrage-

---

teil: Ein Erzeugungsunternehmen kann, wenn es zur Lieferung eines bestimmten Anteils „grünen" Stroms verpflichtet ist, den Einsatz seiner Kraftwerke nicht mehr unbeschränkt optimieren.

37 Vgl. Lammers (1992), S. 105.

38 Vgl. Hnida (1998).

knoten. Sind die Kraftwerke kleiner und liegen nahe bei der Nachfrage, können Skalenerträge möglicherweise nicht ausgenutzt werden.[39] Nerlove diskutiert die Auswirkungen von Übertragungsverlusten auf die Skalenerträge in der Erzeugung und kommt zu dem Schluß, daß nur unter Berücksichtigung der Übertragungs- und Verteilungsbereiche Aussagen über Skalenerträge gemacht werden können.[40]

Abbildung 2.3 illustriert diesen Sachverhalt. In Teil (a) sind die Erzeugungs- (C_E) und Übertragungskosten ($C_Ü$) jeweils für die Situationen dargestellt, daß die Erzeugung durch ein einziges Kraftwerk (C_{E1} bzw. $C_{Ü1}$), durch zwei Kraftwerke an verschiedenen Standorten (C_{E2} bzw. $C_{Ü2}$) und durch drei Kraftwerke an jeweils unterschiedlichen Standorten (C_{E3} bzw. $C_{Ü3}$) stattfindet. Bei der Standortwahl sei angenommen, daß die Kraftwerke jeweils so verbrauchsnah wie möglich errichtet werden. Die Erzeugungs- und Übertragungskosten steigen mit zunehmender Produktion, wobei die Erzeugungsgrenzkosten aufgrund der Skalenerträge sinken und die Übertragungsgrenzkosten mit zunehmendem Elektrizitätsumsatz wegen der Stromverluste steigen. Dabei verursachen mehrere kleinere Kraftwerke (gleichen Typs) höhere Kosten (C_{E2} bzw. C_{E3}) als ein größeres (C_{E1}). Hingegen sind die Übertragungskosten geringer, wenn mehrere Kraftwerke eingesetzt werden, da sie dichter bei den jeweiligen Verbrauchsgebieten liegen können und weniger Stromverluste im Leitungsnetz entstehen. Abbildung 2.3 (b) zeigt die Gesamtkosten aus Erzeugung und Übertragung für Systeme mit einem, zwei bzw. drei Kraftwerken. Bis zur Produktionsmenge x_1 ist insgesamt die Produktion durch ein Kraftwerk am günstigsten, zwischen x_1 und x_2 die Produktion an zwei verschiedenen Standorten und von einer Menge x_2 an die Produktion an drei verschiedenen Orten.

39 Die Übertragungskosten sind wesentlich geringer als die Erzeugungskosten. Schulz (1979, S. 104ff.) schätzt sie auf etwa ein Viertel der Erzeugungskosten, nach Crew/Kleindorfer (1986, S. 170) machen die Übertragungskosten einen noch geringeren Anteil an den Gesamtkosten aus. Solange Größenersparnisse bei der Erzeugung die höheren Übertragungskosten überkompensieren, lohnt die Zusammenfassung der Erzeugung auch an verbrauchsfernen Orten.

40 Vgl. Nerlove (1963), S. 187ff.

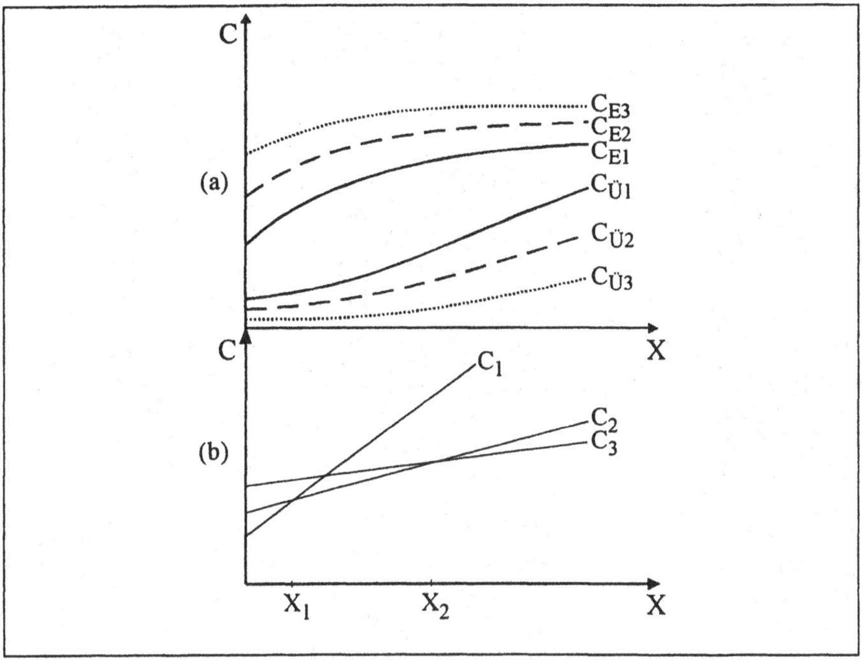

Abbildung 2.3 Erzeugungs- und Übertragungskosten in Abhängigkeit von den Kraftwerksstandorten

Neben den technischen Gründen für eine vertikale Integration können Transaktionskosten eine bedeutende Rolle spielen. Im Mittelpunkt der Transaktionskostentheorie[41] steht die Erklärung organisatorischer Lösungsmöglichkeiten zur Absicherung von Investitionen, die eine oder mehrere Vertragsparteien an die jeweils anderen Transaktionspartner binden. Mit Hilfe transaktionskostentheoretischer Überlegungen soll verdeutlicht werden, wann bestimmte Transaktionen innerhalb des Unternehmens erfolgen, wann sie über den Markt abgewickelt werden und wann sich Zwischenlösungen empfehlen. Grundlegend für das Verständnis der Transaktionskostentheorie ist, daß die Nutzung der Institution des Marktes und des Preismechanismus nicht kostenfrei ist.[42] Diese Transaktionskosten können als Such- bzw. Anbahnungskosten auftreten, wenn Informationen über die relevanten Preise und Produktqualitäten und darüber beschafft werden müssen, wieviel von

41 Eine Transaktion bezeichnet die Aneignung und Übertragung von Verfügungsrechten zwischen Wirtschaftssubjekten.

42 Vgl. Coase (1937), S. 386ff.

den produzierten Mengen eines Vorproduktes von dem Unternehmen auf der nächsten Stufe abgenommen wird.

Neben den Verhandlungskosten bis zum Abschluß eines Liefervertrages fallen besonders solche Kosten ins Gewicht, die aus Unsicherheit über zukünftige Ereignisse und das Verhalten des Vertragspartners entstehen. Lieferverzögerungen können enorme Abwicklungskosten verursachen. Die Qualität der gelieferten Ware muß außerdem überprüft werden, um sicherzugehen, daß der Vertrag eingehalten und nicht opportunistisch ausgenutzt wird (Kontrollkosten). Gegebenenfalls fallen Kosten dafür an, ausgehandelte Verträge an neue Situationen anzupassen.

In der Elektrizitätswirtschaft entstehen Transaktionskosten auf horizontaler Ebene bei der zentralen Kontrolle der Erzeugung zur Regulierung von Netzfrequenz und -stabilität, aber auch dabei, zu gewährleisten, daß der Strom der jeweils preisgünstigsten Kraftwerke in das Netz eingespeist wird. Selbst automatisch gesteuerte Kontrollmechanismen müssen zentral geplant und überwacht werden, um Systeminstabilitäten zu verhindern.[43]

Ein Verteilerunternehmen muß die jeweiligen Produktionsgrenzkosten der Kraftwerke kennen, um effizient Strom bestellen zu können. Zur Konstruktion von Kraftwerken werden Informationen über Ort, Ausmaß und Zeitmuster der Nachfrage sowie über die Verfügbarkeit, Kosten und Zuverlässigkeit des Übertragungsnetzes und der anderen Kraftwerke benötigt. Die Konstruktion von Leitungsnetzen erfordert wiederum Informationen über die Nachfrage und über den Ort und die Eigenschaften der aktuellen und geplanten Erzeugung. Da eine große Anzahl von Entscheidungen, die sich gegenseitig beeinflussen, gleichzeitig getroffen werden, ist es schwierig, einen perfekten Informationsaustausch zwischen Unternehmen herzustellen.[44]

Auch die Koordination der Aktivitäten innerhalb eines Unternehmens verursacht Kosten (sogenannte Transaktionskosten innerhalb der Organisation). Hierzu zählen vor allem die Kosten für die Errichtung und Änderung der Organisationsstruktur, Informationskosten sowie Überwachungs- und interne Übertragungskosten. Entsprechend der Optimalitätsbedingung erfolgen Transaktionen über den Markt solange, bis die Grenzkosten der marktlichen Transaktion auf die Grenzkosten unternehmensinterner Transaktionen gestiegen sind. Die Höhe der marktlichen Transaktionskosten wird dabei hauptsächlich von der Faktorspezifität und der Unsicherheit geprägt.[45] Werden die ökonomischen Aktivitäten der verschiedenen

43 Vgl. Joskow/Schmalensee (1985), S. 38f. und Jurewitz (1988), S. 31.
44 Siehe Landon (1983), S. 115f., Einhorn (1994), S. 6f. und Joskow (1996b), S. 348ff.
45 Vgl. Williamson (1985), S. 60ff.

nacheinander gelagerten Produktionsstufen in einem Unternehmen integriert, so können diese Transaktionskosten zum großen Teil eingespart werden. Eine Integration wird daher solange stattfinden, bis die Organisationskosten einer weiteren Transaktion innerhalb des Unternehmens den Kosten dieser Transaktion über den Markt entsprechen. Markt und Unternehmen sind also Alternativen, um ein Bündel von zusammenhängenden Transaktionen auszuführen. Welche Alternative jeweils gewählt wird, hängt von den Umweltfaktoren der Transaktionen ab. Solche Umweltfaktoren können dabei z.B. die Marktstruktur, die Effizienz und Zuverlässigkeit von Zulieferern sowie die bestehenden Handelsverflechtungen sein. Hat ein Unternehmen eine stärkere Präferenz für größtmögliche Sicherheit und wünscht es eine starke Kontrolle über das Marktumfeld, wird es eher die Produktion seiner Vorprodukte in das Unternehmen integrieren. Die Integration kann zudem verhindern, daß eine Einigung bei Vertragsverhandlungen scheitert. Da verschiedene Unternehmen aber auch unterschiedliche Ausstattungen mit Kapital und Arbeitskräften haben, kommen innerhalb einer Industrie häufig unterschiedliche Integrationsgrade vor. Dies kann auf unterschiedlichen Fähigkeiten der Manager, die die Aktivitäten des Unternehmens koordinieren müssen, unterschiedlicher Ausstattung mit verfügbarem Kapital für eine Integration, unterschiedlichen Erfahrungen mit Zulieferern und insgesamt unterschiedlichen Erwartungen über die Transaktionskosten der Marktnutzung beruhen.[46] Insgesamt sind die Transaktionskosten der Marktnutzung für die Elektrizitätswirtschaft erheblich und dürften maßgeblich dazu beitragen, daß Economies of Scope zwischen den Produktionsstufen der Elektrizitätswirtschaft auftreten.

2.2.2.2 Vorliegen von Subadditivität bei Verbundproduktion

Subadditivität bei horizontaler oder vertikaler Verbundproduktion liegt vor, wenn eine bestimmte Outputmenge von einem einzelnen Unternehmen zu geringeren Gesamtkosten hergestellt werden kann als von jeder Kombination mehrerer Unternehmen, d.h. also wenn $C(y) + C(y') \geq C(y + y')$, wobei y und y' beliebige Output*vektoren* sind.

Zur Feststellung von Subadditivität bei Mehrproduktunternehmen reicht das Vorliegen von Konkavität der Kostenfunktion und Economies of Scale für die einzelnen Produktionsverfahren im Gegensatz zum Einproduktunternehmen noch nicht aus.[47] Eine Kostenfunktion erzeugt Economies of Scope, wenn $C(y) + C(y') \geq$

---

46 Vgl. George/Joll/Lynk (1992), S. 76.

47 Ein Beispiel dafür gibt Sharkey (1982), S. 63: Die Kostenfunktion $C(x_1,x_2) = x_1^{1/2} + x_2^{1/2} + (x_1x_2)^{1/2}$ ist konkav und hat Economies of Scale für jeden der beiden Outputs, aber die einfache Rechnung $C(1,0) + C(0,1) = 2$ und $C(1,1) = 3$ zeigt, daß die notwendige Bedingung für Subadditivität nicht erfüllt ist.

C(y+y') bei disjunkten Outputzusammensetzungen von y und y'[48]. Economies of Scope würden im Fall der Elektrizitätswirtschaft bedeuten, daß beispielsweise Verbundvorteile bei der Integration von Erzeugung und Übertragung im Vergleich zur getrennten Produktion vorliegen. Das Vorliegen von Economies of Scope besagt jedoch nicht automatisch, daß Subadditivität gegeben ist. Es besteht durchaus die Möglichkeit, daß nicht die gesamte Erzeugung mit der Übertragung zusammengefaßt wird, sondern neben einem integrierten Unternehmen weitere unabhängige Stromerzeuger existieren. Dies könnte effizienter sein als die vollständige Integration, so daß dann $C(y) + C(y') < C(y+y')$ wäre und keine Subadditivität vorläge. Vielmehr verlangt Subadditivität Vorteile der Verbundproduktion.

Ausreichend für Subadditivität der Kostenfunktion ist Kostenkomplementarität[49] zwischen der Produktion der einzelnen Güter.[50] Die Produktionskosten sind komplementär, wenn die Ausweitung der Produktionsmenge eines Gutes die inkrementellen Kosten[51] bei der Produktion des anderen Gutes senkt.

Ein anderes Konzept der Komplementarität ist die Quasikonvexität der Kostenfunktion. Quasikonvexität ist eine schwächere Bedingung als Konvexität. Eine Kostenfunktion C(y) ist quasikonvex in y^0, wenn $\{y|C(y) \leq C(y^0)\}$ eine konvexe Menge ist.[52] Für den Fall von zwei Produkten bedeutet das, daß eine Kostenfunktion quasikonvex ist, wenn alle Kostenindifferenzkurven konkav zum Ursprung sind.[53]

---

48 Disjunkte Outputzusammensetzung von y und y' bedeutet, daß ein Produkt, das im Outputbündel y enthalten ist, nicht im Outputbündel y' enthalten sein darf. Für den in der Elektrizitätswirtschaft in der Regel betrachteten Fall von zwei Gütern (Elektrizitätserzeugung und -übertragung) bedeutet das o.B.d.A., daß y die Menge des erzeugten Stroms enthält und y' den an einem Ort eingespeisten und an einem anderen Ort entnommenen Strom, falls man von dem trivialen Fall absieht, daß ein Bündel beide Produkte enthält und das andere leer ist.

49 Dies wird zuweilen als Economies of joint produktion bezeichnet.

50 Vgl. Sharkey (1982), S. 69.

51 Inkrementelle Kosten des Produktes j sind Kosten, die dieses Produkt zusätzlich zu den Kosten der anderen Produkte des Unternehmens verursacht. Sie sind definiert als $IC(y_j) = C(y) - C(y_{n-j})$. y_{n-j} ist dabei der Outputvektor, bei dem keine Produktion von j stattfindet. Vgl. ähnlich Baumol/Panzar/Willig (1988), S. 67. Die Spezifikation von durchschnittlichen inkrementellen Kosten erlaubt die Zuordnung von Skalenerträgen zu einem bestimmten Produkt. Vgl. Mayo (1984), S. 209.

52 Vgl. Baumol/Panzar/Willig (1988), S. 83. Für weitere geometrische und algebraische Definitionen der Quasikonvexität siehe Chiang (1984), S. 387ff.

53 Vgl. Baumol/Panzar/Willig (1988), S. 83.

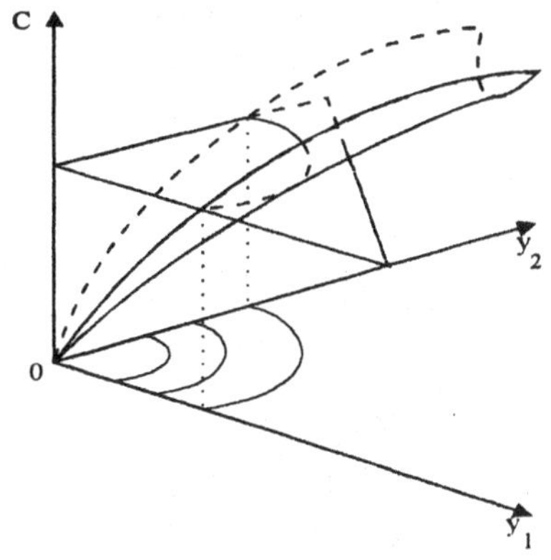

Abbildung 2.4 *Quasikonvexität der Kostenfunktion*
Quelle: Baumol/Panzar/Willig (1988), S. 84.

Quasikonvexität verbunden mit abnehmenden Durchschnittskosten entlang jeder Halbgeraden durch den Ursprung ist hinreichend für Subadditivität der Kostenfunktion. Eng mit dem Konzept der Quasikonvexität ist das Konzept der Querschnittskonvexität[54] verbunden. Querschnittskonvexität liegt vor, wenn die Querschnitte einer Kostenfunktion konvex sind.

Die Querschnittskonvexität ist ein Maß für das Verhalten der Kostenfunktion entlang bestimmter Outputbündel, die ungefähr die Gesamtproduktion konstant halten, jedoch andere Zusammensetzungen erlauben. Das Vorliegen von Querschnittskonvexität bedeutet, daß die Kosten der gemeinsamen Produktion einer gewichteten Summe von Outputs entlang eines Querschnitts geringer sind als die Kosten der Einzelproduktion.[55] Querschnittskonvexität ist verbunden mit abnehmenden Durchschnittskosten entlang aller Halbgeraden durch den Ursprung ebenfalls hinreichend für Subadditivität der Kostenfunktion.[56]

---

54 Dieses Konzept wird unter dem Namen „trans-ray convexity" beispielsweise von Baumol/Panzar/Willig (1988) und Sharkey (1982) verwendet.

55 Vgl. Bailey/Friedlaender (1982), S. 1032.

56 Obwohl Quasikonvexität und Querschnittskonvexität sehr ähnliche Konzepte sind und häufig beides vorliegt, lassen sie sich nicht zwangsläufig ineinander überführen. Ein Gegenbeispiel geben Baumol/Panzar/Willig (1988), S. 93ff.

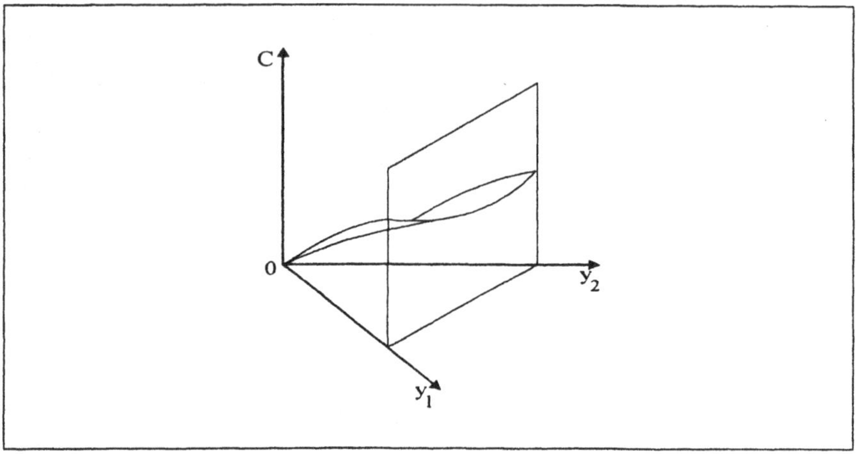

Abbildung 2.5 Querschnittskonvexität der Kostenfunktion
Quelle: Sharkey (1982), S. 67.

Obwohl Subadditivität an sich ein einfaches Konzept ist, ist es schwierig, empirisch direkt festzustellen, ob eine gegebene Kostenfunktion subadditiv ist. Ein direkter Test würde erfordern, daß für alle relevanten Outputmengen die Produktionskosten eines einzigen Unternehmens mit jeder möglichen Kombination aus zwei oder mehr Unternehmen verglichen werden. Dies ist in der Praxis nahezu unmöglich, so daß Subadditivität in der Regel mit den speziellen Eigenschaften von Quasi- oder Querschnittskonvexität in Zusammenhang gebracht wird, die leichter empirisch überprüfbar sind.[57]

2.3 Konzepte zur Berechnung der Produktionskosten

Zur Schätzung von Kostenkurven existieren verschiedene Verfahren. Die Kostenfunktion eines Unternehmens wird theoretisch aus seiner Produktionsfunktion abgeleitet. Die für die effiziente Produktionsmethode, mit der ein gegebener Output mit der minimalen Inputkombination hergestellt wird, benötigten Faktoren werden mit ihren Preisen bewertet und so zu einer Kostenfunktion zusammengestellt. Dabei werden nur die Skalenerträge, die sich aus den technischen Gegebenheiten der Produktion ergeben, erfaßt; pekuniäre Economies of Scale müssen ausgeschlossen werden können, wenn die Berechnungen Gültigkeit besitzen sollen. Diesem theoretischen Konzept zur Ermittlung von Kostenfunktionen kommt die ingenieurwissenschaftliche Methode am nächsten.

57 Vgl. Sharkey (1982), S. 83.

Häufig kennt man aber die Produktionsfunktion nicht genau. Eine Alternative ist dann die Beobachtung von Kosten tatsächlich produzierter Outputmengen. Die statistische Methode wendet diese Möglichkeit an.[58]

2.3.1 Ingenieurwissenschaftliche Kostenstudien

Die ingenieurwissenschaftliche Methode der Kostenberechnung zerlegt den Produktionsprozeß in seine physikalisch-technischen Produktionsphasen. Für jede einzelne Komponente werden die zur Produktion benötigten Faktormengen geschätzt und die Kosten auf Basis der aktuellen Faktorpreise berechnet. Die Gesamtkosten ergeben sich aus der Summe der Faktorpreise der verschiedenen Produktionsphasen. Diese Berechnungen werden für alle verfügbaren, d.h. tatsächlich vorhandenen Betriebsgrößen durchgeführt, so daß sich eine Kostenfunktion in Abhängigkeit von der Produktionsmenge ergibt. Die Kosten enthalten dabei keine administrativen Kosten des Betriebs, sondern lediglich die technischen Kosten der Produktion auf der Ebene der einzelnen Produktionseinheiten, also beispielsweise der Kraftwerke. Technische Diseconomies der Produktion treten offenbar nur in geringem Maße auf, da die auf Basis der ingenieurwissenschaftlichen Methode berechneten langfristigen Durchschnittskosten zunächst fallen und dann flach verlaufen, ohne wieder anzusteigen.[59] Diseconomies of Scale könnten aber im Managementbereich auftreten, der hier ausgeklammert wird. Dadurch, daß Management- und Marketingkosten vernachlässigt werden, die nötig sind, den Produktionsprozeß zu beaufsichtigen und das Produkt abzusetzen, sind ingenieurwissenschaftliche Kostenstudien relativ schlechte Approximationen für die langfristigen Durchschnittskosten, obwohl sie die reinen Produktionskosten am besten abbilden.

2.3.2 Statistische Kostenstudien

Statistische Kostenstudien wenden Regressionsanalysen auf Zeitreihen- oder Querschnittsdaten an. Um Zeitreihendaten zu erhalten, werden verschiedene Größen (Output, Kosten, Preise usw.) eines Unternehmens über einen längeren

---

58 Neben diesen beiden Methoden existiert die Survivor-Technik zur Ermittlung der Produktionskosten. Sie wurde erstmals in den dreißiger Jahren eingesetzt, lange bevor George J. Stigler sie 1958 wieder anwandte. Vgl. Shepherd (1997), S. 181. Bei Stigler (1958) findet sich allerdings eine ausführliche Erklärung dieser Technik. Die Grenzen dieses Verfahrens werden von Shepherd (1967) und Bain (1969) aufgezeigt. Für die Berechnung von Produktionskosten in der Elektrizitätswirtschaft ist diese Methode bisher nie angewandt worden, so daß hier auf eine ausführliche Erläuterung verzichtet werden kann.

59 Vgl. Koutsoyiannis (1981), S. 122 und 126.

Zeitraum beobachtet. Dabei ist es für die Schätzung der kurzfristigen Kostenfunktion wichtig, daß der Betrieb über die ganze Zeit hinweg mit der gleichen Kapazität arbeitet. Der Auslastungsgrad kann jeweils unterschiedlich sein. Zeitreihendaten eignen sich in der Regel, um kurzfristige Kostenfunktionen zu schätzen. Langfristige Kostenfunktionen können nur dann über Zeitreihendaten geschätzt werden, wenn das betrachtete Unternehmen seine Kapazität ausweitet, ohne den technischen Stand zu verändern. Langfristig ändert sich aber häufig die verwendete Technik, so daß Zeitreihenstudien für die Schätzung langfristiger Kostenfunktionen nicht sehr geeignet sind.[60]

Für Regressionen aus Querschnittsdaten werden Informationen über Kosten und Output von einer Gruppe von Unternehmen zu einem bestimmten Zeitpunkt erhoben. Dabei müssen für die kurzfristige Kostenfunktion alle Unternehmen die gleiche Produktionskapazität haben, können jedoch mit unterschiedlicher Auslastung produzieren. Für die langfristige Kostenfunktion einer Branche werden Unternehmen untersucht, die mit unterschiedlichen Kapazitäten jeweils zu minimalen Kosten produzieren.

Die Ergebnisse der Regressionsschätzungen auf der Basis dieser Daten werden aus verschieden Gründen kritisiert: hauptsächlich hinsichtlich der Interpretation der Ergebnisse, hinsichtlich des verwendeten Datenmaterials und bezüglich der Vernachlässigung bzw. ungenügenden Berücksichtigung wichtiger erklärender Variablen, wodurch eine Mißspezifikation der Kostenfunktion entsteht.[61]

Probleme treten dadurch auf, daß die erhobenen Daten sich von den tatsächlichen Produktionsdaten unterscheiden. Die Daten werden in der Regel aus dem betrieblichen Rechnungswesen übernommen und stimmen nicht mit den volkswirtschaftlichen Kosten überein. Beispielsweise entsprechen die verfügbaren Abschreibungskosten nicht den tatsächlichen Abschreibungen, also der tatsächlichen Abnutzung der Maschinen, sondern sie werden als lineare Abschreibung gleichmäßig über die Lebensdauer der Maschinen verteilt. Außerdem ist eine direkte Zuordnung der Kosten zum Produktionsergebnis vielfach nicht möglich bzw. wird nicht vorgenommen, wie bei der Aufteilung von Gemeinkosten auf die einzelnen Produkte von Mehrproduktunternehmen.

Zudem stellen die Kostenfunktionen Ex-ante-Beziehungen zwischen Produktionsoutput und Kosten dar. Die statistisch geschätzte Funktion basiert aber auf Expost-Daten, d.h. die Ergebnisse spiegeln die Tatsache wider, daß die Unternehmen wissen, daß ihre Durchschnittskosten steigen werden, wenn sie kurzfristig

---

60 Vgl. Koutsoyiannis (1981), S. 138.

61 Vgl. für das folgende Koutsoyiannis (1981), S. 139ff.

oberhalb ihres geplanten Kapazitätsbereichs produzieren. Das bedeutet, daß sich für den steigenden Abschnitt der Durchschnittskostenkurve keine empirischen Daten finden lassen und z.B. eher L-förmige als U-förmige Durchschnittskostenfunktionen beobachtet werden.

Außerdem spielt es eine Rolle, ob die untersuchten Unternehmen öffentliche oder private Unternehmen sind. Öffentliche Unternehmen sind sehr oft Monopole und unterscheiden sich in ihrer Kostenstruktur sehr stark zum einen von privaten Unternehmen, vor allem aber von Unternehmen im Wettbewerb.[62]

Häufig erfassen die Kostenfunktionen Änderungen im technischen Standard nur unzureichend. Es wird davon ausgegangen, daß sich der Stand der Technik während des ganzen betrachteten Zeitraums nicht ändert. Aber selbst wenn das zutreffen sollte, produzieren nicht alle Unternehmen auf dem neuesten Stand der Technik. Würde sich diese Streuung zufällig über die untersuchten Unternehmen verteilen, entstünde kein Problem, da sie dann durch den stochastischen Fehlerterm erfaßt werden könnte. Von einer zufälligen Streuung kann aber nicht ausgegangen werden. Vielmehr ist es wahrscheinlich, daß große Unternehmen modernere Maschinen einsetzen und so mit geringeren Kosten produzieren als kleine Unternehmen. Dies kann dazu führen, daß die Durchschnittskosten für eine große Produktionsmenge schon deshalb unter denen für eine kleinere Produktionsmenge liegen, weil eine neuere und kostensparende Technik eingesetzt wird. D.h. sowohl die kurz- als auch die langfristige Kostenfunktion enthalten Verschiebungen nach unten, die im Zeitablauf durch den technischen Fortschritt eintreten, und sind daher verzerrt.

Außerdem werden die Faktorpreise in den Kostenfunktionen nicht richtig deflationiert. Die Veränderungen der Preise im Zeitablauf werden zwar berücksichtigt. Preisunterschiede an den verschiedenen Standorten der produzierenden Unternehmen, die in Querschnittstudien auch zu berücksichtigen sind, werden allerdings häufig in den Schätzungen nicht erfaßt. Eine Variable für den Produktionsstandort fehlt in der Regel.

2.4 Strukturelle Einflußgrößen auf die Produktionskosten der Elektrizitätswirtschaft

Skalenerträge, Reservekapazitäten und Transaktionskosten bestimmen die Form der Totalkosten und damit der Durchschnittskosten der Elektrizitätswirtschaft. Die Lage der Kostenfunktion basiert aber auch auf externen Größen wie Um-

62 Auf die Kostenstruktur von öffentlichen und privaten Unternehmen in der Elektrizitätswirtschaft wird in Abschnitt 2.4.3 genauer eingegangen.

weltbedingungen, technischem Fortschritt oder Faktorpreisen. Die Kosten, auf deren Basis alle Studien die Existenz natürlicher Monopole untersuchen, sind zum Beispiel nicht unabhängig von der Marktform. Jede Änderung einer Determinante verändert die Produktionsfunktion und damit auch die Kostenfunktion.

2.4.1 Inputmärkte

Die Berechnung der Kostenfunktion erfolgt in der Regel unter der Annahme, daß die Preise für die benötigten Inputfaktoren gegeben sind. D.h. man geht implizit von wettbewerblichen Inputmärkten aus. Wenn die Inputmärkte nicht wettbewerblich organisiert und die Inputpreise damit nicht unabhängig von den Kosten- und Produktionsstrukturen wären, müßte die Superadditivität der Produktionsmöglichkeitsmenge als Definition des natürlichen Monopols verwendet werden[63].

Für die Elektrizitätswirtschaft kann aber bezweifelt werden, daß wettbewerbliche Inputmärkte bestehen. Empirische Untersuchungen benutzen im allgemeinen Daten von großen Erzeugungsunternehmen, von denen man annehmen kann, daß sie Monopsonmacht auf ihren Inputmärkten ausüben.[64] Atkinson und Kerkvliet (1986) zeigen, daß zumindest Kohlekraftwerke Marktmacht auf dem Kohlemarkt haben. Dies verzerrt die Inputpreise.[65] Über die Konsequenzen gibt es unterschiedliche Ansichten. Einerseits führen die Preisnachlässe dazu, daß die Kostenkurven pekuniäre Vorteile in nicht unerheblichem Ausmaß enthalten können. Die wahre technische Kostenkurve müßte also teilweise über der beobachteten liegen.[66] In diesem Fall würde man aus den beobachteten Kosten möglicherweise auf Economies of Scale schließen können, während die tatsächliche technische Kostenkurve schon Diseconomies aufweist.

---

63 Vgl. z.B. Sharkey (1982), S. 64.

64 Vgl. Tschirhart (1995), S. 335.

65 Für Öl- und Gaskraftwerke hingegen kann Monopsonmacht wohl ausgeschlossen werden.

66 Vgl. Shepherd (1990), S. 221.

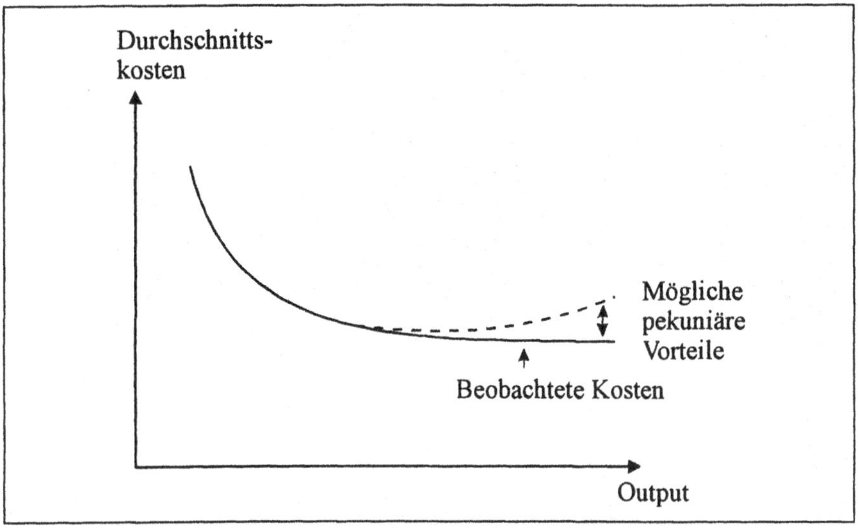

Abbildung 2.6 Verzerrung der Kostenkurve durch pekuniäre Vorteile
Quelle: Shepherd (1990), S. 221.

Für die Berechnung der Kostenfunktion wird zum anderen angenommen, daß sich die Inputpreise im Zeitablauf nicht ändern. Dies entspricht aber für die Elektrizitätswirtschaft ebenfalls nicht der Realität, in der Zinssätze, Rohstoffkosten, Löhne und andere Inputpreise schwanken. Diese Preisänderungen haben Konsequenzen für die Form der Kostenkurve bzw. des Kostengebirges und beeinflussen damit die kostenminimierende Industriestruktur und das Vorliegen von Subadditivität.[67] Der Grad der Subadditivität der Kostenfunktion steigt mit dem Inputpreis p_i, wenn für die relevante Produktionsmenge die Nachfrage nach dem Input i subadditiv ist.[68] Der Preisanstieg eines fixen Faktors, der nicht substituierbar ist, erhöht also die Economies of Scale, während Preiserhöhungen aller variablen Faktoren die Skalenerträge senken, wenn fixe Faktoren vorhanden sind.

Es seien U-förmige Durchschnittskosten angenommen: Im Ausgangspunkt (Kurve A) in Abbildung 2.7 liegt das Minimum (Punkt V) bei einer Outputmenge von y_1. Dies definiert die kostenminimierende Anzahl von produzierenden Unternehmen.

67 Vgl. hierzu und für das folgende Baumol/Panzar/Willig (1988), S. 151ff.

68 Die Nachfrage nach einem Input ist subadditiv, wenn bei einem Anstieg des Inputpreises die Kosten der Produktion durch mehrere Unternehmen stärker steigen als die Kosten der Produktion durch ein einziges Unternehmen. Die Subadditivität der Nachfrage nach dem Input wird zum ursprünglichen Inputpreis betrachtet.

Steigt nun der Preis eines nicht superioren Inputfaktors i [69], so wird dieser Faktor mit steigendem Output zunehmend durch andere Faktoren substituiert, und die Outputmenge, bei der die Durchschnittskosten minimiert werden, steigt auf y_2 (Kurve B). Dies liegt daran, daß die Ausgaben für den Faktor i je produzierter Einheit (Kurve E) wegen der Nichtsuperiorität ihr Minimum (Punkt Z) später erreichen als die gesamten Durchschnittskosten.

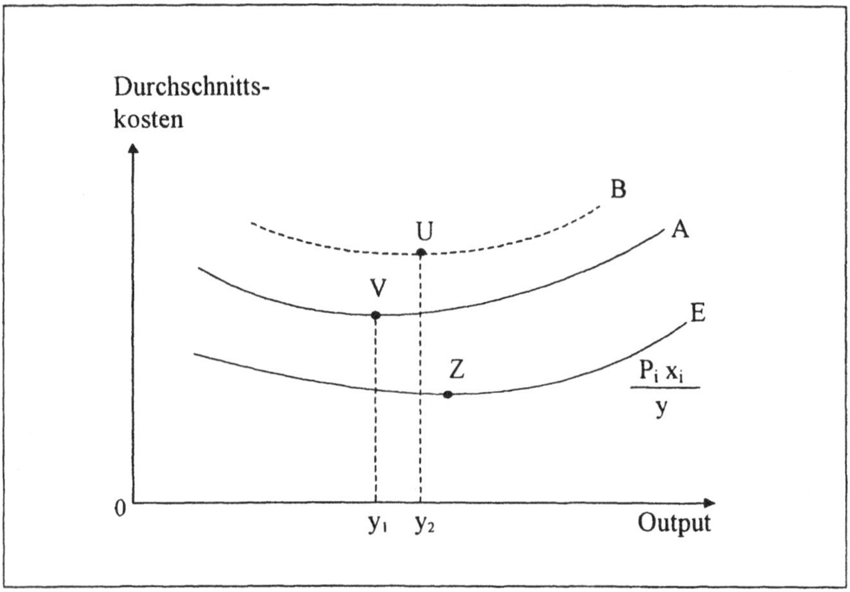

Abbildung 2.7 Verschiebung der Durchschnittskosten durch Inputpreisänderungen
Quelle: Baumol/Panzar/Willig (1988), S. 163.

Durch Preisänderungen der Inputfaktoren verschiebt sich also die Durchschnittskostenkurve. Welche Auswirkungen das für die beobachtete Kostenkurve und damit für die Frage hat, in welche Richtung Verzerrungen stattfinden – ob ein natürliches Monopol nicht erkannt wird oder Skalenerträge für einen Bereich festgestellt werden, in dem sie nicht mehr vorliegen – hängt davon ab, ob die Inputpreise steigen oder sinken. Werden die Faktorpreise in den Kostenstudien nicht kontrolliert, so können sich Verzerrungen in erheblichem Ausmaß ergeben.

---

69 D.h. die Elastizität der Nachfrage nach Faktor i in bezug auf den Output y ist kleiner oder gleich 1 ($\varepsilon_{iy} \leq 1$).

2.4.2 Stand der Technik

Wie schon im Abschnitt 2.3 erläutert wurde, spielen der Stand der Technik und vor allem die technischen Änderungen eine bedeutende Rolle für die Validität von Kostenstudien, da der technische Fortschritt Einfluß auf die Skalenerträge im Zeitablauf hat. In der Elektrizitätswirtschaft setzte erheblicher technischer Fortschritt in den fünfziger Jahren ein. In dieser Zeit scheint es auch den größten technischen Wandel gegeben zu haben.[70] Mit der Zeit nahmen das Produktivitätswachstum und der technische Wandel allerdings ab. Seit den siebziger Jahren stagnierte der technische Fortschritt,[71] nimmt aber infolge des gestiegenen Umweltbewußtseins seit einiger Zeit wieder zu.[72]

Bei der Stromerzeugung mit Hilfe von Dampf wirkt sich der technische Fortschritt dergestalt aus, daß die langfristige Durchschnittskostenkurve sich in Richtung auf geringere Kosten bei größeren Erzeugungseinheiten verschiebt. Eine generelle Nach-unten-Verschiebung für alle Größen findet nicht statt.[73] Es handelt sich also um outputvermehrenden technischen Fortschritt.

2.4.3 Umweltbedingungen

Umweltbedingungen sind externe Einflüsse, die die kurz- und langfristige Kostenfunktion beeinflussen. Die Umwelt wirkt sich hauptsächlich in Gestalt von Regulierungsbestimmungen auf die Kosten der Elektrizitätswirtschaft aus. Neben der Umweltgesetzgebung, die Auflagen macht, bestimmte Produktionsverfahren zu verwenden[74], wird vor allem die Art der Preisregulierung für Kostenverzerrungen verantwortlich gemacht.

In Abbildung 2.8 sei ein gewinnmaximierendes Monopol angenommen, das mit den Inputfaktoren Arbeit und Kapital und einer neoklassischen Produktionstechnik produziert und einer Rate-of-Return-Regulierung ausgesetzt ist. Dies führt dazu, daß die privaten Kosten für Kapital für das Unternehmen geringer sind als

---

70 Vgl. Dhrymes/Kurz (1964), die dies in ihrer Studie untersuchen.

71 Vgl. Joskow (1987), S. 17f., Nelson/Wohar (1983), S. 57 und 70ff., Nelson (1984) und die dort zitierte Literatur. Lammers (1992, S. 99f.) datiert die Zeit, zu der die Verbesserung des Wirkungsgrades für neue Kraftwerke durch technischen Fortschritt aufhörte, zwischen 1965 und 1970.

72 Vor allem die Wirkungsgrade der Energieerzeugung durch Kraft-Wärme-Kopplung und die Entwicklung neuer Gasturbinen konnten verbessert werden. Für eine ausführliche Beschreibung der verschiedenen Erzeugungstechniken und ihrer Entwicklung siehe Müller, Leonhard (1998), S. 221ff.

73 Vgl. Cowing (1974), S. 150.

74 Zum Beispiel kann verboten werden, heißes Kühlwasser in Flüsse zu leiten etc.

die Marktkosten.[75] Die relativen Faktorkosten für Arbeit und Kapital werden verzerrt (vom Kapital-Arbeits-Verhältnis 1 zum Kapital-Arbeits-Verhältnis 2). Das Unternehmen strebt jetzt keine Kostenminimierung in bezug auf die Marktpreise mehr an. Es kommt zu einer Überkapitalisierung, bei der das Unternehmen zu höheren als den minimalen Kosten produziert.

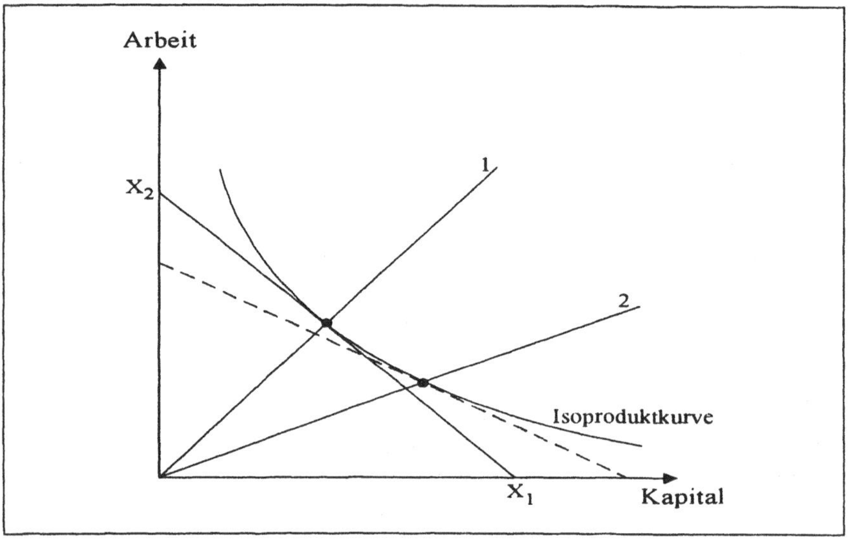

Abbildung 2.8 Überkapitalisierung bei Rate-of-Return-Regulierung

Dieser sogenannte Averch-Johnson-Effekt, daß nämlich ein gewinnmaximierendes Unternehmen unter einer Rate-of-Return-Regulierung ein höheres Kapital-Arbeits-Verhältnis hat als ein unreguliertes Unternehmen, ist in der Literatur kontrovers diskutiert worden.[76] Courville (1974) bestätigt den Effekt zwar empirisch für die Elektrizitätserzeugung, seine Studie enthält allerdings vereinfachende Annahmen, die in dieser Form nicht haltbar sind. Baumol und Klevorick (1970) und Spulber und Becker (1983) weisen zudem nach, daß der Averch-Johnson-Effekt nicht zutreffen muß und unter anderen Modellannahmen auch das Gegenteil eintreten kann.[77] Unabhängig davon hat der Effekt in der Praxis wohl keine

75 Vgl. Averch/Johnson (1962), S. 1053.

76 Siehe z.B. Joskow/Noll (1981), S. 10ff. und Baumol/Klevorick (1970).

77 Burness/Montgomery/Quirk (1980) befanden das Averch-Johnson-Modell für untauglich, das Verhalten von Elektrizitätsunternehmen beim Einsatz nuklearer Kraftwerke vorherzusagen, Marino/Sicilian (1988) bezweifeln die Fähigkeit des Modells, Energiesparmaßnahmen von Elektrizitätsunternehmen vorherzusagen.

große Bedeutung. Nerlove (1963) geht beispielsweise davon aus, daß die meisten Unternehmen noch so weit von dem Punkt entfernt produzieren, an dem sie bei weiterer Kostenreduktion mit einer Überprüfung ihrer Regulierungssituation rechnen müßten, als daß dieser Aspekt eine wesentliche Rolle spielen würde.[78] Laffont (1994) sieht den Effekt ebenfalls als überbetont an, da in den meisten Fällen Investitionen ohnehin direkt reguliert werden.[79] Die Regulierungsbehörde kontrolliert zudem nur in bestimmten Abständen. Bei Informationsasymmetrien zwischen dem Unternehmen und der Regulierungsbehörde kann das Unternehmen bezüglich seines Kapital-Arbeits-Verhältnisses neutral reagieren oder dieses in jede Richtung verzerren.[80]

Die Kostenstruktur eines Unternehmens kann auch davon beeinflußt sein, ob es sich um ein öffentliches oder ein privates Unternehmen handelt. Öffentliche Unternehmen unterliegen anderen Regulierungsbedingungen, sind dem Eingriff des Staates wesentlich direkter ausgesetzt und haben zum Teil andere Ziele als private Unternehmen.[81] Die staatlichen Unternehmen können als Instrumente der makroökonomischen Globalsteuerung benutzt werden und unterliegen direktem politischem Einfluß. Große öffentliche Unternehmen, wie sie öffentliche Elektrizitätsversorgungsunternehmen darstellen, werden außer von der Regierung auch von politischen Interessengruppen beeinflußt. Dadurch können allokative und X-Ineffizienzen entstehen. Der Einfluß der Eigentumsverhältnisse der Elektrizitätswirtschaft in den verschiedenen Ländern auf die ökonomische Effizienz der Unternehmen ist allerdings umstritten. Empirische Studien zur Effizienz von Elektrizitätsversorgungsunternehmen ergeben allenfalls geringe Effizienzunterschiede zwischen öffentlichen und privaten Unternehmen.[82] Für die Studien im nächsten Abschnitt spielt die Eigentumsfrage keine große Rolle, da dort fast ausschließlich private Unternehmen untersucht werden. Öffentliche Unternehmen werden ledig-

---

78 Vgl. Nerlove (1963), S. 168.

79 Vgl. Laffont (1994), S. 509.

80 Siehe Besanko (1982).

81 Vgl. Karlson (1986), S. 79.

82 Vgl. dazu Borcherding/Pommerehne/Schneider (1982), Färe/Grosskopf/Logan (1985), Atkinson/Halvorsen (1986). Die zitierten Untersuchungen stammen jedoch weitgehend aus den Vereinigten Staaten. Die dortigen staatlichen Unternehmen sind meist klein und im Besitz von Kommunen. Vgl. Lammers (1992), S. 112f. Die Ergebnisse sind also nicht ohne weiteres auf andere Länder übertragbar. Pollitt (1993 und 1994), der Elektrizitätsunternehmen in 14 Ländern untersucht, kommt aber zumindest in seiner zweiten Studie zu dem Schluß, daß private Unternehmen kosteneffizienter produzieren, wenngleich der Unterschied allenfalls 5 Prozent betragen dürfte. Effizienzgewinne nach einer Regulierungsreform betrugen hingegen ein vielfaches. Kumbhakar/Hjalmarsson (1998) kommen in einer Untersuchung der schwedischen Elektrizitätswirtschaft ebenfalls zu dem Schluß, daß private Versorgungsunternehmen effizienter sind als öffentliche.

lich in der Verteilung des Stroms einbezogen. Dabei handelt es sich aber weitgehend um kommunale Unternehmen und keine vertikal integrierten Staatsunternehmen, so daß die angesprochenen Ineffizienzen nicht in gravierendem Ausmaß auftreten dürften.

2.5 Empirische Studien zur horizontalen und vertikalen Integration der Elektrizitätswirtschaft

Es existiert eine Vielzahl von Studien zu der Frage, ob die Elektrizitätswirtschaft durch natürliche Monopole in den einzelnen Produktionsstufen oder in ihrer Gesamtheit gekennzeichnet ist. Die Untersuchungen unterschieden sich dabei darin, welcher Bereich betrachtet wird, ob es sich um horizontale Economies of Scale bei der Erzeugung, der Übertragung oder der Verteilung oder Skalenerträge in der Gesamtproduktion handelt oder ob vertikale Verbundvorteile oder vertikale Separabilität betrachtet werden. Es kann weiter zwischen statistischen und ingenieurwissenschaftlichen Studien unterschieden werden und danach, ob die Studien das produzierte Gut Strom als einzelnes Gut darstellen oder es sich für die Untersuchungen um mehrere Produkte handelt, die eine Subadditivitätsuntersuchung für Mehrproduktunternehmen erfordern. Außerdem ist danach zu differenzieren, ob für die Untersuchung von Skalenerträgen auf einzelnen Produktionsstufen integrierte Unternehmen betrachtet werden oder Unternehmen, die nur Strom erzeugen, übertragen oder verteilen.

Weitere Unterteilungen sind danach möglich, inwieweit Reservekapazitäten berücksichtigt werden. Reservekapazitäten könnten ein Problem für die Untersuchung der Skaleneffekte darstellen, wenn in Kostenstudien zum Teil der Auslastungsgrad pro Kraftwerk, d.h. die tatsächliche Produktion von Strom, berücksichtigt wird, zum Teil aber die gesamte Kapazität des Kraftwerks. Außerdem müssen die Studien danach unterschieden werden, wie weit sie die strukturellen Einflußgrößen auf die Produktionskosten berücksichtigen, also beispielsweise veränderte Technik, Inputmärkte für die Stromerzeugung, das Regulierungsumfeld oder die Besitzverhältnisse der Unternehmen. Die Berücksichtigung eines Technikfaktors in den Studien trägt allerdings nicht zum Erklärungswert von Produktionskostenunterschieden bei. Burns und Weyman-Jones (1996) finden beispielsweise, daß die Techikvariable sich kollinear zu den Faktorpreisen verhält oder falsche Vorzeichen hat, so daß sie aus ihrer Regressionsanalyse eliminiert wird.

Die Problematik nicht wettbewerblicher Inputmärkte für die Stromerzeugung wird von den Autoren einiger Studien thematisiert. Diese Studien betrachten die Faktorpreise dennoch durchweg als exogen und nehmen an, daß die Erzeugungsunternehmen eine schwache Marktposition besitzen und sich als Preisnehmer verhalten. Alle anderen Studien nehmen dies implizit ebenfalls an. Dies kann die Ergebnisse allerdings verzerren, so daß vorhandene Subadditivitäten nicht erkannt werden.

Das Regulierungsumfeld wird nur von sehr wenigen Studien berücksichtigt. Die meisten Untersuchungen vernachlässigen es mit der Begründung, daß z.B. der Averch-Johnson-Effekt empirisch irrelevant ist. Viele Studien, die Daten aus den Vereinigten Staaten untersuchen, verwenden allerdings regionale Dummy-Variablen, um Unterschiede im Regulierungsumfeld verschiedener Staaten erfassen zu können.

Mit Ausnahme einiger Studien, die fast ausschließlich nur die Verteilung des Stroms untersuchen, verwenden alle hier betrachteten Studien Daten aus den Vereinigten Staaten. Daraus erklärt es sich, daß hauptsächlich private Elektrizitätsunternehmen in die Studien einbezogen werden. Öffentliche Unternehmen werden nur für die Verteilung teilweise berücksichtigt. Dies gewährleistet, daß die Produktionskosten nicht durch Kostenbestandteile, die aus den zum Teil politischen Zielen öffentlicher Unternehmen herrühren, verzerrt werden.

2.5.1 Studien zur horizontalen Integration

Lange Zeit war man davon ausgegangen, daß die Skaleneffekte sowohl in der Erzeugung als auch bei der Übertragung und Verteilung so groß seien, daß sie die Existenz eines Monopols rechtfertigten.[83] Seit Mitte der siebziger Jahre wird das jedoch aufgrund von gegenteiligen Untersuchungsergebnissen kritischer gesehen.[84]

---

83 Vgl. Kaserman/Mayo (1991), S 483.

84 Die unterschiedlichen Ergebnisse der Studien sind teilweise auf unterschiedliche Technik und Umweltbedingungen im Zeitablauf oder unterschiedliche Datensätze, hauptsächlich aber auf unterschiedliche Modellspezifikationen zurückzuführen. Z.B. verletzt die Kostenfunktion von Kaserman/Mayo (1991) die lineare Homogenitätsbedingung und behandelt Grenzkosten als unabhängig von Inputpreisen und anderen Variablen. Gilsdorf weist darauf hin, daß dies zu Spezifikationsverzerrungen geführt haben könnte. Vgl. Gilsdorf (1994), S. 264 und (1995), S. 130. Ähnliche oder andere Vorwürfe könnte man an alle betrachteten Modelle richten. Die unterschiedlichen Ergebnisse im Zeitablauf resultieren zum Teil daraus, daß die ökonometrischen Untersuchungsmethoden in den letzten 25 Jahren ständig weiterentwickelt wurden. Vgl. Kwoka (1996), S. 38. Einen Überblick über unterschiedliche ökonometrische Verfahren einzelner Studien geben Cowing/Smith (1978). Da sich die ökonometrischen Verfahren stetig verbessern, kann man davon ausgehen, daß neuere Modelle im allgemeinen den älteren überlegen sind.

	Kosten-studie		Produkte				
	ingenieurwiss.	statistisch	ein	mehr	Land	Zeitraum	Reservekap.
Lomax (1952)		X	X		USA	1947/48	X
Nerlove (1963)		X	X		USA	1955	
Ling (1964)	X		X		USA	1905-1959	X
Dhrymes/Kurz (1964)		X	X		USA	1937-1959	
Galatin (1968)		X	X		USA	1938-1953	X
Cowing (1974)	X		X		USA	1947-1965	X
Primeaux (1975)		X			USA	1964-1968	X
Christensen/Greene (1976)		X	X		USA	1955, 1970	X
Wills (1978)		X	X		USA	1947-1969	X
Huettner/Landon (1978)		X			USA	1971	X
Atkinson/Halvorsen (1984)		X	X		USA	1970	
Mayo (1984)		X		(X)	USA	1979	
Henderson (1985)		X				1970	X
Finder (1985)		X		X	USA	1975-1980	
Roberts (1986)		X			USA	1978	
Sing (1987)		X		(X)	USA	1981	
Nelson/Primeaux (1988)		X	X			1961-1976	
Eftekhari (1989)							
Kaserman/Mayo (1991)		X		X	USA	1981	
Gilsdorf (1994)		X		X	USA	1985	
Salvanes/Tjøtta (1995)		X		X	Norwegen	1988	
Lee (1995)		X	X		USA	1990	
Gilsdorf (1995)		X		X	USA		X
Cantner/Hanusch/Westermann (1995)		X	X		Deutschland	1983-1992	X
Burns/Weyman-Jones (1996)		X	X		England	'80/81-'92/93	
Kwoka (1996)		X	X		USA		
Thompson/Hovde/Irwin u.a.(1996)		X			USA	1977-1992	
Filippini (1996, 1998)		X	X		Schweiz		X
Hayashi/Goo/Chamberlain (1997)		X			USA	1983-1987	
Kumbhakar/Hjalmarsson (1998)		X	X		Schweden	1970-1990	

Tabelle 2.1 Studien zur Effizienz von horizontaler und vertikaler Integration

Unternehmensform			Besitz				Skalenerträge im Bereich					
integriertes U.	separate U.	Technologie	öffentlich	privat	Regulierung	Art der Erzeugung*	Erzeugung	Übertragung	Verteilung	Gesamt	Vertikale Separabilität	Vert. Verbundvorteile
						Dampf	ja					
		X		X		Dampf	(ja)					
		X		X		Dampf	ja					
		X				Dampf	ja					
		X		X		fossil-fuel	ja					
		X				Dampf	ja					
			X						ja			
X				X		Dampf	(ja)					
		X		X		Dampf	(ja)					
X				X		fossil-fuel	(ja)	(ja)	(ja)$^+$	(ja)		
X	X			X	X		ja					
				X		Dampf	(ja)					
X				X		verschieden		ja	ja		nein	
X		X		X		Dampf				ja		
X				X					(ja)$^+$		nein	
				X						ja		
		X	X						ja$^+$			
							(ja)	ja	ja	nein		ja
X	X			X								ja
				X		fossil-fuel	ja	ja	ja			nein
	X		X						ja			
X				X	X	fossil-fuel/hydro				nein	nein	ja
X				X		fossil-fuel				nein		möglich
X			X	X	X					(ja)°		
	X	X	X	X					ja			
			X	X	X	verschieden						ja
X	X			X		verschieden	(ja)		ja			
	X	X	X						ja			
		X		X		fossil-fuel	ja				nein	ja
		X	X	X					ja			

* Bei den Studien, die dampfbetriebene Generatoren untersuchen, kann davon ausgegangen werden, daß es sich um Dampf von fossilen Brennstoffen handelt, da die erste Studie, die Kernkraftwerke einbezieht, von 1988 stammt.

\+ Die Skalenerträge beziehen sich auf Economies of Scale. Dichtevorteile liegen nicht vor bzw. sind für größere Unternehmen schon erschöpft.

° Inwieweit Skalenerträge vorliegen. hängt von der Größe des versorgten Gebietes ab.

(ja) Die vorhandenen Skalenerträge sind schon für realistische Produktionsgrößen erschöpft.

(X) Es werden zwar Mehrproduktunternehmen untersucht, dies bezieht sich aber auf die Kombination von Elektrizität und Gas.

2.5.1.1 Stromerzeugung

Für die Untersuchung der Stromerzeugung muß zwischen Skalenerträgen auf der Ebene der Generatoreneinheiten, der Kraftwerks- und der Unternehmensebene unterschieden werden. Ein Kraftwerk, also eine Betriebsstätte an einem Standort, enthält in der Regel mehrere Erzeugungseinheiten (Generatoren). Wenn für ein einzelnes Kraftwerk Größenvorteile bereits erschöpft sind, können für ein Erzeugungsunternehmen, das mehrere Kraftwerke betreibt, dennoch Größenvorteile auftreten, beispielsweise durch ein einheitliches Management, größere Erfahrung oder Ersparnisse bei der Reservekapazität für Störfälle.

Die hier zitierten Untersuchungen konzentrieren sich auf die Stromerzeugung mit Hilfe fossiler Brennstoffe. Dies erklärt sich daraus, daß Generatoren, die durch fossile Brennstoffe – vor allem Kohle – angetrieben werden, früher fast ausschließlich verwendet wurden und auch jetzt noch den Großteil der Erzeugungskapazitäten ausmachen.[85] Nicht-dampfbetriebene Kraftwerke werden nur in den Studien von Henderson (1985), Lee (1995), Kwoka (1996) und Thompson/Hovde/Irwin u.a. (1996) berücksichtigt. Mit Ausnahme der Studie von Thompson/Hovde/Irwin u.a. (1996) untersuchen diese Studien aber keine horizontalen Skalenerträge in der Stromerzeugung, sondern vertikale Verbundvorteile.

Studien aus den fünfziger und sechziger Jahren weisen die Existenz von Skalenerträgen für die Stromerzeugung nach.[86] Dies gilt sowohl für ingenieurwissenschaftliche als auch für statistische Kostenstudien. Dhrymes und Kurz (1964) zeigen allerdings, daß sich mit dem technischen Fortschritt, der in den fünfziger Jahren einsetzte, auch die Skalenerträge veränderten. Kleine Produktionseinheiten produzierten zunehmend mit konstanten Skalenerträgen, größere (200-449 MW) wiesen weiterhin steigende Skalenerträge auf. Im Vergleich zum Beginn der fünfziger Jahre (1951-54) fallen die Skalenerträge allerdings in der Periode 1955-59 deutlich geringer aus.

Seit den siebziger Jahren sind die Ergebnisse der Studien nicht mehr so eindeutig. Zwar kommt die ingenieurwissenschaftliche Studie von Cowing (1974) noch zu

---

85 Die erste Studie über Skalenerträge in der Stromerzeugung durch Kernkraft ist erst 1988 von Krautmann und Solow durchgeführt worden. Siehe Krautmann/Solow (1988). Man kann aber davon ausgehen, daß Kernkraftwerke höhere Skalenerträge aufweisen als konventionelle Kraftwerke (vgl. Kwoka (1996), S. 38), da ihre Errichtung auch aufgrund der hohen Planungs- und Genehmigungskosten sehr teuer ist, der Betrieb hingegen vergleichsweise geringe Kosten verursacht. Gilsdorf (1990, S. 52) schätzt, daß Skalenerträge hier noch bis 900-1100 MW vorliegen.

86 Siehe z.B. Lomax (1952), Nerlove (1963), Ling (1964), Galatin (1968) und Dhrymes/Kurz (1964).

signifikanten Skalenerträgen in der Erzeugung,[87] der Untersuchungszeitraum umfaßte hier aber die Jahre 1947-1965. Wills (1978), der Daten von 1947 bis 1969 verwendet, zeigt, daß sich die Skalenerträge des Kraftstoffeinsatzes in der Stromerzeugung bei einer Kapazität von ca. 300 MW erschöpfen, die Skaleneffekte des Arbeitseinsatzes hingegen erschöpfen sich nicht. Joskow und Schmalensee gehen auf der Basis der Studien von Wills (1978) und Perl (1982) davon aus, daß bei ca. 300 MW die Economies of Scale auf der Ebene der Produktionseinheiten ausgeschöpft sind. Sie schätzen, daß dies für ganze Kraftwerke bei etwa 800 MW der Fall ist.[88]

An den Untersuchungen, die nur Kraftwerksblöcke bzw. Kraftwerke betrachten, wird insofern Kritik geübt, als vor allem die älteren Studien Nebenbedingungen wie eine vertikale Integration von Erzeugungsunternehmen nicht beachten und vor allem kaum größere Produktionseinheiten untersuchen.[89] Auf diese Weise werden Skalenerträge postuliert, die für größere (tatsächlich existierende) Einheiten möglicherweise schon erschöpft sind.

Christensen und Greene (1976) untersuchen die Veränderung von Skaleneffekten im Erzeugungsbereich zwischen 1955 und 1970 auf Unternehmensebene[90]. Dabei stellen sie fest, daß es 1955 signifikante Skaleneffekte bei nahezu allen untersuchten Unternehmen gab. 1970 produzierten sehr viel mehr Unternehmen auf dem flachen Abschnitt der Durchschnittskostenkurve. Das läßt sich darauf zurückführen, daß sich die gesamte Stromerzeugung im untersuchten Zeitraum verdreifachte (bei leicht sinkender Unternehmenszahl), der Bereich, in dem Skalenerträge anfallen, sich aber durch technischen Fortschritt nur um 60 Prozent ausweitete. Nicht ausgenutzte Skalenerträge waren 1970 also sehr viel weniger vorhanden als 1955. Während 1955 74,1 Prozent des erzeugten Stroms von Unternehmen produziert wurde, die Skalenerträge nicht ausnutzten, waren es 1970 nur noch 48,7 Prozent.[91] Bei 4000 MW waren die Größenvorteile etwa ausgeschöpft.[92] Atkinson und Halvorsen (1984), die den 1970er Datensatz von Christensen und Greene verwenden, zeigen allerdings, daß die Skalenerträge keinesfalls ausgeschöpft sind, wenn man Schattenkosten statt aktuelle Kosten verwendet. Joskow und

---

87 Aus dieser Studie ergibt sich ein Wert für die Economies of Scale von 1,2. Vgl. Cowing (1974), S. 149. Ein Wert von 1 signalisiert dabei konstante Skalenerträge, Werte über 1 steigende, Werte unter 1 fallende Skalenerträge.

88 Vgl. Joskow/Schmalensee (1985), S. 51f.

89 Vgl. Zardkoohi (1986), S. 72ff.

90 im Unterschied zur bisher betrachteten Ebene einzelner Erzeugungseinheiten oder Kraftwerke

91 1970 gab es sogar ein Unternehmen, das bereits im Bereich fallender Skalenerträge produzierte. Dieses Unternehmen erzeugte allein 6,7 Prozent des gesamten Stroms.

92 Vgl. Christensen/Greene (1976).

Schmalensee (1985) stellen das Ergebnis ebenfalls in Frage. Sie gehen davon aus, daß die Skalenerträge aufgrund der von Christensen und Greene verwendeten Daten[93] eher unterschätzt werden. Aus der bereinigten Studie müßte dann hervorgehen, daß die meisten Unternehmen die Skalenerträge nicht ausschöpfen und eine weitere Integration sinnvoll wäre.[94]

Mayo (1984) vergleicht Daten von 1970 und 1979. Seine Studie ergibt, daß Skalenerträge in diesem Zeitraum abgenommen haben. Viele Unternehmen, die 1970 im Bereich steigender Skalenerträge produziert haben, sahen sich 1979 fallenden Skalenerträgen ausgesetzt.[95]

Huettner und Landon (1978) verwenden einen anderen Ansatz als Christensen und Greene (1976)[96], stützen aber deren grundsätzliche Ergebnisse. Sie untersuchen Daten von 1971, allerdings sowohl für den Erzeugungsbereich als auch für Übertragung und Verteilung. Dabei spalten sie die Kosten in sechs Kategorien auf (Kosten für Produktion, Übertragung, Verteilung, allgemeine und administrative Kosten, kundenbezogene Kosten und Verkaufsausgaben). Es zeigt sich, daß für fünf der sechs Kostenkategorien und für die Gesamtkosten abnehmende Skalenerträge auftreten, sobald eine bestimmte Unternehmensgröße überschritten wird. Nur bei den Kosten in Verbindung mit dem Endverkauf, die nur einen geringen Teil der Kosten ausmachen, ergeben sich steigende Skalenerträge für alle Unternehmensgrößen. Die gesamten langfristigen Durchschnittskosten erreichen ihr Minimum z.B. zwischen 1600 und 3100 MW. Auch für Holdinggesellschaften können keine Kostenvorteile nachgewiesen werden.[97] Auch hier gilt aber das gleiche wie für die Studie von Christensen und Greene. Werden Verbund- und Austauschbeziehungen der Unternehmen untereinander mit in die Betrachtung einbezogen, ergibt sich ein anderes Bild. Poolsysteme oder Stromlieferverträge zum Ausgleich der Lastkurven der einzelnen Erzeugungsunternehmen und zum Auffangen von Generatorausfällen führen dazu, daß weniger Reservekapazität vorgehalten werden muß. Die langfristigen Grenzkosten verlaufen niedriger, so

---

93 Christensen und Greene betrachten fast nur vertikal integrierte Unternehmen und vernachlässigen die Austauschbeziehungen zwischen den Unternehmen.

94 Vgl. Joskow/Schmalensee (1985), S. 57f.

95 Vgl. Mayo (1984), S. 217.

96 Christensen und Greene verwenden translog-Kostenfunktionen und können daher einige Unterschiede zwischen Unternehmen (z.B. den Grad der Kapazitätsauslastung, die Art der verwendeten Rohstoffe oder regionale Nachfrageunterschiede) nicht berücksichtigen. Huettner und Landon benutzen dagegen eine normale Kostenfunktion mit verschiedenen Dummy-Variablen, die solche Unterschiede berücksichtigen können. Allerdings können hier Probleme mit der Substitutionselastizität zwischen verschiedenen Inputfaktoren auftreten. Vgl. Huettner/Landon (1978), S. 884f.

97 Vgl. Huettner/Landon (1978), S. 908.

daß die Durchschnittskosten erst bei größeren Unternehmensgrößen wieder steigen. Das bedeutet, daß größere Skalenerträge als die von Huettner und Landon gefundenen vorliegen.[98]

Studien, die Daten aus den achtziger Jahren verwenden, finden deutlichere Skalenerträge für die Stromerzeugung. Ob Skalenerträge in Erzeugungsbereich vorliegen, hängt in der Untersuchung von Hayashi, Goo und Chamberlain (1997) davon ab, ob eine homothetische Kostenfunktion[99] angenommen wird. Ohne diese Bedingung ergeben sich steigende Skalenerträge, anderenfalls konstante Skalenerträge. Insgesamt kommen die Autoren zu dem Schluß, daß die Skalenerträge im Erzeugungsbereich für alle Unternehmensgrößen noch nicht ausgeschöpft sind, wenngleich die Economies of Scale für kleine Unternehmen, die weniger als 9,18 Millionen MWh produzieren, deutlich größer ausfallen als für große Unternehmen. Eftekhari (1989) und Gilsdorf (1994) weisen Skalenerträge in der Erzeugung für Produktionsvolumina von 12 Millionen MWh bzw. 15.106.086 MWh nach.[100] Beide Studien verwenden dabei die tatsächliche Produktionsmenge und nicht die vorhandene Kapazität der Unternehmen. Tabelle 2.2 zeigt die Kapazität der Stromerzeugung für einige europäische Länder und die mit dieser Kapazität 1995 erzeugte Elektrizitätsmenge.

Die Tabelle zeigt, daß je MW Erzeugungskapazität zwischen 3,2 und 4,7 GWh Strom produziert werden, wenn man Luxemburg vernachlässigt, das fast seinen gesamten Strombedarf importiert. Der Median liegt bei 4,1 GWh je MW Kapazität.[101] Für die Produktion von 15.106 GWh Strom, für die Gilsdorf (1994) noch Skalenerträge gefunden hat, wäre also je nach Auslastungsgrad eine Kapazität von 3200 bis 4700 MW nötig. Dies würde bedeuten, daß größere Skalenerträge als die von Huettner und Landon (1978) gefundenen vorliegen; der von Christensen und Greene (1976) ermittelte Grenzwert von 4000 MW, bei dem die Skalenerträge erschöpft sind, ist denkbar, ebenso kann aber die Einschätzung von Joskow und Schmalensee (1985) zutreffen, daß Economies of Scale auch darüber hinaus vorliegen.

---

98 Vgl. Lammers (1992), S. 102. In der jüngsten Zeit hat zudem die Einführung von Combined-Cycle-Gas-Turbinen (CCGT) die Skaleneigenschaften der Stromerzeugung verändert. Bei diesen Turbinen wird die Wärme des Dampfes, der die Turbine antreibt, aufgefangen und erneut im Produktionsprozeß verwendet. Dies führt zu höherer Effizienz, senkt die Umweltbelastung und erhöht die Skalenerträge. Vgl. Kwoka (1996), S. 55. Ähnliche Skaleneffekte können auch bei der Kraft-Wärme-Kopplung erwartet werden, auf die hier aber nicht näher eingegangen wird.

99 Siehe für eine Erklärung homothetischer Funktionen Chiang, (1984), S. 423ff.

100 Vgl. Eftekhari (1989) und Gilsdorf (1994), S. 280.

101 Eine GWh entspricht 1000 MWh oder eine Million kWh.

Land	max. Nettokapazität in MW	gesamte Nettoproduktion in GWh (=10^3 MWh)	GWh/MW
Luxemburg	1210	1242	1,02644628
Österreich	17085	54976	3,21779339
Portugal	9152	31056	3,39335664
Dänemark	10068	34751	3,45162892
Italien	65840	229300	3,4826853
Spanien	46282	161626	3,49219999
Schweiz	15970	58838	3,68428303
Finnland	14746	60610	4,11026719
Niederlande	18900	77744	4,11343915
Irland	4029	16579	4,11491685
Schweden	34608	143398	4,14349283
Griechenland	9121	38379	4,20776231
Deutschland	115000	493400	4,29043478
Frankreich	107750	471000	4,3712297
Norwegen	27545	123471	4,48251951
Großbritannien	68065	313615	4,60758099
Belgien	14899	70631	4,74065374

Tabelle 2.2 Erzeugungskapazität und Produktion in europäischen Ländern 1995[102]

Die Studie von Thompson, Hovde, Irwin u.a. von 1996 illustriert den Wandel, der sich im Erzielen von Skalenerträgen in der Erzeugung im Laufe der Zeit ergeben kann. Ende der siebziger Jahre weisen sie für kleine Unternehmen noch steigende Skalenerträge nach, während große Unternehmen mit konstanten Skalenerträgen produzieren. Für die achtziger Jahre ergeben sich hier im Gegensatz zu den Studien von Gilsdorf (1994) und Hayashi/Goo/Chamberlain (1997) leicht steigende Durchschnittskosten für alle Unternehmen. Dies führen die Autoren auf höhere Kraftstoffkosten und den Kapazitätsausbau, der zu dieser Zeit verstärkt stattfand,[103] zurück. Ob die steigenden Durchschnittskosten gleichbedeutend mit Dis-

102 Die Daten für die maximale Nettokapazität und die gesamte Nettoproduktion der Länder stammen aus UNIPEDE (1997).

103 Tatsächlich ist die beobachtbare Kapazitätserhöhung der Kraftwerke in Deutschland in erster Linie auf den verstärkten Einsatz von Atomenergie zurückzuführen. Atomkraftwerke sind die einzigen, die mit einer Kapazität von mehr als 1000 MW gebaut werden. Bei allen anderen Kraftwerken ist die Zahl kleiner Einheiten (zwischen einem und 100

economies of Scale sind, kann daher anhand der Studie nicht festgestellt werden. In den neunziger Jahren finden Thompson/Hovde/Irwin u.a. (1996) wieder konstante Skalenerträge für die meisten Outputgrößen.

Es stellt sich allerdings die Frage, ob die vorhandenen Skalenerträge nicht ebenso durch Verträge zwischen verschiedenen Unternehmen ausgenutzt werden können und auf weitgehende horizontale Integration verzichtet werden kann. Es könnte eine zentrale Planungs- und Betriebsagentur geben, die die Aktivitäten der unabhängigen Unternehmen koordiniert. Christensen und Greene (1978) finden in ihrer Studie, daß Kraftwerke, die zu einem Unternehmen gehören, etwa 7 Prozent kostengünstiger produzieren können als Kraftwerke, die eigenständig sind und einem gemeinsamen Power-Pool angehören.[104] Zwischen eigenständigen Kraftwerken, die einem Pool angehören und solchen ohne Poolmitgliedschaft können dagegen keine Kostenunterschiede festgestellt werden. Die Studie widerlegt damit das Argument, daß verstärkte Koordination zwischen den Erzeugern zu weitgehenden Kosteneinsparungen führen kann. Die Gründe könnten darin liegen, daß große Unternehmen wenig Anreize haben, mit kleinen Unternehmen gemeinsame Reservekapazitäten vorzuhalten, da die kleineren wenig zusätzliche Reservekapazität für den Pool bereitstellen, aber den größten Nutzen daraus ziehen, weil sie am weitesten von der optimalen Unternehmensgröße entfernt sind. Pools aus unabhängigen Unternehmen laufen außerdem immer Gefahr, daß die gemeinsamen Systemplanungen ineffizient sind, weil jedes Unternehmen in erster Linie sein eigenes Ziel verfolgt. Beispielsweise könnten gemeinsam errichtete Produktionsanlagen kleiner als optimal ausfallen, wenn einflußreiche Poolmitglieder auf Kosten ausreichender Reservekapazitäten sicherstellen wollen, daß ihre eigene Kapazität stärker ausgenutzt wird.[105]

2.5.1.2 Übertragung

Steigende Skalenerträge in der Stromübertragung lassen sich sehr leicht aus den physischen Eigenschaften des Netzes herleiten und werden auch von den meisten Studien bestätigt. Die berechneten Skalenerträge in der Studie von Henderson (1985) sind so groß, daß der Output, d.h. der Stromverbrauch, unverhältnismäßig hoch sein müßte, um diese auszuschöpfen.[106] Wettbewerb in diesem Bereich wäre demnach reine Verschwendung. Müller und Stahl (1996) gehen darüber hinaus

---

MW) sogar gestiegen. Vgl. Müller/Stahl (1996), S. 290. Diese Beobachtung für Deutschland dürfte auch für andere Industrienationen gelten.

104 Vgl. Christensen/Greene (1978), S. 147.

105 Vgl. Christensen/Greene (1978), S. 141f.

106 Aus der Studie ergeben sich 17,7 Prozent niedrigere Grenz- als Durchschnittskosten für den gesamten Netzbereich. Vgl. Hendersen (1985), S. 88.

von im Zeitablauf gestiegenen Economies of Scale für die Stromübertragung in Deutschland aus.[107]

Erstaunlicherweise ergeben sich bei Huettner und Landon (1978) für den Übertragungsbereich im gesamten empirisch relevanten Bereich steigende Durchschnittskosten. Der Grund dafür könnte in der Verknüpfung mit dem Erzeugungsbereich liegen. Durch höhere Übertragungskosten (d.h. beispielsweise größere Investitionen in ein effizienteres Netzsystem) können die Erzeugungskosten gesenkt werden, die einen wesentlich größeren Anteil an den Gesamtkosten ausmachen als die Übertragungskosten.[108]

2.5.1.3 Verteilung

Auf der Verteilungsebene gilt das natürliche Monopol zumindest für den Betrieb des Netzes. Alle Studien weisen Economies of Scale nach, unabhängig davon, ob öffentliche oder private Unternehmen betrachtet werden. Studien, die die Elektrizitätsverteilung in öffentlichem Besitz betrachten, kommen für unterschiedliche Länder eindeutig zu dem Schluß, daß die Verteilung auf kommunaler Ebene durch Subadditivität gekennzeichnet ist. Das gilt sowohl für die Studien von Primeaux (1975) und Nelson/Primeaux (1988) für die Vereinigten Staaten als auch für Norwegen (Salvanes/Tjøtta 1995), England und Wales (Burns/Weyman-Jones 1996)[109] und die Schweiz (Filippini 1996). Auch Kumbhakar/Hjalmarsson (1998) ermitteln für Schweden Skalenerträge in der Verteilung sowohl für öffentliche als auch für private Unternehmen.

Henderson (1985), Roberts (1986), Gilsdorf (1994) und Thompson/Hovde/Irwin u.a. (1996) bestätigen das für private Unternehmen. Aus der Studie von Huettner und Landon (1978), die ebenfalls private Unternehmen untersuchen, ergeben sich für den Verteilungsbereich größere Skalenerträge als für die Stromerzeugung, sie erschöpfen sich allerdings innerhalb des empirisch relevanten Produktionsumfangs.[110] Die durchschnittlichen Verteilungsnetzkosten müssen mit einem Wachstum der Gesamtnachfrage nicht notgedrungen abnehmen. Wenn die Nachfragesteigerung durch neue Kunden am Rand einer wachsenden Stadt auftritt, wo es am teuersten ist, sie zu bedienen, können die hohen Leitungskosten das Absinken

---

107 Vgl. Müller/Stahl (1996), S. 290.

108 Vgl. Huettner/Landon (1978), S. 907 und Abschnitt 2.2.2.

109 In diese Studie werden allerdings sowohl öffentliche als auch private Verteiler einbezogen.

110 Das Minimum der Durchschnittskosten liegt hier bei 2600 MW. Vgl. Huettner/Landon (1978), S. 895. Roberts (1996) kommt ebenfalls zu dem Ergebnis, daß sich die Skalenerträge für große Unternehmen erschöpfen.

der Durchschnittskosten, das durch die gestiegene Energiemenge eingetreten ist, überkompensieren.

Nicht alle Studien untersuchen Economies of Density im Verteilungsbereich gesondert. Diejenigen, die das tun, kommen dabei zu unterschiedlichen Ergebnissen. Huettner und Landon (1978) erklären das Nichtvorhandensein von Dichtevorteilen in ihrer Studie damit, daß die negativen Agglomerationseffekte in den amerikanischen Metropolen die positiven Dichtevorteile bei den Verteilungskosten mehr als ausgleichen.[111] Nelson und Primeaux (1988) ermitteln zwar Dichtevorteile, die aber für große Unternehmen bereits erschöpft sind. Roberts (1986) zweifelt die positiven Dichtevorteile hingegen generell an. Er kommt zu dem Schluß, daß sinkende Durchschnittskosten eher auf gestiegenen Verbrauch als auf höhere Konsumentendichte zurückzuführen sind.[112]

Salvanes und Tjøtta weisen für Norwegen allerdings nach, daß die Skalenerträge auf Dichtevorteile und außerhalb sehr kleiner Betriebsgrößen nicht mehr auf normale Economies of Scale zurückzuführen sind.[113] Ungeachtet der Differenzen, ob die gefundenen Skalenerträge auf Economies of Scale oder Density zurückzuführen sind oder ob, wie bei Thompson/Hovde/Irwin u.a. (1996), beides eine Rolle spielt, scheint eine Ausweitung des Versorgungsgebietes keine weiteren Skalenerträge zu generieren.[114]

2.5.2 Studien zur vertikalen Integration

2.5.2.1 Economies of Scale in der Gesamtproduktion

Neben den Skalenerträgen auf jeder einzelnen Produktionsstufe läßt sich untersuchen, ob für die Gesamtproduktion der Elektrizitätswirtschaft Economies of Scale vorliegen. Finder (1985) untersucht die Elektrizitätswirtschaft darauf, ob es sich um ein natürliches Mehrproduktmonopol handelt. Er betrachtet die einzelnen Stufen der Elektrizitätswirtschaft als eigenständige Produktionseinheiten, die unterschiedliche Produkte herstellen,[115] und kommt zu dem Schluß, daß das durch-

---

111 Vgl. Huettner/Landon (1978), S. 897.

112 Aus der Studie ergibt sich, daß ein einprozentiger Verbrauchsanstieg bei gleichbleibender Verbraucherzahl und gleichem Versorgungsgebiet zu einem Kostenanstieg um 0,82 Prozent führt. Bei gestiegener Konsumentenzahl um ein Prozent und gleichbleibendem Durchschnittsverbrauch (d.h. der Gesamtverbrauch steigt auch um ein Prozent) ergeben sich aus der Studie nur geringfügige Dichtevorteile. Vgl. Roberts (1986), S. 378 und 385.

113 Siehe Salvanes/Tjøtta (1994).

114 Vgl. Thompson/Hovde/Irwin u.a. (1996), S. 68.

115 Vgl. Finder (1985), S. 4.

schnittliche private Elektrizitätsversorgungsunternehmen in den Vereinigten Staaten ein natürliches Mehrproduktmonopol ist.[116] Dabei ist die Kostensubadditivität von 1979 an ausgeprägter als 1975-1978. Finder führt das darauf zurück, daß nach der Ölpreiskrise Mitte der siebziger Jahre ein Umbruch in der Technik stattfand, der zu den unterschiedlichen Resultaten beiträgt. Außerdem spielt der Trend zu größeren Kraftwerkseinheiten eine Rolle, der die ausgenützten Skalenerträge vergrößerte.

Sing (1987), die in ihrer Studie allerdings hauptsächlich das Vorhandensein natürlicher Mehrproduktmonopole als Kombination von Gas- und Elektrizitätsunternehmen untersucht, findet ebenfalls Skalenerträge für den Gesamtbereich der Elektrizitätswirtschaft.[117]

Gilsdorf (1995), Eftekhari (1989) und Lee (1995) finden hingegen keine eindeutigen Belege dafür, daß für vertikal integrierte Elektrizitätsunternehmen Subadditivität für die Gesamtproduktion vorliegt. Das würde bedeuten, daß Elektrizitätsversorgungsunternehmen keine natürlichen Mehrproduktmonopole sind. Cantner, Hanusch und Westermann (1995) stellen für die deutsche Elektrizitätswirtschaft zwar Skalenerträge für die Gesamtproduktion fest, diese erschöpfen sich aber bereits für die größten Unternehmen ebenso wie für die größten Versorgungsgebiete.

2.5.2.2 Vertikale Separabilität

Studien zur vertikalen Separabilität testen, ob die Kosten für eine Produktionsstufe unabhängig von den anderen Stufen minimiert werden können. Der Separabilitätstest zeigt also beispielsweise an, ob die Netze für die Übertragung und Verteilung des Stroms optimal gestaltet werden können, ohne die Kosten auf der Erzeugungsebene zu berücksichtigen.

Henderson (1985) verneint in seiner Studie die Hypothese, daß Übertragung/Verteilung und Erzeugung funktional separabel sind. Er weist damit die funktionelle Abhängigkeit zwischen den Produktionsstufen nach, die eine vertikal integrierte Form der Elektrizitätswirtschaft nahelegt. Roberts (1986) und Hayashi/Goo/Chamberlain (1997) kommen zum gleichen Ergebnis, daß Separabilität für die Elektrizitätswirtschaft auf alle Fälle verneint werden kann.

Lee (1995) untersucht für amerikanische Verbundunternehmen, inwiefern technische Effizienzverluste aus einer vertikalen Desintegration entstehen können. Da-

---

116 Vgl. Finder (1985), S. 13 und S. 112f.

117 Die Studie ergibt eine Größenordnung für die Skalenerträge von 1,66. Vgl. Sing (1987), S. 397.

bei betrachtet er Erzeugung, Übertragung und Verteilung als getrennte Produktionsstufen und testet, ob Erzeugung von den anderen Stufen getrennt werden kann, ob Verteilung eigenständig organisiert werden kann und ob man alle drei Produktionsstufen separieren kann, ohne daß die technische Effizienz leidet. Die Studie kommt zu dem Schluß, daß schwerwiegende Koordinationsprobleme auftreten, wenn eine Produktionsstufe von den anderen getrennt wird. Im Gegensatz zu anderen Industriezweigen scheint eine Deregulierung der Elektrizitätswirtschaft wegen der starken technischen Verbindungen zwischen den Produktionsstufen technische Effizienzverluste nach sich zu ziehen.[118] Wird die Erzeugung von den anderen Stufen getrennt, ergibt sich ein statischer Effizienzverlust von 4,12 Prozent, bei getrennter Verteilung ein Verlust von 7,59 Prozent und bei vollständiger Desintegration ein Verlust von 18,63 Prozent.[119]

2.5.2.3 Vertikale Verbundvorteile

Auch wenn die Elektrizitätswirtschaft nicht durch Economies of Scale in der Gesamtproduktion gekennzeichnet sein sollte, so können durch vertikale Verbundvorteile natürliche Monopole entstehen. Die Verbundvorteile dehnen den Monopolbereich in der Übertragung und Verteilung von elektrischem Strom auch auf den Erzeugungsbereich aus, selbst wenn in der Erzeugung keine Skalenerträge mehr vorliegen. Verbundvorteile zwischen den Produktionsstufen können auch ohne Subadditivität in der Gesamtproduktion vorhanden sein, beispielsweise aufgrund von Gemeinkosten, die zwischen den drei Produktionsstufen aufgeteilt werden können.[120] Untersuchungen zu vertikalen Verbundvorteilen beschränken sich allerdings im allgemeinen darauf, Integrationsvorteile zwischen Erzeugung und Leitungssystem zu betrachten. Studien, die die Verteilung explizit und gesondert mit einbeziehen, gibt es nur sehr wenige.

Eine Studie von Kaserman und Mayo (1991) belegt, daß Kostenkomplementaritäten zwischen den vertikalen Stufen der Elektrizitätswirtschaft existieren und signifikant sind.[121] Für den Output der Erzeugungsebene werden die vorhandenen Skalenerträge zwar schon für Mengen ausgeschöpft, die in der Realität auch vorkommen. Das Vorhandensein von Kostenkomplementaritäten zwischen den vertikalen Stufen erweitert die Region der Skalenerträge aber noch. Abgesehen von

118 Vgl. Lee (1995), S. 50.

119 Der Effizienzverlust wird hier als Differenz zwischen den Outputmengen bei Integration bzw. Desintegration gemessen. Vgl. Lee (1995), S. 58.

120 Vgl. Gilsdorf (1994), S. 272.

121 Die Studie untersucht 74 Unternehmen der Elektrizitätswirtschaft anhand von Daten aus dem Jahr 1981. Teilweise handelt es sich dabei um Verbundunternehmen, teilweise aber auch um reine Erzeugungs- oder Verteilungsunternehmen.

sehr geringen Outputmengen gibt es vertikale Verbundvorteile im gesamten relevanten Größenbereich. Für ein Unternehmen, das eine durchschnittliche Menge an Elektrizität erzeugt und durch das Hochspannungsnetz leitet, sind die Kosten einer vertikal nicht integrierten Produktion um 11,96 Prozent höher als bei vertikal integrierter Produktion. Kaserman und Mayo weisen darauf hin, daß Ersparnisse bei Gemeinkosten diesen Wert noch erhöhen können. Eine vertikal integrierte Elektrizitätswirtschaft kann demnach zu den geringsten Kosten produzieren. Mit zunehmender Desintegration steigen die Gesamtkosten für die Produktion und Verteilung von Strom.

Erhebliche vertikale Verbundvorteile finden auch Eftekhari (1989), Lee (1995), Kwoka (1996) [122] und Hayashi, Goo und Chamberlain (1997). Lediglich Gilsdorf (1994) verneint das Vorliegen vertikaler Verbundvorteile, kann aber in einer Folgestudie ein Jahr später Verbundvorteile nicht vollkommen ausschließen.[123]

Die Ergebnisse legen also nahe, daß vertikale Integration die Gesamtkosten der Bereitstellung von Strom reduziert.[124] Die praktischen Erfahrungen mit der Desintegration der Elektrizitätswirtschaft in England haben gezeigt, daß die Anreize zur Koordination der Investitionen auf der Erzeugungs- und Übertragungsebene fehlen, obwohl eine solche Koordination die Kosten des Gesamtsystems verringern würde.[125]

2.6 Zusammenfassung

Die Ergebnisse der empirischen Studien zeigen, daß horizontale Economies of Scale in der Stromerzeugung existieren und von vielen Unternehmen nicht vollständig ausgenutzt werden. Dennoch sind die berechneten Skalenerträge in einem Größenbereich erschöpft, der für die meisten europäischen Länder mehrere Unternehmen zuläßt, die im effizienten Bereich produzieren, selbst wenn man davon ausgeht, daß durch Verzerrungen aufgrund mangelnder Berücksichtigung der Inputmärkte Subadditivität in größerem Maße vorliegen kann als hier dargestellt wurde. Da die Strommärkte sich bisher weitgehend auf die nationalen Gebiete beschränkten und internationaler Stromaustausch überwiegend zum Ausgleich von Lastspitzen stattfand, kann die Erzeugungskapazität in Tabelle 2.2 die Größe

---

122 Kwoka kombiniert Skaleneffekte auf der Ebene der einzelnen Produktionsstufen mit vertikalen Verbundvorteilen, um Trade-offs berücksichtigen zu können. Vertikale Vorteile können so Diseconomies of Scale auf einzelnen Produktionsstufen ausgleichen und umgekehrt. Vgl. Kwoka (1996), Kapitel 4.

123 Vgl. Gilsdorf (1995).

124 Die Grenzkosten können durch vertikale Integration ebenfalls gesenkt werden. Vgl. Hayashi/Goo/Chamberlain (1997), S. 719f.

125 Vgl. Newbery (1994), S. 26.

der Strommärkte bis zum Ende der neunziger Jahre wiedergeben. Lediglich für Luxemburg und Irland, eventuell auch für Portugal und Griechenland könnte ein natürliches Monopol in der Stromerzeugung vorliegen, weil die Produktion dort sehr gering ist. In allen anderen Ländern ist dies nicht der Fall. Nicht ausgenutzte Skalenerträge in der Elektrizitätserzeugung sind also kein Grund dafür, daß die Erzeugung horizontal integriert sein sollte. Es kann durchaus Konkurrenz zwischen mehreren Kraftwerkverbünden bestehen.

Für die Bereiche des Übertragungs- und Verteilungsnetzes kann von natürlichen Monopolen ausgegangen werden. Lediglich für die Versorgung von Großkunden, die vorhandene Netzkapazitäten allein ausnutzen können, könnte eine getrennte Belieferung ohne Effizienzverluste möglich sein.

Ob Skalenerträge für den Gesamtbereich der Produktion vorliegen, ist nach der Auswertung der Studien umstritten. Vertikale Separabilität liegt allerdings mit Sicherheit nicht vor. Die überwiegende Zahl der Studien, die sich mit vertikalen Verbundvorteilen beschäftigt hat, kommt zu dem Schluß, daß vertikale Integration Kosten sparen kann. Auch wenn das Phänomen des natürlichen Monopols sich nicht (mehr) grundsätzlich auf die gesamte Elektrizitätswirtschaft anwenden läßt, so zeigt sich doch, daß eine integrierte Elektrizitätswirtschaft zu den geringsten Kosten produzieren könnte. Allerdings ist zu berücksichtigen, daß die gefundenen Ergebnisse darauf beruhen, daß die statistisch ermittelten langfristigen Kostenfunktionen tatsächlich die minimalen sind. Kostenersparnisse durch Wettbewerb sind mit den dargestellten Studien nicht zu erfassen.

3 Die Möglichkeit von Wettbewerb in der Elektrizitätswirtschaft und dessen Organisationsformen

In Kapitel 2 wurde gezeigt, daß die Vermutung, in der Elektrizitätswirtschaft lägen natürliche Monopole vor, nicht grundsätzlich und für alle Bereiche zutrifft, daß aber dennoch auf der Ebene des physischen Leitungsnetzes Skalenerträge und zwischen den einzelnen Produktionsstufen Verbundvorteile existieren. Diese bisher statische Betrachtungsweise vernachlässigt jedoch dynamische Effizienzvorteile, z.B. durch Wettbewerbsdruck und Innovationen. Gemäß der Vorstellung, daß der Wettbewerb einer Regulierung mit ihren Unvollkommenheiten überlegen sein könnte,[126] beschäftigt sich das folgende Kapitel mit der Möglichkeit, Wettbewerb in der Elektrizitätswirtschaft einzuführen.

Zunächst wird die grundsätzliche Bedeutung, die der Wettbewerb in der Elektrizitätswirtschaft haben kann, erörtert (Abschnitt 3.1). Es wird diskutiert, inwieweit Wettbewerbshemmnisse vorliegen und welche Folgen sich aus dem Wettbewerb für die Elektrizitätswirtschaft ergeben können. Abschnitt 3.2 untersucht die Möglichkeiten für eine Entflechtung einer integrierten Elektrizitätswirtschaft und deren Auswirkungen auf den Wettbewerb. Anschließend werden die bestehenden Marktstrukturen europäischer Länder im Hinblick auf die Einführung von Wettbewerb klassifiziert und bewertet (Abschnitt 3.3). Abschnitt 3.4 faßt die Ergebnisse zusammen.

3.1 Die Bedeutung des Wettbewerbs für die Elektrizitätswirtschaft

Demokratische Gesellschaften beruhen auf dem Prinzip der Freiheit – der Freiheit, Dinge zu tun oder zu unterlassen, solange dadurch kein anderer über Gebühr beeinträchtigt wird. Die Wirtschaftsverfassung demokratischer Staaten muß sich demnach daran ausrichten, ein größtmögliches Maß an Freiheit auf Märkten zu garantieren, indem Eigentumsrechte die Freiheit wirtschaftlichen Handelns ermöglichen, aber auch begrenzen.[127] Auch das Wettbewerbsprinzip als Teil der Wirtschaftsverfassung verfolgt letztendlich das Ziel der Gewährleistung von Freiheit.[128] Freiheit im Wettbewerb bedeutet hier Handlungsfreiheit auf den Güter- und Dienstleistungsmärkten, die Freiheit, sich seinen Tausch- bzw. Vertragspartner selbst zu wählen und die Entscheidungsfreiheit der Konkurrenten im Wettbewerb bezüglich Vorstoß und Imitation[129]. Wettbewerb ist damit das entscheidende

126 „Competition is not just better than bad regulation. Competition is better than good regulation." Berry (1982), S. 20.

127 Vgl. Mestmäcker (1984), S. 24ff.

128 Siehe Hoppmann (1966) oder Clapham (1991).

129 Vgl. Hoppmann (1966), S. 289. Vgl. auch Schmidt (1999), S. 14.

Element für die Leistungsfähigkeit einer Marktwirtschaft, die auf die dezentrale Koordination und Steuerung des Verhaltens der Einzelnen durch ökonomische Anreize angewiesen ist, und schafft erst die Voraussetzungen dafür, daß politische, ökonomische und soziale Freiheitsrechte verwirklicht werden können[130]. Trotzdem mag es Märkte und Situationen geben, in denen der Wettbewerb nicht funktioniert oder nicht die gewünschten Ergebnisse hervorbringt.

Die internationalen Verhältnisse in der Elektrizitätswirtschaft geben Anlaß, dies für diese Branche zu untersuchen. Bis vor einigen Jahren herrschte in den meisten Ländern mit dem Argument des Markt- bzw. Wettbewerbsversagens kein Wettbewerb in der Stromversorgung. In vielen Ländern war das gesetzlich institutionalisiert, in anderen war Wettbewerb rechtlich zwar möglich, fand aber faktisch nicht statt.[131] In den meisten Ländern führten die historischen und nationaltypischen Gegebenheiten zwar nicht zu einem Staatsmonopol, sondern zu einer mehr oder weniger horizontal und vertikal differenzierten Elektrizitätswirtschaft, von Wettbewerb läßt sich mit wenigen Ausnahmen aber nicht sprechen. Seit etwa zehn Jahren wird über die Einführung von Wettbewerb aber nicht nur theoretisch diskutiert, sondern sie zum Teil auch praktisch umgesetzt. In der Europäischen Union gab die Verabschiedung der Europäischen Stromrichtlinie 1996[132] den Anstoß für viele Mitgliedstaaten, ihre nationale Energiewirtschaft umzugestalten. Während es vorher allenfalls erste Ansätze zur Einführung von Wettbewerb in einigen Ländern gab, müssen mittlerweile alle EU-Staaten Wettbewerb im Erzeugungsbereich, bei der Einspeisung von Strom in das Netz und zumindest eingeschränkt in der Endverbraucherversorgung zulassen. Wie allerdings die Koordination jeweils im einzelnen geregelt ist, bleibt weitgehend den einzelnen Ländern überlassen.[133]

Offenbar erwartet die Europäische Union vom Wettbewerb positive Effekte für die europäischen Volkswirtschaften. Im folgenden soll geklärt werden, ob die Elektrizitätswirtschaft als wettbewerblicher Ausnahmebereich anzusehen ist und regulierte Monopole, die nach den Ergebnissen des vorangegangenen Kapitels am kostengünstigsten produzieren könnten, für diese Branche ökonomisch begründbar sind, oder ob die dynamischen Vorteile des Wettbewerbs zu effizienteren Ergebnissen führen. Zunächst werden Wettbewerbshemmnisse erläutert und auf ihre

---

130 Vgl. Clapham (1991), S. 96.

131 In Portugal, Neuseeland und Belgien z.B. war Wettbewerb auch bisher gesetzlich möglich. Durch die Demarkations- und Konzessionsverträge in Deutschland war der Wettbewerb hier de facto ausgeschlossen.

132 Richtlinie 96/92/EG des Europäischen Parlaments und des Rates vom 19. Dezember 1996, Abl. EG Nr. L 27/20 vom 30.1.1997.

133 Eine genaue Analyse der Struktur der Elektrizitätswirtschaft in verschiedenen europäischen Ländern erfolgt in Kapitel 5.

Relevanz für die Elektrizitätswirtschaft hin untersucht. Anschließend wird auf die Bedeutung des Wettbewerbs in der Elektrizitätswirtschaft und dessen mögliche Folgen eingegangen.

3.1.1 Markt- und Wettbewerbsversagen

Die Regulierung von Märkten als Eingriff des Staates in den Wirtschaftsprozeß bedarf in einer marktwirtschaftlichen Ordnung immer einer Begründung. Aus ökonomischer Sicht ist sie gerechtfertigt, wenn die Märkte ohne Staatseingriffe ineffiziente Ergebnisse hervorbringen, sei es, daß es Marktdefizite gibt oder vollständiges Marktversagen herrscht und ein freier Wettbewerb die ihm obliegenden Funktionen nicht erfüllen kann.[134]

Solche Versagensbereiche lassen sich in Marktversagen und Wettbewerbsversagen unterteilen.[135] Marktversagen liegt immer dann vor, wenn der Markt die Koordination von Angebot und Nachfrage nicht adäquat übernimmt.[136] Das tritt auf,

- wenn eine Markträumung unmöglich wird, weil Angebot und Nachfrage nicht zum Ausgleich kommen,
- bei zu hohen Transaktionskosten der Marktnutzung,
- wenn die gehandelten Güter die Eigenschaften öffentlicher Güter aufweisen oder
- wenn externe Effekte vorliegen.[137]

---

134 Dabei orientiert sich das Versagen nicht an statischen Abweichungen vom Pareto-Kriterium der vollständigen Konkurrenz, sondern im Sinne der neueren Wettbewerbstheorie an der Funktionsfähigkeit von Allokationsverfahren. Vgl. auch Wink (1995), S. 81.

135 Diese Unterteilung folgt Eickhof (1986), (1993) und (1995), Bögelein (1990), Wink (1995) und Maennig/Thies (1998). Vgl. auch Deregulierungskommission (1991), S. 2. Reich (1984, S. 9) unterscheidet implizit ebenfalls zwischen Markt- und Wettbewerbsversagen, während die meisten Autoren, die sich mit ineffizienten Marktergebnissen beschäftigen, alle Versagensbereiche unter den Begriff Marktversagen zusammenfassen; siehe beispielsweise Müller/Vogelsang (1979, S. 35ff.), Boadway/Wildasin (1984, Kapitel 3), Donges (1985, S. 122ff.), Watrin (1986, S. 6ff.), Issing (1987), Fritsch (1993), Burger (1997), Blankart (1998, S. 54ff.) oder Fritsch/Wein/Ewers (1999, Teil II). Lang (1999, S. 62f.) unterscheidet in Anlehnung an Zimmermann/Henke (1994, S. 42ff.) zwischen Marktversagen und Marktunvollkommenheiten.

136 Vgl. auch Maennig/Thies (1998), S. 3 und Bickenbach (1999), S. 10.

137 Externe Effekte müssen zwar im allgemeinen kein Marktversagen darstellen, wenn sie sich marktlich internalisieren lassen („Coase-Theorem"). Eine solche Internalisierung ist aber nur unter bestimmten Umständen möglich, so daß externe Effekte gleichwohl staatliche Regulierungen rechtfertigen können.

Wettbewerbsversagen besteht hingegen, wenn der Wettbewerb auf einem Markt nicht in der Lage ist, durch drohende Sanktionen die Unternehmen zur effizienten Produktion zu bewegen. Effizienzorientierte Selektionsprozesse und damit verbesserte Marktergebnisse unterbleiben hier.[138] Typische Fälle sind natürliche Monopole, ruinöse Konkurrenz oder Informationskosten, die so hoch sind, daß der Selektionsprozeß nicht funktioniert. Die Besonderheiten der leitungsgebundenen Elektrizitätswirtschaft könnten dazu führen, daß Markt- oder Wettbewerbsversagen vorliegen:

Die Gefahr, daß kein Marktgleichgewicht existiert, weil Angebot und Nachfrage vollkommen inelastisch sind, tritt in der Elektrizitätswirtschaft nicht auf. Angebot und Nachfrage können sich mindestens langfristig an veränderte Rahmendaten anpassen. Es bestehen allerdings unbestritten hohe Transaktionskosten bei der Planung und Koordination von Stromerzeugung und -verbrauch über den Markt.[139] Darüber hinaus gibt es externe Effekte wie das „Loop-flow"-Problem im Netzbereich[140] und positive und negative externe Effekte von durchgeführten bzw. unterlassenen Investitionen auf den verschiedenen Produktionsstufen, von denen jeweils alle Marktteilnehmer (Erzeuger, Netzbetreiber, Händler, Verbraucher) betroffen sind und deren marktliche Internalisierung durch die vollständige Zuweisung von Eigentumsrechten Probleme erzeugt.[141] Das Phänomen externer Effekte in der Elektrizitätswirtschaft ist allerdings vollständig marktintern. Der Markt versagt also nicht, er könnte lediglich zu Monopolisierungstendenzen neigen. Eine marktmäßige Koordination von Investitionen in Erzeugung und Netzkapazität ist möglich, wenn dem Netzunternehmen entsprechende Pflichten zur Veröffentlichung seiner Investitionsvorhaben auferlegt werden.

Öffentliche Güter sind durch Nichtrivalität im Gebrauch und Nichtausschließbarkeit von der Nutzung gekennzeichnet. In der Elektrizitätswirtschaft liegt jedoch Rivalität vor. Fließt die elektrische Energie in eine Verwendungsrichtung, so steht sie nicht mehr für andere Verwender oder andere Verwendungsarten zur Verfügung. Die Nutzung des Netzes verursacht von einem bestimmten Ausmaß an ebenfalls Rivalität. Ob Nichtausschließbarkeit bei der Nutzung von Leistungen der Konkurrenz vorliegt, hängt davon ab, wie die Eigentumsrechte bei der Durchleitung von Strom durch das Netz definiert sind. Die Verfügungsrechte für die Einspeisung in das Netz und die Entnahme aus dem Netz können zweifelsfrei

---

138 Vgl. auch Wink (1995), S. 81 und Maennig/Thies (1998), S. 3.

139 Vgl. hierzu Kapitel 2.2.2.

140 Vgl. Kapitel 2.1.2.

141 Vgl. Joskow (1996), S. 350 und Röver (1997). Die Relevanz dieses Problems zeigt sich beispielsweise in den Schwierigkeiten, ökonomisch sinnvolle Kontrakte für die Netznutzung auszuhandeln. Siehe hierzu Perner/Riechmann (1998), S. 42f.

zugewiesen werden. Wenn die Rechte an den Stromflüssen im Netz aber nicht entsprechend definiert sind, können beispielsweise Spannungsverluste nicht eindeutig zugeordnet werden. Dann wird kein Unternehmen in die Vermeidung von Spannungsverlusten investieren, kann aber auch nicht von der Herbeiführung dieser Verluste ausgeschlossen werden. Dieses Problem externer Effekte ließe sich aber mit der eindeutigen Zuweisung von Eigentumsrechten beheben.[142] In der Tat funktioniert die private Bereitstellung des Gutes Elektrizität, so daß die Versorgung mit elektrischem Strom kein öffentliches Gut darstellt.

Wettbewerbsversagen könnte in der Elektrizitätswirtschaft aufgrund von ruinöser Konkurrenz auftreten. Auf allen Produktionsebenen bestehen versunkene Kosten in einer Größenordnung, die objektiv und subjektiv erhebliche Marktzutrittsschranken für neue Unternehmen darstellen. Die Gefahr, daß aufgrund kurzfristiger Markteintrittsüberlegungen Überkapazitäten entstehen, ist gering, da die Planungszeiträume für derartige Investitionen sehr lang sind. Unternehmen, die auf anderen regionalen Elektrizitätsmärkten bereits tätig sind, könnten allerdings in den nicht-netzgebundenen Produktionsstufen ohne zusätzliche irreversible Kosten in nennenswerter Höhe in den Markt eintreten und unter Umständen auch Überkapazitäten erzeugen.[143] Falls die Nachfrage nach Strom abnimmt, sind möglicherweise Phänomene der ruinösen Konkurrenz aufgrund fehlender kurzfristiger Marktaustrittsmöglichkeiten beobachtbar. Wegen der hohen versunkenen Kosten werden die Erzeugungsunternehmen versuchen, ihre individuellen Kapazitäten durch Preissenkungen besser auszulasten. Sollte der Nachfragerückgang Bestand haben, ist langfristig mit Marktaustritten zu rechnen. Wettbewerbsversagen entsteht nur, wenn effiziente Unternehmen den Markt verlassen müssen, während ineffiziente überleben.[144] Für effiziente Unternehmen besteht jedoch die Möglichkeit, Strom für andere Regionalmärkte zu produzieren, sofern die Märkte offen sind. Wettbewerbsversagen ist daher nicht zu erwarten.

Daß der wettbewerbliche Selektionsprozeß nicht funktioniert, weil auf Seiten der Nachfrager die Kosten der Information über Preise und Qualitäten zu hoch sind, dürfte für das Produkt elektrischer Strom nicht zutreffen. Die Qualität ist leicht feststellbar, da Spannungsabfälle und Stromausfälle ohne großen Aufwand beobachtet bzw. gemessen werden können. Die Zahl der Anbieter kann zwar in einem wettbewerblichen Strommarkt sehr groß sein, Informationen über die Preise von

---

142 Die Eigentumsrechte an allen Stromflüssen könnten dem Netzbetreiber zugewiesen werden.

143 Dies ist natürlich nur unter der Voraussetzung möglich, daß ein ungehinderter Marktzutritt gewährleistet ist. Hier wird davon ausgegangen, daß der Wettbewerb ohne institutionelle Hemmnisse stattfinden kann ist. Anderenfalls müßte ein Wettbewerbsversagen unter Umständen auf Institutionenversagen zurückgeführt werden.

144 Vgl. Eickhof (1993), S. 218.

Stromversorgungsunternehmen sind aber dennoch zu geringen Kosten beschaffbar, beispielsweise über das Internet.

Unter den Voraussetzungen eines natürlichen Monopols führt eine Marktstruktur mit mehreren Anbietern allerdings zu schlechteren Marktergebnissen als sie theoretisch durch ein Monopol zustande kämen. In der Elektrizitätswirtschaft liegen zwar erhebliche horizontale Skalenerträge auf der Erzeugungsebene vor, diese sind allerdings bei realistischen Produktionskapazitäten bereits erschöpft.[145] Gerade bei der zunehmenden räumlichen Ausweitung des Marktes für Elektrizität im Zuge der europäischen Integration und in geringerem Ausmaß durch technische Neuerungen, die die mindestoptimale Betriebsgröße hin zu geringeren Produktionsmengen verschieben, kann von einem natürlichen Monopol im Erzeugungsbereich nicht mehr gesprochen werden. In den Netzbereichen der Übertragung und physischen Verteilung des Stroms liegen hingegen natürliche Monopole vor.[146] Auch wenn Skalenerträge auf der Erzeugungsebene nicht in einem solchen Ausmaß vorliegen, daß man von natürlichen Monopolen in der Elektrizitätswirtschaft ausgehen kann, können wegen der vertikalen Verbundvorteile in Verbindung mit den bestehenden Skalenerträgen auf der Netzebene vertikal integrierte (Gebiets-)Monopole zu den geringsten langfristigen Durchschnittskosten produzieren.[147] Ein vertikal integriertes Unternehmen ließe sich rechtfertigen, wenn lediglich die Kostenfunktionen betrachtet würden.

3.1.2 Konsequenzen des Wettbewerbs

Um die Frage beantworten zu können, ob Wettbewerb in der Elektrizitätswirtschaft bessere Ergebnisse liefert als ein Monopol, muß eine Abwägung zwischen den Vorteilen des Wettbewerbs im Erzeugungs- und Endverbraucherbereich und den Kosten, die die Koordinationsnachteile zwischen Erzeugung und Netzbetrieb verursachen, stattfinden.

Wettbewerb in der Elektrizitätswirtschaft wird Anreize für die Unternehmen schaffen, effizient zu produzieren. Neben der Verringerung von X-Ineffizienzen, die grundsätzlich für alle Unternehmen im Wettbewerb angenommen wird,[148] sind

---

145 Vgl. Kapitel 2.

146 Zu der Möglichkeit, infolge von Angebots- und Nachfrageänderungen in begrenzten Übergangszeiten einen partiellen Parallelbetrieb auf einigen Netzteilen zu installieren, vgl. Drasdo/Drillisch/Hensing u.a. (1998), S. 34. Die Autoren betonen allerdings, daß daraus die Ableitung einer dauerhaften „Funktionsfähigkeit eines Wettbewerbs der Netze als Ersatz weitreichender staatlicher Kontrolle“ falsch wäre.

147 Vgl. Kapitel 2.

148 Das Konzept der X-Effizienz wurde von Leibenstein entwickelt. Siehe Leibenstein (1966).

auch allokative Effizienzsteigerungen für die Elektrizitätserzeugung zu erwarten. Während die Standorte der Kraftwerke vertikal integrierter regionaler Gebietsmonopolisten in der Regel in deren Absatzgebiet unabhängig von den regional unterschiedlichen Kosten für Errichtung, Kraftstoffe und Emissionskontrollen liegen, werden sie unter Wettbewerbsbedingungen allein nach Effizienzgesichtspunkten ausgewählt.[149] Die im Wettbewerb verstärkte Flexibilität der Stromerzeugungsunternehmen bezüglich Technik- und Standortentscheidungen ist für eine effiziente Elektrizitätswirtschaft besonders wichtig, da die Situation auf den vorgelagerten Erdöl- und Erdgasmärkten und die in vielen Ländern unsicheren politischen und rechtlichen Bedingungen für die Nutzung der Kernenergie regelmäßige Anpassungen seitens der Stromerzeuger notwendig werden lassen können.[150]

Für den Verteilungsbereich zeigt Primeaux bereits 1975 anhand einer ökonometrischen Studie, daß Verteilungsunternehmen in der Elektrizitätswirtschaft zu geringeren Durchschnittskosten produzieren, wenn sie im Wettbewerb stehen. Erst bei sehr großen Produktionsmengen ändert sich dieser Zusammenhang,[151] der vor allem auf die X-Ineffizienzen auf monopolistischen Märkten zurückgeführt wird.[152] Mit weiteren Studien fand Primeaux heraus, daß Wettbewerb die Betriebskosten in der kommunalen Stromverteilung zwischen 1964 und 1968 um etwa 11 Prozent senkte, was er wiederum auf die X-Effizienz zurückführte.[153] Hollas und Herren (1982) stützen diese These ebenfalls. Die nicht-allokativen X-Ineffizienzen sind beim Monopol deutlich größer. Wettbewerb im Verteilungsbereich hat damit eindeutig positive Folgen für die Effizienz der Unternehmen. Die

---

149 Vgl. Landon/Huettner (1976), S. 222.

150 Vgl. auch Schmidt-Fischer (1981), S. 245.

151 Bei sehr großen Produktionsmengen durch große Unternehmen sind diese nicht mehr gezwungen, effizient zu produzieren; der Wettbewerbsdruck für kleine Unternehmen ist wesentlich größer.

152 Vgl. Primeaux (1975). Joskow und Schmalensee bezweifeln die Stichhaltigkeit der Studie von Primeaux und belegen, daß die von Primeaux gefundenen Ergebnisse für die Existenz eines natürlichen Monopols sprechen können. Primeaux stütze sich nämlich hauptsächlich auf öffentliche (gemeindeeigene) Verteilungsunternehmen. Es sei aber fraglich, ob die ermittelten Kosten dieser Unternehmen die realen (nicht subventionierten) Kapitalkosten widerspiegelten. Gerade die Kapitalkosten spielten aber eine entscheidende Rolle bei der Frage, ob es sich bei der Verteilung von Strom um ein natürliches Monopol handele. Außerdem vernachlässige Primeaux die Tatsache, daß die Einführung von Wettbewerb die Versorgungsdichte für die beteiligten Unternehmen ändere. Vgl. Joskow/Schmalensee (1985), S. 61f. Allerdings bezweifelt Primeaux nicht, daß aus seiner Studie Skalenerträge in der Elektrizitätsversorgung resultieren. Er konstatiert lediglich, daß Wettbewerb eine effizientere Organisationsform wäre, da dann geringere X-Ineffizienzen etc. aufträten.

153 Vgl. Primeaux (1977) und (1986).

Grenzkosten von Unternehmen im Wettbewerb liegen unter denen von Monopolunternehmen.[154] Das bedeutet, daß auch die Durchschnittskosten unter Wettbewerbsbedingungen niedriger sind und zwei oder mehr konkurrierende Unternehmen günstiger produzieren als ein Monopol, obwohl die Skalenerträge noch nicht ausgeschöpft sind. Selbst wenn kein zusätzlicher Anbieter parallele Leitungen verlegt, weil das etablierte Unternehmen aufgrund seiner bereits getätigten irreversiblen Investitionen ein glaubhaftes Drohpotential zur Abschreckung von potentiellen Konkurrenten besitzt, bleibt das (natürliche) Verteilungsmonopol räumlich sehr begrenzt, weil sich die Größenvorteile mit zunehmender räumlicher Entfernung der Verbraucher von den Entnahmeknoten des Übertragungsnetzes erschöpfen.[155] Danach ist im Bereich der Stromverteilung mit natürlichen (Gebiets-) Monopolisten mindestens Wettbewerb an den Rändern der jeweiligen Versorgungsgebiete möglich, sofern die Stromabnehmer die Möglichkeit haben, ihren Versorger frei zu wählen und die regionalen Gebietsmonopolisten voneinander wirtschaftlich unabhängig sind. Ein solcher Wettbewerb fördert die Effizienz der betroffenen Unternehmen in ihrem gesamten Versorgungsbereich.

Die Öffnung des Strommarktes für neue Anbieter muß nicht zwangsläufig dazu führen, daß sich viele neue Unternehmen auf dem Markt etablieren. In Ländern mit Staatsmonopolen wird Wettbewerb zu neuen Anbietern führen; in Ländern, in denen bereits mehrere Unternehmen im Erzeugungs- und Verteilungsbereich bestehen (wie in Deutschland), führt Wettbewerb vermutlich zu einer Strukturbereinigung, zum Zusammenschluß von Unternehmen. Die regulierungsbedingte Marktstruktur ohne Wettbewerb schützte submarginale Anbieter; im Wettbewerb können viele kleine Unternehmen nicht allein überleben. Wettbewerb und Marktöffnung können also durchaus wieder zu einer Integration auf horizontaler Ebene führen. Solange sich jedoch nur Unternehmen auf der Erzeugungs- bzw. auf der Verteilungsebene zusammenschließen, die auf ihrer Produktionsstufe keine wettbewerbshemmende Position aufbauen, und keine vertikale Integration des Netzbetreibers mit Erzeugungsunternehmen stattfindet, die andere Erzeuger vom Markt ausschließen würde,[156] ist diese Strukturveränderung nicht negativ zu sehen, sondern trägt im Gegenteil zur Effizienzsteigerung des gesamten Sektors bei.[157]

---

154 Vgl. Hollas/Herren (1982), S. 276.

155 Vgl. Kapitel 2.5.1.3.

156 Siehe zum Problem der vertikalen Integration auf Märkten, in denen eine Produktionsstufe eine monopolistische oder marktbeherrschende Stellung hat, Kruse (1997).

157 Die Gefahr starker Konzentrationstendenzen, an deren Ende unregulierte statt der bisherigen regulierten Monopole stehen, dürfte entgegen den Befürchtungen von Penn (1995) nicht sehr groß sein, wenn der Markt offengehalten und der Netzzugang für alle Markt-

Wettbewerb im Erzeugungs- und Verteilungsbereich der Elektrizitätswirtschaft kann dazu beitragen, die Möglichkeiten für diskretionäre Staatseingriffe zu reduzieren. Gelingt es, den Wettbewerb so zu organisieren, daß Staatseingriffe minimiert werden können, verringern sich nicht nur die direkten Kosten der Regulierung, sondern auch solche Regulierungsprobleme, die durch politische oder eigennützige Motive der Entscheidungsträger entstehen können[158]. Außerdem werden die Möglichkeiten des Staates, gezielte Industriepolitik zu betreiben, eingeschränkt, zumindest wenn die Umstrukturierung staatlicher Energiemonopole mit einer (Teil-)Privatisierung verbunden wird.

Bei der Einführung von Wettbewerb sind aber auch negative Folgen nicht von vornherein auszuschließen. Branchenbesonderheiten der Elektrizitätswirtschaft wie die Nichtspeicherbarkeit elektrischen Stroms, die langen Planungszeiträume, regionale Strukturunterschiede von Versorgungsgebieten (wie die unterschiedliche Zusammensetzung von Nachfragestrukturen und Kundendichte) oder die unterschiedlichen Ausgangspositionen der Energieversorgungsunternehmen aufgrund staatlicher Vorgaben sind allerdings nicht per se Wettbewerbshemmnisse, auch wenn viele Autoren diese Besonderheiten des Marktes betonen.[159] Andere Märkte haben ähnliche Charakteristika. Ihnen kann auch im Wettbewerb Rechnung getragen werden.

Während einer Umstrukturierung des Marktes von einem regulierten Monopol hin zu wettbewerblichen Strukturen können jedoch vorübergehend Probleme auftreten. In der Umbruchsituation ist die Versorgung mit Elektrizität möglicherweise ineffizienter als in der Ausgangssituation, weil sich die optimale Anzahl an Unternehmen auf einem Markt erst herausstellen muß. Diese Anpassungsprozesse können aber nicht als Argument für ein Stromversorgungsmonopol gelten. Bei Effizienzbetrachtungen muß die lange Frist einbezogen werden. Während der wettbewerblichen Anpassungsprozesse kann die kurzfristige Effizienz beeinträchtigt werden; die Anpassung ist aber für das langfristige Gleichgewicht nötig.[160]

---

teilnehmer sichergestellt wird. Siehe auch Wolf (1998), S. 1436f. Gegebenenfalls ist dies eine Aufgabe der Fusionskontrolle.

158 Vgl. hierzu Kapitel 4.

159 Vgl. z.B. Schmidt-Fischer (1981), S. 249 oder Vickers/Yarrow (1991), S. 486. Eine kritische Analyse der „Besonderheitenlehre" der Elektrizitätswirtschaft als normative Rechtfertigung der Regulierung nehmen Kumkar/Neu (1997, S. 67ff.) vor.

160 Stevenson (1982) tendiert aufgrund seiner Untersuchung sogar dazu, zu sagen, daß die statische (kurzfristige) Effizienz durch Wettbewerb zumindest nicht negativ beeinflußt wird.

Nicht zu vernachlässigen ist allerdings das Problem der sicheren Versorgung mit elektrischem Strom. Die Versorgungssicherheit wird von allen Industriegesellschaften als wesentliches Erfordernis angesehen, dem der Staat durch die Gestaltung der Marktstruktur Rechnung zu tragen hat.[161] Die Stromversorgungsunternehmen argumentieren gegen die Einführung von Wettbewerb im Erzeugungs- wie Verteilungsbereich damit, daß Wettbewerb diese Sicherheit nicht garantieren könne,[162] und wurden in ihrer Argumentation lange Zeit auch aus der Wissenschaft, vor allem von Juristen, unterstützt.[163] Wettbewerb würde das integrierte und aufeinander abgestimmte Gesamtsystem der Elektrizitätswirtschaft aufheben. Die Koordinationserfordernisse seien so groß, daß mit Störungen des Systems und Stromausfällen zu rechnen sei. Diese Befürchtung ist jedoch kein wettbewerbsimmanentes Problem. Der Ausfall von Stromlieferungen aufgrund physischer Katastrophen ist in jedem Ordnungsrahmen möglich und nicht auf Wettbewerbssituationen beschränkt. Wettbewerb in der Stromerzeugung könnte allerdings dazu führen, daß einzelne Unternehmen aufgrund zu geringer Leistung oder zu hoher Kosten ihre Produktion einstellen und aus dem Markt ausscheiden. Dies ist aber gerade eine erwünschte Folge des Wettbewerbs. Ineffiziente Unternehmen sollen aus dem Markt ausscheiden. Ein physischer Strommangel muß damit nicht verbunden sein. Durch Versicherungen und Heimfallklauseln läßt sich sicherstellen, daß die Stromproduktion solange aufrechterhalten wird, bis andere Unternehmen entsprechend mehr Strom zur Verfügung stellen können oder die Kraftwerke von einem anderen Betreiber übernommen werden.[164] Der Staat müßte dann vorübergehend unternehmerisch tätig werden, um die von ihm gewollte Versorgungssicherheit zu garantieren. Die Förderung heimischer Energieträger, die Sicherung des Energieimports oder umweltpolitische Maßnahmen, die häufig zum Aspekt der Versorgungssicherheit gezählt werden,[165] können auch ohne eine Ausschaltung des Wettbewerbs vom Staat geregelt werden.

In der Stromverteilung an die Verbraucher ist eine ähnliche Regelung denkbar, aber im allgemeinen nicht nötig. Ein Unternehmen, das die physische Verteilung

---

161 Das neue deutsche Energiewirtschaftsgesetz (EnWG) nennt als Ziel der Elektrizitätsversorgung beispielsweise in §1: „Zweck des Gesetzes ist eine möglichst sichere, preisgünstige und umweltverträgliche leitungsgebundene Versorgung mit Elektrizität und Gas im Interesse der Allgemeinheit." Gesetz zur Neuregelung des Energiewirtschaftsrechts vom 24.4.1998. In anderen Ländern stellt die Gewährleistung der Versorgungssicherheit die Begründung für die staatliche Bereitstellung von Energie dar.

162 „Der durchgehende Gebietsschutz der Elektrizitätsversorgungsunternehmen in allen westeuropäischen Staaten ist keine Zufälligkeit. Er gründet sich auf die Gesetze der Physik und die wirtschaftliche Rationalität." Grawe (1988), S. 168.

163 Siehe beispielsweise Lukes (1979) und Baur/Moraing (1994), S. 49f.

164 Vgl. Landon/Huettner (1976), S. 224f. und Berry (1982), S. 19f.

165 Vgl. Lang (1999), S. 78f.

vornimmt, also das Verteilungsnetz betreibt, ist – sofern es keine parallelen Leitungen gibt – ein regionaler Monopolist und kann damit nicht durch Wettbewerb vom Markt verdrängt werden. Anders sieht dies aus, wenn die Kunden mit anderen Versorgungsunternehmen (Stromhändlern) Vertragsbeziehungen eingehen können und von diesen den Strom durch das Netz des Monopolisten beziehen. Diese Versorgungsunternehmen können vom Wettbewerb gezwungen werden, den Markt zu verlassen, sofern sie ineffizient sind. Ein solcher Marktaustritt erfolgt allerdings im Sinne der Stromverbraucher. Der Anbieter wird sich nämlich dann nicht mehr im Markt halten können, wenn er seinen Kunden ungünstige Konditionen bietet, so daß die Kunden zu anderen Anbietern wechseln. Beim endgültigen Ausscheiden eines Anbieters können die verbliebenen Kunden problemlos ebenfalls auf andere Anbieter zurückgreifen.[166]

Die finanziellen Risiken sind für Unternehmen im Wettbewerb höher als für Monopolunternehmen, doch diese Risiken bewirken erst, daß die Wettbewerbswirkungen zum Tragen kommen können, und sind damit volkswirtschaftlich nicht negativ zu bewerten. Der Anreiz, Spitzenlastkapazitäten vorzuhalten, wenn der in Spitzenlastzeiten erzeugte Strom keinen höheren Preis erzielt als Strom in Grundlastzeiten, ist zwar gering. Ein höherer Preis für Spitzenlaststrom führt aber dazu, daß es für die Erzeuger attraktiver wird, Spitzenlastkapazitäten vorzuhalten. Auf die Gefahr einer Angebotsverknappung kann der Preis in einem wettbewerblichen Markt reagieren und Angebot und Nachfrage zum Ausgleich bringen. Im Gegensatz zu Baur und Moraing (1994, S. 49f.), die eine mangelnde Versorgungssicherheit befürchten, sind aufgrund der geringen Anzahl an Erzeugern, die Spitzenlastkapazitäten im Wettbewerb vorhalten werden, tendenziell höhere Spitzenlastpreise zu erwarten, so daß ein Kapazitätsabbau in der Spitzenlastversorgung unwahrscheinlich ist.

Es ist möglich, daß sich die Investitionsneigung von Unternehmen im wettbewerblichen Umfeld verändert. Einerseits regt der Wettbewerb neue Produktionsverfahren und -prozesse bei der Erzeugung von Elektrizität an, die mittels Investitionen umgesetzt werden. Andererseits kann der Druck zur Kostenminimierung dazu führen, daß langfristige Forschung reduziert wird oder ganz unterbleibt.[167] Das Risiko von Investitionen steigt für ein Unternehmen, wenn es dem Wettbe-

---

166 Eine staatliche Garantie dafür, daß Kunden eines Unternehmen, das aus dem Markt ausscheidet, von anderen Anbietern versorgt werden, ist denkbar. Der Staat könnte notfalls andere Anbieter vorübergehend subventionieren, damit diese die Kunden übernehmen. In der Regel wird dies aber nicht nötig sein, da der Strombedarf, den diese Kunden haben, ohnehin produziert wird und sich anderen Versorgungsunternehmen Gewinnmöglichkeiten durch zusätzliche Kunden eröffnen.

167 Vgl. Skeer (1996), S. 7.

werb ausgesetzt ist.[168] Dieses Investitionsrisiko garantiert aber auch, daß nur solche Investitionen getätigt werden, die erfolgversprechend sind.[169] Langfristig ist außerdem eine Strategie der Forschungs- und Investitionsreduzierung nicht rational für ein Unternehmen, weil langfristig nur diese Anstrengungen ein erfolgreiches Bestehen auf dem Markt durch Kostenminimierung und Verbesserung der Produktionsverfahren garantieren. Hay und Liu (1997) stellen demgemäß mit einer empirischen Studie fest, daß Unternehmen auf Oligopolmärkten versuchen, ihre relative Position im Kampf um Marktanteile zu verbessern, indem sie ihre Effizienz erhöhen. Die langfristige Effizienz korreliert dabei mit den Investitionen eines Unternehmens. Das legt den Schluß nahe, daß Unternehmen in einem Wettbewerbsumfeld einen starken Anreiz haben, Investitionen zur Sicherung ihrer langfristigen Effizienz zu tätigen.[170]

Auch wenn technisch die Möglichkeit besteht, daß in Teilbereichen des Übertragungsnetzes parallele Leitungen verlegt werden,[171] ist es unwahrscheinlich, daß die etablierten Netzbetreiber tatsächlich den Druck potentieller Konkurrenz fürchten müssen. Dennoch sollte der Marktzugang für den Bau alternativer Leitungen möglich sein. Inwieweit potentielle Netzbetreiber diese Möglichkeit nutzen, hängt dann von den erwarteten Gewinnaussichten der Unternehmen ab. Wegen der erheblichen irreversiblen Kosten und damit auch der Skalenerträge dürfte der Wettbewerb für potentielle Newcomer vermutlich nicht lohnend sein. Die Preise für die Übertragung von Strom würden auf ein nicht-kostendeckendes Niveau sinken. Es muß daher davon ausgegangen werden, daß die Ebene des physikalischen Netzbetriebes monopolistisch bleiben wird und sich Investitionen zur Netzerhaltung nicht zwangsläufig durch den Markt ergeben. Der Netzbetreiber kann allerdings einen Anreiz haben, Leitungsverluste zu reduzieren oder Kapazitäten zu erweitern, um seine Einnahmen zu erhöhen. Da auf der Übertragungsebene unabhängig von der Gestaltung der gesamten Elektrizitätswirtschaft wahrscheinlich kein Wettbewerb herrscht, kann für eine Effizienzbeurteilung kein hypothetischer Vergleich mit einer Wettbewerbssituation herangezogen werden, es können nur die Investitionsanreize in einem vertikal integrierten Unternehmen mit einem desintegrierten reinen Netzbetreiber verglichen werden. Für das integrierte Unternehmen ergeben sich insofern Investitionsanreize, als das gesamte Unternehmen seinen Gewinn maximieren will – soweit das Regulierungsregime dies zuläßt. Aufgrund der externen Effekte, die von dem Netzzustand auf die an-

168 Darauf weist besonders Zardkoohi (1986) hin.

169 Vgl. Walker (1996), S. 69ff., der betont, daß sich durch Wettbewerb ein Wandel in der Forschungs- und Investitionstätigkeit zu stärker marktorientierten Projekten einstellen werde, was keineswegs negativ sei.

170 Vgl. Hay/Liu (1997), S. 614f.

171 Vgl. Drasdo/Drillisch/Hensing u.a. (1998), S. 34.

deren Produktionsstufen ausgehen, muß das Unternehmen bestrebt sein, die für das Gesamtsystem optimale Kapazität und Leitungsbeschaffenheit herzustellen. Ein desintegrierter reiner Netzbetreiber hat kein originäres Interesse an der Herstellung der Optimalität des Gesamtsystems. Er kann aber durch sekundäre (Regulierungs-)Anreize dazu angehalten werden, die Gesamteffizienz zu berücksichtigen.[172]

Als negative Folgen des Wettbewerbs entstehen damit in erster Linie die bereits erwähnten Transaktionskosten bei der vertikalen Koordination zwischen Erzeugungs-, Übertragungs- und Verteilungsebene und der horizontalen Koordination zwischen den einzelnen Kraftwerken. Daß solche Koordinationskosten auf Monopolmärkten nicht anfallen, darf allerdings bezweifelt werden. Auch integrierte Unternehmen müssen ihre Teilbereiche koordinieren.[173] Außerdem entstehen für integrierte Unternehmen höhere Kontrollkosten für die Wettbewerbsaufsicht. Insofern stellt sich die Frage, ob die Transaktionskosten im Wettbewerb wirklich erheblich höher sein müssen als im Monopolfall. Die Einführung des Wettbewerbs in England und Wales führte zum Beispiel zu signifikanten Preissenkungen für die Verbraucher. Trotz der Desintegration der Stromwirtschaft traten offensichtlich Effizienzgewinne auf. Die weiterhin integrierte Elektrizitätswirtschaft in Schottland erreichte durch die Einführung von Wettbewerb allerdings noch größere Preissenkungen.[174] Auch wenn ein direkter Vergleich wegen der unterschiedlichen Ausgangssituationen in England und Schottland problematisch ist,[175] verdeutlicht dies, daß die Transaktionskosten der vertikalen Koordination eines desintegrierten Systems offensichtlich nicht zu vernachlässigen sind. Trotzdem ist das desintegrierte wettbewerbliche System in England effizienter als das vertikal integrierte Monopol. Dies liegt an den geringeren Kontrollkosten für einen wettbewerblichen Markt.

Lassen sich Organisationsformen institutionalisieren, die die Koordination an den Schnittstellen der einzelnen Produktionsstufen mit geringen Transaktionskosten sicherstellen können und die externen Effekte internalisieren, so können die Effizienzvorteile des Wettbewerbs die vertikalen Verbundvorteile offensichtlich überkompensieren.[176]

---

172 Zum Problem der Investitionsanreize von Regulierungsmechanismen vgl. Baughman (1998), S. 136ff.

173 Vgl. Landon/Huettner (1976), S. 225f.

174 Vgl. zur Umgestaltung der Stromversorgung in Großbritannien Kapitel 5.2.1.

175 Vgl. Littlechild (1996), S. 7f.

176 Unterschiedliche Zugangspreise für das Einspeisen von Strom in das Netz je nach Konsumnähe der Kraftwerke könnten die Integration von Erzeugung und Übertragung überflüssig machen. Das Risiko, daß Verteilungsunternehmen zu hohe Prognosen des Nach-

Wer den Wettbewerb als Garant für wirtschaftliche Freiheit und als Entdeckungsverfahren für neue Möglichkeiten von Produkten, Verfahren und Organisationsformen begreift, wird bei den vorliegenden Möglichkeiten von Markt- und Wettbewerbsversagen in der Elektrizitätswirtschaft dem Wettbewerb in jedem Fall den Vorzug geben.[177] Aber auch wenn man Freiheit nicht als Ziel des Wettbewerbs betrachten will, läßt sich eine monopolistische Marktstruktur der Elektrizitätswirtschaft mit staatlicher Regulierung und Garantie nicht ohne weiteres rechtfertigen, wie diese Überlegungen zeigen; zumal eine Regulierung neben den organisatorischen Kosten zusätzliche Möglichkeiten für politisches Versagen bietet.[178]

3.2 Möglichkeiten der Einführung von Wettbewerb

Wenn von der Umgestaltung der Struktur der Elektrizitätswirtschaft die Rede ist, kann sich das zum einen auf eine Reform der bestehenden (Monopol-)Regulierung beziehen; auf der anderen Seite kann eine vertikale Entflechtung und die Einführung von Wettbewerb gemeint sein.[179] Hier wird Umstrukturierung nur im Sinne der wettbewerblichen Gestaltung der Elektrizitätswirtschaft betrachtet, womit nicht ausgeschlossen werden soll, daß die Einführung von Wettbewerb in der Regel auch Konsequenzen für das Regulierungsregime hat.

Wettbewerb in der Elektrizitätswirtschaft kann auf zwei Ebenen bestehen, sofern davon ausgegangen wird, daß beim Betrieb des physischen Netzes kein Wettbewerb zustande kommt, weil die Vorteile der horizontalen Integration – Skalenerträge und Internalisierung von Netzexternalitäten – zu groß sind. Zum einen können Stromerzeugungsunternehmen darum konkurrieren, ihren Strom in das Netz einspeisen zu dürfen, also billiger als die Konkurrenz anbieten zu können. Zum anderen kann Konkurrenz um die Endverbraucher entstehen, wenn diese sich ihr Versorgungsunternehmen selbst aussuchen können.

Um die Elektrizitätswirtschaft dem Wettbewerb auszusetzen, ist es notwendig, daß die Industrie zu einem bestimmten Grad vertikal und horizontal entflochten

---

fragewachstums übermitteln, um sicherzustellen, daß jederzeit genügend Kapazität vorhanden ist, um die Nachfrage befriedigen zu können, kann dadurch verringert werden, daß Verteilungsunternehmen für den Strom, dessen Verbrauch sie prognostiziert haben, bestimmte Abschläge zahlen müssen, wenn sie ihn nicht abnehmen. Vgl. International Energy Agency (1994), S. 27f.

177 Z.B. Gröner (1997), S. 277.

178 Siehe hierzu auch Mestmäcker (1990), S. 1045.

179 Siehe z.B. Zardkoohi (1986), S. 86ff.

ist.[180] Wählt man als Ausgangspunkt ein vertikal integriertes Monopol, das den gesamten Markt bedient, bieten sich zahlreiche Möglichkeiten der Entflechtung an.

Zunächst einmal lassen sich die drei Produktionsstufen Erzeugung, Übertragung und Verteilung trennen. Der Übertragungsbereich umfaßt neben dem physischen Betrieb des Netzes die Koordination an den Schnittstellen zwischen Erzeugung und Übertragung und zwischen Übertragung und Verteilungsebene. Der Verteilungsbereich läßt sich in die physische Verteilung des Stroms und den Handel mit Elektrizität, also den Stromverkauf spalten.

In vertikaler Hinsicht gibt es diverse Organisationsmöglichkeiten (vgl. Abbildung 3.1):

1. Der Verteilungsbereich wird von den übrigen Bereichen getrennt. Erzeugung und Übertragung bleiben integriert.
2. Der Erzeugungsbereich wird von den übrigen Bereichen getrennt und wettbewerblich organisiert. Der Rest bleibt integriert.

3.a Die Elektrizitätswirtschaft wird in die drei Bereiche Erzeugung, Übertragung und Verteilung aufgespalten. In der Übertragung bleibt die Koordination integriert, die Verteilung bleibt ebenfalls integriert und wird von einem Unternehmen als (Gebiets-)Monopol betrieben.

3.b Der Verteilungsbereich bleibt integriert, alle übrigen Bereiche werden desintegriert.

4. Erzeugung und Stromhandel werden vom Netz getrennt und eigenständig organisiert. Erzeugung und Stromhandel können dabei auch vertikal integriert werden.

5.a Alle Bereiche werden desintegriert. D.h. die Erzeugung, der Betrieb des Hochspannungsnetzes, die Koordination an den Schnittstellen Stromeinspeisung in das Netz und -entnahme aus dem Netz, der Betrieb des Verteilungsnetzes und der Stromhandel sind jeweils eigenständige Unternehmen. Erzeugung und Stromhandel können dabei auch vertikal integriert werden.

5.b Das Übertragungsnetz und die Koordination der Stromeinspeisung und -entnahme werden integriert. Erzeugung und Stromhandel können hier ebenfalls vertikal integriert werden.

---

180 Dies wurde bereits in Shaker (1976) beispielsweise von Weiss (1976), Berlin/Cicchetti/Gillen (1976), Mather (1976) oder Spann (1976) grundsätzlich diskutiert und auch wieder von Chao/Huntington (1998).

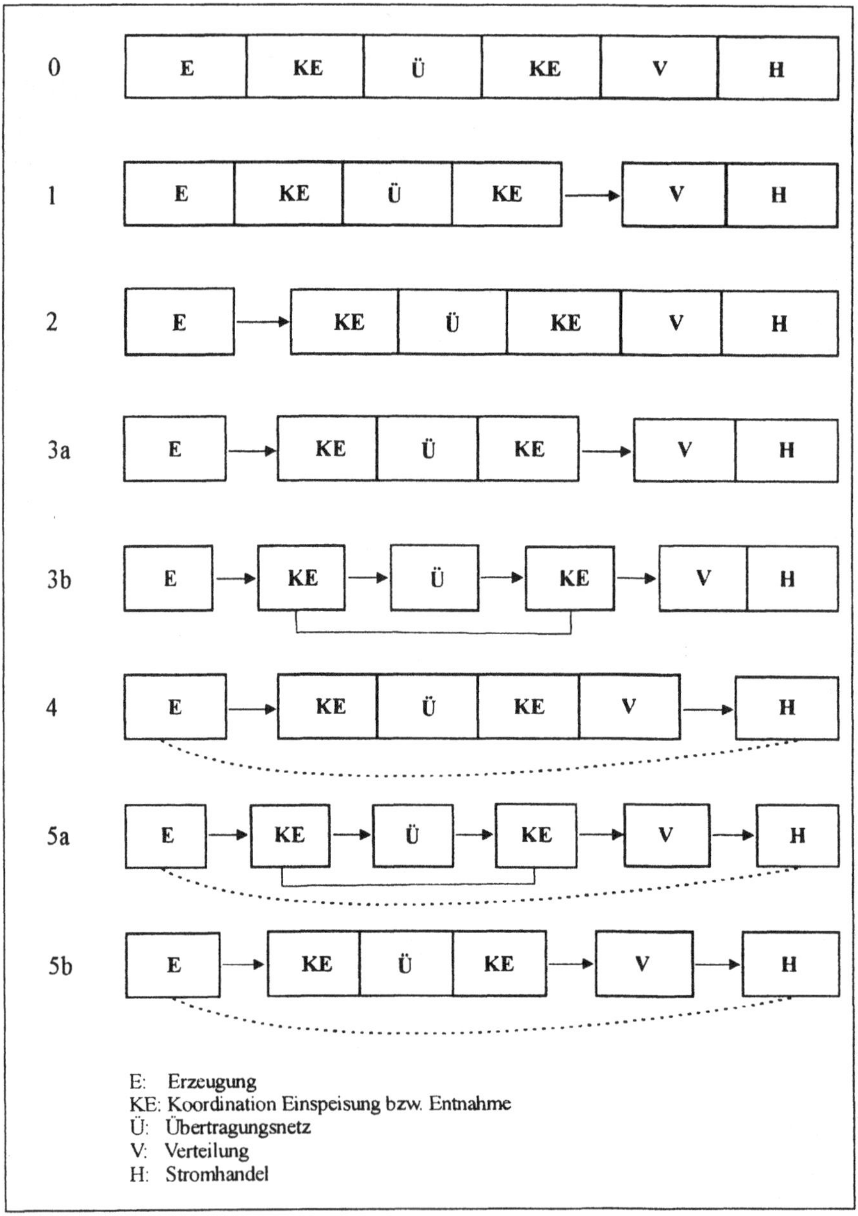

Abbildung 3.1 Organisationsmöglichkeiten der Elektrizitätswirtschaft

Die Möglichkeit 1 der Umstrukturierung der Elektrizitätswirtschaft bietet unter Wettbewerbsgesichtspunkten die geringsten Vorteile gegenüber der vollständigen Integration. Da der Erzeugungsbereich mit dem Übertragungsnetz integriert ist, ist ein Marktschließungseffekt zu erwarten. Selbst bei zusätzlichen Erzeugern neben dem integrierten Unternehmen wird nicht das effiziente Ergebnis erreicht, bei dem sich der Kraftwerkseinsatz an den Grenzkosten der Stromerzeugung orientiert. Wenn das integrierte Netzunternehmen selbst in der Erzeugung tätig ist, kann es seine Monopolstellung im Netzbereich dazu nutzen, Konkurrenten im Erzeugungsbereich zu benachteiligen oder ganz aus dem Markt zu drängen.[181,182] Der Verteilungsbereich ist zwar vom Übertragungsmonopol getrennt, aufgrund seiner (regionalen) Monopoleigenschaft wird aber allenfalls an den Randbereichen der jeweiligen Versorgungsgebiete Wettbewerb herrschen können. Werden zusätzlich zum Verteilungsmonopol noch andere Stromhändler im jeweiligen Versorgungsgebiet zugelassen, so ist Wettbewerb denkbar. Allerdings wird der etablierte Verteilungsnetzbetreiber potentiellen Konkurrenten für den Stromhandel die Durchleitung durch das eigene Versorgungsnetz erschweren bzw. ganz verweigern, sofern er nicht zur Durchleitung gezwungen werden kann.[183]

Die Alternativen 2 und 3 garantieren einen Wettbewerb auf der Erzeugungsebene, wenn dieser Bereich horizontal desintegriert wird. In der Variante 2 speist der integrierte Übertragungs- und Verteilungsnetzbetreiber den Strom der zum jeweiligen Zeitpunkt günstigsten Erzeuger in das Netz ein. Dieser Anreiz besteht, weil der Netzbetreiber seinen Strombedarf von den Erzeugern kauft, also ein Single-Buyer[184] ist, und ihn direkt an die Endverbraucher verkauft. Zusätzliche Strom-

---

181 Zu den strategischen Möglichkeiten des Netzbetreibers, Konkurrenten aus dem Markt zu drängen, vgl. Drasdo/Drillisch/Hensing u.a. (1998), S. 39.

182 Ksoll (1998) kommt allerdings zu dem Ergebnis, daß ein vertikal integrierter Monopolist nur einen Teil des gesamten Stroms produziert und keinen Anreiz hat, seine Wettbewerber vollständig von seinem Netz auszuschließen. Als Begründung wird genannt, daß alle Erzeuger, auch das integrierte Unternehmen, aufgrund des Wettbewerbsdrucks Strom zu geringeren Kosten produzieren als ein Monopolist. Bei geringeren Preisen steige die Nachfrage nach Strom, damit auch der Durchleitungsbedarf und die Einnahmen des Netzbereichs. Dennoch bestreitet auch Ksoll den Wettbewerbsvorteil des integrierten Unternehmens nicht. Vgl. Ksoll (1998), S. 12.

183 Die Rechtsstreitigkeiten, die die Lösung einer verhandelten Durchleitung im Hochspannungsbereich in Deutschland nach sich zieht, verdeutlichen das.

184 Der Begriff Single Buyer wird durch die Diskussion um die Stromrichtlinie der Europäischen Union und deren Umsetzung häufig mit dem Prinzip gleichgesetzt, daß die Verteilerunternehmen als integrierte Gebietsmonopolisten (d.h. physische Verteilung und Stromhandel) Strom von Erzeugern kaufen, die mit Endkunden Vereinbarungen eingehen, und diesen Strom dann zu dem zwischen Kunde und Erzeuger vereinbarten Preis zuzüglich einer Netzgebühr an den Kunden weiterverkaufen. Auf diese Weise bleibt der Kunde in der Vertragsbeziehung mit dem etablierten Verteiler. Hier soll der Begriff

händler könnten im Prinzip existieren. Ebenso wie in der Variante 1 wären sie aber auf die Erlaubnis zur Durchleitung angewiesen. Der integrierte Netzbetreiber der Variante 2 besitzt allerdings ausreichend Drohpotential gegenüber Erzeugern, die mit anderen Stromhändlern zusammenarbeiten, so daß tatsächlich weder Erzeugungsunternehmen noch unabhängige Stromhändler in den Handel mit den Endverbrauchern eintreten werden.

Die Organisationsalternativen 3a und 3b machen das Verteilungsunternehmen zum Single Buyer, wenn es die Wahl hat, von welchem Erzeuger es seinen Strom beziehen will. In diesem Fall herrscht Wettbewerb zwischen den Erzeugern, die um ihre Kunden, die Verteilungsunternehmen, also um die Einspeisung in das Verteilungsnetz konkurrieren. Das Übertragungssystem leitet den Strom lediglich durch sein Netz durch und wird dafür entschädigt. Ob das Übertragungsnetz und die Koordination der Netzeinspeisung und -entnahme getrennt werden oder integriert bleiben, ist dabei unerheblich, da die Koordination in diesem Fall lediglich die physische Stabilität des Systems gewährleistet. Die ökonomische Koordination, d.h. die Entscheidung darüber, welche Kraftwerke zur Einspeisung herangezogen werden, liegt ohnehin bei dem Verteilungsunternehmen, das seine Verträge direkt mit den Erzeugern abschließt.

Die direkte Vertragsbeziehung zwischen Erzeuger und Verteiler könnte zu vertikalen Integrationstendenzen zwischen Erzeugung und Verteilung führen. Dies würde den Wettbewerb im Erzeugungsbereich einschränken. Ein vollkommener Ausschluß von Wettbewerb im Erzeugungsbereich ist nicht zu erwarten, solange es voneinander unabhängige Unternehmen gibt, die Strom erzeugen. Auch ein integriertes Unternehmen wird seinen Erzeugungsbereich mit denen der Wettbewerber vergleichen und gegebenenfalls auch von Konkurrenten Strom kaufen, wenn diese billiger anbieten als die eigenen Kraftwerke dies können. Die eigene Erzeugung von Strom durch ein lokales Verteilungsunternehmen verursacht keine Probleme für den Wettbewerb. Ein mit dem lokalen Stromhandel integriertes Verteilungsunternehmen wird nur dann eigene Erzeugungskapazitäten aufbauen, wenn es dadurch Strom günstiger produzieren kann, als wenn es Strom von externen Erzeugern bezieht. Selbst unter der Berücksichtigung, daß lokale Verteiler häufig öffentliche Unternehmen sind, deren Entscheidungen sich nach politischen Vorstellungen richten, kann davon ausgegangen werden, daß ein Verteilerunternehmen den für sich billigsten Strom beziehen und verteilen wird, zumal die Kommunen den Gewinn ihrer lokalen Stromversorger häufig zur Quersubventionierung anderer Bereiche nutzen wollen.

Single Buyer allerdings allgemeiner verstanden werden als ein Monopolist, der den gesamten Strom, den er in sein Netz einspeist, von den Erzeugern kauft.

Um solche potentiell wettbewerbsbeschränkenden Maßnahmen zu verhindern, könnte die Entscheidung über die Einspeisung bei den Organisationsvarianten 3a und 3b alternativ auch beim Koordinator des Übertragungsnetzes liegen. In diesem Fall wird eine Strombörse gebildet. Die Erzeuger teilen dem Koordinator bestimmte Preise für den Einsatz ihrer Kraftwerke zu bestimmten Zeiten mit. Die zentrale Koordination gewährleistet damit den effizienten Einsatz der Kraftwerke aller Erzeuger. Der Übertragungsnetzbetrieb kann dabei mit der Koordination integriert sein oder ein eigenes, unabhängiges Unternehmen bilden. Solange der Netzbetreiber lediglich Strom überträgt und nicht selbst in der Stromerzeugung tätig ist, kann er außerdem den Pool betreiben, ohne daß das negative Auswirkungen auf den Wettbewerb hat. Erzeugt der Netzbetreiber allerdings selbst auch Strom, sollte die Koordination der Einspeisung vom physischen Netzbetrieb entkoppelt werden, um Wettbewerbsverzerrungen bzw. -behinderungen zu vermeiden.

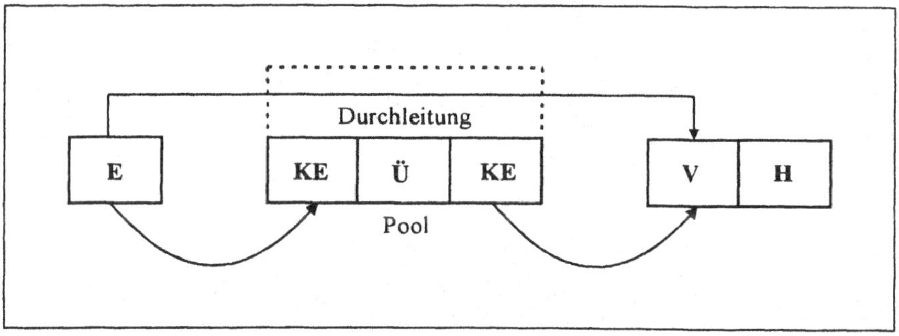

Abbildung 3.2 Übertragungssystem mit Durchleitungsprinzip oder Pool

Ob der Netzbetreiber den Strom der Erzeuger kauft und ihn anschließend an die Verteiler verkauft oder nur die Einspeisung koordiniert und den Preis ermittelt, der dann direkt von den Verteilern an die Erzeuger gezahlt wird, ist unerheblich, solange der Markt transparent bezüglich der Preise ist. Wenn die Ankaufs- und Verkaufspreise des Netzbetreibers allerdings nicht transparent sind, kann der Netzbetreiber als Monopsonist bzw. Monopolist Marktmacht ausüben.[185] In beiden Fällen muß der Preis für die Inanspruchnahme des Übertragungsnetzes reguliert werden, entweder als Preisdifferenz zwischen Ankaufs- und Verkaufspreis oder als Nutzungsentgelt für die Übertragung im Hochspannungsbereich.

Ein Wettbewerb um die Endverbraucher kann in den Alternativen 3a und 3b ebenso wie in den vorher genannten Varianten nur sehr eingeschränkt stattfinden,

185 Siehe dazu auch Brennan/Palmer/Kopp u.a. (1996), S. 58f.

weil das jeweilige Verteilungsunternehmen auch als Stromhändler tätig ist und die Durchleitung „fremden“ Stroms soweit wie möglich behindern wird. Für einen funktionierenden Endverbraucherwettbewerb wären explizite Regelungen nötig, die die Durchleitung garantieren. Unter Umständen könnte die Durchleitung einer bestimmten Strommenge zu einem bestimmten Zeitpunkt aber die physische Netzkapazität überlasten. Für solche Fälle muß das Verteilungsunternehmen die Durchleitung ablehnen können. Ein Verteilungsunternehmen, das auch den Stromhandel mit den Endverbrauchern in seinem Verteilungsgebiet betreibt, wird die Möglichkeit, die Durchleitung wegen Netzüberlastung abzulehnen, ausgiebiger nutzen, als es nötig wäre, und damit den Wettbewerb behindern.

Solche Wettbewerbsbeschränkungen schließen die Organisationsvarianten 4 und 5 aus. Sie bieten daher die besten Voraussetzungen für Wettbewerb in der Elektrizitätswirtschaft. Hier wird sowohl der Erzeugungsbereich als auch der Stromhandel mit den Endverbrauchern dem Wettbewerb ausgesetzt.

Dabei funktioniert in Variante 4 der gesamte integrierte Netzbereich nach dem Poolsystem oder dem Durchleitungsprinzip als Common carrier. In Variante 5 übt das Verteilungsnetz eine reine Durchleitungsfunktion aus. Im Falle der Integration von Erzeugung und Stromhandel hat der Übertragungsbereich ebenfalls nur die Aufgabe, die Stromflüsse technisch zu koordinieren und durchzuleiten. Diese Integration von Erzeugung und Stromhandel beeinträchtigt im Gegensatz zur Alternative 3 jedoch den Wettbewerb nicht, da auf beiden Stufen kein natürliches Monopol vorliegt. Gleiches gilt für die Variante 4. Es können mehrere Erzeugerunternehmen jeweils direkt um die Endkunden konkurrieren. Erzeuger, die keinen eigenen Stromhandel betreiben, können ihren Strom an andere Händler – unabhängige oder mit einem Erzeuger integrierte – verkaufen. Drasdo, Drillisch, Hensing u.a. (1998) bezweifeln den ökonomischen Sinn einer vertikalen Integration von Erzeugung und Stromhandel allerdings. Preisrisiken ließen sich effizienter durch Termingeschäfte reduzieren.[186] Da eine Integration den Wettbewerb nicht einschränkt, ist hier aber kein staatlicher Eingriff nötig. Es kann dem Markt überlassen bleiben, die transaktionskostenminimierende Lösung zu finden.

Die eigene Stromerzeugung durch lokale Verteilungsnetzbetreiber ist nicht problematisch. Sofern der so erzeugte Strom günstiger ist als der über den Pool oder von großen Erzeugern beziehbare, wird er von den Stromhändlern abgenommen und trägt zum Druck auf den Marktpreis bei. Ist der von lokalen Verteilern erzeugte Strom teurer als der über das Übertragungsnetz bezogene Strom, wird sich kein Abnehmer finden, so daß es sich für ein lokales Verteilerunternehmen nur lohnt, selbst Strom zu erzeugen, wenn dieser wettbewerbsfähig ist.

---

186 Vgl. Drasdo/Drillisch/Hensing u.a. (1998), S. 39.

Die Organisationsalternative 4 verringert allerdings den Anreiz zum kostenminimierenden Betrieb des Verteilungsnetzes. Mit der Integration in das Übertragungsnetz entsteht im Gegensatz zu Variante 5 aus den Gebietsmonopolen ein einziges Monopol. Damit enthebt man sich der Möglichkeit einer „Yardstick competition" zwischen den Gebietsmonopolen, so daß die Variante 5 vorzuziehen ist.

Bei einer Trennung des Übertragungsbereiches in Netzbetrieb und Koordination von Einspeisung und Entnahme (Alternative 5a) fungiert der Netzbetreiber als reiner Durchleiter, während die Koordination entweder als Strombörse oder nach dem Durchleitungsprinzip funktionieren kann. Ein integrierter Übertragungsbereich (Alternative 5b) kann ebenso als Börse oder Durchleitungssystem gestaltet sein. Im Fall der Integration von Erzeugung und Stromhandel erfolgt die Koordination in der Regel nach dem Durchleitungsprinzip, da die integrierten Unternehmen jeweils ihren „eigenen" Strom vertreiben. Eine Strombörse würde in diesem System bedeuten, daß Erzeugung und Kundenbetreuung ökonomisch wie zwei getrennte Unternehmen behandelt werden könnten, da alle Verteiler ihren Bedarf über den Pool decken würden.

Ob das Übertragungssystem in zwei Unternehmen gespalten wird oder nicht, hat damit in keiner Organisationsvariante Einfluß auf die Gestaltungsmöglichkeiten des Wettbewerbs, solange der Übertragungsnetzbetreiber nicht selbst Strom erzeugt. Ist das der Fall, sollte der Übertragungsbereich aufgespalten werden, um zu gewährleisten, daß unabhängige Erzeuger nicht diskriminiert werden. Ansonsten kann der Netzbetreiber seine drei Funktionen

- physische Sicherheit des Systems
- Qualität und technische Effizienz des Leitungsbetriebes und
- kurzfristige allokative Effizienz der Einspeisung und Entnahme[187]

erfüllen, unabhängig davon, ob das Übertragungsnetz und die Koordination integriert sind oder nicht. Ein Systemoperator kann sowohl für die technisch einwandfreie Abwicklung zuständig und gleichzeitig die zentrale Planungsagentur sein, die Angebot und Nachfrage zum Ausgleich bringt.

Die Gestaltung des Zugangs zum natürlichen Monopolbereich Übertragung beeinflußt allerdings das Verhalten der Wettbewerber.[188] Es ist zu erwarten, daß das Strombörsensystem zu größerer ökonomischer Effizienz führt als die einfache Durchleitung. Im Pool wird der jeweils billigste Strom in das Netz eingespeist, bei der Durchleitung bestehen Verträge zwischen Erzeugern und Verteilern, die

187 Vgl. Oren (1998), S. 80f.
188 Vgl. Joskow (1996), S. 343.

in der Regel langfristiger sind und Kosten- und Preisschwankungen nicht so schnell erfassen können,[189] den beteiligten Unternehmen aber auch mehr Sicherheit garantieren.

Auch eine wettbewerblich organisierte Elektrizitätswirtschaft wird nicht ohne Regulierung auskommen können. Die monopolistischen Netzbereiche unterliegen weiterhin einer Qualitäts- und (Durchleitungs-)Preisregulierung. Im Erzeugungsbereich kann hingegen vollständig auf Regulierung verzichtet werden.[190] Eine Endverbraucherpreisregulierung ist nur notwendig, wenn kein Wettbewerb um die Endkunden eingeführt wird. Da Regulierung kein adäquater Ersatz für Wettbewerb ist, weil Entscheidungsträger in ihren Entscheidungen von persönlichen Interessen geleitet werden könnten,[191] sollte der Endkundenmarkt nach einer der Organisationsvarianten 5 dem Wettbewerb geöffnet werden. Konsumenten von Elektrizität müssen ihren Stromanbieter dabei zu akzeptablen Bedingungen wechseln können. D.h. sie dürfen nicht durch langfristige Verträge an einen Anbieter gebunden sein, sondern müssen in die Lage versetzt werden, regelmäßig den günstigsten Anbieter auswählen zu können. Inwieweit es möglich ist, Strom von mehreren Anbietern zu beziehen und im Laufe des Tages jeweils den günstigsten Tarif zu wählen, hängt von den technischen Möglichkeiten ab, den Verbrauch kontinuierlich messen zu können.

Der Netzbetreiber muß in jedem Fall reguliert werden, unabhängig davon, ob die Koordination der Stromübertragung als Strombörse oder nach dem Durchleitungsprinzip erfolgt.[192] In jedem Fall wird für die Nutzung eines monopolistischen Netzes bei freier Preisbildung auf dem Markt ein Preis gezahlt, der nicht effizient ist. Während man sich für das Hochspannungsübertragungsnetz noch Szenarien vorstellen kann, das Netz eines Betreibers zu umgehen, indem Umwege über Netze anderer Betreiber in Kauf genommen werden,[193] ist dies im Verteilungsbereich nicht denkbar. Mindestens hier sind bei einer Preisfreigabe Monopolpreise

---

189 Siehe auch Berry (1982). Berry plädierte als erster Vertreter der Elektrizitätsindustrie für die Deregulierung.

190 Der Einwand von Berlin/Cicchetti/Gillen (1976), daß Regulierung mindestens sicherstellen muß, daß ausreichend Strom erzeugt wird, ist ökonomisch nicht stichhaltig. Kurzfristig besteht gerade in der Elektrizitätswirtschaft mit ihrer hohen Kostendegression ein Anreiz, die Nachfrage bedienen zu können. Langfristig stellen die diskutierten Investitionsanreize ein der Nachfrage angepaßtes Angebot sicher.

191 Siehe hierzu Kapitel 4.

192 Der Preis für die Netznutzung kann dabei im Einzelfall verhandelt werden oder grundsätzlich regulatorisch (markt- oder kostenorientiert) geregelt sein. Zur Diskussion über entfernungsabhängige oder Pauschaltarife vgl. Kapitel 5.2.7.1.

193 In Deutschland, wo es mehrere Netzbetreiber gibt, die jeweils einen Teil des nationalen Netzes betreiben, wäre eine solche Lösung für bestimmte Stromlieferverträge vorstellbar.

zu erwarten. Zusätzlich zur Regulierung könnte ein Wettbewerb um den Markt, also eine regelmäßige Ausschreibung des Netzbetriebs institutionalisiert werden, sofern sich das Netz in staatlichem Besitz befindet.

Bei der Entscheidung zwischen einer Strombörse (Pool) und dem Durchleitungsprinzip, ist dem Strompool der Vorzug zu geben. Der Pool bündelt Angebot und Nachfrage und bildet jeweils differenzierte Spotmarktpreise für festgelegte Zeitabschnitte, so daß stets die effizientesten Kraftwerke ihren Strom in das Netz einspeisen. Das Durchleitungsprinzip ist wegen der jeweils einzelnen – in der Regel längerfristigen – Verträge zwischen Erzeugern und Verteilern/Stromhändlern ineffizienter. Es kann die gleiche allokative Effizienz nur erreichen, wenn unabhängig vom Übertragungsnetz eine Börse besteht, auf der Elektrizität zwischen Erzeugern und Verteilern/Stromhändlern gehandelt wird. Eine solche unabhängige Börse ist in dem Fall eine Alternative, wenn sich das Poolsystem aus rechtlichen Gründen nicht verwirklichen läßt, weil Eigentumsrechte der Übertragungsnetzbetreiber dem entgegenstehen. Sofern das Übertragungsnetz sich im (privaten) Besitz von Stromerzeugern befindet, erfordert ein Poolsystem weitgehende staatliche Eingriffe in die Eigentumsrechte, für die zu klären ist, ob sie durch Wohlfahrtsgewinne gerechtfertigt werden können.[194]

3.3 Marktstrukturkriterien für die Einführung von Wettbewerb

Die Möglichkeiten der Einführung von Wettbewerb werden durch die historische Situation der Elektrizitätswirtschaft in den jeweiligen Ländern maßgeblich bestimmt. Die Elektrizitätswirtschaft stellt sich im internationalen Vergleich sehr heterogen dar. Die Strukturen in den einzelnen Ländern basieren weitgehend auf historischen Entwicklungen, auf unterschiedlichen geographischen Gegebenheiten und unterschiedlichen Ausstattungen der Länder mit Energieressourcen. Die Industriestruktur in den einzelnen Staaten läßt sich durch den Integrationsgrad der Industrie in horizontaler und vertikaler Hinsicht, die Eigentumsverhältnisse und die Abhängigkeit der Regulierungsinstitution von politischen Vorgaben charakterisieren. Um die Situation der einzelnen Länder vergleichen zu können, werden jeweils die Strukturen vor einer etwaigen wettbewerblichen Umstrukturierung betrachtet.

3.3.1 Der Integrationsgrad der Industrie

Der Integrationsgrad der Elektrizitätswirtschaft läßt sich für die vertikale und die horizontale Ebene messen. Dabei wird die Marktstruktur in statischer Sichtweise betrachtet. Integration soll hier nicht als dynamischer Prozeß verstanden werden,

---

194 Baur/Moraing (1994) verneinen das.

der die Marktstruktur und das Verhalten der Unternehmen ändert. Vielmehr geht es darum, den Stand der horizontalen bzw. vertikalen Integriertheit zu erfassen. Eine vertikal integrierte Elektrizitätswirtschaft liegt vor, wenn alle Produktionsstufen (Erzeugung, Übertragung/Koordination und Verteilung/Stromhandel) in einem Unternehmen zusammengefaßt sind.

In Abbildung 3.3 ist die Integration in vertikaler Richtung folgendermaßen abgegrenzt: Ein niedriger Integrationsgrad liegt dann vor, wenn die Produktionsstufen Erzeugung und Übertragung (Abbildung 3.3 a) bzw. Übertragung und Verteilung (Abbildung 3.3 b) organisationsmäßig getrennt sind, also ein Erzeugungsunternehmen kein eigenes Übertragungsnetz unterhält oder der Übertragungsnetzbetreiber die Stromverbraucher nicht direkt beliefert.[195] Hoch integriert ist dagegen eine Elektrizitätswirtschaft, in der sich in der Regel jedes Unternehmen sowohl mit der Erzeugung bzw. Verteilung an die Endverbraucher als auch mit der Übertragung befaßt. Dies ist zum Beispiel bei den staatlichen Monopolunternehmen in Frankreich und Griechenland der Fall, aber auch in der schottischen Elektrizitätswirtschaft. Der Fall der Niederlande ist insofern ein Sonderfall, als sich aus Abbildung 3.3 ein niedriger vertikaler Integrationsgrad sowohl für Erzeugung/ Übertragung als auch für Übertragung/Verteilung ergibt. Daraus darf in diesem Fall aber nicht geschlossen werden, daß die niederländische Elektrizitätswirtschaft (bis 1985) nur geringfügig vertikal integriert war. Im Gegenteil: Der Erzeugungsbereich war hochgradig mit der Verteilung integriert, so daß die Niederlande insgesamt einen hohen vertikalen Integrationsgrad aufwiesen.

In vielen Fällen sind nicht alle Unternehmen, die an der Elektrizitätsversorgung eines Landes beteiligt sind, vollständig vertikal integriert. In jedem Land gibt es Eigenerzeuger, die für den eigenen Bedarf Strom produzieren und ihren Überschuß in das nationale Übertragungsnetz einspeisen. Diese Unternehmen produzieren insgesamt aber meist deutlich weniger als 10 Prozent des erzeugten Stroms des Landes und treten nur sehr vereinzelt auf dem Markt auf, so daß sie vernachlässigt werden können. Außerdem gibt es in vielen Ländern kommunale Verteilungsgesellschaften, die einige Städte versorgen. Solange der Anteil der Verteiler, die nicht mit dem Übertragungsnetz integriert sind, an der gesamten Verteilung von Elektrizität vernachlässigbar ist, kann der Übertragungs-/Verteilungsbereich dennoch als hoch integriert gelten. Ein Beispiel dafür ist Frankreich, wo einige Städte historisch bedingt ihre Stromverteilung selbst durchführen und nicht dem nationalen Strommonopol Electricité de France übertragen haben. Einen mittleren Integrationsgrad weisen die Länder auf, in denen es vertikal integrierte Unter-

195 Eine organisatorische Trennung bedeutet in erster Linie, daß exklusive Lieferbeziehungen beendet werden. Eine kapitalmäßige Trennung ist dabei nachrangig, auch wenn Kapitalverflechtungen Einfluß auf die Lieferbeziehungen haben können.

nehmen gibt, aber auch bedeutende Erzeugungs- oder Verteilungsunternehmen, die nicht integriert sind.

Das Ausmaß der horizontalen Integration läßt sich ebenfalls in drei Gruppen unterteilen. Eine hohe horizontale Integration bedeutet, daß jeweils nur ein Unternehmen in einem Land Strom produziert[196] oder verteilt[197]. Da die Übertragung in der Regel monopolistisch erfolgt und eine wettbewerbliche Umgestaltung des Übertragungsnetzes nicht sinnvoll ist, wird hier nur zwischen der horizontalen Integration von Erzeugung und Verteilung unterschieden. Einen eigenen, von der physischen Verteilung unabhängigen Stromhandel mit den Endverbrauchern besaß kein Land vor der Umgestaltung, so daß auf diese Unterscheidung ebenfalls verzichtet werden kann.

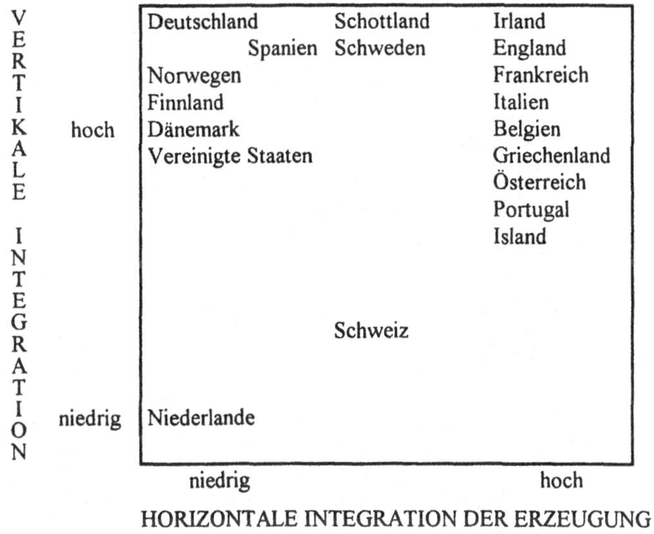

Abbildung 3.3 a Integration von Erzeugung und Übertragung I[198]

---

196 mit Ausnahme unbedeutender Eigenproduzenten, die beispielsweise in den Vereinigten Staaten nur 3 Prozent der gesamten Erzeugungskapazität ausmachen und entsprechend noch weniger in das Netz einspeisen

197 mit Ausnahme vereinzelter kleiner kommunaler Verteiler

198 Die Informationen für die Abbildungen 3.3a, 3.3.b und 3.4 stammen aus den folgenden Quellen: Alario (1994), de Braekeleer/Hartog (1992), Deregulierungskommission (1991), Eickhof (1985), Eiß/Lukes/ Pick/Schulz (1990), Finon (1995), Henney (1992), Hjalmarsson (1993), Hjalmarsson (1996), International Energy Agency (1985), Interna-

VERTIKALE INTEGRATION	niedrig		hoch
hoch	Vereinigte Staaten	Luxemburg Schottland Dänemark	Irland Frankreich Italien Griechenland Portugal
	Deutschland Spanien Belgien Schweiz Norwegen Schweden		
niedrig	England Niederlande Island Österreich Finnland		

HORIZONTALE INTEGRATION DER VERTEILUNG

Abbildung 3.3 b Integration von Übertragung und Verteilung

In einigen Ländern gibt es zwar mehrere bedeutende Produzenten, die aber z.B. in Österreich unter einem gemeinsamen Dachunternehmen agieren. In solchen Fällen ist die Erzeugung praktisch integriert, da sie von einem Unternehmen koordiniert wird. Eine niedrige horizontale Integration weisen Länder auf, in denen es mehrere Unternehmen auf der Erzeugungs- bzw. Verteilungsebene gibt, die in einem wettbewerblichen Markt keiner direkten Reaktionsverbundenheit unterliegen würden. Es muß dabei aber kein Wettbewerb zwischen den Unternehmen herrschen, es können auch Gebietsmonopole bestehen, so daß zwar eine regionale Differenzierung besteht, aber kein Wettbewerb stattfindet. Einen mittleren horizontalen Integrationsgrad weisen die Länder auf, in denen so wenige Unternehmen tätig sind, daß im Falle eines wettbewerblichen Marktes eine direkte Reaktionsverbundenheit vorliegen würde.[199] Dies sind in der Regel zwei bis drei bedeutende Unternehmen. In Schottland gibt es beispielsweise zwei Unternehmen, in

tional Energy Agency (1994), Kumkar (1994), Kumkar (1995), Lammers (1992), McGowan (1993), Pfaffenberger (1994), Willers/Schulz (1992).

199 Die Abgrenzung der horizontalen Integration mit Hilfe des Kriteriums der Reaktionsverbundenheit bzw. der oligopolistischen Interdependenz läßt sich streng genommen nur für wettbewerbliche Märkte heranziehen und würde sich daher für die hier erfolgte Strukturierung nicht eignen. Da die Struktur der Elektrizitätswirtschaft, wie sie sich hier darstellt, in Kapitel 5 mit einer stärker wettbewerblichen verglichen werden soll, scheint diese Vorgehensweise dennoch gerechtfertigt.

Dänemark versorgen zwei Unternehmen zwei regional abgegrenzte Versorgungsgebiete[200] und in Luxemburg versorgen zwei Unternehmen branchenmäßig differenzierte Gebiete.[201]

Abbildung 3.3 verdeutlicht, daß der Grad der vertikalen und horizontalen Integration in den einzelnen Ländern sehr unterschiedlich ist. Während Frankreich, Griechenland, Irland, Italien und Portugal eine stark zentralisierte und hoch integrierte Elektrizitätswirtschaft aufweisen bzw. aufwiesen, ist der horizontale Integrationsgrad der Erzeugung und Verteilung in Deutschland, Spanien und den Niederlanden gering. Alle drei Länder verfügen aber über eine hohe vertikale Integration. Insbesondere zeigt sich, daß in den Ländern, in denen die Erzeugung bzw. die Verteilung horizontal hoch integriert ist, dieser Bereich auch vertikal mit dem Übertragungsnetz integriert ist und Verbundvorteile damit ausgeschöpft werden können. Mit Ausnahme der Schweiz findet sich kein Land, in dem eine horizontal weitgehend integrierte Erzeugung bzw. Verteilung nicht auch mit dem Übertragungsbereich vertikal verflochten ist.

3.3.2 Eigentumsverhältnisse

Die Eigentumsverhältnisse der Elektrizitätswirtschaft in den verschiedenen Ländern sind zwar für die Gewährleistung von Wettbewerb nicht ausschlaggebend und ihr Einfluß auf die ökonomische Effizienz der Unternehmen ist umstritten[202],

---

200 Es existieren darüber hinaus allerdings noch mehrere Stromerzeuger. Vgl. Hjalmarsson (1996), S. 136.

201 Ein Unternehmen versorgt die Eisen- und Stahlindustrie, das andere alle anderen Verbraucher. Zwei nebeneinander bestehende Versorgungsunternehmen in einem kleinen Land wie Luxemburg deuten darauf hin, daß es sich nicht um eine hoch integrierte Elektrizitätswirtschaft handelt. Die Tatsache, daß es keine bedeutenden lokalen Verteilungsgesellschaften gibt, deutet aber zumindest auf eine gewisse Integration hin. Da Luxemburg fast seinen gesamten Strombedarf importiert, entfällt für dieses Land eine Klassifizierung nach dem Integrationsgrad der Erzeugung/Übertragung in Abbildung 3.3a.

202 Die Debatte über die Effizienzunterschiede zwischen öffentlichen und privaten Unternehmen läßt sich bis zur Jahrhundertwende zurückverfolgen und hält immer noch an. Vgl. Joskow/Schmalensee (1985), S. 20. Empirische Studien zur Effizienz von Elektrizitätsversorgungsunternehmen ergeben allenfalls geringe Effizienzunterschiede zwischen öffentlichen und privaten Unternehmen. Private Unternehmen arbeiten nicht erkennbar effizienter. Vgl. dazu Borcherding/Pommerehne/Schneider (1982), Färe/Grosskopf/Logan (1985), Atkinson/Halvorsen (1986). Koh/Berg/Kenny (1996, S. 64) begründen ihr Ergebnis, daß für geringere Outputmengen öffentliche Unternehmen effizienter seien, damit, daß die politische Kontrolle der Wähler in kleineren Gemeinden effektiver ist als in großen. Andrikopoulos/Vlachou (1993, S. 57f.) zitieren eine Reihe von Studien, die zu ganz unterschiedlichen Ergebnissen bezüglich der Effizienz privater und öffentlicher Elektrizitätsversorgungsunternehmen kommen. Insbesondere stellen sie fest, daß die

dennoch spielen sie für die Betrachtung von Regulierungsinstitutionen eine Rolle. Öffentliche Unternehmen sind dem Eingriff des Staates wesentlich direkter ausgesetzt als private. Regulierung findet hier auf weniger transparente Weise statt. Die staatlichen Unternehmen können als Instrumente der makroökonomischen Globalsteuerung benutzt werden[203] und unterliegen direktem politischem Einfluß. Große öffentliche Unternehmen, wie sie die öffentlichen Elektrizitätsversorgungsunternehmen darstellen, sind neben dem Regierungseinfluß außerdem auch dem Einfluß politischer Interessengruppen ausgesetzt.

rein öffentlich	gemischtwirtschaftlich mit mehr als 50 Prozent öffentlichem Anteil	vollständig privat oder gemischtwirtschaftlich mit mehr als 50 Prozent privatem Anteil
Frankreich Niederlande Portugal Irland Griechenland England Italien Island Österreich Dänemark	Schweiz Schweden Norwegen Deutschland Finnland Luxemburg	Vereinigte Staaten Belgien Spanien

Tabelle 3.1 Eigentumsverhältnisse

Die Eigentumsverhältnisse von Unternehmen lassen sich nach rechtlichen oder faktischen Gesichtspunkten abgrenzen. Die rechtliche Einordnung erfolgt nach öffentlichen und privaten Rechtsformen. Da aber auch Unternehmen mit privaten Rechtsformen sich vollständig im öffentlichen Besitz befinden können, sagt eine solche Einordnung nicht viel über die tatsächlichen Einflußmöglichkeiten des Staates aus.[204]

Die Abgrenzung der Eigentumsverhältnisse nach faktischen Kriterien bezieht sich auf den tatsächlichen Staatsbesitz. Eine Aktiengesellschaft, deren Anteile sich vollständig im Besitz des Staates befinden, ist demnach ein öffentliches Unternehmen. Es ist allerdings nicht nur der reine Aktienanteil maßgebend, sondern die

---

griechische Elektrizitätswirtschaft sehr effizient ist, obwohl sie sich im staatlichen Besitz befindet.

203 Dies ist besonders in Frankreich der Fall. Vgl. Lammers (1992), S. 113.

204 Öffentliche Unternehmen mit privaten Rechtsformen sind zwar in ihren Entscheidungen und ihrer Rechnungslegung selbständiger, letztlich aber doch staatlichem Einfluß ausgesetzt.

damit verbundenen Stimmrechte.[205] Häufig sind die Aktien, die von der öffentlichen Hand gehalten werden, mit Mehrfachstimmrechten ausgestattet, so daß der Staat auch ohne Aktienmehrheit die Stimmenmehrheit haben kann. Dies ist z.B. in Deutschland oft der Fall.[206] Hier wird nach der Stimmenmehrheit klassifiziert, da sie die tatsächlichen unmittelbaren Einflußmöglichkeiten des Staates über Unternehmensentscheidungen zum Ausdruck bringt.[207] Die Elektrizitätswirtschaft in einem Land ist also rein öffentlich, wenn alle Unternehmen im öffentlichen Besitz sind. Dies muß nicht immer nur das Eigentum des Zentralstaates sein, es kann sich auch um kommunalen oder regionalen Besitz handeln, wie beispielsweise in den Niederlanden. Trotz privater Eigenerzeuger werden die Eigentumsverhältnisse in einem Land als rein öffentlich eingestuft, wenn alle Unternehmen der Elektrizitätswirtschaft sich im öffentlichen Besitz befinden.

In vielen Ländern herrscht jedoch eine gemischte Elektrizitätswirtschaft vor. Die Einteilung, ob die Elektrizitätswirtschaft überwiegend (mehr als 50 Prozent) privat oder überwiegend öffentlich ist, erfolgt anhand des Umfangs des produzierten bzw. verteilten Stroms, nicht anhand der Anzahl öffentlicher oder privater Unternehmen.

Es zeigt sich, daß in den Ländern mit hoch integrierten und zentralisierten Elektrizitätswirtschaften öffentlicher Besitz vorherrscht. In Frankreich, Griechenland, Italien und Irland handelt es sich dabei um Staatsmonopole.

3.3.3 Konsequenzen aus der Marktstruktur für die Möglichkeit der Einführung von Wettbewerb

Die Marktstruktur in der Elektrizitätswirtschaft wirkt sich auf die Möglichkeiten des Staates, Wettbewerb einführen zu können, aus. Während man bei einer horizontal integrierten Elektrizitätswirtschaft davon ausgehen kann, daß kein Wettbewerb stattfindet, ist der Umkehrschluß nicht so eindeutig möglich. Eine horizontal differenzierte Struktur der Industrie muß nicht bedeuten, daß Wettbewerb herrscht. Es können auch Gebietsmonopole bestehen. Generell ist es eher möglich, Wettbewerb in einer Elektrizitätswirtschaft einzuführen, die nicht hochgradig integriert ist. Eine integrierte Elektrizitätswirtschaft muß erst entflochten werden. Die politische Auseinandersetzung um die Aufspaltung eines Elektrizitätserzeugungsmonopols führt in der Regel nicht zu effizienten Ergebnissen.[208] In

205 Siehe Lang (1999), S. 52ff. für eine Analyse der Einflußmöglichkeiten der öffentlichen Hand auf die Entscheidungen von Aktiengesellschaften in der Elektrizitätswirtschaft.

206 Vgl. Lang (1993), S. 4.

207 Außerdem wäre eine rechtliche Einordnung bei den unterschiedlichen rechtlich möglichen Unternehmensformen in den einzelnen Ländern nur schwer durchzuführen.

208 Vgl. für diese Problematik in England Kapitel 5.2.1.

Deutschland mit der niedrigen horizontalen Integration der Elektrizitätswirtschaft dürfte Wettbewerb eher funktionieren als z.B. in Frankreich, wo das Staatsmonopol Electricité de France sich gegen weitgehende Umstrukturierungen, die Voraussetzung für Wettbewerb sind, sperrt. Andererseits behindert die Kombination aus niedriger horizontaler und hoher vertikaler Integration in Deutschland eine Ausgliederung des natürlichen Monopols Übertragungsnetz aus dem Eigentum der Unternehmen und die Gewährleistung von Durchleitungsrechten für fremde Stromerzeugungsunternehmen.

Der Integrationsgrad kann damit Einfluß auf die Wettbewerbssituation haben. Zugleich hängt die Möglichkeit, Wettbewerb einführen zu können, von den Eigentumsverhältnissen ab. Staatseigentum bietet größere Möglichkeiten für die Regierung, Umstrukturierungen vorzunehmen, sofern sie diese anstrebt, während eine vertikal integrierte Elektrizitätswirtschaft im Privateigentum oder mit gemischtwirtschaftlichen Eigentumsformen häufig nur durch Enteignungen entflochten werden kann.[209]

3.4 Zusammenfassung

Auch wenn das Problem natürlicher Monopole in der Elektrizitätswirtschaft aufgrund der Leitungsgebundenheit und der vertikalen Verbundvorteile nicht zu vernachlässigen ist, zeigt sich, daß Wettbewerb die Effizienz dieser Industrie unter Umständen erheblich steigern kann, wenn die Effizienzgewinne aus dem Wettbewerbsdruck die Ineffizienzen, die in einer desintegrierten Elektrizitätswirtschaft durch fehlende Anreize zur Minimierung der Kosten des gesamten Systems entstehen, überkompensieren können.[210] Da Wettbewerb als Entdeckungsverfahren wirkt, dessen Ergebnisse nicht im voraus bekannt sind, kann eine eindeutige Aussage zur Effizienz von Wettbewerb nicht getroffen werden. Sollte Wettbewerb aber für einzelne Bereiche oder das Gesamtsystem nicht effizient sein, so wird der Markt starke Integrationstendenzen aufweisen und von sich aus zu einem integrierten System zurückstreben. Die in der letzten Zeit entwickelten technischen Möglichkeiten der Koordination über den Markt lassen eine wettbewerbliche Lösung ökonomisch sinnvoll erscheinen.

Es existieren mehrere realisierbare Organisationsmöglichkeiten für die Gestaltung des Wettbewerbs. Sind die Gestaltungsspielräume eines Staates unbegrenzt,

---

209 Die juristische Möglichkeit der Enteignung, um die Elektrizitätswirtschaft umstrukturieren zu können, wird für Deutschland mit Skepsis betrachtet. Zu den rechtlichen Problemen des Eingriffs in Eigentumsrechte von Stromversorgungsunternehmen in Deutschland siehe z.B. Baur/Moraing (1994).

210 Vgl. auch Newbery (1994), S. 26.

sollte einer Variante der Vorzug gegeben werden, die sowohl Erzeugung als auch Endverbraucherversorgung dem Wettbewerb aussetzt. D.h. Erzeugung und Endverbraucherversorgung sollten vertikal vom Netz getrennt werden. Die übrige Gestaltung ist eher zweitrangig. Allerdings hat nicht jeder Staat solche weitgehenden Gestaltungsspielräume, sondern muß auf historische und politische Gegebenheiten und private Eigentumsrechte Rücksicht nehmen.

Die betrachteten Kriterien für die Klassifizierung der Elektrizitätswirtschaften verschiedener Länder lassen Schlüsse auf das Verhalten von Regulierungsinstitutionen zu. Aus dem Integrationsgrad der Industrie kann man auf die Machtstellung einzelner Unternehmen schließen. Außerdem hat der Integrationsgrad Einfluß auf die Möglichkeiten einer Umstrukturierung. Bei Staatsunternehmen hat man theoretisch die größten Möglichkeiten zur Entflechtung, weil keine privaten Eigentumsrechte im Wege stehen, die eine Ausgliederung des natürlichen Monopols aus den Erzeugungsunternehmen und die Gewährleistung von Durchleitungsrechten für fremde Stromerzeugungsunternehmen erschweren. Die Entflechtung eines integrierten Staatsunternehmens führt aber zu politischen Problemen. Die politische Auseinandersetzung um die Aufspaltung des englischen Elektrizitätserzeugungsmonopols bewirkte beispielsweise die Bildung eines Oligopols, in dem die beiden privaten Stromerzeuger erfolgreich die wettbewerbliche Poolpreissetzung durch Absprachen umgehen konnten.[211] Bis der Wettbewerb wirklich funktionierte, waren erhebliche Anlaufschwierigkeiten zu bewältigen. Solche Probleme können vermieden werden, wenn Wettbewerb in einer Elektrizitätswirtschaft eingeführt wird, die nicht hochgradig horizontal integriert ist.

Die Ansätze vieler Staaten, die Struktur der Elektrizitätswirtschaft zu reformieren, lassen darauf schließen, daß es unabhängig von der bestehenden Struktur in einzelnen Ländern Faktoren gibt, die länderübergreifend wirken. Dies dürften hauptsächlich politökonomische Faktoren sein. Da die Regulierungsinstitutionen in den meisten Ländern in den Regierungsapparat integriert sind, spielen politische Aspekte bei Entscheidungen eine große Rolle. Deshalb läßt sich das Verhalten von Regulierungsinstitutionen mit den betrachteten Kriterien noch nicht vollständig erklären. Ein wesentlicher Aspekt dürfte der Einfluß weiterer Interessengruppen sein.

---

211 Vgl. Kumkar (1994), S. 100. Siehe dazu auch Kapitel 5.2.1.

4 Positive Theorie der Regulierung

Die positive Theorie der Regulierung versucht, staatliche Eingriffe in die Gewerbe- und Vertragsfreiheit in einzelnen Branchen zu erklären, die über solche Regelungen hinausgehen, die für alle Wirtschaftsbereiche uneingeschränkt gelten.[212] Dabei geht sie davon aus, daß die Einführung von Regulierungsmaßnahmen nicht nur mit der Korrektur von Marktversagen erklärt werden kann, wie die normative Theorie dies tut, sondern daß das politische System Bedingungen für die Regulierung setzt, die berücksichtigt werden müssen.[213] Das Ziel der positiven Theorie der Regulierung ist es daher, die Gründe für die Regulierungsmaßnahmen und ihre Auswirkungen mit Hilfe der besonderen Anreize in politischen Institutionen und Bürokratien zu erklären.[214]

Seit einiger Zeit steht nun aber nicht mehr die Regulierung von Wirtschaftsbereichen im Vordergrund der Wirtschaftspolitik vieler Länder, sondern deren Deregulierung. „Unter Deregulierung wird die Aufhebung bzw. die substantielle Einschränkung der staatlichen Kontrolle über das wirtschaftliche Geschehen oder staatlicher Wirtschaftseingriffe – wie Preisregulierung, Zulassungsbeschränkungen zu Märkten und Berufen usw. – verstanden.“[215] Das muß nicht bedeuten, daß sich der Staat aus diesen Wirtschaftsbereichen völlig zurückzieht und sie sich selbst überläßt. Gerade in netzgebundenen Branchen wie der Elektrizitätswirtschaft, in denen mindestens der Betrieb des Netzsystems ein natürliches Monopol darstellt, ist es aus Gründen der Gewährleistung von Wettbewerb geboten, bestimmte institutionelle Strukturen zu etablieren und diese staatlicherseits zu überwachen. Deregulierung meint daher die Aufhebung von Marktbeschränkungen, d.h. die Öffnung von Märkten mit der Einführung von Wettbewerb, die allerdings durchaus staatlich gesichert werden kann. Der Staat soll zwar eine möglichst kleine Rolle im Wirtschaftsleben spielen. Das bedeutet aber nicht, daß einfach bestehende Rechtsnormen abgeschafft werden. Ein privates Monopol, dem vom Staat Bestandsschutz garantiert wird, in dessen Handlungen aber nicht regulierend eingegriffen wird, kommt mit einem Minimum an staatlicher Regulierung aus. Strukturiert der Staat aber die Branche um, indem er den Bestandsschutz des Monopols aufhebt, muß er möglicherweise in größerem Umfang als bisher tätig werden. Dennoch kann das als Deregulierung bezeichnet werden, wenn die Veränderung der Regeln, also die Aufhebung des Monopolschutzes, der wirtschaftli-

---

212 Vgl. Müller/Vogelsang (1979), S. 19.

213 Siehe Laffont (1994), S. 535 oder Werner (1988), S. 68.

214 Vgl. Finsinger (1991), S. 9 und Müller/Vogelsang (1979), S. 119.

215 Schneider/Schmatzer (1989), S. 2.

chen Freiheit dient, auch wenn der dann nötige markt- und wettbewerbskonforme Eingriff umfangreichere Staatstätigkeiten erfordert.[216]

Die positiven Theorien gehen von zum Teil unterschiedlichen Voraussetzungen aus. Zum einen gibt es die Theorien, die auf der normativen Theorie fußen, d.h. die das öffentliche Interesse im Sinne der Gesamtwohlfahrt der Bevölkerung zu ihrem Ausgangspunkt machen. Dazu gehören beispielsweise die Public-Interest-Theorie und die Life-Cycle-Theorie. Regulierungsinstitutionen treffen aber auch eine Reihe von Entscheidungen, die sich nicht an der volkswirtschaftlichen Wohlfahrt orientieren. Ziele wie faire Verfahrensabläufe oder angenehme zwischenmenschliche Verhältnisse, aber auch die einzelwirtschaftliche Nutzenmaximierung politischer Handlungsträger stehen nicht mit dem „öffentlichen Interesse“ im Einklang.[217] Eine Reihe von Theorien basiert daher auf dem Eigeninteresse aller Beteiligten, also auch der Politiker und der Mitglieder der Regulierungsbehörde. Hierzu zählen die Interest-Group-Theorie und die Bürokratietheorie.

Joskow und Noll (1981) klassifizieren die positiven Theorien der Regulierung danach, ob sie legislativ oder bürokratisch ausgerichtet sind. Legislative Theorien betrachten den Wahlprozeß und die auf Politiker wirkenden Anreize. Diese Theorien werden hauptsächlich von der Chicago-School vertreten. Regulierung wird hier zum Transfer von Einkommen an gut organisierte Gruppen benutzt, wenn die Gruppen mit Wählerstimmen und finanzieller Unterstützung reagieren können. Bürokratische Regulierungstheorien stellen den bürokratischen Prozeß und die auf Regulierer wirkenden Anreize in den Mittelpunkt.[218] Demnach gehören die Public-Interest-Theorie, die Life-Cycle-Theorie, die verschiedenen Ausprägungen der Interest-Group-Theorie und die Congressional-Dominance-Theorie zur Gruppe der legislativen Theorien, während die Capture-Theorie, die Bürokratietheorie, das Organisationsmodell und das Ersatzvertretungsmodell zur Gruppe der bürokratisch ausgerichteten Regulierungstheorien gehören.

Die meisten der dargestellten Theorien gehen von der US-amerikanischen Regulierungspraxis aus, die sich von den Regulierungsmethoden, die in Europa angewendet werden, wegen der unterschiedlichen politischen und ökonomischen Rahmenbedingungen grundlegend unterscheidet. Bedingt durch die Entstehungsgeschichte der Vereinigten Staaten waren die Regierungen dort meist eher schwach. Um eine effiziente Regulierung zu erreichen, wurden aber machtvollere Regulierungsinstitutionen angestrebt. Aus diesem Grund setzt der Kongreß regie-

---

216 Vgl. Deregulierungskommission (1991), S. 1.
217 Vgl. Joskow/Noll (1981), S. 36.
218 Vgl. Joskow/Noll (1981), S. 36.

rungsunabhängige Kommissionen zur Regulierung und Kontrolle einzelner Industrien und Branchen ein. Die Kommissare handeln dabei im Auftrag der Regierung. Ihre Aktivitäten sollen mit den Politikern und deren Präferenzen abgestimmt werden. Offiziell besitzen die Regulierungskommissare keine großen eigenständigen Verfügungsfreiheiten, sondern sollen im Idealfall dem öffentlichen Interesse dienen. In der Praxis überwacht der US-Kongreß die Regulierungskommissionen zwar, kann sie aber nicht vollständig kontrollieren, so daß die Kommissionen tatsächlich wenig regelgebunden handeln.[219]

In Europa herrscht dagegen die Bürokratie als Regulierungsinstitution vor. Unabhängige Regulierungsbehörden wie in den Vereinigten Staaten gibt es erst seit kurzer Zeit in einigen europäischen Ländern. Die Bürokratie hat die Aufgabe, die legislativen Entscheidungen der Politik umzusetzen, exekutive Funktionen wahrzunehmen und allgemeine und spezielle Verwaltungstätigkeiten zu erledigen. Daneben bereitet sie politische Entscheidungsprozesse vor. Weil ihre Spezialisten den Politikern einen wesentlichen Teil der für die Entscheidungen nötigen Informationen über die Auswirkungen und die Durchführbarkeit bestimmter Maßnahmen zur Verfügung stellen, nehmen sie faktisch nicht unerheblichen Einfluß auch auf Regulierungsentscheidungen. Im Gegensatz zur amerikanischen unabhängigen Behörde ist die Bürokratie aber von der Regierung abhängig. Dies kann sich auf den Regulierungsprozeß auswirken, da unterschiedliche Agency-Probleme auftreten.[220]

Wettbewerb in der Elektrizitätswirtschaft erfordert zwar Koordinationsleistungen auf der Ebene des Übertragungsnetzes, aber weniger Regulierung in den wettbewerblichen Bereichen. Insbesondere kann eine Endverbraucherpreisregulierung entfallen. Wird die Regulierungsbehörde von der Regierung dominiert, so kann diese auch wettbewerbliche Umstrukturierungen vornehmen, ohne Rücksicht auf spezifische Interessen nehmen zu müssen.[221] In Ländern, in denen die betroffenen Gruppen in den Regulierungsprozeß integriert sind, muß die Regierung deren Ansichten grundsätzlich stärker berücksichtigen. Ist die Regulierungsbehörde unabhängig von politischen Entscheidungen, so ist eine von der Politik initiierte wettbewerbliche Umstrukturierung schwer durchsetzbar, da eine solche die Kompetenzen der Behörde beschneiden würde.

---

219 Siehe Joskow/Noll (1981), S. 49.

220 Für eine modelltheoretische Diskussion verschiedener Regierungssysteme und ihrer Auswirkungen auf die Entscheidungsfreiheit der jeweiligen Regulierungsbehörde siehe Steunenberg (1994).

221 Daß sie dennoch aus wahltaktischen Gründen die Forderungen von Interessengruppen berücksichtigt, ist damit nicht ausgeschlossen.

Für die Betrachtung der Tätigkeiten und Entscheidungen von Regulierungsinstitutionen ist also maßgeblich, inwiefern diese Institutionen von politischer Einflußnahme unabhängig sind. Die Unabhängigkeit einer Regulierungsbehörde drückt sich in ihrer Entscheidungsfülle, der Art der Rekrutierung ihrer Entscheidungsträger und in der Kontrolle der getroffenen Entscheidungen durch die Regierung aus. Eine weitgehende Unabhängigkeit besteht, wenn die Regulierungsbehörde aus dem staatlichen Verwaltungsapparat ausgegliedert ist und politisch unabhängige Gremien die einzelnen Regulierungsentscheidungen treffen. In einigen Ländern wurden – hauptsächlich in den vergangenen Jahren – im Rahmen weitgehender Umstrukturierungen solche Regulierungsinstitutionen geschaffen. Wie Tabelle 4.1 zeigt, ist (bzw. war) die Regulierung der Elektrizitätswirtschaft in den meisten Ländern aber von politischen Vorgaben abhängig. Das bedeutet, daß die Politik nicht nur generelle Richtlinien vorgibt und die Regulierungsentscheidungen kontrolliert, sondern daß sie direkt entscheidet. In der Regel ist dabei der für die Elektrizitätswirtschaft zuständige Minister selbst die Regulierungsinstitution. In Spanien entscheidet aber z.B. das Parlament über die Preisgestaltung in der Elektrizitätswirtschaft.

weitgehende Abhängigkeit	Beteiligung der Elektrizitätswirtschaft bzw. anderer gesellschaftl. Gruppen an staatlichen Entscheidungen	weitgehende Unabhängigkeit
Frankreich Spanien Portugal Luxemburg Italien Griechenland Irland England Dänemark Norwegen Schweiz	Deutschland Belgien Österreich Schweden	Vereinigte Staaten Niederlande

Tabelle 4.1 Abhängigkeit der Regulierungsinstitutionen von politischen Vorgaben I[222]

222 Die Informationen für diese Tabelle stammen aus den folgenden Quellen: Alario (1994), de Braekeleer/Hartog (1992), Eiß/Lukes/Pick/Schulz (1990), Finon (1995), Henney (1992), Hjalmarsson (1993), Hjalmarsson (1996), International Energy Agency (1985), International Energy Agency (1994), Kumkar (1994), Kumkar (1995), Lammers (1992), McGowan (1993), Pfaffenberger (1994), Willers/Schulz (1992).

Dabei gibt es einige Länder, in denen Regierung, Industrie und gesellschaftspolitische Interessengruppen zusammenarbeiten. Hier basiert die Regulierung weitgehend auf politischem Konsens bzw. Kompromiß der beteiligten Gruppen. Dies ist vor allem in solchen Ländern der Fall, deren Regierungssystem auf dem Konsensgedanken beruht. Der Regierungseinfluß auf die Regulierung ist dabei aber in der Regel sehr ausgeprägt. In Belgien unterliegt das Preisgefüge der Elektrizitätswirtschaft z.B. der Überprüfung eines nationalen Kontrollkomitees, das aus Vertretern der Elektrizitätswirtschaft, der Regierung, der Gewerkschaften und des Dachverbandes der belgischen Industrie zusammengesetzt ist. Die Regierungsvertreter haben allerdings ein Vetorecht, das Beschlüsse einen Monat hinauszögern kann.[223] Dieses Recht gibt der Regierung faktisch eine starke Stellung im Regulierungsprozeß. Die Konsumenten von Elektrizität können hingegen keinen signifikanten Einfluß ausüben.

In Österreich sitzen Vertreter aller gesellschaftlichen Gruppen in den Aufsichtsorganen der staatlichen und teilweise staatlichen Elektrizitätsversorgungsunternehmen. Dadurch können diese Gruppen Einfluß ausüben. Regulierungsentscheidungen kann die Regierung aber trotzdem allein treffen. Preiserhöhungen der Elektrizitätsversorgungsunternehmen müssen vom Wirtschaftsminister genehmigt werden.

Wie diese Beispiele zeigen, findet die Regulierung in Ländern, in denen sie weitgehend von der Politik abhängig ist, auf ganz unterschiedliche Weise statt. Der Entscheidungsspielraum ist je nach rechtlicher Ausgestaltung unterschiedlich groß, was sich auf das Verhalten und die Entscheidungsbefugnisse der Regulierungsinstitutionen auswirkt.

Der Wahlprozeß zur Generierung der Machthaber selbst spielt im Rahmen der positiven Theorien der Regulierung allerdings keine hervorragende Rolle. Wählerstimmen können gegebenenfalls als Machtmittel zur Durchsetzung von Partialinteressen eingesetzt werden. Dies läßt sich aber schon mit den Interessengruppentheorien abbilden, so daß keine zusätzliche Theorie der Wahl nötig ist.

Im folgenden werden die einzelnen Theorien unabhängig von ihrer Anwendbarkeit auf verschiedene Regulierungssituationen dargestellt.[224] Wo es möglich ist, wird aber auch auf die Ergebnisse empirischer Studien zur Relevanz der einzel-

---

223 Vgl. Lammers (1992), S. 280f. und de Braekeleer/Hartog (1992).

224 Auf eine Darstellung des Organisationsmodells der unabhängigen Regulierungskommission und des Ersatzvertretungsmodells wird verzichtet, da diese Modelle von den übrigen Theorien erfaßt werden können und sie zudem keinen Beitrag zur Erklärung von Deregulierung leisten.

nen Theorien eingegangen. Dabei muß allerdings berücksichtigt werden, daß ökonometrische Tests bei vielen Theorien problematisch sind, da die Theorien kaum falsifizierbar sind. Für die Interest-Group-Theorien gilt zum Beispiel, daß empirische Informationen, die zum Testen der Theorien herangezogen werden müssen, in der Regel die gleichen sind, die für die Identifizierung von erfolgreichen Interessengruppen zur Verfügung stehen, so daß der Test zur Tautologie wird. Um brauchbare Ergebnisse zu erhalten, müßten Ex-ante-Maße des politischen Einflusses von Interessengruppen mit den Ex-post-Vorteilen der Gruppe aus der Regulierung korreliert werden.[225] Die empirischen Ergebnisse sind also mit einigen Vorbehalten zu betrachten.

4.1 Public-Interest-Theorie

4.1.1 Das „öffentliche Interesse“

Die Public-Interest-Theorie gilt als die traditionelle Theorie der Regulierung. Auf dem „public interest“ basiert die gesamte normative Theorie. Die Theorie kann aber auch als positive Theorie der Regulierung herangezogen werden. Die Public-Interest-Theorie besagt, daß Regulierung im öffentlichen Interesse stattfindet. Sie wird quasi aufgrund der Nachfrage der Öffentlichkeit nach einer Korrektur ineffizienter oder ungerechter Marktergebnisse bereitgestellt.[226]

Ein grundsätzliches Problem der Public-Interest-Theorie ist die Bestimmung des öffentlichen Interesses. Die Idee, die hinter dem Begriff „öffentliches Interesse“ steht, ist die, daß die Bürger in ihrer Rolle als Konsumenten einen öffentlichen Schutz durch staatliche Maßnahmen erhalten sollen. „Öffentliches Interesse“ wird dabei in der Regel als das Setzen vernünftiger und nicht diskriminierender Preise interpretiert.[227] Auch diese Begriffe sind allerdings nicht eindeutig. Obwohl die Bedeutung des Begriffs „public interest“ Gegenstand ausführlicher Erörterungen gewesen ist, gibt es weder eine akzeptierte Definition, noch feste Indikatoren, die herangezogen werden könnten, um zu entscheiden, ob etwas im öffentlichen Interesse geschieht.[228] Das öffentliche Interesse ist also nie eine feste Größe, sondern bildet sich im Prozeß der ständigen Auseinandersetzung von vielfältigen Interessen und Meinungen zu unterschiedlichen Zeiten immer wieder neu. Im Laufe

---

225 Vgl. Joskow/Noll (1981), S. 39. Zum Problem der empirischen Tests von Regulierungstheorien siehe auch Nowell/Tschirhart (1993).

226 Vgl. Posner (1974), S. 335.

227 Vgl. Mitnick (1980), S. 249.

228 Vgl. Mitnick (1980), S. 259.

der Zeit wurde der Begriff des öffentlichen Interesses ohne eine konkrete Definition stets dazu benutzt, alle Regierungshandlungen rechtfertigen zu können.[229]

Die Public-Interest-Theorie geht davon aus, daß die Regulierungskommission die ökonomische Effizienz verfolgen sollte. Sie setzt also öffentliches Interesse mit ökonomischer Effizienz gleich.[230] Obwohl es zutreffen mag, daß die Verfolgung ökonomischer Effizienz das gesamtwirtschaftliche Interesse der Bevölkerung sein sollte, ist fraglich, ob die Bevölkerung, die sich aus vielen Individuen zusammensetzt, die zunächst einmal an ihrem individuellen Wohlergehen interessiert sind, dies auch so empfindet. Selbst wenn es aber eine Vorstellung davon gibt, was das öffentliche Interesse genau ausmacht, bleibt die Frage, wer die Entscheidung darüber trifft, ob und wie weitgehend ein öffentliches Interesse in einer bestimmten Branche zu berücksichtigen ist. Eine Gemeinschaft oder der Staat kann zwar über kollektive Prozesse Entscheidungen treffen, letztendlich kommen diese Entscheidungen aber nur als Aggregation der Interessen einzelnen Personen zustande.

Die Institution, die die Regulierungsentscheidungen trifft, wird im Idealfall nicht ihre eigenen Interessen verfolgen, sondern die Interessen derjenigen, in deren Auftrag sie handelt. Da Regulierungskommissionen nicht direkt von der Bevölkerung eingesetzt werden, sondern von gewählten Vertretern, also dem Parlament,[231] entscheiden letztlich Politiker darüber, was das öffentliche Interesse ist. Es kommt also darauf an, welches Konzept von „öffentlichem Interesse“ die maßgeblichen Politiker haben.[232]

Vielfach wird unterstellt, daß sich politische Akteure wie alle anderen Wirtschaftssubjekte auch als Individuen verhalten, die ihren eigenen Nutzen unter den Bedingungen des politischen Systems maximieren. Zur Nutzensteigerung der Politiker tragen vor allem zusätzliche Wählerstimmen bei. Politiker könnten demnach als öffentliches Interesse all das verstehen, was ihnen diese Wählerstimmen bringt. Regulierung kann sich also vor allem in solchen Industriezweigen durch-

---

229 Vgl. Self (1993), S. 233.

230 Dies wird auch der Regierung von vielen Autoren unterstellt. Siehe z.B. Turner (1995), S. 86.

231 Zum Teil setzt auch die Regierung die Kommission ein. Da diese aber in den meisten Ländern aus der Parlamentsmehrheit hervorgeht, braucht nicht zwischen Parlament und Regierung als Entscheidungsgremium unterschieden zu werden. In den Vereinigten Staaten, in denen die Regierung nicht aus der Parlamentsmehrheit hervorgeht, setzt das Parlament die Kommission ein und kontrolliert sie.

232 Siehe hierzu Nowell/Tschirhart (1993), S. 664f. Noll (1985) hält es für die Theorie nicht einmal für wesentlich, ob das, was die Politiker für das öffentliche Interesse halten, tatsächlich normativ dem entspricht. Wesentlich sei allein, daß die Politiker dies glaubten.

setzen, die sich von der Regulierung Vorteile versprechen[233] und viele Wählerstimmen oder Geld für Wahlkämpfe zur Verfügung stellen können.[234]

Neben der Vorstellung, daß Politiker grundsätzlich eigennützig handeln, existiert eine weitere Theorie politischen Handelns, die sich auf Altruismus und Ideologien stützt. Politische Ideologien sind mehr oder weniger konsistente Bündel normativer Aussagen über den besten oder bevorzugten Zustand der Welt. Sie sind im Prinzip Ansichten darüber, wie die Regierung den Konzepten ihrer Mitglieder über das öffentliche Interesse am besten dient.[235] Der Nutzen für die Politiker ergibt sich einerseits aus der altruistischen Genugtuung, das Richtige getan zu haben. Zum anderen spielen Ideologien auch bei Wahlen eine Rolle. Konkrete Interessen stehen bei einer Wahl kaum zur Abstimmung, da zu viele sich überlagernde und kreuzende Themen von den Kandidaten oder Parteien vertreten werden. Daher ist die grundsätzliche ideologische Ausrichtung einer Partei und ihrer Politiker für die Wähler und deren Wahlentscheidung wichtig. Eine einzelne Wählerstimme ist kaum wahlentscheidend, so daß die Beteiligung an einer Abstimmung für den Wähler kaum aus dem Interesse an der eigenen Wohlfahrt, dem Stiglerischen Investitionsmotiv[236], gerechtfertigt ist. Es muß also ein Motiv geben, das dazu führt, daß die Wähler aus dem Wahlakt an sich Nutzen ziehen. Das kann durch das Bewußtsein geschehen, für eine gute Sache abgestimmt zu haben (Stiglers Konsummotiv der Wahl[237]). Außerdem können die Wähler in der Regel ihren persönlichen Vorteil aus einer bestimmten Wahlentscheidung noch nicht sofort genau benennen. Es herrscht Unsicherheit über die genauen Auswirkungen der Wahlentscheidung auf die einzelwirtschaftliche Wohlfahrt. Daher entscheiden viele Wähler nach ideologischen Gesichtspunkten. Auch bei der Ideologie spielen zwar ökonomische Aspekte eine entscheidende Rolle; die Wähler sind aber generell besorgter über die Situation der gesamten Volkswirtschaft als über ihre eigene Situation, weil sie davon ausgehen, daß eine allgemein gute wirtschaftliche Situation sich auch auf ihre eigene Lage positiv auswirkt.[238] Auf diese Weise haben die Wähler trotz eigennütziger Einstellung bei einer Wahlentscheidung die volkswirtschaftliche Effizienz im Sinn.

Walters und Sudweeks (1996) üben generell Kritik an der Annahme, daß Individuen nur eigennützig handeln. Vielmehr stellten die Gesellschaft ebenso wie

233 z.B. in Form eines vor Wettbewerbern geschützten Marktes
234 Vgl. Müller/Vogelsang (1979), S. 113.
235 Vgl. Kalt (1981), S. 246 und Kalt/Zupan (1984), S. 281.
236 Vgl. Stigler (1972), S. 104.
237 Vgl. Stigler (1972), S. 104.
238 Vgl. Self (1993), S. 235f.

Werte, Prinzipien, moralische Verpflichtungen oder Emotionen motivierende Einflüsse dar, die das Handeln von Menschen bestimmten.[239] Eine Regulierung auf der Basis des öffentlichen Interesses scheint also mindestens theoretisch möglich zu sein.

4.1.2 Empirische Belege für die Bedeutung von öffentlichem Interesse und Ideologie

Während es Anfang der siebziger Jahre vor allem empirische Studien gab, die belegen, daß nicht nur aus Konsumenten- oder Wählerinteressen reguliert wurde,[240] und die Public-Interest-Theorie als überholt galt, war die Theorie ein Jahrzehnt später wieder in der Debatte.[241] Die Wichtigkeit altruistischer Ziele rationeller Politiker bei legislativen Regulierungsentscheidungen konnte empirisch nicht widerlegt werden.[242] In den empirischen Studien dominieren außerdem von den Politikern definierte Versionen des öffentlichen Interesses als Erklärungsvariablen im parlamentarischen Abstimmungsverhalten.[243] Dies läßt auf eine eher ideologische Orientierung der Abgeordneten schließen. Kalt und Zupan (1984) kommen zu dem Schluß, daß ökonomische Eigeninteressen der Politiker eine überraschend geringe Rolle in der Gesetzgebung spielen und der ideologische Effekt nicht von der Hand zu weisen ist.[244] Poole und Rosenthal (1996) finden in ihrer Untersuchung des Abstimmungsverhaltens des amerikanischen Senats, daß Ideologie bei den Parlamentariern eine wichtige und eigentlich die entscheidende Rolle spielt. Das Median-voter-Modell kann von ihnen nicht gestützt werden. Im Gegenteil, einfache Ideologiemodelle bilden das Abstimmungsverhalten besser ab als kompliziertere Modelle, die ökonomische Faktoren einbeziehen.[245]

Wenn die Politiker maßgebliche Kontrolle über die Regulierungskommission haben, wirkt sich dies auch auf die Entscheidungen der Kommission aus. Dies läßt darauf schließen, daß die Public-Interest-Theorie trotz aller Schwierigkeiten, sie

---

239 Vgl. Walters/Sudweeks (1996) und die dort zitierte Literatur. Tullock (1984) erklärt, warum Wähler sich für Optionen entscheiden, die ihnen persönlich keine Vorteile bringen, sondern dem öffentlichen Interesse dienen.

240 Siehe z.B. Jordon (1970); Jordon (1972); Kitch/Isaacson/Kasper (1971) und Mac Avoy (1971).

241 Vgl. Kalt/Zupan (1984), S. 279. Die Debatte wurde u.a. von Zerbe/Urban (1988) und Nowell/Tschirhart (1993) fortgesetzt.

242 Siehe z.B. Kau/Rubin (1979), Kalt (1981) und weitere von Kalt/Zupan (1984) zitierte Literatur.

243 Siehe Mitchell (1979), Kau/Rubin (1979), Kalt (1981).

244 Vgl. Kalt/Zupan (1984), S. 280.

245 Vgl. Poole/Rosenthal (1996).

zu handhaben,[246] nicht als Erklärung von Regulierungsverhalten ausgeschlossen werden kann.

4.1.3 Public-Interest-Theorie und Effizienz der Regulierung

Die Public-Interest-Theorie betont die Rolle der Regulierungskommission, die im Auftrag der Regierung Marktunvollkommenheiten korrigiert. Regulierung wird dabei als weitgehend kostenlos angesehen. Die Kommission ist ein wohlwollender Maximierer der sozialen Wohlfahrt, d.h. sie strebt die größtmögliche Effizienz an. Umverteilung (beispielsweise aufgrund ungerechter Marktergebnisse) ist aus Sicht der Public-Interest-Theorie selten Ziel einer Regulierungsinstitution. Daher wird davon ausgegangen, daß der Regulierungsprozeß selbst effizient ist. Lediglich externe Schwierigkeiten können die Regulierungskommission daran hindern, im öffentlichen Interesse zu handeln. Ursachen solcher Schwierigkeiten können falsche Agenturstrukturen, ein unzureichendes Mandat oder unzureichende Informationsquellen sein.[247] Meist sind die Kommissionen hauptsächlich mit Juristen und Ingenieuren und nur mit wenigen Ökonomen besetzt. Diese Agenturstrukturen führen dazu, daß die ökonomische Effizienz aus Unwissenheit nur eingeschränkt verfolgt wird.

Wohlfahrtsverluste können außerdem dadurch entstehen, daß die regulierte Industrie wesentlich schneller auf Veränderungen von Markt- oder Regulierungsgegebenheiten reagieren kann und sich schneller an diese anpassen kann als die Regulierungskommission, die wegen ihrer Abhängigkeit vom politisch-demokratischen System nicht so schnell reagieren kann und Rücksichten auf administrative und rechtliche Vorgaben und Gegebenheiten nehmen muß.[248] Wären die Befugnisse der Kommission weitreichender, d.h. wäre sie unabhängiger vom politischen Pro-

---

246 Es könnte z.B. die Ansicht bestehen, daß ideologisches und altruistisches Verhalten der Politiker letztlich nur dazu dienen soll, Wählerstimmen zu rekrutieren und damit den persönlichen Nutzen der Politiker zu vergrößern. Damit wäre das Ziel der Politiker nicht das „öffentliche Interesse“, sondern lediglich die persönliche Nutzenmaximierung. Diese Definition des Eigennutzes wäre aber tautologisch und hätte keinen Erklärungsgehalt mehr. Außerdem müßte man sich dann fragen, ob die persönliche Nutzenmaximierung nicht effektiver durch die Vertretung bestimmter Partialinteressen erreicht werden kann. Eine Ausweitung dieser Diskussion ist wenig fruchtbar, vielmehr kann man sich m.E. hier darauf beschränken festzustellen, *daß* die Politiker im öffentlichen Interesse handeln, gleich aus welchem Grund.

247 Vgl. Noll (1971), S. 39.

248 Vgl. Bartelt (1989), S. 243. Bartelt betrachtet die Wohlfahrtsverluste, die aus dieser Abhängigkeit entstehen, sogar als die wesentlichsten.

zeß, könnte sie ebenso schnell wie die Industrie auf Datenänderungen reagieren und Wohlfahrtsverluste vermeiden.

Selbst wenn die Kommission schneller handlungsfähig wäre, hätte sie aber immer noch einen entscheidenden Nachteil gegenüber der regulierten Branche, nämlich ein gravierendes Informationsdefizit. Ein reguliertes Unternehmen kennt seine eigene Kostenfunktion und die für sich relevante Nachfragesituation. Die Regulierungskommission kann hingegen Kostenfunktionen nur ungenau messen und überwachen.[249] Sie ist auf die Informationen angewiesen, die die Industrie ihr zur Verfügung stellt. Für die regulierten Unternehmen ist es aber häufig vorteilhafter, die Informationen, die sie der Regulierungskommission übermitteln, zu verfälschen, indem sie beispielsweise höhere als die tatsächlichen bzw. als die minimalen Produktionskosten angeben oder die Marktsituation als für sie unvorteilhafter darstellen als sie tatsächlich ist. Diese Informationsrestriktionen der Regulierungskommission können die Entscheidungen zugunsten der regulierten Industrie verzerren, bewirken Ineffizienzen und wirken damit dem öffentlichen Interesse entgegen.

4.2 Life-Cycle-Theorie

Die Life-Cycle-Theorie der Regulierungskommissionen von Bernstein (1955)[250] bietet eine (politikwissenschaftliche) Erklärung dafür, daß Regulierung, die zum Schutz des öffentlichen Interesses eingerichtet wurde, letztlich nicht das öffentliche Interesse, sondern Partialinteressen der regulierten Industrie vertritt. Nach dieser Theorie werden die Kommissionen ins Leben gerufen, wenn die Politik ein starkes Interesse an einer Regulierung hat.[251] Sie beginnen als rigorose und enthusiastische Verfechter des öffentlichen Interesses, die ihre Zuständigkeiten weit und umfassend definieren. Im Verlauf ihres Bestehens werden andere Probleme für die Legislative wichtiger. Die Kommissionen stoßen an finanzielle Restriktionen und inhaltliche Zuständigkeitsgrenzen, die die Informationssammlung über die regulierte Branche beschränken. Sie versuchen, Konflikte zu vermeiden, handeln routinierter und bürokratischer und sind auf Kontinuität und die Verteidigung

---

249 Siehe Posner (1974), S. 339.

250 Vgl. Bernstein (1955), Kap. 3. Für eine ausführliche Darstellung und Diskussion der Theorie vgl. auch Mitnick (1980), S. 45ff.

251 Beispielsweise könnten kurzfristige Koalitionen von Interessengruppen der Konsumenten gebildet werden, die auf eine institutionelle Ausstattung der Regulierungskommission im Konsumenteninteresse hinwirken. Vgl. Owen/Braeutigam (1978), S. 11f.

des Status quo bedacht.[252] Sie versuchen außerdem, ein gutes Verhältnis zur regulierten Industrie zu bewahren.

Die regulierten Unternehmen haben jetzt mit ihren Bemühungen Erfolg, die Kommissionen von ihren Ansichten zu überzeugen. Ihr eigenes Personal weiß als Insider besser über die Situation in der regulierten Branche, über Produktionskosten und Nachfrageverhalten Bescheid als die Kommissionsmitglieder, und sie kann in einem weit größeren Umfang finanzielle Ressourcen einsetzen als die Kommission. So kann die Industrie der Regulierungskommission Informationen liefern, die für sie günstig sind, ohne Gefahr zu laufen, daß die Kommission diese genau auf eventuelle Fehler und Manipulationen überprüft.

Die Regulierungskommissionen achten und schützen so zunehmend die Interessen der Unternehmen, die sie regulieren sollen. Sie registrieren technische Veränderungen nicht mehr als Aufforderung, die Regulierung entsprechend anzupassen. Wird dieser Zustand zu dramatisch, so veranlaßt die politische Ebene möglicherweise gravierende Änderungen in der Struktur der Kommission, die dazu führen, daß der Lebenszyklus der Regulierungskommission wieder von vorn beginnt.

4.3 Congressional-Dominance-Theorie

Die Congressional-Dominance-Hypothese besagt, daß das Parlament mächtig genug ist, die Regulierung letzten Endes zu kontrollieren. Anhörungen, Untersuchungen, Ankündigungen politischer Vorhaben und Ziele durch Gesetze und Verordnungen, an die sich die Regulierungsbehörde halten muß, und Expertenwissen einzelner Parlamentarier[253] reichen zwar nicht aus, die Regulierung effektiv zu kontrollieren. Dazu ist die Aufmerksamkeit des Parlaments für jedes einzelne Regulierungsverfahren zu gering. Auf der Grundlage der Principal-Agent-Theorie wird aber damit argumentiert, daß eine Delegation von Regulierungsentscheidungen an Agenturen nur zustande kommt, wenn der Nettonutzen aus der Delegation den Nutzen aus alternativen institutionellen Regelungen übersteigt. Anderenfalls hätten die Politiker keinen Erfolg bei den Wählern mehr.

Die Agenturen wissen, daß ihr Erfolg, also die Größe ihres Budgets oder das Ansehen ihres Regulierungserfolges in der Öffentlichkeit, davon abhängt, inwieweit sie die Interessen der Politiker zufriedenstellen. Also richten sie ihre Entscheidungen danach aus, daß die Politiker Nutzen daraus ziehen können. Die Politiker

252 Zur Tendenz von Regulierungskommissionen zu konservativem Verhalten vgl. Kahn (1988), S. 13.

253 Vgl. Weingast (1984), S. 152.

besitzen auf lange Sicht genügend Sanktionen, um ein Anreizsystem für die Agentur zu schaffen, sich im Sinne der Politiker zu verhalten.[254]

Die empirischen Ergebnisse von Weingast/Moran (1983) stützen das Modell der legislativen Kontrolle des Regulierungsprozesses. Parlamentarische Institutionen, insbesondere die speziellen Ausschüsse, mit der Möglichkeit von Ex-post-Sanktionen haben demnach beträchtlichen Einfluß auf die Regulierungsentscheidungen.[255] Steunenberg (1994) untermauert mit einem spieltheoretischen Modell, daß es für die Agentur rational ist, nicht zu weit von den Interessen des Parlaments abzuweichen. Die ideale Entscheidung hängt allerdings von der Struktur des parlamentarischen Entscheidungsprozesses ab.[256]

Moe (1987) bezweifelt im Gegensatz dazu die Stichhaltigkeit der Untersuchungen von Weingast und Moran. Die Beziehung zwischen Agentur und Parlament spiele eine wesentliche Rolle bei der Frage, ob die Legislative die Regulierungsagentur dominieren kann. Weitere Aspekte der institutionellen Verflechtungen seien die Regierung und die Rechtsprechung.

Dies bedeutet aber nicht automatisch, daß die Regulierung effizient sein muß. Der Marktmechanismus läßt sich nicht direkt auf Verhaltensweisen des politischen Systems übertragen. Der unternehmerische Prinzipal ist darauf bedacht, die effizienteste, d.h. gewinnmaximierende Form der internen Organisation zu wählen. Für das politische System trifft das jedoch nicht in dem Maße zu. Das politische System maximiert keinen Überschuß aus Steuern abzüglich Ausgaben, sondern Unterstützung der Wähler, die nicht unbedingt in erster Linie nach dem Zustand des Staatshaushaltes oder der gesamtwirtschaftlichen Wohlfahrt entscheiden. Regulierung kann, aber muß sich nicht zwangsläufig nach dem öffentlichen Interesse oder der Gesamtwohlfahrt richten.

4.4 Interest-Group-Theorie

4.4.1 Der Vorläufer: Die Capture-Theorie

Die Capture- oder Beutetheorie der Regulierungskommissionen wird vielfach auf George J. Stigler zurückgeführt.[257] Tatsächlich gibt es aber diverse Vorläufer in den Sozialwissenschaften, die schon in der fünfziger und sechziger Jahren Beiträ-

---

254 Vgl. Weingast (1984), S. 154ff. und Weingast/Moran (1983), S. 768f.

255 Vgl. Weingast/Moran (1983), S. 775ff. Siehe auch Steunenberg (1994), S. 51.

256 Kriterien sind die Anzahl der Parlamentskammern (Ein- oder Zweikammersystem), das Recht der Gesetzesinitiative und ein mögliches Vetorecht der Regierung.

257 Siehe Stigler (1971).

ge zu dieser Theorie geleistet haben.[258] Die Capture-Theorie geht davon aus, daß vielen Unternehmen an der Regulierung ihrer Branche liegt, weil Auflagen, Preiskontrollen oder Marktzutrittsbeschränkungen einen wirkungsvollen Schutz vor Wettbewerb bieten.[259] So können die Unternehmen mit staatlicher Hilfe Kartellschutz erlangen, der im Gegensatz zur privaten Kartellbildung legal ist, langfristig Bestand hat[260] und nicht durch Marktprozesse (potentielle Konkurrenz o.ä.) bedroht ist. Einflußreiche Industrien nutzen ihre Macht, die sie in Form von politischer und finanzieller Unterstützung für Wahlkämpfe besitzen, um den Staat für ihre Zwecke zu gebrauchen. Die Politik ist auf die Wählerstimmen angewiesen und benutzt daher die Umverteilungsmöglichkeiten der Regulierungsinstanz, um die Gruppen zu unterstützen, die ihr fehlende Stimmen bringen oder unsichere Stimmen sichern. Stigler (1971) beispielsweise vermutet daher[261], daß viele Regulierungskommissionen erst unter dem Druck der betroffenen Industrien entstanden sind, um diese vor ruinöser Konkurrenz oder intensivem Wettbewerb zu schützen. Die Kommissionen machen sich daher notgedrungen (auf Druck der Industrie und der sie unterstützenden Politiker) die Probleme und Interessen der von ihnen regulierten Industrien und Unternehmen zu eigen. Administrative Entscheidungen sind demnach Antworten auf externen Druck, der hauptsächlich und manchmal ausschließlich von der regulierten Industrie ausgeübt wird. Dies liegt zum großen Teil an den institutionellen Gegebenheiten des Regulierungsprozesses. Die Unternehmen können durch Handlungen oder Anträge die Tätigkeit der Kommission auslösen bzw. deren Zeitpunkt bestimmen. Wenn z.B. ein reguliertes Unternehmen die Genehmigung einer Preiserhöhung bei der Regulierungsbehörde beantragt, muß die Kommission in der Regel innerhalb einer begrenzten Frist zu einer Entscheidung kommen, anderenfalls wird der Erhöhung automatisch stattgegeben. Damit können die regulierten Unternehmen entscheidenden Einfluß auf Zeitpunkt und Tempo der Regulierungsentscheidungen nehmen und ihren Informationsfluß (z.B. über Nachfrage, Kapital- oder Energiekosten) entsprechend so lenken, daß der Regulierungskommission vor einer Entscheidung keine für die Zwecke des Unternehmens nachteiligen Informationen zur Verfügung stehen und bis zur Entscheidung auch nicht mehr beschafft werden können.[262] Der Regulierungsprozeß ist also extrem passiv, da die Regulierungsbehörde nichts unter-

---

258 Vgl. Gormley (1983), S. 132. Herring wies schon 1936 auf die Möglichkeit der Beeinflussung administrativer Entscheidungen durch regulierte Industrien hin.

259 Vgl. Müller/Vogelsang (1979), S. 113.

260 Vgl. Müller/Vogelsang (1979), S. 113.

261 und illustriert das auch an zahlreichen Beispielen aus der Regulierungspraxis der Vereinigten Staaten

262 Vgl. Gormley (1983), S. 140. Siehe dazu auch Nowell/Shogren (1991) und die dort zitierte Literatur.

nimmt, solange Änderungen nicht von den regulierten Unternehmen initiiert werden.[263]

Die Capture-Theorie bestreitet nicht das Vorhandensein weiterer Interessengruppen außerhalb der regulierten Industrie, sie sieht diese anderen Gruppen aber als nicht effektiv im Regulierungsprozeß an, da die regulierten Industrien aus den oben genannten Gründen mehr Einfluß auf den Regulierungsprozeß nehmen können als andere Interessengruppen. Insbesondere betont Stigler die Wichtigkeit von Organisations- und Informationskosten. Empirische Untersuchungen ergeben zumindest, daß die regulierten Industrien mehr Einfluß auf den Regulierungsprozeß nehmen als andere Außengruppen.[264]

Nach Gormley[265] betrachtet die Capture-Theorie die Vereinnahmung der Regulierungskommission für die Interessen der betroffenen Industrie als direktes Resultat der Unabhängigkeit der Regulierungsinstitutionen. Wenn die Exekutive keine Autorität über die Regulierungsbehörde habe, verliere sie das Interesse an ihr. Das öffentliche (weil politische) Interesse sinke. Dagegen steige die Aufmerksamkeit der regulierten Industrie. Der folgende Prozeß entspricht dann dem der Life-Cycle-Theorie der Regulierungskommission. Generell läßt sich dem allerdings nicht zustimmen. Wenn die Regulierungskommission auf Betreiben der Industrie eingesetzt worden ist, hat die regulierte Industrie offensichtlich die Unterstützung der Politik. Anderenfalls hätte sie die Regulierungskommission nicht durchsetzen können. Eine von der Politik abhängige und weitgehend kontrollierte Regulierungskommission würde also der Capture-Theorie entsprechend in gleicher Weise handeln, weil die Regierung die Industrie unterstützte oder ihr zumindest wohlwollend gegenüberstände.

4.4.2 Theoretische Grundlagen des Public-Choice-Ansatzes

Die Theorien auf der Grundlage der normativen Theorie der Regulierung und die Capture-Theorie entsprechen nicht den Vorstellungen einer ökonomischen Theorie des Gleichgewichts, der Balance zwischen den Interessen aller beteiligten

---

263 Zur Capture-Theorie existiert eine marxistische Sichtweise, die besagt, daß große Industrien die gesellschaftlichen Institutionen und damit auch die Regulierung kontrollieren. Das widerspricht allerdings der Erfahrung, daß ökonomische Regulierung häufig kleinen Unternehmen zugute kommt (z.B. Milchbauern, Apothekern, Friseuren, Fernfahrern oder organisierter Arbeit). Dies kann mit der marxistischen Theorie nicht erklärt werden. Vgl. Posner (1974), S. 341.

264 Siehe Gormley (1983), S. 140ff.

265 Vgl. Gormley (1983), S. 134.

Akteure.[266] Die Erklärungen der Capture-Theorie zur Regulierung werden von der Interest-Group-Theorie ausgeweitet und ergänzt.[267] Zwar betont auch die Interest-Group-Theorie, daß die Regulierungsbehörden von den Interessen der von ihnen regulierten Unternehmen vereinnahmt werden, doch wird die Industriefreundlichkeit der Kommissionen als Ergebnis eines Marktes für Regulierung angesehen.[268] Nachfrager sind meist gut organisierte Interessengruppen, die sich mit Hilfe staatlicher Macht Einkommensvorteile verschaffen wollen und deren Ziel es ist, die Regulierungsbehörde zu überzeugen, daß ihr Anliegen politisch wichtiger ist als das konkurrierender Interessengruppen.

Das Angebot – die Einrichtung von Regulierungsbehörden – kommt zustande, weil der Staat auf diese Weise Gewinnbeschränkungen oder Kontrahierungszwang durchsetzen kann. Daneben sichert die Regierung sich Wählerstimmen für den politischen Markt. Durch die Regulierung kommt es daher in der Regel zu Einkommensumverteilungen von Gruppen mit geringer zu solchen mit großer politischer Macht.[269] Die Entscheidungen der Regulierungskommission sind häufig Kompromisse, die konkurrierende Interessen und Werte ausbalancieren. Aus dem Zusammenspiel von Angebot an und Nachfrage nach Regulierung ergibt sich ein effizientes politisches Ergebnis. Wenn die Regulierung nicht effizient wäre, wären die Vorteile der von der Regulierung Profitierenden kleiner als die Nachteile der Regulierungsgegner. In einem System, in dem alle Gruppen die gleiche Chance haben, sich zu organisieren, würden die Regulierungsgegner ihren Druck verstärken, und das System würde zu einem neuen Gleichgewicht streben, das sich stärker an der Deregulierung orientieren würde.

Die Mitglieder der Regulierungskommission profitieren zwar von guten Verbindungen zur regulierten Industrie, müssen aber auch andere Gruppen mit politischer Macht berücksichtigen. Dies sichert die politische Unterstützung nicht nur für die Regierung, sondern auch für die gegenwärtigen und zukünftigen politischen Ziele der Kommissare,[270] da diese damit rechnen können, später von den von ihnen begünstigten Gruppen unterstützt zu werden.

---

266 Vgl. Becker (1976), S. 245. Dies wurde im übrigen schon von Stigler (1971) betont, obwohl dieser Artikel häufig als der Hauptartikel der Capture-Theorie angesehen wird.

267 Der Begriff Interest-Group-Theorie wird in der Literatur häufig als Synonym für Capture-Theorie verwendet. Viele Autoren fassen die Interest-Group-Theorie als Erweiterung mit der Capture-Theorie zusammen, in der Regel unter dem Namen Capture-Theorie. Z.B. bei Owen/Braeutigam (1978), S. 11.

268 Vgl. Müller/Vogelsang (1979), S. 113.

269 Vgl. Joskow/Noll (1981), S. 36.

270 Vgl. Kruse (1985), S. 234.

Regulierung dient also den privaten Interessen politisch effektiver Gruppen, d.h. kompakter Gruppen mit klar abgegrenzten Interessen. Dabei ist es durchaus möglich, daß auch andere Gruppen als die regulierten Unternehmen ein Interesse an der Regulierung haben,[271] beispielsweise weil sie Güter anbieten, die sich als Substitute für die Produkte der regulierten Branche eignen. Andererseits sehen sich die Interessen der regulierten Industrie auch anderen, konträren Industrieinteressen gegenüber.

Der Public-Choice-Ansatz der Interest-Group-Theorie der Regulierung, der das individuelle Rationalkalkül derjenigen, die Entscheidungen für die Allgemeinheit treffen sollen, in den Vordergrund stellt, vereint Tullocks[272] Theorie des Rent-seeking und Olsons[273] Theorie der Interessengruppen. Im folgenden werden diese beiden Theorien dargestellt, bevor auf die einzelnen Ansätze der Interest-Group-Theorie eingegangen wird.

4.4.2.1 Theorie des Rent-seeking

Renten im ökonomischen Sinn sind Erträge aus dem Einsatz von Ressourcen, die über die Opportunitätskosten des Ressourcenbesitzers hinausgehen. Im allgemeinen werden Renten als vorübergehendes Phänomen angesehen (Quasi-Renten), da Wettbewerb die Erträge wieder auf ein normales Maß reduziert. Renten können aber auch künstlich geschaffen werden, beispielsweise durch Staatseingriffe. Beim Streben nach solchen künstlichen oder politischen Renten spricht man von Rent-seeking.[274] Das bedeutet, daß mit Ressourcen in Form von Geld, Zeit o.ä. um Renten konkurriert wird, die aus gesamtwirtschaftlicher Sicht verschwendet werden. Die Theorie des Rent-seeking versucht zu erklären, wie Personen oder Gruppen um diese künstlichen Transfers konkurrieren.[275] Das einzelne Unternehmen sieht sich im Prozeß des Rent-seeking zwei Arten von Informationskosten gegenüber. Es entstehen Kosten, um die Wohlfahrtseffekte politischer Entscheidungen zu quantifizieren, also festzustellen, welchen Vorteil bestimmte Entscheidungen bringen und welche Kosten mit der Beeinflussung der Regulierungsbehörde entstehen. Daneben verursacht es Aufwand, andere Individuen zu finden, die gleiche Interessen haben, um sich die Kosten zu teilen. Das Werben um Transfers ist dann am erfolgreichsten, wenn die Gewinner der Umverteilung leicht identifiziert werden können, die Verlierer jedoch nicht. Für die Mitglieder

---

271 Vgl. Posner (1974), S. 343.
272 Siehe Tullock (1967).
273 Siehe Olson (1965).
274 Vgl. Tollison (1982), S. 575.
275 Siehe dazu auch den Überblick in Grüne (1997), S. 212ff.

der Regulierungsbehörde besteht die Versuchung, Renten für die regulierte Industrie zu schaffen, um im Gegenzug spätere Tätigkeitsfelder und hilfreiche Beratung bei der täglichen Zusammenarbeit mit den Unternehmen der regulierten Branche[276] zu erhalten. Das entspricht zwar nicht dem öffentlichen Interesse, dem die Regulierungsbehörde eigentlich verpflichtet ist; aber die Politiker und die Bevölkerung setzen weniger Anreize, sich in ihrem Sinne zu verhalten. Konsumentengruppen können zwar unter Umständen sozialen Druck ausüben, indem sie Öffentlichkeitsarbeit betreiben und der Kommission zusätzlichen Arbeitsaufwand dadurch verursachen, daß sie sich öffentlich rechtfertigen muß. Politiker haben Kontrollmöglichkeiten gegenüber der Kommission und können durch ihre Budgetentscheidungen auch Sanktionsmittel einsetzen. Die Gefahr des Prestigeverlusts bei einseitiger Interessenvertretung zugunsten der regulierten Branche oder der Budgetkürzungen ist aber wegen des Informationsvorsprungs der Behörde gering. Zwar hat die Behörde nicht das gesamte Insiderwissen der regulierten Unternehmen, aber dennoch einen Informationsvorsprung vor der Öffentlichkeit und der Politik.

4.4.2.2 Theorie der Interessengruppen

Die Einflußnahme von Interessengruppen auf den politischen Prozeß und damit auch auf den Regulierungsprozeß findet auf unterschiedlichsten Wegen statt: nicht nur formell über verfassungsmäßig vorgesehene Institutionen, sondern auch informell zum Beispiel durch Informationen an Politiker, Bevölkerung und Bürokratie, eigener Repräsentation in Entscheidungsgremien oder den Einsatz von Marktmacht zur Durchsetzung von Verbandsforderungen. Die Vielzahl der Verbände sollte dazu führen, daß allen gesellschaftlichen Interessen die gleichen Chancen eingeräumt werden.[277] Es lassen sich aber nicht alle Interessen gleich erfolgreich organisieren und vertreten. Dies hängt ganz wesentlich von der Fähigkeit einer Gruppe ab, Mitglieder zu mobilisieren. Von einem „Gleichgewicht der Verbände“, in dem alle Interessen angemessen und ausgewogen vertreten und im politischen Prozeß berücksichtigt werden, kann nicht ausgegangen werden, wie im folgenden dargestellt wird.

Der Zweck organisierter Gruppen ist es, für ihre Mitglieder kollektive Güter zu erzeugen. Da der Konsum dieser Güter aber unabhängig davon ist, ob der Konsument dafür einen finanziellen Beitrag geleistet hat oder nicht, muß geklärt werden, warum sich überhaupt Menschen zu Gruppen zusammenschließen, um solche Güter bereitzustellen.

---

276 Vgl. Mitnick (1980), S. 134f.

277 Vgl. Hartwich (1991), S. 158.

Die Größe der Gruppe, für die ein Kollektivgut erstellt werden soll, spielt dabei ebenso eine Rolle wie die Art der Kollektivgüter, die erzeugt werden sollen. Gibt es nur eine relativ kleine Grundgesamtheit, die Interesse an dem Gut hat, so ist eher zu erwarten, daß sich jeder einzelne dafür verantwortlich fühlt und von sich aus zu der Finanzierung beiträgt. Das liegt daran, daß bei einer sehr kleinen Gruppe niemand erwarten kann, daß andere das Kollektivgut erstellen, wenn er es nicht selbst tut.[278] Bei großen Gruppen hingegen wird die Menge des Kollektivgutes, das erzeugt wird, kaum davon beeinflußt, ob ein einzelnes Individuum seinen Beitrag leistet oder nicht. Die Menschen neigen dazu, sich in geringerem Maße an gemeinsamen Projekten zu beteiligen, als es ihren Präferenzen entspräche, weil sie auch ohne Beteiligung einen Nutzen aus den Ergebnissen ziehen. Daher ist hier der Gesamtbeitrag zu den Kosten signifikant geringer, als es für eine optimale Bedürfnisbefriedigung notwendig wäre. Jeder handelt individuell rational; trotzdem bleibt die Rationalität des Gruppenhandelns begrenzt, weil rational handelnde Personen sich gegenüber kollektiven Zielen anders verhalten als gegenüber individuellen Zielen[279]. Bei kleinen Gruppen ist das Interesse, sich angemessen an den Kosten zu beteiligen, ungleich größer, weil sich mit jeder Beitragszahlung die angebotene Menge des Kollektivgutes entscheidend verändert. Tendenziell lassen sich kleine Gruppen daher viel wirksamer und dauerhafter organisieren als große. Bei großen Gruppen kommen zudem noch Ineffizienzen durch Transaktionskosten wie langsame und lange Entscheidungswege oder Einigungskosten hinzu.

Für die Organisationsfähigkeit ist daneben der individuelle Nutzen wichtig, den die potentiellen Mitglieder aus ihrer Mitgliedschaft ziehen können. Wenn der Beitritt zu einer Interessengruppe Kosten verursacht, lohnt es sich für ein rational handelndes Individuum nur dann, ihr beizutreten, wenn die Ziele, die die Gruppe verfolgt, für das Individuum eine überragende Bedeutung haben oder wenn es möglich ist, durch die Mitgliedschaft Vorteile zu erzielen, die Nichtmitglieder nicht haben können. Überragende Bedeutung haben die Ziele einer Interessengruppe für ein einzelnes Mitglied dann, wenn der Nutzen, der aus der Verwirklichung der Ziele resultiert, die von ihm zu tragenden Kosten übersteigt. Dies gilt für die meisten Menschen für ihre Einkommensquelle. Für die Sicherung ihres Einkommens sind sie bereit, sich zu organisieren. Das Einkommen kann besonders dann gesichert werden, wenn das Unternehmen bzw. der Sektor vor Wettbewerbern geschützt wird. Dabei besteht im allgemeinen kein Widerspruch zwischen Arbeitnehmern und Kapitaleigentümern, da beiden Gruppen an dem Schutz

278 Vgl. Kirsch (1993), S. 142.
279 Vgl. Lehner (1981), S. 77.

ihres Sektors liegt. Empirische Untersuchungen bestätigen, daß Arbeitgeber und Gewerkschaften in dieser Beziehung häufig die gleichen Interessen haben.[280] Auf der anderen Seite sind die Ausgaben eines Individuums in der Regel auf sehr viele Sektoren verteilt, da es Güter aus sehr vielen Bereichen kauft. Die Bereitschaft, sich in Interessengruppen zu engagieren, ist also in den vielen Bereichen des Konsums geringer ausgeprägt als auf der Einkommensseite. Damit erklärt sich, daß Arbeitnehmer und Produzenten sich verbandsmäßig stärker organisieren als Konsumenten, Steuerzahler, Arbeitslose oder Arme.

Gibt es eine feste Transfersumme, die an die begünstigte Interessengruppe ausgezahlt wird,[281] so hängt der individuelle Nutzen eines Mitglieds außerdem von der Größe der Gruppe ab. Je größer die Gruppe, desto geringer ist der individuelle Nutzen. Für den Zusammenhang zwischen Gruppengröße und politischem Einfluß ergeben sich daraus folgende Ergebnisse: Je größer eine Interessengruppe ist, desto kleiner wird der Nettoertrag je Kopf der begünstigten Gruppe, da die Gesamtsumme auf mehr Mitglieder verteilt werden muß. Außerdem steigen die Organisationskosten in großen Gruppen. Eine größere Gruppe besitzt zwar mehr potentielle Wählerstimmen, die bei der Durchsetzung ihrer Interessen eine Rolle spielen, aber die Wahrscheinlichkeit einer entsprechenden Stimmabgabe sinkt für jedes Mitglied, wenn der Nettoertrag je Kopf der Gruppe sinkt. Wird politische Macht in Wählerstimmen gemessen, dann nimmt die Macht mit der Gruppengröße bis zum Optimum mit abnehmenden Skalenerträgen zu. Wird die optimale Gruppengröße überschritten, so sinken auch die gesamten Einflußmöglichkeiten der Interessengruppe.[282] Kleine Gruppen können also ihre Mitglieder besser zur Stimmabgabe bewegen. Das große Wählerpotential mitgliederstarker Gruppen ist hingegen nur schlecht zu mobilisieren.

Ein weiteres Kriterium, wie gut sich Interessen organisieren lassen, ist die Dauerhaftigkeit dieser Interessen. Ein vorübergehendes Interesse erlaubt es in der Regel nicht, wirkungsvolle Strukturen der Interessenvertretung zu institutionalisieren. Arbeitnehmer und Produzenten sind hingegen langfristig an einer Organisierung interessiert, sind bezüglich ihrer Interessen homogen und können deshalb stabile Institutionen mit Verbandsstrukturen, hauptamtlichen Funktionären, Lobbyisten usw. aufbauen.

Gruppen und Verbände, die Interessen in institutionellen Strukturen organisiert haben, versuchen neben dem formellen Weg auf unterschiedlichste Weise, den

---

280 Vgl. Frey (1991), S. 495.
281 Dies kann in Geldeinheiten oder anderen ökonomischen Vorteilen geschehen.
282 Vgl. Bartelt (1989), S. 159.

politischen Entscheidungsprozeß zu beeinflussen. Interessenverbände liefern den Politikern Informationen, die diese sonst nur unter erheblichen Kosten bekommen könnten (tertiäre Informationen). Dies sind zum Beispiel Informationen darüber, welche Mittel geeignet sind, um bestimmte politische Ziele zu erreichen, welche Auswirkungen bestimmte wirtschaftspolitische Maßnahmen haben oder welche Präferenzen die Wähler bezüglich verschiedener wirtschaftspolitischer Ziele und Mittel haben.[283] Für Verbände lohnt sich auch eine aufwendige Informationsbeschaffung, weil die aufzuwendenden Informationskosten von dem erwarteten Effekt der erfolgreichen Einflußnahme leicht aufgewogen werden. Aus diesem Informationsvorsprung ergibt sich die Bedeutung der organisierten Gruppen für die politische Meinungsbildung, die häufig als „Herrschaft der Verbände" tituliert wird. Ein Mittel zur Untermauerung der Interessen einer Gruppe können finanzielle Zuwendungen an bestimmte Parteien sein, von denen sich die Interessengruppe erhofft, daß sie ihre Vorstellungen in Zukunft noch nachdrücklicher vertreten.

Der Informationsvorsprung wird nicht nur über die parlamentarische Lobby zur direkten Einflußnahme auf die relativ uninformierten Politiker, sondern auch indirekt über die Medien genutzt. Die Verbände geben gezielte Informationen an die Medienvertreter und andere Multiplikatoren, um die öffentliche Meinung in ihrem Interesse zu beeinflussen. Auch die Bevölkerung kann Informationen oft nur unter finanziellem Aufwand bekommen. Dadurch, daß Verbände bestimmte Informationen für die Bevölkerung kostenlos liefern, findet quasi eine Subventionierung dieser Informationen statt. Das kann zu einem veränderten Wahlverhalten führen – vor allem wenn die Verbreitung der Informationen mit einer Wahlempfehlung für eine bestimmte Partei verbunden ist –, was die Politiker schließlich dazu veranlaßt, Maßnahmen zu ergreifen, die diese Verbände begünstigen.[284] Informationen, die dazu führen würden, daß die Wähler die von einem Verband gewünschten Begünstigungen ablehnen, werden nicht kostenlos bereitgestellt, so daß der Informationsstand der Wähler über die negativen Auswirkungen der staatlichen Eingriffe sehr gering[285] und ein Protest unwahrscheinlich ist.

Neben der Einflußnahme auf politischer Ebene können sich Interessen und Verbandsforderungen auch durchsetzen, wenn die Vertreter dieser Forderungen ihre wirtschaftliche Macht glaubhaft demonstrieren können. Die Macht eines Verbandes und damit seine Einflußmöglichkeit ist um so größer, je größer seine Konfliktfähigkeit ist. Konfliktfähig ist eine Gruppe dann, wenn sie bestimmte, für die

283 Vgl. Klump (1992), S. 172.
284 Vgl. Märtz (1990), S. 158.
285 Vgl. Märtz (1990). S. 155.

Gesellschaft relevante Güter und Dienstleistungen kontrollieren kann. Dies kann zum Beispiel bei Streiks oder Kaufboykotts auftreten, wenn eine Gruppe in der Lage ist, mit gezielten Aktionen das Wirtschaftssystem so zu beeinflussen, daß sie große Teile der Bevölkerung (und damit der Wähler) erreichen und deren Entscheidungen so manipulieren kann, wie es im Interesse der Gruppe liegt.[286] Produzentengruppen, d.h. Unternehmen und Gewerkschaften, haben in der Regel eine relativ hohe effektive Konfliktfähigkeit, da die Interessenschwerpunkte sektoral eng, d.h. homogen und geschlossen sind und für die Öffentlichkeit in Form von Streiks, Demonstrationen usw. deutlich gemacht werden können. Entsprechend hoch ist die Bereitschaft der einzelnen, die Kosten eines solchen Konfliktes zu tragen. Konsumenten und Steuerzahler haben dagegen eine relativ geringe Konfliktfähigkeit. Zwar könnte die Mehrheit der Konsumenten massiven Druck auf staatliche Instanzen und Produzenten ausüben. Diese potentielle Konfliktfähigkeit wird aber meist wegen der Transaktionskosten einer koordinierten Aktion nicht realisiert.

4.4.3 Der Markt für Regulierung

Auf dem Markt für Regulierung stehen sich demokratische Politiker und einzelne Industriezweige gegenüber. Die Politiker bieten Regulierung im Gegenzug für Stimmen und finanzielle oder sonstige Unterstützung an. Die Politik ist hier also die Regulierungsinstitution, deren Nutzen in der Maximierung von Wählerstimmen liegt.

4.4.3.1 Theorie des stimmenmaximierenden Regulierers von Peltzman

Die Idee eines Marktes für Regulierung, die Peltzman modelliert, entspringt einer Kritik an der Capture-Theorie. Peltzman[287] kritisiert, daß sich die Capture-Theorie ausschließlich auf den Schutz der Produzenten bezieht. Regulierung muß seiner Meinung nach aber vielmehr als Angebots- und Nachfrageproblem gesehen werden. Das Gut, das dabei gehandelt wird, ist der Transfer von Wohlfahrt. Diejenigen, die die höchste Nachfrage signalisieren, werden auch am meisten davon erhalten. Dieser „Multi-interest"[288]-Ansatz basiert auf den drei Variablen Unterstützung, Protest und Organisationskosten. Der Regulierer versucht dabei, die ihn unterstützenden Stimmen zu maximieren:

$$M = n\, f(g) - (N-n)\, h(t,z)\ ,$$

---

286 Vgl. Klump (1992), S. 172.

287 Siehe für das Folgende Peltzman (1976).

288 Hägg (1997), S. 344.

wobei M: Mehrheitsstimmen
f: Wahrscheinlichkeit, daß eine Begünstigung Unterstützung in Form von Wählerstimmen bringt
n: Anzahl der potentiellen Wähler in der begünstigten Gruppe
N: Gesamtanzahl potentieller Wähler
h: Wahrscheinlichkeit, daß ein Nichtbegünstigter (Besteuerter) protestiert, d.h. für den Regulierer negativ wählt.

Die Wahrscheinlichkeit der politischen Unterstützung f(g) ist eine Funktion der Pro-Kopf-Begünstigung g, die sich folgendermaßen zusammensetzt:

$$g = \frac{T - K - C(n)}{n}$$

T: Gesamtsumme, die an die profitierende Gruppe transferiert wird
K: Summe, die von der begünstigten Gruppe für Lobbying aufgebracht wird
C(n): Organisationskosten der begünstigten Gruppe, die mit der Zahl der Mitglieder ansteigen

Die Regulierungsbehörde bietet der Interessengruppe die Summe T an Vergünstigungen an, im Gegenzug fragt sie die Summe K nach, die die Gruppe aufwenden muß. Da von dieser Summe K abhängt, wie hoch die politische Unterstützung ist, ist die Entscheidung über T und K eine simultane Entscheidung, die die Regulierungsbehörde im Austausch mit der begünstigten Gruppe trifft.

Um die Transfersumme T zahlen zu können, wird eine Steuer t auf die Wohlfahrt U aller Personen außerhalb der begünstigten Gruppe erhoben, die gerade T entspricht:

$$T = t \cdot U(N - n) \text{ oder } t = \frac{T}{U(N - n)}.$$

U kann als Konsumentenrente verstanden werden und t als regulierter Preis, wenn die Produzenten begünstigt werden. Wenn die Konsumenten begünstigt werden, ist U die Produzentenrente und t die Differenz zwischen dem rentenmaximierenden Preis und dem regulierten Preis. Hier wird angenommen, daß U eine negative Funktion von t sei. Je höher die Steuer ist, desto geringer wird die Wohlfahrt. Ein Protest kann also durch einen hohen Steuersatz t ausgelöst werden. Ausbildungsausgaben pro Kopf der Wähler (z) können den Protest senken. Die Wahrscheinlichkeit, daß ein nicht Begünstigter protestiert, hängt also von diesen beiden Komponenten ab:

$$h=h(t,z).$$

Wenn die Aufwendungen der Interessengruppe für Ausbildung verwendet werden, ergibt sich

$$z=K/(N-n).$$

Hier werden die Lobbying-Ausgaben also nicht verschwendet. Vergünstigungen haben allerdings sinkende Skalenerträge, so daß

$$f_g>0,\ f_{gg}<0 \text{ und } h_z<0,\ h_{zz}>0.$$

Außerdem gilt $h_t>0,\ h_{tt}>0,$

denn die Erhöhung der Steuer wirkt sich verstärkend auf das Protestverhalten aus, und zwar mit steigenden Skalenerträgen.

Die Regulierungsinstitution muß die Größe der Gruppe n, die sie begünstigen will, feststellen und außerdem die Summe K, die sie von der Gruppe als Aufwand erwartet, um den Protest gering zu halten, sowie die Summe T, die sie an die Gruppe transferiert, festlegen. Das Maximierungsproblem lautet also:

$$0 = M_n = -\ (g+m)\ f_g + f - h_t\ \left(\frac{tU}{U+tU_t}\right) - z\ h_z + h,$$

wobei m die Grenzkosten der Gruppenorganisation, also C_n darstellt, und

$$0 = M_t = f_g - h_t\ \left(\frac{1}{U+tU_t}\right).$$

Das heißt, der politische Grenzertrag eines Transfers muß den politischen Grenzkosten der damit verbundenen Steuer entsprechen. Die Gleichung kann nur erfüllt sein, wenn $U+tU_t$ positiv ist. Das bedeutet, daß die Verlierer geringer besteuert werden als die Interessen der Gewinner nahelegen würden. Denn die einnahmenmaximierende Steuerhöhe wäre bei $U+tU_t=0$ erreicht.

Die Steuerhöhe t_{max} kann aber kein politisches Gleichgewicht sein, wenn die Steuer positiv ist, da das Verhältnis der Grenzkosten der Steuer zum Grenzertrag der Begünstigung ($R(t) = h_t\ /\ f_g$) ebenfalls positiv ist. Da die Grenzkosten der Steuer steigen ($h_{tt}> 0$) und der Grenzertrag der Begünstigung fällt ($f_{gg}< 0$), steigt R(t) stetig an. Das politische Gleichgewicht muß also bei einem Steuersatz unterhalb t_{max} liegen, hier bei t_A.

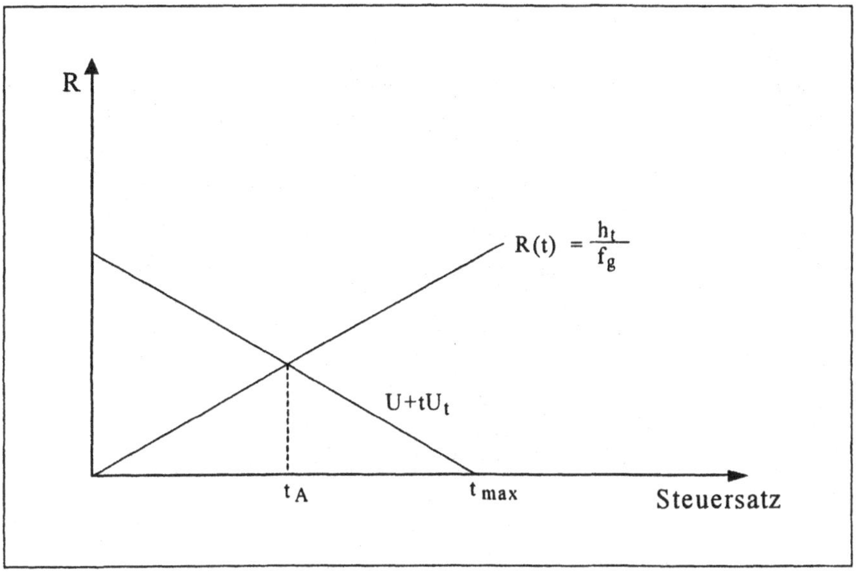

Abbildung 4.1 Politisches Besteuerungsgleichgewicht

Die dritte Bedingung lautet

$$0 = M_K = -f_g - h_z.$$

Als Lösung für n ergibt sich dann: $\frac{n}{N} = 1 - \left[\frac{f_g(g+a)}{f+h-f_g(m-a)} \right]$

wobei a die durchschnittlichen Organisationskosten (C/n) sind. Wenn keine Organisationskosten entstehen, ist das Verhältnis n/N kleiner als 1, da sinkende Grenzerträge vorliegen. Diseconomies of Scale bei den Organisationskosten reduzieren das Verhältnis weiter, da dann m>a ist.

Als Ergebnis bleibt festzuhalten: Selbst wenn ein einziges ökonomisches Interesse (wie das Interesse der Produzenten einer Industrie) alle Vorteile aus der Regulierung erhält, sind diese Vorteile geringer als sie bei perfektem Capture wären. Selbst das bestorganisierte Kartell erreicht weniger, wenn Regulierung durch die Regierung organisiert wird, als wenn Regulierung privat organisiert wäre. Das Ergebnis hängt nicht von Organisations- und Lobbyingkosten (K) ab, sondern nur von der Tatsache, daß der politische Prozeß auf Marginalbetrachtungen basiert. Solange einige Konsumenten Stimmen oder Geld für eine kleine Abweichung vom reinen Produzentenschutz zu zahlen bereit sind, wird reiner Produzentenschutz nicht die dominante politische Strategie der Regulierungsinstanz sein, da es unwahrscheinlich ist, daß die Produzenten ihre Unterstützung für das Regulierungssystem in Gänze einstellen, wenn ihre Renten etwas reduziert werden. Wenn K und C gleich Null sind, stimmt die zweite Marginalbedingung weiterhin. Das Modell lotet also die politische Macht von Wählerstimmen mit der Macht von Interessengruppen aus.[289]

Bartelt (1989) weist darauf hin, daß in diesem Modell nicht zwangsläufig die kleine Gruppe zu Lasten der großen Gruppe bevorzugt wird. Dies hängt von der Fähigkeit der Gruppen ab, eine Bevorzugung mit Wählerstimmen zu honorieren bzw. im Falle einer Benachteiligung Protest wirkungsvoll zu artikulieren, wie die Abbildung 4.2 zeigt.

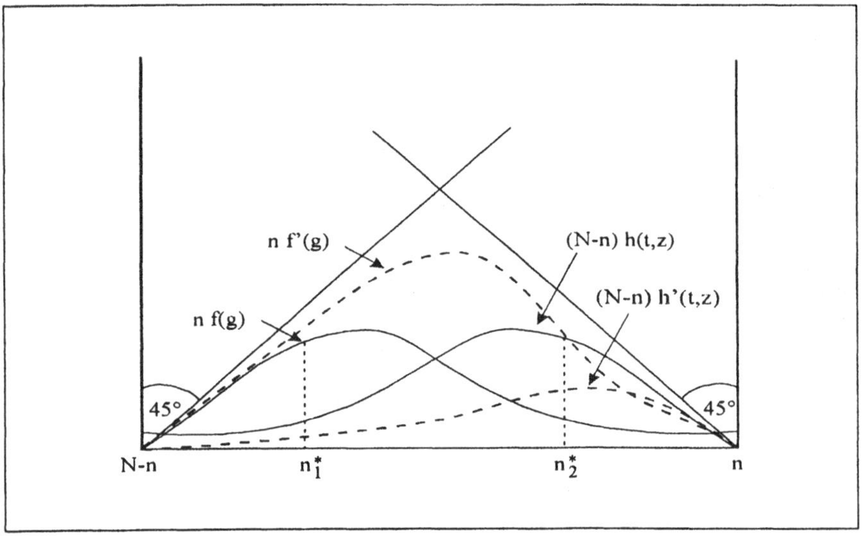

Abbildung 4.2 Aufteilung der Transfersumme im Falle eines stimmenmaximierenden Entscheiders
Quelle: Bartelt (1989), S. 163.

Die 45°-Linien kennzeichnen das Stimmenpotential der jeweiligen Gruppen, während die Kurven n f(g) und (N-n) h(t,z) die tatsächliche Zustimmung bzw. Ablehnung in Abhängigkeit von der Gruppengröße ausdrücken. Sind die Fähigkeiten, die Gruppenmitglieder zu mobilisieren, symmetrisch verteilt, so ist die Strategie,

289 Vgl. Hägg (1997), S. 344.

eine kleine Gruppe (mit n_1^* Mitgliedern) zu begünstigen, genauso wahrscheinlich wie die Strategie, eine kleine Gruppe (mit n_2^* Mitgliedern von rechts abgetragen) zu belasten. Bei einer asymmetrischen Mobilisierungsfähigkeit (gestrichelte Kurven), die Peltzman für sein Modell von vornherein unterstellt, wird die Gruppe mit der besseren Organisationsfähigkeit allerdings begünstigt.

Die Regulierungsinstitution ist natürlich nicht nur darauf beschränkt, einen einzigen Steuersatz und eine einheitliche Transfersumme pro Kopf der Begünstigten festzulegen, sondern kann innerhalb der einzelnen Gruppen weiter differenzieren, beispielsweise nach Höhe und Elastizität der Nachfrage oder nach der Sensibilität der Wähler auf Steuern.

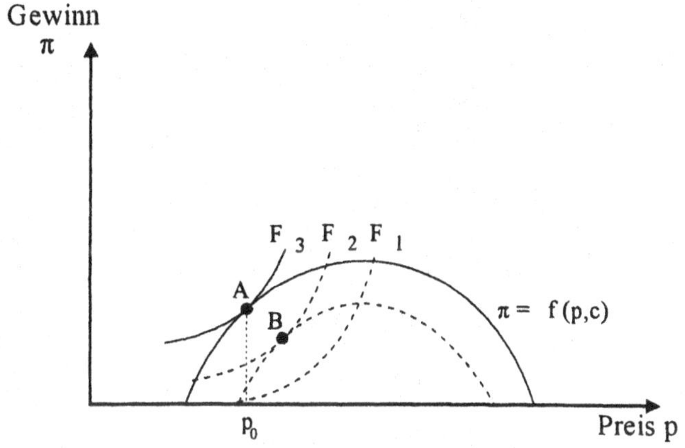

Abbildung 4.3 Regulierungsgleichgewicht I

F_1, F_2 und F_3 in Abbildung 4.3 sind die Isosupportkurven. D.h. alle Kombinationen von Preis und Profit, die auf einer Isosupportkurve liegen, bringen dem Regulierer den gleichen Anteil Wählerstimmen. Der Punkt A stellt das politische Gleichgewicht dar. Bei diesem Preis p_0 tangiert die Gewinnfunktion der Industrie die höchste erreichbare Isosupportkurve des Regulierers. Die Unternehmen können also nicht ihren gewinnmaximierenden Preis setzen. Ein reiner Produzentenschutz wäre nur rational, wenn es überhaupt keinen Konsumentenprotest gegen höhere Preise gäbe. Dann verliefen die Isosupportkurven horizontal und eine von ihnen tangierte das Profitmaximum. Ausschließlicher Konsumentenschutz käme nur vor, wenn höhere Profite dem Regulierer keine zusätzliche Unterstützung brächten.

Aus Abbildung 4.3 wird ersichtlich, warum es politisch attraktiver ist, Monopole und wettbewerbliche Märkte zu regulieren als Oligopole. Bei Oligopolen liegt der Preis in der Regel zwischen dem Konkurrenz- und dem Monopolpreis. Der politische Gewinn daraus, den Punkt A zu erreichen, ist daher meist geringer, als wenn der Preis vor Regulierung am Fuß oder auf der Spitze des Gewinnhügels liegt.

Steigen die Kosten der regulierten Industrie, ändert sich der profitmaximale Preis nicht, aber der Preis für das politische Gleichgewicht steigt und federt die gesunkenen Profite ab.[290] Produzenten und Konsumenten teilen sich also die Kostensteigerungen. Die Aufteilung erfolgt nach der Elastizität der einzelnen Gruppen in bezug auf die politische Reaktion. In der Depression tendiert Regulierung also eher in Richtung Produzentenschutz, in der Expansion in Richtung Konsumentenschutz. Die marginalen Kosten, den Interessen von beiden Gruppen zu dienen, müssen sich im Gleichgewicht entsprechen. Dabei ist es letztlich irrelevant, ob es sich um Produzenten und Konsumenten, mehrere Produzentengruppen oder sonstige Interessengruppen handelt. Die verschiedenen Interessengruppen versuchen, mit Hilfe des Regulierungsprozesses Wohlfahrtsumverteilungen zu erreichen. Jede Gruppe bietet quasi für das Recht, den Rest der Gesellschaft zu besteuern. Die Regulierungsinstitution, die bei Peltzman einem gewählten Politiker gleicht, maximiert ihre Mehrheit, d.h. die Wahrscheinlichkeit, wiedergewählt zu werden.

Hirshleifer (1976) kritisiert am Ansatz Peltzmans, daß die Regulierungsinstitution aus dem Kreis der konkurrierenden Interessengruppen ausgenommen ist.[291] Regulierer selbst bilden aber auch eine Interessengruppe, die nach individueller Wohlfahrtsmaximierung streben müßte. Die Maximierung der Wählerstimmen, die Peltzman als Zielfunktion betrachtet, wäre demnach nur ein Instrument oder Teilziel zur Wohlfahrtsmaximierung. Politiker müßten bereit sein, ein bestimmtes Risiko, nicht wiedergewählt zu werden, zu tragen, wenn sie dafür finanziell kompensiert werden. D.h. es gibt sinkende Skalenerträge der Wählerstimmen. Bei über 50 Prozent der Wählerstimmen strebt außerdem der Wert einer weiteren Stimme gegen 0.

---

290 Tollison (1991) verweist darauf, daß damit auch Fixkosten für das politische Gleichgewicht relevant sind, da Änderungen der Fixkosten den Gewinnhügel und damit den Tangentialpunkt mit einer Isosupportkurve verschieben. Vgl. Tollison (1991), S. 61.

291 McCormick und Tollison bezeichnen den Regulierer bei Peltzman sogar als „mysteriösen Akteur“. Vgl. McCormick/Tollison (1981), S. 9.

Außerdem sei die generelle Identifikation der Regulierungsinstanz mit dem gewählten Politiker eine zu radikale Vereinfachung.[292] Es gibt deutliche Unterschiede im Verhalten von Regulierern, die von ihrer jeweiligen Position abhängen. Beamte verhalten sich anders als unabhängige Agenturen.[293] Die verschiedenen Akteure, die für eine Regulierungsinstanz in Frage kommen – Bürokraten, Richter, Parlamentarier und gewählte Regierung –, haben unterschiedliche Motive, Autorität und Beschränkungen im Prozeß des politischen Austausches, die das Regulierungsergebnis beeinflussen.[294] Hirshleifer schlägt daher eine Erweiterung des Peltzman-Modells vor, nämlich einen Wettbewerb zwischen verschiedenen Regulierungsinstitutionen.[295] Letztendlich richtet sich die Kritik auf die Isosupportkurven. Die Frage ist, ob diese Kurven nur durch die Wählerunterstützung oder auch durch andere Komponenten der Nutzenfunktion eines Regulierers beeinflußt werden.

Goldberg (1982) kritisiert, daß Peltzman in seinem Modell davon ausgeht, daß das politische System außerhalb der Regulierungsinstanz im Gleichgewicht ist. Die regulierte Industrie könnte aber auch direkte Transfers oder Steuernachlässe vom Staat erhalten, die das Maximierungskalkül der Regulierungsagentur nicht beeinflussen, aber den Gleichgewichtspunkt zwischen Profit und Preis in Abbildung 4.3 verschieben. Auf diese Weise wären auch Punkte auf dem Profithügel rechts von A erreichbar. Das Regulierungsgleichgewicht weicht aber auch dann vom Gewinnmaximum der Unternehmen ab. Gravierender ist ein weiterer Kritikpunkt Goldbergs: Peltzman reduziert das Spiel auf ein Zweiparteienspiel Produzent – Konsument. Würde man aber als Parteien die regulierte Industrie und eine Konkurrenzindustrie, die substitutive Produkte herstellt, betrachten, so würde sich Abbildung 4.3 weitgehend ändern. Die Konkurrenzindustrie profitiert im Gegensatz zu den Konsumenten von höheren Preisen des regulierten Produkts.[296] Die Isosupportkurven verlaufen also jetzt wie in Abbildung 4.4. Das politische Optimum liegt jetzt rechts vom Gewinnmaximum. Steigen die Produktionskosten, wird ein neues Optimum (Punkt B in Abbildung 4.4) erreicht, das zwar weniger Profit bedeutet, aber auch einen geringeren Preis im Gegensatz zu Peltzmans

---

292 Vgl. Hirshleifer (1976), S. 241f.

293 Vgl. hierzu Eckert (1973).

294 Vgl. Hirshleifer (1976), S. 242.

295 Dieser Vorschlag bezieht sich allerdings vorrangig auf amerikanische Verhältnisse, wo die Migration zwischen den Bundesstaaten problemloser möglich ist. Für die Regulierung der Elektrizitätswirtschaft scheint der Vorschlag zudem auch für die Vereinigen Staaten nicht sehr brauchbar zu sein, weil Kraftwerksbetreiber nur mit hohen Kosten ihren Standort wechseln können, Netzbetreiber und Endversorger überhaupt nicht.

296 Vgl. Goldberg (1982), S. 293.

Modell. Es kommt hier also darauf an, welche Interessengruppen die politisch relevanten sind.

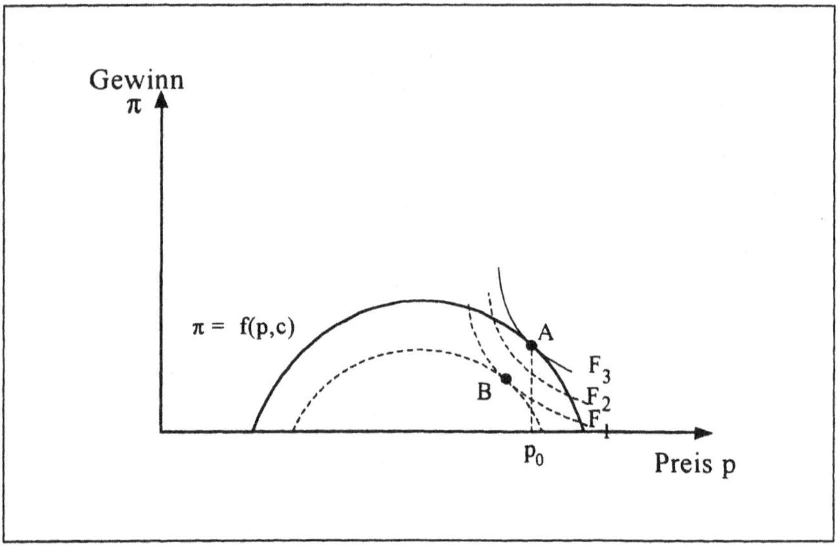

Abbildung 4.4 Regulierungsgleichgewicht II

Es könnte auch sein, daß die Unternehmen einer regulierten Branche unterschiedliche Interessen haben, weil sie z.B. mit unterschiedlichen Kostenstrukturen produzieren. Die Gesamtangebotskurve wäre dann ansteigend. Die Regulierung könnte beispielsweise Unternehmen mit höheren Kosten relativ höhere Abgaben auferlegen. Einige Unternehmen schieden dann möglicherweise aus dem Markt aus, was den Produktpreis erhöhen würde, so daß die verbliebenen Unternehmen zwar durch die Regulierung höhere Kosten, aber unter Umständen auch noch höhere Erträge hätten. Regulierungsentscheidungen würden also in einem solchen Szenario auf verschiedene Interessen innerhalb der regulierten Industrie stoßen.[297]

---

297 Vgl. Tollison (1991), S. 64f. und die dort zitierte Literatur. Beispiele für die Benachteiligung von Unternehmen mit hohen Kosten zugunsten von Unternehmen mit geringeren Kosten lassen sich auch bei Marvel (1977) finden. Buchanan/Tullock (1975) und Maloney/McCormick (1982) modellieren Situationen, in denen etablierte Unternehmen auf Kosten von potentiellen Newcomern profitieren.

High (1990) modelliert eine Situation, in der gerade die Unternehmen der regulierten Branche, die höhere Kosten haben, von der Regulierung profitieren.[298]

4.4.3.2 Regulierung als Bargainingprozeß zwischen Regulierungsinstanz und Monopolunternehmen

Während Peltzman und die weiteren Autoren, die von seinem Modell ausgehen, Regulierung als ein Ausgleich zwischen zwei Interessengruppen unter der Aufsicht der Regulierungsinstanz sehen, in dem der Regulierer nichts weiter ist als der Vermittler zwischen den Parteien, betont besonders Scarpa[299], daß es Situationen gibt, in denen sich die Regulierungsinstanz einem Monopol gegenübersieht, mit dem sie verhandeln muß. Das Monopol ist schon länger im Markt und hat signifikante Kostenvorteile gegenüber potentiellen Neulingen (z.B. Lerning-by-doing), so daß es Monopolrenten für sich in Anspruch nehmen kann. Wenn man annimmt, daß es sich um ein Gut handelt, das für die Versorgung der Bevölkerung wichtig ist, braucht sich das Monopolunternehmen nicht bedingungslos den Regulierungsentscheidungen zu unterwerfen, da es nicht kostenneutral ausgetauscht werden kann. Man kann also von einem bilateralen Monopol ausgehen, bei dem Regulierungsinstanz und Unternehmen verhandeln.

Das Modell von Peltzman müßte in diesem Fall umformuliert werden. Der Monopolist kann nämlich Druck auf den Regulierer ausüben, ihm mindestens einen Transfer T in Höhe der Sunk costs auszuzahlen bzw. einen entsprechend höheren Produktpreis zu genehmigen. Der Regulierer hat das gleiche Maximierungskalkül wie im Peltzman-Fall ohne spezieller Monopolmacht, sieht sich aber jetzt der Nebenbedingung gegenüber, daß T größer sein muß als die Sunk costs des Monopolisten ($T>S$). Dementsprechend muß auch die Steuer t, die der Staat erhebt, um den Transfer zahlen zu können, eine bestimmte Mindesthöhe haben. f(g), die Wahrscheinlichkeit, daß eine Begünstigung des Monopolisten politische Unterstützung bringt, ist bis $T=S$ null, dann eine mit t (bzw. T) ansteigende Funktion. Die Organisationskosten C(n) brauchen hier nicht mehr berücksichtigt zu werden, da für den Monopolisten keine Kosten der Organisation mit anderen Unternehmen bestehen.

Es kann angenommen werden, daß sich das Kalkül der Steuerzahler nicht verändert, h(t,z) ist also eine steigende Funktion in t, solange das Produkt angeboten wird. Ist dies jedoch nicht mehr der Fall, steigt die Protestwahrscheinlichkeit auf

298 High (1990) berichtet auch von Fällen, in denen dieses Phänomen empirisch aufgetreten ist.

299 Siehe Scarpa (1994).

1, d.h. der Regulierer kann nicht mehr mit der Unterstützung der Steuerzahler, die ja zugleich Konsumenten sind, rechnen. Die Abbildung 4.1 des Peltzman-Modells sieht in diesem Modell dann folgendermaßen aus:

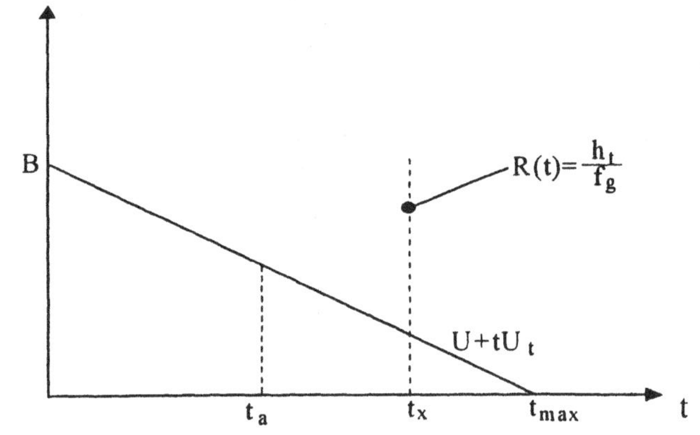

Abbildung 4.5 Besteuerungsausmaß ohne Gleichgewicht

R(t) ist jetzt erst ab dem Punkt t_x (der Mindeststeuerhöhe, um T=S zu decken) definiert, denn links von t_x ist f_g=0. Unter diesen Bedingungen erreicht der Regulierer also kein politisches Gleichgewicht; der für ihn günstigste Punkt ist die Steuer t_x, bei der er die Differenz zwischen dem marginalen Protestüberschuß und den marginalen Steuereinnahmen minimiert. Der Monopolist erhält damit eine größere Unterstützung als im Peltzman-Modell ohne Verhandlungsmacht.

4.4.3.3 Theorie der rationalen Beschränkungen des Regulierers von Evans/ Garber

Evans und Garber (1988) gehen im Gegensatz zu Peltzman nicht von einem stimmenmaximierenden Regulierer aus. Die Zielfunktion ist in ihrem Modell die Wohlfahrt der Regulierungsinstitution. Das Verhalten des Regulierers hängt sowohl von ökonomischen, als auch von politischen und institutionellen Faktoren ab. Die Regulierungsbehörde versucht dabei, einen Ausgleich zwischen den Unternehmen, dem Staat und den Konsumenten zu finden. Die zu maximierende Nutzenfunktion der Regulierungsbehörde u=u(π, -s,-p) hängt vom Unternehmensgewinn (π), dem Rate of Return des Kapitals (s) und dem Produktpreis (p) des regulierten Gutes ab. Dabei ist $\frac{\partial u}{\partial \pi} > 0$. Je größer die Unternehmensgewinne werden, desto größer wird auch der Nutzen der Regulierungsbehörde, da die Unternehmen bei höheren Gewinnen weniger Druck auf die Behörde ausüben, in ihrem Sinne zu handeln. Der Grenznutzen des Rate of Return des eingesetzten Kapitals $\frac{\partial u}{\partial s}$ ist negativ. Empirische Erfahrungen stützen die These, daß mehr Druck von den Konsumenten ausgeübt wird, je höher s ist. Zwar soll letztlich der Gewinn der Unternehmen beschränkt werden, leichter ist dies aber über s beobachtbar. Mit steigendem Preis p schließlich sinkt der Nutzen der Regulierungsbehörde, da die Konsumenten auch in diesem Fall protestieren werden. Aus dem Maximierungskalkül der Behörde, die ihren Nutzen unter der Nebenbedingung maximiert, daß die Unternehmen einen nichtnegativen Gewinn machen, ergibt sich das Regulierungsgleichgewicht in Abhängigkeit von der Stärke des Drucks der Produzenten und Konsumenten. Auch ohne die Annahme der Stimmenmaximierung des Regulierers kann so ein Regulierungsgleichgewicht entstehen.

4.4.4 Wettbewerb zwischen Interessengruppen

4.4.4.1 Beckers Theorie des Wettbewerbs zwischen Interessengruppen

Becker[300] verbindet mit seinem Modell die Theorie des Handelns aus Eigeninteresse mit der Public-Interest-Theorie. Er konstruiert ein Modell des politischen Wettbewerbs zwischen Interessengruppen. Die Gruppen kämpfen um politischen Einfluß, um Subventionen zu erhalten oder Steuern zu vermeiden. Politiker, Parteien und Wähler werden dabei ausgeklammert, da Becker annimmt, daß sie hauptsächlich die Macht der aktiven Gruppen weiterleiten.[301] Politischer Einfluß verschiedener Interessengruppen ist dabei nicht vom politischen Prozeß allein determiniert, sondern kann durch Ausgaben der Gruppen für Wahlkampfspenden oder politische Werbung vergrößert werden. Im politischen Gleichgewicht maximieren alle Gruppen ihr Einkommen durch die optimalen Ausgaben für politischen Druck unter Berücksichtigung des Verhaltens der anderen Gruppen. Der Erfolg von Ausgaben zur Vergrößerung des eigenen Einflusses hängt entscheidend von den Ausgaben der anderen Gruppen ab. Es ist aufwendiger, die Regulierungsinstanz durch Lobbying, Bestechung oder andere Aktivitäten zu überzeugen, wenn eine andere Gruppe Einfluß in die entgegengesetzte Richtung ausübt.

---

300 Siehe Becker (1983) und (1985).

301 Vgl. Becker (1983), S. 372.

Becker geht von zwei in sich homogenen Gruppen A und B aus, die subventioniert bzw. besteuert werden. Dabei verursacht der Eingriff des Staates Wohlfahrtsverluste, weil die Erhebung von Steuern und die Zuteilung von Subventionen Zeit und personelle Ressourcen verbrauchen. Die Reaktionsfunktionen der beiden Interessengruppen[302] sehen folgendermaßen aus:

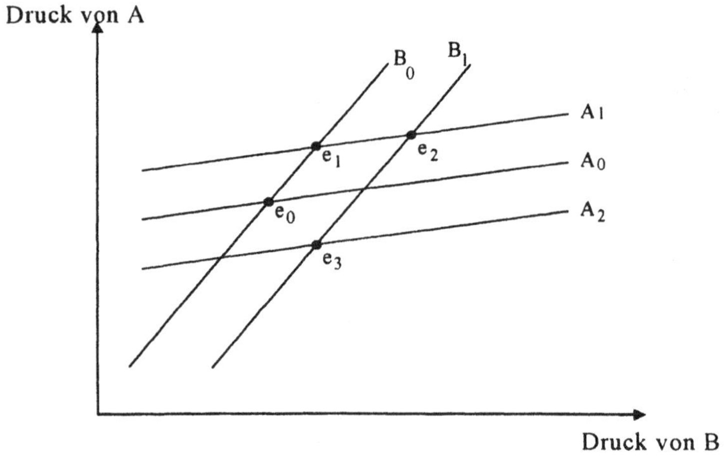

Abbildung 4.6 Reaktionskurven

Die Reaktionsfunktionen haben positive Steigungen, da die Wohlfahrtsverluste mit zunehmenden Steuern und Subventionen so schnell steigen, daß sie gegenläufige Effekte ausgleichen würden.[303] Ausgangspunkt ist das Gleichgewicht e_0. Wenn eine Gruppe erfolgreicher im Erzeugen von politischem Druck wird, weil sie den Druck mit weniger Aufwand erzeugen oder Free-rider besser kontrollieren kann, verschiebt sich ihre Reaktionskurve (z.B. $A_0 \rightarrow A_1$). Im neuen Gleichgewicht e_1 hat nun nicht nur der Druck von A, sondern auch der Druck von B zuge-

---

302 mit der Cournot-Nash-Annahme, daß eine Veränderung des eigenen Verhaltens keine Auswirkungen auf das Verhalten der anderen Gruppe hat. Zur Herleitung der Reaktionsfunktionen siehe z.B. Erlei/Leschke/Sauerland (1999), S. 354ff.

303 Die Annahme, daß die Reaktionskurven der Gruppe B steiler sind als die der Gruppe A, garantiert die Stabilität des Gleichgewichts.

nommen. Für B lohnt es sich nämlich, sich gegen eine noch stärkere Besteuerung zu wehren und dafür Ressourcen einzusetzen. Im neuen Gleichgewicht e_1 wird trotzdem die Gruppe A besser gestellt als vorher, ansonsten könnte sie ja auf den Einsatz der effizienteren Mittel verzichten. Verschiebt sich auch die Reaktionskurve von B, beispielsweise weil die Gruppe auch effizienter im Verhindern von Free-rider-Verhalten wird oder durchschlagendere Kommunikationsmittel (z.B. das Fernsehen) einsetzen kann, so üben beide Gruppen im neuen Gleichgewicht e_2 mehr Druck aus als im Ausgangsgleichgewicht. Da aufgrund der staatlichen Budgetbeschränkung aber nur eine Gruppe gewinnen kann, führt der gestiegene Druck beider Gruppen möglicherweise zu überhaupt keinen Änderungen im Verhältnis des Einflusses. In Abbildung 4.7 wird dies anhand von Einflußindifferenzkurven dargestellt.

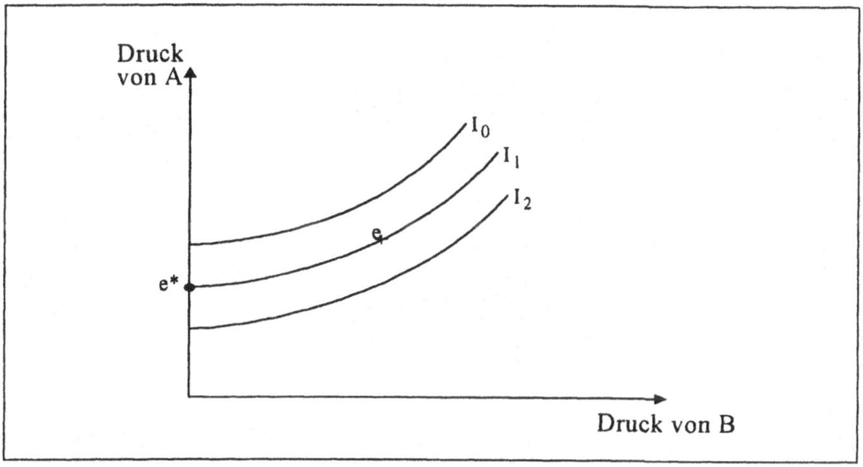

Abbildung 4.7 Einflußindifferenzkurven

Die Indifferenzkurven steigen an, da ein erhöhter Druck von B c.p. den Einfluß von A verringern würde. Um auf der gleichen Indifferenzkurve zu bleiben, müßte auch die Gruppe A ihren Druck erhöhen. Das nichtkooperative Gleichgewicht kommt mit erheblichem Druck beider Seiten zustande (Punkt e). Dasselbe Ergebnis könnte sich aber auch durch weniger Druck beider Seiten (Punkt e*) ergeben.

Der politische Erfolg wird durch relativen, nicht absoluten Druck determiniert. Das Gleichgewicht repräsentiert demnach einen Ausgleich des Grenzdrucks von Gewinnern und Verlierern; und der Wettbewerb um Einfluß endet als Null-

Summen-Spiel.[304] Das bedeutet aber nicht, daß ressourcenverschwendendes Rent-seeking im großen Stil betrieben wird. Das zentrale Element bei Becker ist gerade, daß der durch das Rent-seeking entstehende Wohlfahrtsverlust eine Schranke für ineffiziente Regulierungsentscheidungen bildet. Zwar mögen die Träger der Regulierungsentscheidungen bestimmte Interessengruppen bevorzugen; die benachteiligten Gruppen entwickeln aber zunehmend mehr Macht, die sie einsetzen, um Gegendruck zu erzeugen. Daher ist es schon im Interesse der bevorzugten Gruppe, daß Regulierungsentscheidungen getroffen werden, die insgesamt Gewinne erwarten lassen, die nicht durch den Wohlfahrtsverlust aus überflüssiger Ausübung von Druck und Gegendruck aufgefressen werden. Es liegt also auch in ihrem Interesse, daß effiziente Regulierungsmechanismen eingesetzt werden, die die Opposition von benachteiligten Gruppen möglichst minimieren und geringe soziale Kosten verursachen.[305]

Wenn die Regulierungsinstanz den Output weiter vom effizienten Ausmaß weg bewegt, steigt der Wohlfahrtsverlust mit zunehmender Rate. Der Druck, den die Gewinner mit einer Extramark Gewinn ausüben können, muß den ständig wachsenden Druck der Verlierer ausgleichen, die den steigenden Verlusten entgehen wollen. Es können also keine unbegrenzten Wohlfahrtsverluste entstehen.[306]

Subventionen werden häufig an die kleinere Gruppe gezahlt, Steuern von der größeren Gruppe erhoben. In der Regel (auch bei Peltzman) wird dies mit Organisationsproblemen begründet. Bei Becker ist das entscheidende (modell-endogene) Argument, daß dann, wenn die große Gruppe besteuert wird, der Steuersatz niedriger sein kann, als wenn man die kleine Gruppe besteuert. Bei geringerem Steuersatz wird aber auch weniger Druck ausgeübt und es entstehen geringere Wohlfahrtsverluste. Die Wohlfahrtsverluste können minimiert werden, wenn die Steuerlast auf möglichst viele Personen verteilt wird, so daß das Regulierungsergebnis effizient ist.

Die dominante Koalition, die von der Regulierung profitiert, umfaßt in der Regel auch Teile von Konsumentengruppen. Vor allem Konsumentengruppen, die zu bedienen hohe Kosten verursacht, werden zu Lasten der anderen Konsumenten bevorzugt. Nach Beckers Modell ist es also nicht die Existenz von Interessengruppen, die die Wohlfahrt der Volkswirtschaft schädigen kann, sondern deren ungleiche Verteilung.

---

304 Vgl. auch Crew/Rowley (1989), S. 8.
305 Vgl. Hägg (1997), S. 345f.
306 Vgl. Peltzman (1989), S. 12.

4.4.4.2 Gestaltungsmöglichkeiten des Staates gegenüber Interessengruppen

Während Becker den Staat vollkommen außer acht läßt, betrachten Sivakumar und Batavia (1995) die Rolle des Staates im Prozeß des Ringens von Interessengruppen um politischen Einfluß im Regulierungsprozeß genauer. Bei Becker verlaufen die „Einfluß"-Funktionen linear und garantieren damit ein Gleichgewicht; bei Sivakumar und Batavia sind die Funktionen nicht-linear. Sie nehmen mit steigendem Druck wieder ab, da dann auch die Transaktionskosten (Überzeugungskosten usw.) steigen. Becker betrachtet die Kosten des Erzeugens von Einfluß und den dabei entstehenden Nutzen. Im Gleichgewicht entspricht der marginale Nutzen des Einkommens den marginalen Kosten der politischen Aktivität. Außerdem ist das Verhältnis der Grenznutzen zum „Preis" der politischen Aktivität für alle Interessengruppen gleich. Die neoklassischen Bedingungen sind also erfüllt. Im Modell von Sivakumar und Batavia mit nicht-linearen „Einfluß"-Funktionen gibt es für die beiden Gruppen Maxima für die Gewinnerwartungen. Beide Gruppen versuchen, ihr jeweiliges Maximum zu erreichen. Liegen die Lobbyingkurven der Gruppen A und B aber beispielsweise wie in Abbildung 4.8, so ergeben die gesamten Budgetanteile beider Gruppen in ihrem jeweiligen Gewinnmaximum mehr als das gesamte verfügbare Budget.

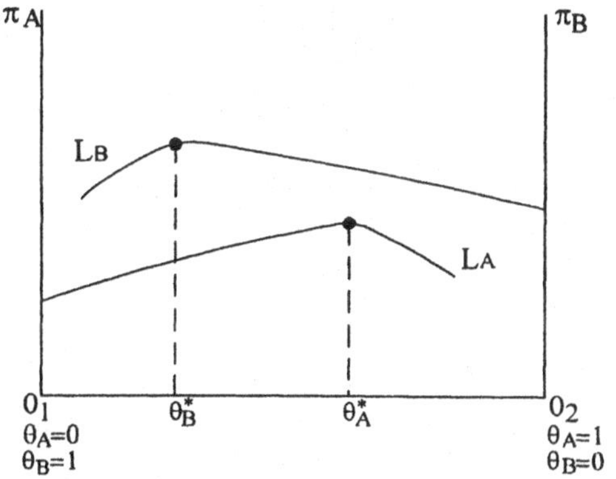

Abbildung 4.8 Lobbyingkurven
Quelle: in Anlehnung an Sivakumar/Batavia (1995), S. 95.

An diesem Punkt setzt der Spielraum des Staates ein. Der Staat kann sein Budget so auf die beiden Gruppen verteilen, daß ein Punkt zwischen θ^*_A und θ^*_B erreicht wird.[307] Wo genau dieser Punkt liegt, kann nach politischen oder sonstigen Gesichtspunkten entschieden werden. Sivakumar und Batavia bezeichnen diesen Spielraum des Staates als quasi-autonom, da der Spielraum aus einem Nachfrageüberhang nach dem politischen Gut entsteht. Nur wenn die gesamte Nachfrage mengenmäßig nicht befriedigt werden kann, hat der Staat einen Spielraum.[308]

4.4.5 Asymmetrische Informationen im Regulierungsprozeß zwischen Regulierungsbehörde und Parlament

Die Interest-Group-Theorie betrachtet Regulierung als das Resultat von Forderungen verschiedener Interessengruppen nach politischer Intervention. Politische Entscheidungen werden aber selten direkt von den Politikern implementiert, sondern an Regulierungsinstitutionen, Ministeriumsabteilungen oder die Gerichtsbarkeit delegiert. Wie in jedem Produktionssystem entstehen auch zwischen dem Parlament als gewählter Vertretung des Volkes und den Regulierern Agency-Probleme und damit Agency-Kosten. Die Politiker müssen Ressourcen aufwenden, um den Verbrauch von Ressourcen und die resultierenden Regulierungsentscheidungen zu kontrollieren. Daher weitet Spiller (1990) die Self-Interest-Theorie der Regulierung auf potentielle Agency-Probleme aus.[309] Die Aktionen der Regulierungsinstitution sind nur bis zu einem gewissen Grad beobachtbar. Die Politiker können keine perfekte Kontrolle ausüben, weil ihnen die Zeit und die Ressourcen dazu fehlen. Das läßt den Regulierern Raum, beispielsweise aus Gründen des Moral hazard eine Regulierungspolitik zu verfolgen, die nicht den politischen Vorgaben entsprechen muß. Die politische Ökonomie der Regulierung bietet dazu zwei Hypothesen, die Congressional-Dominance-Hypothese, nach der das Parlament mächtig genug ist, die Regulierung zu kontrollieren, und die Capture-Theorie, nach der die Agency-Probleme so schwerwiegend sind, daß die Regulierungsinstitutionen unabhängig von den politischen Institutionen arbeiten können.[310]

Spiller nimmt an, daß diese beiden Hypothesen die Extreme darstellen, zwischen denen sich das tatsächliche Regulierungsverhalten abspielt. Die Regulierungsinstanz kann aus zwei Gründen versucht sein, die Vorgaben der Politiker zu ignorieren: erstens, um ihren Aufwand zu minimieren und zweitens, weil Interessengruppen möglicherweise Kompensationen dafür anbieten, daß die Regulierung von der politisch gewünschten abweicht. Das generelle Agency-Problem bei

---

307 θ_A ist der Budgetanteil, den die Gruppe A bekommt.
308 Vgl. Sivakumar/Batavia (1995), S. 95ff.
309 Siehe Spiller (1990).
310 Vgl. Spiller (1990), S. 66.

Spiller ist, daß Politiker und Interessengruppen darum konkurrieren, die Entscheidungen der Regulierungsinstanz zu beeinflussen. Die Regulierungsinstitution ist bestrebt, möglichst hohe Renten aus Zahlungen der Industrie für sich zu beanspruchen. Spiller geht davon aus, daß es einen Wettbewerb um die Posten in der Regulierungskommission gibt, bei dem die Politik die zu erwartenden Renten der Agentur abschöpfen kann. Daher ist es durchaus im Sinne der Politiker, daß die Industrie und andere Interessengruppen auf den Regulierungsprozeß Einfluß nehmen, da auf diese Weise Renten anfallen, die von den Politikern abgeschöpft werden können.

In Spillers Modell stehen die Interessen der Politiker im Einklang mit den Konsumenteninteressen. Es existiert eine Interessengruppe, die regulierte Industrie, und eine Regulierungsagentur. Die Industrie kann keinen direkten Einfluß auf die Politiker nehmen, sondern lediglich auf die Regulierungsagentur. Der Regulierungsaufwand ist von den Politikern und der Industrie nicht direkt beobachtbar, beeinflußt aber den Industriepreis p_i. Dieser Preis ist entweder ein niedriger mit Wahrscheinlichkeit $\phi(q)$ oder ein hoher Preis. Dabei ist q der Aufwand des Regulierers, der nicht beobachtet werden kann. $q = 0$ bedeutet, daß keine Regulierung stattfindet. In diesem Fall würde der hohe Preis von der Industrie gesetzt werden, $\phi(0)$ wäre gleich 0. Der Nutzen der Politiker ergibt sich aus der Konsumentenrente abzüglich des Regulierungsbudgets. Der Nutzen der Industrie ergibt sich aus ihrem Gewinn minus den an die Regulierungsagentur geleisteten Transfers[311]. Die Regulierungsagentur wählt für jede Kombination aus Regulierungsbudget und Transfers den für sie optimalen Aufwand q. Der Nutzen der Agentur steigt mit höherem Budget und höheren Transferzahlungen und sinkt mit größerem Aufwand.

Das Parlament entscheidet über die Möglichkeit der Industrie, Transfers an die Agentur zu zahlen. Der Einfachheit halber sei angenommen, daß es die Zahlungen entweder erlaubt oder verbietet. Es könnte aber auch Steuern in beliebiger Höhe auf die Transferzahlungen beschließen. Dann entscheidet das Parlament über das Regulierungsbudget in Abhängigkeit vom regulierten Industriepreis p_i. Die Industrie kennt das Regulierungsbudget und wählt die Transferhöhe, die sie zu zahlen bereit ist (auch diese in Abhängigkeit von p_i). Die Regulierungsagentur maximiert ihren Nutzen unter diesen Bedingungen, betreibt ihren Aufwand q, der zum Preis p_i führt, und erhält dementsprechend Budget und Tansfers. Die Politiker und die regulierte Industrie sind also zwei Prinzipale, die die Handlungen des Agenten Regulierungsagentur in jeweils gegensätzliche Richtung beeinflussen wollen.

311 Diese Transfers bestehen bei Spiller nur aus Geldzahlungen. Es kann aber auch diverse weitere Möglichkeiten von Transfers geben.

Die Analyse von Spiller ergibt, daß im Fall direkter Transfers der Industrie an die Regulierungsagentur die Gesamtausgaben für die Regulierungstätigkeit die für das Regulierungsgleichgewicht mindestens benötigten Ausgaben übersteigen. Das liegt daran, daß Politiker und Industrie der Regulierungsagentur mehr zahlen als nötig. Würde die Industrie ihre Zahlungen direkt an die Politiker leisten, könnten sowohl die Industrie als auch die Politiker sich besser stellen.[312] Wenn der Grenznutzen einer zusätzlichen Geldeinheit für Budgeterhöhungen im Falle des niedrigen Preises kleiner ist als der Grenznutzen einer zusätzlichen Einheit an Transferzahlungen, reagieren Budget, Transfers und Regulierungsaufwand (q) stärker auf Änderungen der Industriegewinne als auf Änderungen des Nutzens der Politiker bzw. der Konsumenten. D.h. die Regulierung reagiert stärker auf technische Veränderungen als auf Änderungen politischer Variablen. Der Grund dafür liegt darin, daß die Politik die Regulierungsagentur mit einem relativ ineffizienten Instrument kompensiert.[313] Steigerungen des Budgets gehen nicht zu 100 Prozent in die Nutzenfunktion der Regulierungsagentur ein, sondern wirken sich nur unterproportional aus.

Bei einer Erhöhung der Grenzkosten der regulierten Industrie steigen die Transferzahlungen der Industrie, was c.p. zu einem Nachlassen der Regulierungsbemühungen q und zu einem höheren Preis führt. Steigt hingegen die Nachfrage nach dem Produkt, so verändern sich sowohl Transfers als auch Budgetausgaben positiv. Auf den Regulierungsgleichgewichtspreis hat dies allenfalls einen geringen Effekt. Ein weiteres Ergebnis ist also, daß Regulierung Nachfrageeffekte auf den Preis dämpft und Kosteneffekte betont. Unter der Annahme, daß Politiker in Boomphasen eher bereit sind, Regulierungsausgaben zu tätigen, während das Interesse der Industrie an Transferzahlungen in dieser Zeit sinkt, steigen die Regulierungsaktivitäten in Boomphasen und sinken in Rezessionsphasen. Im Boom werden also eher die Konsumenten geschützt, in Rezessionsphasen die Produzenten.[314] Außerdem werden produktivere Industrien mit höheren Gewinnen stärker reguliert als andere. Gewinne und das Vereinnahmen der Regulierungsagentur durch die Industrie sind also negativ korreliert.

Spiller kommt in einem Test seines Modells zu dem Ergebnis, daß Agency-Probleme zwischen den Politikern und der Regulierungsagentur nicht widerlegt

---

312 Vgl. Spiller (1990), S. 78.

313 Vgl. Spiller (1990), S. 79.

314 Zu diesem Ergebnis war auch Peltzman schon gekommen. Vgl. Kap. 4.4.3.1 und Peltzman (1976), S. 227.

werden können. Die Politik setzt zwar das Regulierungsbudget zur Disziplinierung der Agentur ein, kann sie aber nicht perfekt kontrollieren.[315]

4.4.6 Beurteilung der Ansätze zur Interest-Group-Theorie

Die verschiedenen Ansätze der Interest-Group-Theorie unterscheiden sich im wesentlichen durch die Voraussetzungen bezüglich der Verteilung politischer Macht.[316] Der Ansatz des Marktes für Regulierung von Peltzman und die Erweiterungen dieses Ansatzes gehen von einer ungleichen Verteilung politischer Macht zwischen den Interessengruppen aus. Die regulierte Industrie hat stets größere Macht als die Gruppe der Konsumenten, Wähler etc., also die durch die Regulierung benachteiligte Gruppe. Im Monopolfall erhöht sich die Macht der Industrie noch weiter. Allerdings gibt es im Gegensatz zur Capture-Theorie einen Ausgleichsmechanismus, nämlich die Arbitrage der Politiker bzw. Regulierer. Die Capture-Theorie geht von einer extremen Ungleichverteilung politischer Macht aus, so daß sich die regulierte Industrie vollständig durchsetzen kann. Im Markt für Regulierung spielen Marginalbetrachtungen eine Rolle, so daß die Regulierungsineffizienzen, d.h. die Vorteile für die Industrie durch die Nachteile für die besteuerte Gruppe begrenzt werden.

Der Ansatz des Wettbewerbs zwischen Interessengruppen verteilt die Macht zwischen der regulierten Industrie und den anderen Interessengruppen nicht so ungleich. Bei Becker ergibt sich im Gegensatz zu Olsons Theorie der Interessengruppen keine Verzerrung im politischen Markt, wenn Interessengruppen im Wettbewerb stehen.[317] Die Reaktion der benachteiligten Interessengruppe auf Steuern und andere soziale Kosten ist ungleich stärker als bei Peltzman. Auf diese Weise werden Ineffizienzen vermieden, weil der Wettbewerb der Interessengruppen politische Entscheidungen korrigiert und soziale Wohlfahrtsverluste minimiert.[318]

Der Agency-theoretische Ansatz der asymmetrischen Information zwischen der Regulierungsbehörde und dem Parlament bringt über die ersten beiden Ansätze hinaus keine zusätzlichen Ergebnisse. Er zeigt aber, daß die von Peltzman formulierten Ergebnisse auch dann Bestand haben, wenn Legislative und Regulierungsbehörde getrennt sind und die üblichen Principal-Agent-Probleme entstehen.

---

315 Vgl. Spiller (1990), S. 98.
316 Vgl. auch Hägg (1997), S. 345.
317 Vgl. Crew/Rowley (1989), S. 11.
318 Crew/Rowley (1989), S. 12 bezeichnen diese Sichtweise Beckers als naiv.

4.5 Bürokratietheorie

4.5.1 Budgetmaximierung als Maxime bürokratischen Handelns

Die Bürokratietheorie, die auf Niskanen[319] zurückgeht, erklärt das Angebotsverhalten öffentlicher Verwaltungen und Unternehmen. Diese bieten Güter und Dienstleistungen an, die von den Politikern nachgefragt werden. Dabei wird unterstellt, daß die Bürokraten ihren individuellen Nutzen maximieren wollen. In ihre Nutzenfunktion gehen vielfältige Variablen ein, wie Prestige, Macht, persönliches Einkommen, Sicherheit, Arbeitszufriedenheit, Zahl der Mitarbeiter, Büroausstattung oder Arbeitsaufwand. Stellvertretend für diese Variablen der Nutzenfunktion verwendet man häufig die Größe des Budgets, denn mit zunehmender Größe des Budgets wächst auch die Zahl der bürokratischen Hierarchieebenen. Damit besteht für die leitenden Verwaltungsangestellten eine größere Wahrscheinlichkeit, prestigeträchtigere Titel, mehr untergebene Mitarbeiter oder ein höheres Einkommen zu erhalten.[320]

Unterstellt wird als Ziel der Bürokratie, daß sie ihr diskretionäres Budget maximieren will. Das ist der Anteil des Budgets, der den Bürokraten zur Verwendung für Ausgaben zur Verfügung steht, die ihren persönlichen Nutzen vergrößern,[321] aber keinen Beitrag zur Produktivitätssteigerung leisten. Für diese Ausgaben kann der Bürokrat die Differenz zwischen seinen Einnahmen, d.h. seinem Gesamtbudget, und seinen minimalen Kosten bei technisch effizienter Produktion verwenden. Beispielsweise kann er für die Erstellung einer Dienstleistung mehr Zeit veranschlagen als er für nötig hält und die zusätzliche Zeit für häufigere Pausen, das Schreiben persönlicher Briefe oder sonstige Tätigkeiten verwenden, die seiner Arbeitsbequemlichkeit zugute kommen. Oder er kann mehr finanzielle Mittel für ein Projekt einplanen, als bei der Durchführung durch die Verwaltung benötigt würden, und die überschüssigen Gelder für Sachmittel verwenden, die eher seinem persönlichen Nutzen dienen als das Projekt voranzutreiben.

Der Budgetprozeß im öffentlichen Sektor ist ein Verhandlungsprozeß zwischen den öffentlichen Managern oder Bürokraten und politischen Mandatsträgern, in dem Effizienz nur ein Aspekt unter anderen ist.[322] Das Budget der Bürokratie für einen vorgegebenen Leistungsumfang ergibt sich aus der Zahlungsbereitschaft der Politiker, die den Bürokraten bekannt ist. Ebenso kennt die Bürokratie die minimalen Kosten für die Erstellung ihrer Leistungen. Aufgrund der Informati-

---

319 Siehe Niskanen (1971) oder (1973).

320 Vgl. Klump (1992), S. 174f.

321 Das Konzept des diskretionären Budgets geht auf Migué/Bélanger (1974) zurück.

322 Vgl. Duncombe/Miner/Ruggiero (1997), S. 2.

onsasymmetrie zwischen Bürokratie und politischen Entscheidungsträgern kann die Bürokratie den von ihr bereitgestellten Leistungsumfang frei wählen, solange die maximale Zahlungsbereitschaft der Politiker noch nicht ausgeschöpft ist und die Kosten gedeckt werden können.

Abbildung 4.9[323] stellt dies dar. Dabei ist W(x) die Wertschätzung der Politiker für einen gegebenen Leistungsumfang x und C(x) die Funktion minimaler Produktionskosten. Der Verlauf der Wertschätzungsfunktion spiegelt einen abnehmenden Grenznutzen und damit abnehmende Zahlungsbereitschaft seitens der Politiker wider im Einklang mit dem ersten Gossen'schen Gesetz. Dies verdeutlicht die Nachfragefunktion W'(x). Die allokationseffiziente Bereitstellungsmenge ergibt sich aus dem Schnittpunkt der Nachfragekurve mit der Grenzkostenfunktion C'(x). Das diskretionäre Budget ist der Abstand zwischen Zahlungsbereitschaft W(x) und Kosten C(x). Dies ist bei der allokationseffizienten Menge x_A am größten. Die Entscheidungskompetenz des Bürokraten bezüglich der Menge, die er bereitstellt, wird begrenzt durch die Budgetbeschränkung. D.h. der Schnittpunkt von W(x) und C(x) stellt die maximal mögliche Leistungsmenge dar. Jenseits dieser Menge würde die Bereitstellung mehr Kosten verursachen, als die Politiker zu finanzieren bereit sind. Diese Möglichkeit ist hier ausgeschlossen.

In Abschnitt (c) der Abbildung 4.9 ist der Verlauf des diskretionären Budgets, der sich aus der Differenz zwischen W(x) und C(x) ergibt, abgetragen. Wofür dies ausgegeben wird, hängt von den Präferenzen der Verwaltung ab. Die Bürokratie kann einerseits durch eine Steigerung des Leistungsumfangs, also durch ökonomische Ineffizienz, andererseits durch das Abweichen von der technisch effizienten Produktion ihren Nutzen erhöhen. Ein höherer Output würde solche Bestandteile der Nutzenfunktion wie Ansehen, Einfluß oder die Zahl der Mitarbeiter betreffen. Das Abweichen von der technisch effizienten Produktionsweise, also die Verschwendung von Ressourcen, kann sich zum Beispiel in besserer Büroausstattung, weniger Arbeitsaufwand oder höherer Arbeitszufriedenheit niederschlagen. Die Indifferenzkurvenschar I_2 stellt diese Präferenzen dar. Die Indifferenzkurvenschar I_3 zeigt den einen extremen Fall der Präferenzen der Bürokratie, daß nämlich das gesamte diskretionäre Budget für zusätzliche Leistungsbereitstellung verwendet wird. Die Bürokraten legen hier keinen Wert auf private Vorteile aus unproduktiver Verwendung der zugeteilten Mittel, aber viel Wert auf Ansehen und Aufstiegschancen.

323 Quelle: in Anlehnung an Roppel (1979), S. 152; Schimmelpfennig (1994), S. 34ff. und Breton/Wintrobe (1975), S. 197.

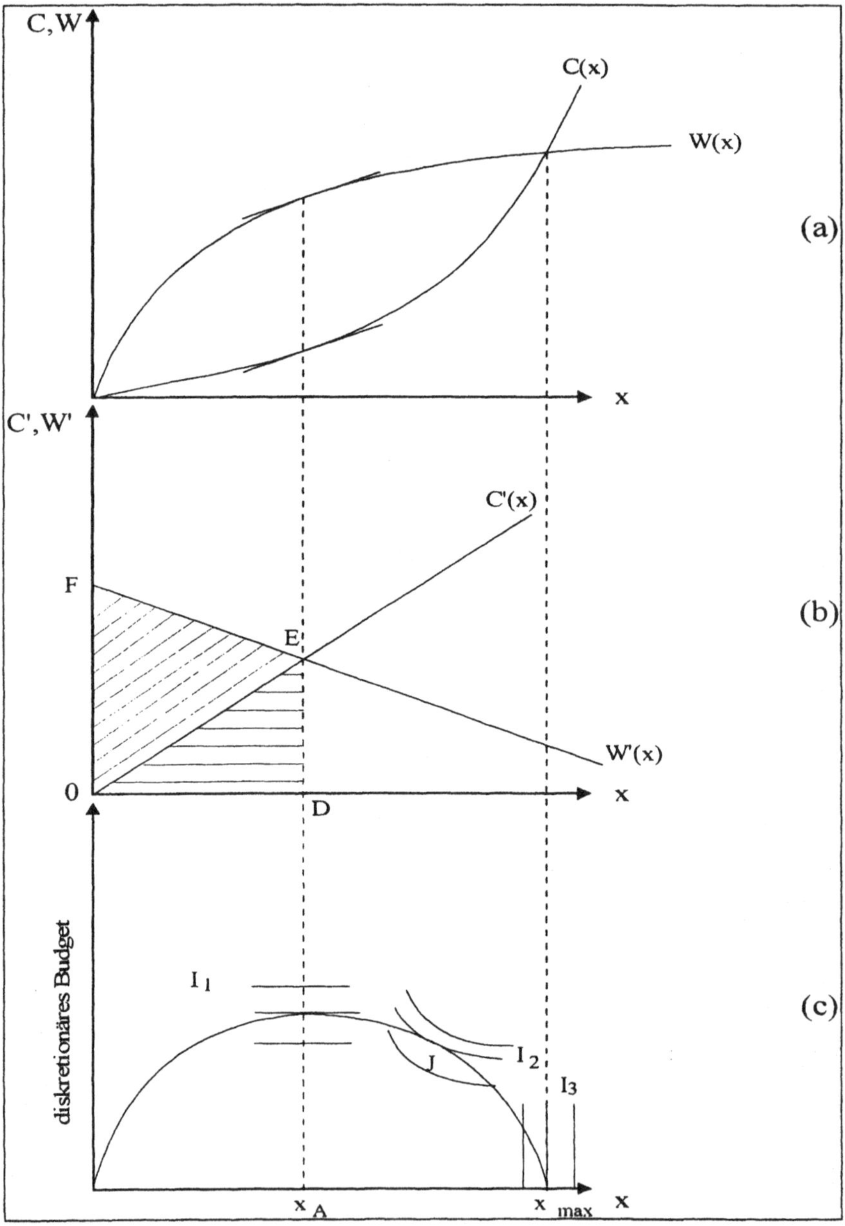

Abbildung 4.9 Bereitstellungsmenge der Bürokraten bei Budgetbeschränkung

Die Indifferenzkurvenschar I_1 zeigt den anderen extremen Fall, in dem das gesamte diskretionäre Budget für privaten, nichtproduktiven Nutzen der Bürokraten verwendet wird. Wenn die Nutzenfunktion der Bürokratie durch beide Verwendungsarten für das diskretionäre Budget, also zusätzliche Leistungen und privater Zusatznutzen, positiv beeinflußt wird, wird der tatsächliche Produktionsumfang zwischen diesen beiden Punkten liegen, beispielsweise bei J auf der Indifferenzkurve I_2. Eine Verwaltung, die in expansiven Aufgabenbereichen tätig ist und durch eine Vergrößerung ihres Aufgabenfeldes Anerkennung (Karrierechancen der Mitarbeiter, Einfluß etc.) erhalten kann, wird dabei eher einen größeren Output anstreben und das Gesamtbudget maximieren. Eine Abteilung, deren Ziel ein bequemer und konfliktfreier Arbeitsablauf ist, weil die Mitarbeiter keine Karriereambitionen mehr haben, wird eher ihren Spielraum für unproduktive Ausgaben maximieren. Auch in Zeiten der Haushaltskonsolidierung, in denen einzelne Aufgabenbereiche oder der gesamte Staatshaushalt zurückgeführt werden sollen,[324] wird man letzteres antreffen.

Abbildung 4.10 zeigt einen anderen Verlauf der Wertschätzung der Politiker W(x) für den Bürokratieoutput x. Während vorher der Fall einer budgetbeschränkten Lösung dargestellt wurde, d.h. die maximale Produktionsmenge x_{max} durch die Notwendigkeit zur Kostendeckung und zum Budgetausgleich determiniert wird, handelt es sich hier um den Fall einer nachfragebeschränkten Lösung. Die maximale Wertschätzung der Politiker ist hier schon bei x_L erreicht, das heißt vor der maximal möglichen Ausbringungsmenge x_{max}. Die Politiker sind nicht bereit, einen Leistungsumfang über x_L hinaus zu finanzieren, weil das ihren Nutzen nicht weiter erhöhen, sondern im Gegenteil verringern würde. Der Entscheidungsspielraum der Bürokratie ist hier also im Vergleich zum budgetbeschränkten Fall durch die Nachfrage der Politik eingeschränkt.

Unabhängig von der Lage der Wertschätzungsfunktion der Politiker ist das Budget der Verwaltung immer zu groß. Ihr Leistungsumfang muß jedoch nicht zwangsläufig den allokationseffizienten Punkt x_A überschreiten. Ein Büro, das sein diskretionäres Budget zur Verwendung für unproduktive Mittel maximiert, stellt den gleichen Leistungsumfang bereit wie ein perfekt diskriminierendes, gewinnmaximierendes Monopol und schöpft die Konsumentenrente ebenso für sich ab.[325]

---

324 Vgl. Zimmermann/Henke (1994), S. 72.
325 Vgl. Migué/Bélanger (1974), S. 33.

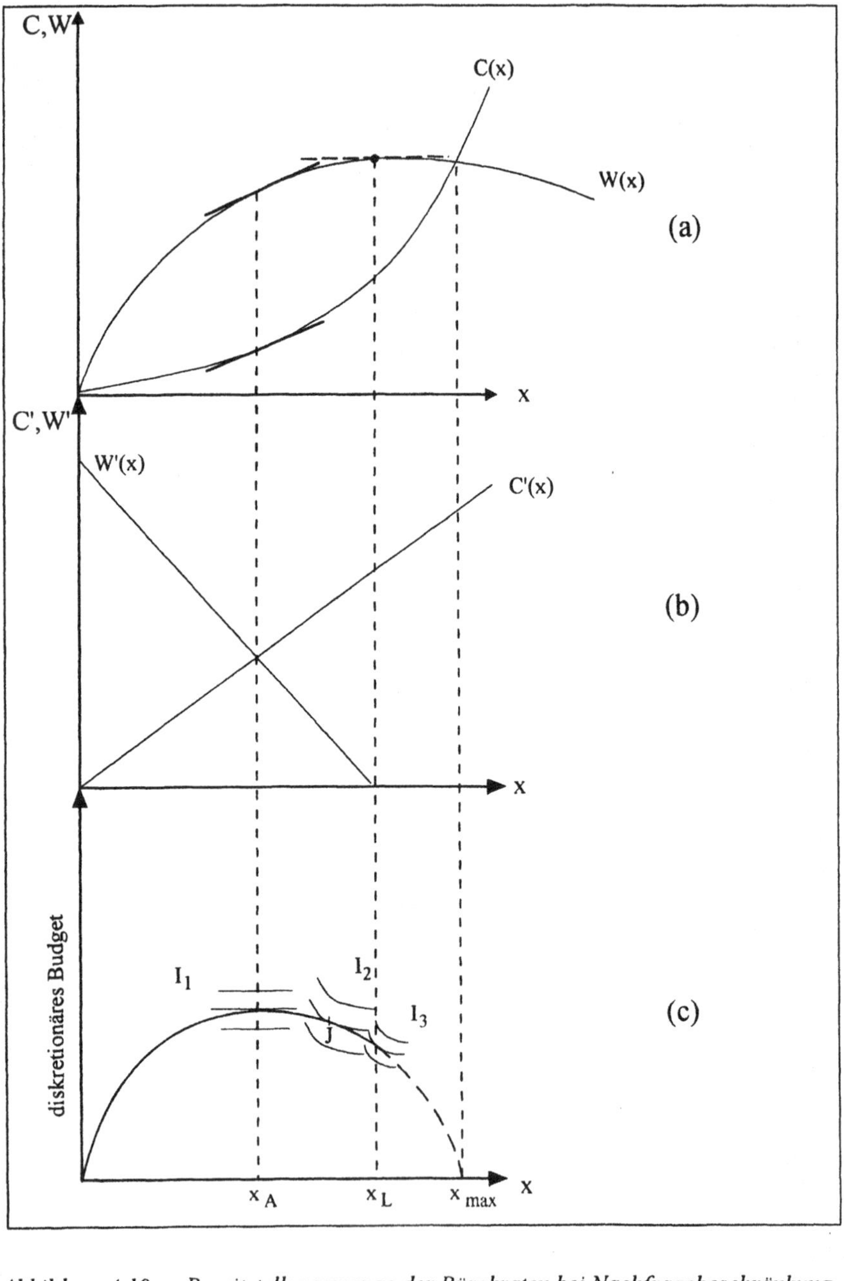

Abbildung 4.10 Bereitstellungsmenge der Bürokraten bei Nachfragebeschränkung

Das gesamte Budget hätte die wohlfahrtsoptimale Größe, wenn die Menge x_A zu ihren minimalen Kosten $C(x_A)$ bereitgestellt würde. Die minimalen Kosten lassen sich auch als Fläche unter der Grenzkostenkurve bis zum Punkt x_A darstellen, also als Fläche ODE in Abbildung 4.9. Die Bürokratie erhält aber bei dieser Produktionsmenge finanzielle Mittel in Höhe der Wertschätzungsfunktion der Politiker, also $W(x_A)$. Diese lassen sich analog zu den Kosten als Fläche ODEF unter der Nachfragefunktion der Politiker darstellen. Das Budget ist im wohlfahrtsoptimalen Produktionspunkt also um die Fläche OEF größer als nötig, wenn die Bürokratie die gesamte Rente abschöpfen kann.

4.5.2 Das Ausmaß der Unabhängigkeit der Bürokratie von der Politik

Zwischen der Bürokratie und den Politikern als deren Auftraggeber und Kontrollorgan besteht eine Prinzipal-Agent-Beziehung. Es verursacht für die Politiker Kosten, die Verwaltung zu kontrollieren, da sie die Informationen über den notwendigen Ressourceneinsatz bei der Erstellung von Leistungen nur mit erheblichem Aufwand und nur unvollständig erhalten können. Die Menge an Bürokratierente, die die Verwaltung für sich in Anspruch nehmen kann, kann als Maß für den Kontrollverlust der Politiker über die Bürokratie angesehen werden.[326]

In Abbildung 4.11 sind die Grenzkosten und die Grenznutzen des Kontrolleinsatzes für die Politiker dargestellt. Dabei entspricht die gesamte Fläche unter der Grenznutzenkurve, OGJ, der Fläche OEF in Abbildung 4.9, nämlich des Budgets, das maximal zu unproduktiven Zwecken verschwendet werden kann, wenn keine Kontrolle stattfindet. Der Kontrolleinsatz wird bis zu Punkt Q ausgedehnt, bei dem sich Grenznutzen und Grenzkosten der Kontrolle entsprechen. Es bleibt den Bürokraten dann die Fläche VJQ als diskretionäres Budget.[327]

Die Kontrollkosten der Politiker hängen in starkem Maße von den Rahmenbedingungen ab, die den staatlichen Verwaltungen gesetzt werden. Beispielsweise können nicht verbrauchte Gelder aus dem Budget eines Jahres meist nicht in das nächste Haushaltsjahr übertragen werden. Überschüsse verfallen, so daß von vornherein kein Anreiz für die Bürokraten besteht, Überschüsse, quasi Gewinne, entstehen zu lassen. Dadurch, daß die Finanzierung der Verwaltung nicht über Marktpreise, sondern fast ausschließlich durch das Steueraufkommen geregelt wird und kein Bürokrat einen Anreiz hat, Gewinne zu machen, läßt sich Kosteneffizienz in der Verwaltung nur mit hohem Aufwand kontrollieren. Man kann davon ausgehen, daß die Bürokratie aufgrund ihres Vorsprungs an Informationen

---

326 Vgl. Breton/Wintrobe (1975), S. 199; Niskanen (1991), S. 21ff.
327 Vgl. Breton/Wintrobe (1975), S. 199f.

und Know-how nicht unerheblichen Einfluß auf die wirtschaftspolitischen Entscheidungen nehmen kann.[328]

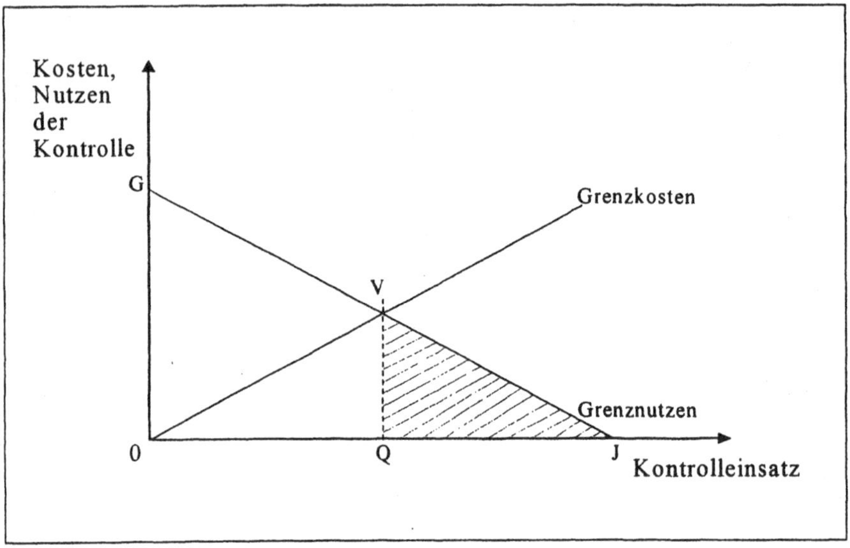

Abbildung 4.11 Kontrollgrenzkosten und -nutzen

Andererseits hängen Bürokraten letztlich bei der Ausstattung mit Personal- und Sachmitteln von ihrer Regierung ab. Da die Regierung im politischen Wettbewerb um die Wiederwahl steht und in gewissem Umfang an Effizienz interessiert sein muß, ist es auch das Bestreben der Bürokraten, zum Gelingen der Regierungstätigkeit beizutragen. Schlechte Bürokraten werden von der Regierung ausgetauscht, um im Wettbewerb bestehen zu können. Daher sind Bürokraten bis zu einem gewissen Grad loyal gegenüber ihrer Regierung.

4.5.3 Empirische Belege

Die empirischen Untersuchungen zur Bürokratietheorie sind nicht sehr zahlreich. Ott (1980) belegt die Budgetmaximierung der Bürokratie. Studien, die bei Deacon (1977) und Pommerehne (1982) erwähnt werden, können die reine Budgetmaximierung zwar nicht belegen, stützen aber die These der Maximierung des diskretionären Budgets mit dem Trade-off zwischen der Budgethöhe und den An-

328 Vgl. Klump (1992), S. 174.

nehmlichkeiten der Bürokraten.[329] Zu der Frage, wie das diskretionäre Budget verwendet wird, gibt es keine übereinstimmenden Meinungen. Williamson (1974, S. 34f.) und Orzechowski (1977) gehen davon aus, daß Bürokraten mehr Personal einstellen, während De Alessi (1969) meint, daß öffentliche Unternehmen eher überkapitalisieren. Allgemein wird aber festgestellt, daß technische Ineffizienzen durch Verschwendung bestehen.[330]

Die Frage, ob neben der technischen Ineffizienz auch ökonomische Ineffizienz besteht und zuviel produziert wird, läßt sich empirisch bisher nicht beantworten. Kostenstudien tragen nicht zur Klärung bei, da sie die Outputhöhe als politisches Ziel als gegeben ansehen. Kosten-Nutzen-Analysen auf wohlfahrtstheoretischer Basis, mit denen die politischen Ziele in Abhängigkeit von der gemeinsamen Wohlfahrt der einzelnen Individuen endogen ermittelt werden, könnten hier einen Beitrag leisten. Derzeit gibt es aber noch keine Studien, die den Niskanen-Effekt auf diese Weise belegen könnten.[331]

4.6 Theorie der Regulierung als Erklärung für Deregulierung

4.6.1 Gründe für Politikumschwünge

Die Änderung der Regulierungsstrategie eines Staates oder einer Behörde hin zur Deregulierung stellt einen nicht unerheblichen Politikumschwung dar. Dies kann in internen Faktoren oder externem Druck begründet liegen. Zu den externen Faktoren zählen Veränderungen von politischen Ideen oder Ideologien, Interessenänderungen und Änderungen der Umweltbedingungen.[332]

Neue Ideen können sich in der Politik durchsetzen, wenn sie sich empirisch als sinnvoll erweisen, wenn sie logisch konsistent sind, oder die Vertreter dieser Ideen die politischen Entscheidungsträger mit ihrer Autorität überzeugen können. Beispielsweise können neue ökonomische Erkenntnisse auf diese Weise in den politischen Entscheidungsprozeß integriert werden.[333] Interessenänderungen kommen zustande, wenn bestimmte Gruppen zunehmend an Macht oder Einfluß gewinnen und so einen Politikwandel erreichen, der ihren Interessen entspricht. Das kann dadurch geschehen, daß politische Mehrheitskoalitionen wechseln, aber auch durch den Einfluß internationaler Organisationen oder Strömungen, die poli-

---

329 Vgl. auch Borcherding/Pommerehne/Schneider (1982).

330 Vgl. van den Doel/van Velthoven (1993), S.163 und die dort zitierte Literatur.

331 Vgl. van den Doel/van Velthoven (1993), S.163f.

332 Vgl. für das folgende Hood (1994), S. 3ff.

333 Für eine ausführliche Darstellung und Erörterung der „politics of ideas" siehe Derthick/Quirk (1985).

tischen Druck auf die Politik eines Landes ausüben, oder durch „politische Unternehmerschaft"[334], d.h. das Aufgreifen und Umsetzen neuer Ansichten durch die Politik. Sich wandelnde Umweltbedingungen, beispielsweise neue sozioökonomische Umstände wie veränderte soziale Klassen und Vermögensverhältnisse, aber auch eine durch technischen Fortschritt veränderte Situation einer Industrie, können dazu führen, daß die alte Politik unter den neuen Bedingungen nicht mehr angemessen ist und ein Politikwechsel stattfinden muß.

Ein politischer Umbruch muß aber nicht durch solche externen Faktoren begründet sein, sondern kann auch aus dem System selbst entstehen. Alte Institutionen zerstören sich dabei durch ihre Fortentwicklung selbst, etwa wenn im Lernprozeß, der beim Handeln der Institution zwangsläufig entsteht, klar wird, daß die bisher verfolgte Politik korrekturbedürftig ist, oder wenn die verfolgte Politik Nebeneffekte hat, die zu neuen Verhaltensweisen führen, die die bisherige Politik aufheben oder umkehren. Wenn z.B. im Zuge einer Regulierung automatisch die Renten von begünstigten Interessengruppen gemindert werden, werden die begünstigten Gruppen weniger Aufwand zur Erlangung von Regulierung betreiben und andere Gruppen mit entgegengesetzten Interessen können an Einfluß gewinnen.

Die verschiedenen Erklärungen für Politikumschwünge sind nicht immer disjunkt, und vielfach spielen sowohl externe als auch interne Faktoren eine Rolle. Zum Beispiel kann man unter Umständen nur schwer zwischen Änderungen aufgrund von Ideen, die sich kraft der politischen oder ökonomischen Autorität ihrer Verfechter durchsetzen, und interessengeleiteten Änderungen unterscheiden. Häufig findet ein Politikwandel auch erst aus dem Zusammenspiel von Ideen und Interessen statt. Dennoch helfen die Kategorien dabei, die Gründe, die verschiedene Regulierungstheorien für Politikumschwünge liefern, zu systematisieren.

4.6.2 Erklärungsgehalt der positiven Theorien in bezug auf Deregulierung

4.6.2.1 Public-Interest-Theorie

Die Public-Interest-Theorie bietet zwei Erklärungen für die Institutionalisierung von Deregulierung an. Zum einen wird dereguliert, wenn erkannt wird, daß die Regulierung aus Sicht der normativen Theorie falsch war.[335] Die Regulierung wurde vielleicht aus historischen Gründen eingeführt, die nicht an der Effizienz ausgerichtet waren. Um das öffentliche Interesse – das in der Public-Interest-

334 Vgl. Hood (1994), S. 4.
335 Vgl. Peltzman (1989), S. 18.

Theorie mit ökonomischer Effizienz gleichgesetzt wird – zu wahren, muß die Regulierung konsequenterweise aufgehoben bzw. nach ökonomischen Kriterien umgestaltet werden. In den vergangenen 30 Jahren sind ökonomische Argumente für die Regulierungspolitik zunehmend bedeutender geworden, was diese Theorie stützen könnte.[336]

Der zweite Grund für Deregulierung in der Public-Interest-Theorie ergibt sich daraus, daß die Regulierung zwar möglicherweise im Einklang mit ökonomischen Kriterien eingeführt wurde, daß sich in der Zwischenzeit aber wesentliche Marktdaten verändert haben, die zu einer anderen Einschätzung der Lage führen. Deregulierung sollte immer dann stattfinden, wenn die Regulierungskosten die Transaktionskosten der Abschaffung der Regulierung plus die Kosten des dann noch verbleibenden Marktversagens übersteigen. Für die Elektrizitätswirtschaft bedeutet das, daß dereguliert werden sollte, wenn die Gewinne der Energieverbraucher aus Deregulierung abzüglich der Deregulierungskosten mindestens so groß sind wie die Gewinne der Stromversorger aus der Regulierung abzüglich der Regulierungskosten. Eine Veränderung von Marktdaten kann sich zum Beispiel aufgrund einer Nachfrageverschiebung oder einer Technikänderung ergeben. Wenn eine Nachfrageausweitung oder technischer Fortschritt dazu führt, daß Skalenerträge sich erschöpfen und damit kein natürliches Monopol mehr besteht, beseitigt sich das Marktversagen von selbst.[337] Auch besondere makroökonomische oder politische Faktoren können dazu führen, daß eine Deregulierungswelle einsetzt.[338] Die Erklärungen der Public-Interest-Theorie für Deregulierung sind allerdings nicht ganz unproblematisch. Die Theorie kann nicht erklären, warum viele Bereiche weiterhin reguliert wurden bzw. werden, obwohl die Regulierung aus ökonomischer Sicht längst als Fehler erkannt wurde.[339]

4.6.2.2 Life-Cycle-Theorie

Die Reform der Regulierung ist in der Life-Cycle-Theorie im Lebenszyklus der Regulierungsbehörde integriert und findet immer dann statt, wenn die Politik Interesse an der regulierten Branche hat oder die Industriefreundlichkeit der Regu-

---

336 1972 beispielsweise konnte die Atomenergiekommission der Vereinigten Staaten noch erklären, daß eine Kosten-Nutzen-Analyse für Atomkraftwerke unnötig sei, da der Wert der Elektrizität unermeßlich sei und somit jegliche Kosten aufwiege. Vgl. Noll (1996), S. 26.

337 Vgl. Noll (1989), S. 1260, Peltzman (1989), S. 18 und Keeler (1984), S. 108.

338 Vgl. Peltzman (1989), S. 2.

339 In den Niederlanden hätte beispielsweise in den achtziger Jahren eine Deregulierungswelle einsetzen müssen; sie fand aber erst in den neunziger Jahren statt und war zudem nur partiell. Siehe den Hertog (1996), S. 984 und Kapitel 5.2.4.

lierungskommission zu eklatant wird. Regulierungsreform bedeutet allerdings nicht automatisch Deregulierung. In der Regel werden bei der Regulierungsreform die institutionellen Strukturen, die zu Beginn des Regulierungszyklus bestanden, wiederhergestellt, d.h. parlamentarische Kontrollen wieder ernsthafter wahrgenommen. Für Deregulierung wären aber neue Impulse aus dem politischen Bereich nötig, die auf externen oder internen Faktoren beruhen können, aber mit der Life-Cycle-Theorie nicht erklärt werden.

4.6.2.3 Congressional-Dominance-Hypothese

Da das Regulierungsverhalten in der Congressional-Dominance-Theorie vom Parlament bestimmt wird, müssen auch Deregulierungsbestrebungen von der Legislative ausgehen. Eine neue Regulierungspolitik entsteht nicht aus veränderten Präferenzen der Regulierungsbehörde und nicht zwangsläufig aus geänderten Interessen der regulierten Industrie, sondern aus veränderten Präferenzen der Parlamentsmehrheit.[340] Die Parlamentsmehrheit kann aufgrund externer Faktoren entscheiden, daß eine andere Regulierungspolitik verfolgt werden soll. Dabei können sowohl neue Ideen, die sich im Parlament durchsetzen, eine Rolle spielen, als auch Wahlergebnisse, die die politische Mehrheit ändern oder die Mehrheit in ihrer Einstellung beeinflussen, außenpolitische Zwänge oder sonstige veränderte Umweltbedingungen.

Die gewählten Politiker haben ein Interesse an dem Politikwandel, da er entweder ihre Karriereabsichten fördert oder im Einklang mit ihren persönlichen politischen Präferenzen steht, ohne politische Ambitionen zu zerstören. Die Reaktion der Wähler auf den Politikwandel spielt also eine entscheidende Rolle. Entscheidungen, die sich positiv für die Mehrheit der Wähler auswirken, werden eher getroffen als solche, die die Mehrheit belasten.[341] Auch wenn die Informationskosten sinken und es billiger wird, die Konsumenten über unerwünschte Konsequenzen der Regulierung in einer potentiell wettbewerbsfähigen Branche zu informieren, steigt der politische Nutzen einer Deregulierung, den sich das Parlament sichern will.

Da die Congressional-Dominance-Theorie sich nicht zum Regulierungsprozeß selbst äußert, bietet sie auch keinen Ansatzpunkt für einen Politikumbruch aufgrund interner Faktoren. Ob das System aus sich selbst heraus einen Deregulierungsprozeß einleiten oder anstoßen kann, bleibt offen.

---

340 Vgl. Steunenberg (1996), S. 309f.

341 Vgl. Noll (1996), S. 4.

4.6.2.4 Interest-Group-Theorien

Die Capture-Theorie

Die Capture-Theorie sieht das Handeln der Regulierungsbehörde nur im Einklang mit den Wünschen der regulierten Industrie. Eine Erklärung für Deregulierung müßte davon ausgehen, daß die regulierte Branche selbst Deregulierung anstrebt. Dies mag von einzelnen Branchen-Newcomern gewünscht werden. Die Regulierungsbehörde richtet sich aber eher nach den Wünschen der etablierten Unternehmen, die die Regulierung initiiert haben und ein Interesse an deren Fortsetzung haben, weil ihr Marktanteil und ihre Gewinne bei Regulierung größer sind als sie es auf einem Wettbewerbsmarkt wären oder sie die Regulierung einfach als gewohnt und bequem ansehen. Deregulierung brächte Aufwand und unnötige Risiken mit sich, so daß selbst dann, wenn fühlbare Vorteile zu erwarten wären, viele Unternehmen Deregulierung ablehnen würden.[342]

Es ist allerdings denkbar, daß auch regulierte Unternehmen ein Interesse an einer Deregulierung haben, wenn sie sich für den Wettbewerb gerüstet fühlen, aber durch die Regulierung eingeschränkt werden. Dies gilt vor allem für Unternehmen, die auf einem ausländischen Markt expandieren wollen. In der Regel bereiten sich Unternehmen aber erst dann auf den Wettbewerb vor, wenn sie dazu gezwungen werden, so daß die Capture-Theorie nur in Ausnahmefällen eine Erklärung für Deregulierung bieten wird.

Die Interest-Group-Theorie

Die Interest-Group-Theorie in ihren verschiedenen Ausprägungen ist die einzige Theorie, die Deregulierung aufgrund von internen Faktoren aus dem Regulierungssystem selbst erklären kann. Regulierung funktioniert, indem der Druck der verschiedenen Interessengruppen vom Staat bzw. von der Regulierungsbehörde optimiert wird. Die regulierte Industrie setzt Ressourcen ein, um die von ihr bevorzugte Menge an Regulierung zu erhalten. Da die Regulierungsinstitution aber auch andere Interessen berücksichtigt, um die sozialen Kosten der Regulierung in Grenzen zu halten, erhält die regulierte Industrie weniger Regulierungsrenten, als sie anstrebt. Dies führt unter Umständen dazu, daß die Industrie weniger Mittel für Regulierungslobbying einsetzt, da sie weniger Ertrag erwartet. Die Regulierungsinstitution bildet jetzt wieder das Optimum aus dem geringeren Ressourceneinsatz der regulierten Industrie und dem Einsatz der anderen Interessengruppen. Wenn die regulierte Industrie sich für eine ausgeprägte Regulierung einsetzt,

---

342 Vgl. Noll/Owen (1983), S. 32f.

führt der verringerte Einfluß dieser Interessengruppe zu einem Abbau von Regulierung. Die sinkenden Produzentenrenten bewirken wiederum abnehmende politische Unterstützung seitens der regulierten Industrie, so daß sich die Spirale weiter in Richtung Deregulierung bewegt.

Außerdem können auch externe Faktoren zur Deregulierung führen. Verändern sich die Organisations- und Informationstechniken oder deren Kosten[343], so ändert sich möglicherweise das gesamte System von Interessengruppen. Für Gruppen, die vorher prohibitiv hohe Organisationskosten hatten, rentiert es sich unter Umständen jetzt, sich zu organisieren und in den Regulierungsprozeß einzugreifen. Dadurch verändert sich die relative politische Macht der beteiligten Gruppen. Die Verhandlungs- und Kompromißkosten steigen für die etablierten Interessengruppen der Unternehmer, ihre Rentenerwartungen sinken entsprechend. Steigt die Macht solcher Gruppen, die für einen Abbau von Regulierung eintreten, verringert sich die Repräsentationsasymmetrie und das System tendiert zur Deregulierung.

Zudem könnte die Nachfrage nach dem regulierten Gut sinken oder die Inputpreise der regulierten Industrie steigen, so daß sich der Preis den Grenzkosten annähert, weil die Unternehmen bei sinkender Nachfrage ihre Preise senken, bei steigenden Kosten den regulierten Preis jedoch nicht beliebig erhöhen können. Auf jeden Fall sinkt die Produzentenrente, so daß die Unternehmen weniger politische Unterstützung für die Regulierung aufbringen können. Die politische Macht der regulierten Industrie sinkt relativ zu anderen Interessengruppen und vor allem zu den Konsumenten, deren Gegendruck bei einem höheren Preis noch zunimmt.[344]

Auch eine steigende Nachfrage kann eine Regulierungsreform verursachen, wenn die gestiegene Nachfrage nach dem regulierten Gut nur durch zusätzliche Unternehmen, die in den Markt eintreten, befriedigt werden kann. Die Regulierung einer größeren Zahl von Unternehmen in einer Branche ist teurer, Verhandlungs- und Überwachungskosten steigen und verschieben das Gleichgewicht in Richtung Deregulierung.

Ein äußerer Schock für das Regulierungsgleichgewicht kann außerdem dadurch entstehen, daß im Zuge knapper Haushaltskassen der für die Umverteilung in Form von Regulierungsrenten zur Verfügung stehende Betrag sinkt, so daß es für die regulierte Industrie nicht mehr rentabel ist, große Mittel für diese Renten auf-

---

343 Siehe zu den Informations- und Transaktionskosten und ihren Einfluß auf das Regulierungsverhalten auch Levine/Forrence (1990).

344 Vgl. Peltzman (1989), S. 20f.

zubringen.[345] Dies erklärt, warum Politikänderungen häufig in solchen Krisensituationen mit hohen Staatsdefiziten ausgelöst werden.[346]

Technische Änderungen können zudem dazu führen, daß einzelne Unternehmen glauben, ihre Interessen besser in einem unregulierten Markt verfolgen zu können.[347] Regulierte Unternehmen können nur langsamer und mit höheren Kosten auf technische Änderungen reagieren und sich entsprechend anpassen.[348] Außerdem kann technischer Fortschritt und unternehmerische Kreativität zum Entstehen von angrenzenden Märkten führen, deren Produkte als Substitute zum regulierten Gut gesehen werden können. Der Schutz der regulierten Branche vor Wettbewerb und damit die Möglichkeit, Renten zu vereinnahmen, geht verloren. Gelangen genügend Unternehmen zu dem Schluß, daß sie effizienter ohne die Restriktionen einer Regulierung produzieren können, und sind diese Unternehmergruppen politisch effektiv, tendiert das Regulierungssystem ebenfalls zu Deregulierung.

Es bleibt allerdings die Frage, wie die Regulierungsinstitution auf solche äußeren Veränderungen der Branchen- oder der politischen Situation reagiert.[349] Technischer Fortschritt, der Produktionstechniken verändert oder Informations- und Organisationskosten spart, ist in der Regel relativ schnell in den meisten Ländern verfügbar. Trotzdem kann man beobachten, daß in einem Land dereguliert wird, während in einem anderen Land die Regulierung zugunsten der regulierten Industrie verstärkt wird. Die unterschiedlichen Regulierungsregime müssen dann auf unterschiedliche Ausgestaltungen der Regulierungsinstitutionen zurückgeführt werden. Der Erklärungswert der Interest-Group-Theorie wird auch dadurch eingeschränkt, daß es Beispiele gibt, in denen Renten gerade stiegen, als die Deregulierungswelle einsetzte.[350]

4.6.2.5 Bürokratietheorie

Ebenso wie die Life-Cycle-Theorie läßt auch die Bürokratietheorie wenig Raum für Deregulierungserklärungen. Nach der Bürokratietheorie werden anfallende Renten nicht von der regulierten Industrie vereinnahmt, sondern von der regulierenden Bürokratie. Mehr Regulierung bedeutet dabei in aller Regel ein größeres Ansehen für die Bürokratie, da sie dann ein größeres Tätigkeitsfeld hat. Ein Re-

---

345 Siehe auch Joskow (1974), S. 292f. und Peltzman (1989), S. 20.

346 Siehe auch die „Krisenthese" von Owen/Braeutigam (1978), die von Jäger (1993, S. 15) auf die Deregulierung angewendet wird.

347 Vgl. den Hertog (1996), S. 981.

348 Vgl. Noll (1996), S. 6.

349 Vgl. Peltzman (1989), S. 40.

350 Vgl. Levine (1989), S. 47.

gulierungswandel, der von der Bürokratie unterstützt wird, kann in dieser Theorie nur dann stattfinden, wenn die Bürokratie neue Wege findet, von der Deregulierung noch stärker zu profitieren als von der bisherigen Regulierung. Durch Deregulierung müßte mehr Reichtum für die Regierung entstehen, der dann teilweise an die Verwaltung weitergegeben würde. Dies ist möglich, wenn in vielen Wirtschaftsbereichen dereguliert wird, die Volkswirtschaft effizienter wird und dem Staat höhere Steuereinnahmen zur Verfügung stehen. Die Bürokratietheorie ist allerdings für die Erklärung von Deregulierung ebenso wie die Capture-Theorie nicht sehr geeignet, denn die Erträge, die den Bürokraten durch höhere Steuereinnahmen irgendwann einmal zufließen, dürften in der Regel zu weit entfernt sein, als daß sie großes Gewicht in ihrem Kalkül haben werden. Die spezielle Deregulierung einzelner Branchen läßt sich außerdem bürokratietheoretisch überhaupt nicht erklären.

Allerdings kann die Bürokratie ein Faktor dafür sein, daß Deregulierung verzögert wird. Ein wesentlicher Grund für den Stop oder die Verzögerung der Regulierungsreformen in einigen Branchen (wie Telekommunikation und Umweltregulierung) in den Vereinigten Staaten liegt z.B. in der Tatsache, daß die Bürokratie keine Vorlagen einbringen und keine Beschlüsse umsetzen wollte, die ihre eigene Rolle im Regulierungsprozeß verringert hätte.[351] Sowohl die Bürokratie als auch unabhängige Regulierungskommissionen können somit als wichtige Interessengruppen angesehen werden.

4.7 Zusammenfassung

Die positive Theorie der Regulierung versucht zu erklären, auf welche Kräfte eine Regulierungsagentur reagiert und warum sie das tut. Die unterschiedlichen Reaktionen von Regulierungsbehörden zu verschiedenen Zeiten und in verschiedenen Branchen lassen vermuten, daß die Regulierungsentscheidungen nicht von einer einzigen Theorie erklärt werden können, sondern verschiedene Theorien herangezogen werden müssen. Dabei kann jede der dargestellten Theorien einen Beitrag zur Erklärung von Regulierung leisten.

Die beiden meistgenannten Modelle des Regulierungsprozesses sind das Capture-Modell und das Interest-Group-Modell. Beide betonen den Einfluß von Gruppen außerhalb der Regierung und öffentlichen Verwaltung auf den Regulierungsprozeß. Für das Capture-Modell steht die regulierte Industrie im Vordergrund. Sie dominiert den Regulierungsprozeß. Im Gegensatz dazu geht die Interest-Group-

---

351 Vgl. Noll (1996), S. 13.

Theorie von der Anwesenheit miteinander konkurrierender Interessengruppen aus, die unterschiedliche Ziele und Anliegen haben.

Die Public-Interest-Theorie unterstellt, daß die Regulierungsbehörde die Gesamtwohlfahrt der Gesellschaft maximieren will. Nach der Congressional-Dominance-Theorie hat die Politik dabei Mittel und Sanktionsmöglichkeiten, um die Regulierungsbehörde zu kontrollieren, so daß die Regulierungsentscheidungen im allgemeinen die Präferenzen der Politiker widerspiegeln. Bürokratietheorien unterstellen der Regulierungsbehörde die Verfolgung persönlicher Interessen mit der Maximierung ihres (diskretionären) Budgets.

Die Theorien haben aber auch Unzulänglichkeiten. Public-Interest-Theorien ignorieren die tatsächliche Regulierungspraxis und setzen das öffentliche Interesse mit dem Konsumenteninteresse gleich. Capture-Theorien vernachlässigen den Einfluß der verschiedenen Gesellschaftsbereiche. Sie erfassen das pluralistische Staatswesen nur begrenzt, weil auch sie von den Grundlagen der Public-Interest-Theorie ausgehen und den Staat als neutrales Wesen ansehen.[352] Eine Erklärung, wie und warum Regulierer motiviert sind, entsprechend den Vorhersagen der Theorie zu handeln, wird ebenso wie von der Public-Interest-Theorie nicht gegeben.[353] Bürokratiemodelle betrachten das Verhältnis zwischen der Politik und der Regulierungsbehörde nicht ausreichend. Die Interest-Group-Theorie in ihren verschiedenen Ausprägungen, die sich hinsichtlich ihrer unterschiedlichen Voraussetzungen über die Verteilung politischer Macht unterscheiden, ist sehr allgemein gehalten, so daß sie fast alle Regulierungssituationen umfassen kann, wenn man die Zielfunktion der Regulierungsbehörde entsprechend gestaltet.

Die Gestaltung der Zielfunktion der Regulierungsbehörde ist oft unzureichend, so daß statistische Tests zur Überprüfung verschiedener Theorien scheitern. Über die Ziele der Regulierer gibt es wenig Konsens in der Literatur. Von der Verfolgung des Industrie- oder Politikinteresses über die Budgetmaximierung und das Organisationsinteresse bis zum Einfluß von Konsumenteninteressen reicht das Spektrum. Die Reaktion der Regulierungsbehörde im Einzelfall hängt dabei neben der Zielfunktion vom regulierten Produkt, dem Ausmaß der Regulierung und dem Potential für kontroverse Ansichten über die Regulierungsentscheidungen ab.[354] Regulierung ist in erster Linie ein politischer Prozeß, dessen Ergebnisse für jede Branche und jede Regulierungsbehörde neu betrachtet werden müssen. Wel-

352 Vgl. Horwitz (1989), S. 43.
353 Vgl. Jarrell (1978), S. 276.
354 Vgl. Olson (1995), S. 380.

che Theorie der Regulierung jeweils anwendbar ist, kann nur im Einzelfall entschieden werden.

Für die Preisregulierung der Elektrizitätswirtschaft testen Caudill, Im und Kaserman (1993) für US-amerikanische Daten den Erklärungsgehalt der Interest-Group-Theorie gegenüber der Capture- und der Public-Interest-Theorie und einer simplen Daumenregel. Sie kommen zu dem Schluß, daß alle Theorien die Regulierung erstaunlich gut erklären. Den größten Erklärungsgehalt bietet die Interest-Group-Theorie mit einem Regressionskoeffizienten $R^2 = 0{,}72$, während die Capture-Theorie mit einem Regressionskoeffizienten von $R^2 = 0{,}43$ am schlechtesten abschneidet.[355]

Wesentlich für die Regulierungsentscheidungen erweisen sich die Verteilungswirkungen. Die Theorien der Regulierung erklären aus ihren jeweiligen Blickwinkeln Änderungen der Verteilungen zwischen den Unternehmen, den Verbrauchern und dem Staat; aber auch Verteilungsänderungen zwischen Unternehmen innerhalb einer Branche, zwischen verschiedenen Industrien und zwischen Regionen innerhalb eines Landes.

Betrachtet man die verschiedenen positiven Theorien der Regulierung, scheint es zunächst erstaunlich, daß es überhaupt zu Deregulierungen kommt bzw. gekommen ist, da offenbar die politischen Entscheidungsträger ein Interesse an Regulierungen haben.[356] Die ökonomischen und politischen Gründe für eine Regulierungsreform sind bisher weit davon entfernt, vollständig erklärt oder auch nur erfaßt zu sein.[357] Schlüsse über den zukünftigen Trend der Regulierung bzw. Deregulierung können daher nur mit größter Vorsicht gezogen werden. Dennoch zeigt eine Betrachtung der möglichen Erklärungsmuster für Deregulierung, daß die verschiedenen Theorien durchaus Raum für Deregulierung lassen.[358]

Die einzelnen Theorien erklären Verteilungsänderungen durch Deregulierungsbestrebungen auf unterschiedliche Weise und unterschiedlich erschöpfend. Sowohl die Public-Interest- als auch die Interest-Group-Theorie und die Congressional-Dominance-Theorie erklären Regulierungsreformen mit dramatischen Regulierungskostenanstiegen bzw. damit, daß *entdeckt* wird, daß die Kosten gestiegen sind. Deregulierung kann also verzögert stattfinden, wenn Informationsprobleme dazu führen, daß die Regulierungskosten nicht transparent sind. Diese vor-

---

355 Siehe Caudill/Im/Kaserman (1993).

356 Vgl. auch Nienhaus (1990), S. 104.

357 Vgl. Noll (1996), S. 25.

358 Noll (1983, S. 402) geht davon aus, daß die politischen Grundlagen der Regulierungsreform dieselben sind, die auch zur Regulierung geführt haben.

dergründig von Public-Interest-Überlegungen motivierte Veränderung ist mit den Interest-Group-Theorien vereinbar.[359] Wenn entdeckt wird, daß die Öffentlichkeit im Regulierungsprozeß zuviel Wohlfahrt verliert, wird es für das System einen Anreiz geben, sich zu korrigieren, so daß das öffentliche Interesse wieder berücksichtigt wird. In der Congressional-Dominance-Theorie wirkt der externe Anstoß auf die Parlamentsmehrheit, die im Interesse der Wiederwahl auf veränderte Bedingungen reagiert. Höhere Kosten der Regulierung führen aber nicht zwangsläufig zu Deregulierung; diese ist nur ein mögliches und vielleicht wahrscheinliches Ergebnis.[360]

Die Interest-Group-Theorie kann als einzige Theorie Deregulierung auch aus internen Faktoren des Regulierungssystems selbst erklären, weil sie berücksichtigt, daß der Regulierungsprozeß den Druck, den einzelne Gruppen auf die Regulierungsbehörde ausüben, verändert. Die Bürokratietheorie kann die Deregulierung hingegen nicht sehr gut erklären. Deregulierung benötigt entweder eine mächtige Interessengruppe innerhalb der regulierten Industrie, die sich für Deregulierung einsetzt (Capture-Theorie), oder Anstöße von außerhalb des Systems. Im Fall der Bürokratietheorie sind solche externen Anstöße sehr unwahrscheinlich. Die Life-Cycle-Theorie benötigt zusätzliche Erklärungsmuster der politischen Entscheidung für Deregulierung bzw. für effizienzfördernde Umstrukturierungen, um einen wirklichen Aussagegehalt zu haben.

Die positiven Theorien der Regulierung sind jeweils dann brauchbare Ansätze zur Erklärung institutioneller Neuerungen wie der Deregulierung, wenn sie die Entscheidungsmuster des politischen Prozesses hinreichend abbilden können. Der politische Entscheidungsprozeß koordiniert letztlich die verschiedenen Interessen einzelner Individuen,[361] unabhängig davon, ob diese auf einem Eigeninteresse oder einer Gemeinwohlbindung beruhen.

---

359 Vgl. Keeler (1984), S. 135ff.

360 Vgl. Keeler (1984), S. 139. Sowohl Keeler (1984) als auch Peltzman (1976) kommen zu dem Schluß, daß eine algebraische Analyse keine eindeutigen Ergebnisse bringt.

361 Vgl. Wellesen (1994), S. 127.

5 Die politische Ökonomie von Regulierungsänderungen in der Elektrizitätswirtschaft

Nach umfangreichen und zuweilen heftigen Diskussionen wurde Ende 1996 die Stromrichtlinie[362] vom Ministerrat der Europäischen Union verabschiedet, die im Februar 1997 in Kraft trat und von den Mitgliedstaaten der EU innerhalb von zwei Jahren in nationales Recht umzusetzen war.[363] Mit Hilfe der Stromrichtlinie soll der europäische Binnenmarkt für Elektrizität verwirklicht werden. Wesentliches Element der Richtlinie ist die Gewährleistung des Zugangs Dritter zum Markt, d.h. vor allem zu den Leitungsnetzen, der den Wettbewerb in der Stromerzeugung und der Endverbraucherversorgung ermöglichen soll. Dafür stehen den Mitgliedstaaten gemäß eines Kompromisses zwischen Deregulierungsbefürwortern und -gegnern zwei alternative Regelungsmechanismen zur Verfügung: zum einen der unmittelbare Zugang Dritter zum Netz, also das Durchleitungsrecht auf der Basis des verhandelten oder geregelten Netzzugangs, zum anderen der Zugang über den Netzinhaber bzw. -betreiber, der als Alleinkäufer den Strom abnimmt und ihn an die Abnehmer weiterverkauft.[364] Der Kreis der sogenannten „zugelassenen" Kunden, die ihren Strom über den Markt beziehen und damit ihren Lieferanten wählen können, wird gestaffelt über Mindestöffnungsquoten ausgedehnt.

Im April 1998 ist das neue deutsche Energiewirtschaftsgesetz, das zur Umsetzung der europäischen Richtlinie zur Einführung von Wettbewerb in der Elektrizitätswirtschaft nötig war, in Kraft getreten. Vorausgegangen waren auch hier jahrelange kontroverse Diskussionen auf der politischen Ebene und starke Proteste seitens der betroffenen Industrie, die in der geplanten Deregulierung Nachteile für die Elektrizitätswirtschaft sah. Demgegenüber konnte die Deregulierung in anderen Ländern schon 1990 umgesetzt werden, wieder andere Länder zögerten allerdings länger.

Das folgende Kapitel untersucht das Zustandekommen der Regulierungsänderungen in den Vereinigten Staaten als dem Land, in dem die positiven Theorien der

---

362 Richtlinie 96/92/EG des Europäischen Parlaments und des Rates vom 19.12.1996 betreffend gemeinsame Vorschriften für den Elektrizitätsbinnenmarkt (Abl. EG Nr. L 27/20 vom 30.1.1997)

363 Für Griechenland, Irland und Belgien gab es Fristverlängerungen.

364 Vgl. Europäische Kommission (1998), S. 45f. Daneben regelt die Richtlinie die Vergabemöglichkeiten für den Bau von Kraftwerken, trifft Maßnahmen zur buchhalterischen Entflechtung vertikal integrierter Unternehmen, definiert die Funktion des Netzbetreibers, ermöglicht Ausnahmeregelungen im gemeinwirtschaftlichen Interesse und enthält Reziprozitätsvorschriften. Siehe dazu beispielsweise Kumkar (1997b), S. 309ff.

Regulierung entstanden sind, und ausgewählten europäischen Ländern. Die Möglichkeiten für eine Deregulierung werden dabei von der Ausgangssituation im jeweiligen Land beeinflußt. Inwiefern die vorhandenen Deregulierungspotentiale dann aber auch ausgenutzt werden können, hängt zum einen von den Zielen der politischen Entscheidungsträger ab, zum anderen aber auch vom Einfluß der beteiligten Interessengruppen. Außerdem spielen der unterschiedliche Staatsaufbau und die unterschiedlichen Demokratievorstellungen eine nicht zu unterschätzende Rolle.

Der Erklärungsgehalt der verschiedenen positiven Theorien der Regulierung für solche Umstrukturierungen ist begrenzt.[365] Dennoch können einige Theorien für die Situation in den verschiedenen Ländern herangezogen werden. Inwiefern diese vorwiegend amerikanischen Theorien plausible Begründungen für die Regulierungssituation auch in Europa bieten können, soll das Kapitel zeigen.

5.1 Der Reformprozeß in den Vereinigten Staaten

5.1.1 Struktur der Elektrizitätswirtschaft bis 1992

Die Struktur der amerikanischen Elektrizitätswirtschaft vor den derzeitigen Umstrukturierungen geht auf zwei Gesetze von 1935 zurück, dem „Public Utilities Holding Company Act" (PUHCA) und dem „Federal Power Act" (FPA).[366] Mit diesen Gesetzen wurden die großen und mächtigen Stromkonzerne in den Vereinigten Staaten entflochten. Um zu verhindern, daß sich neue Konzerne bilden, wurden die Möglichkeiten, über die Grenzen des eigenen Bundesstaates hinaus in der Elektrizitätswirtschaft tätig zu werden, stark beschränkt und faktisch integrierte Gebietsmonopole festgeschrieben. Außerdem wurde die Federal Power Commission – seit 1978 Federal Energy Regulatory Commission (FERC) – als föderale Regulierungsbehörde gegründet. Diese Behörde wurde mit weitreichenden Kompetenzen ausgestattet, von denen sie aber nie vollkommen Gebrauch machte. Zum Beispiel hatte sie die Möglichkeit, Unternehmen vertikal zu entflechten, um die Diskriminierung von neuen Marktteilnehmern zu verhindern.

1978 wurde ein weiteres Gesetz zur Regulierung der Elektrizitätswirtschaft verabschiedet, der „Public Utility Regulatory Policies Act" (PURPA). Mit diesem Gesetz reagierte die Politik auf die unsicheren Verhältnisse beim Import von Pri-

---

365 Vgl. Kapitel 4.6.

366 Für einen historischen Abriß der Entwicklung der Elektrizitätswirtschaft in den Vereinigten Staaten siehe Joskow (1995), Gilbert/Kahn (1996) und Energy Information Administration (1996), S. 5ff. und 105ff.

märenergie nach der ersten Ölpreiskrise. Die steigenden Preise hatten zu einer verringerten Nachfrageausweitung geführt, so daß trotz der Einschränkung von neuen Kraftwerksprojekten Überkapazitäten entstanden. Die Gewinne der Elektrizitätsversorgungsunternehmen waren gesunken, und einzelne Unternehmen hatten sogar Konkurs anmelden müssen. Daraufhin versuchten die Unternehmen in einigen Bundesstaaten, ihre Situation dadurch zu verbessern, daß sie die Investitionen in ihren Kraftwerkspark verringerten. Dies führte zu einem verstärkten Handel mit Strom, der die Vorstellung vom Elektrizitätsunternehmen als integriertem, von Energielieferungen unabhängigen Versorger ablöste.[367] Um die Versorgungssicherheit zu gewährleisten und gleichzeitig erneuerbare Energien zur Stromerzeugung und die Kraft-Wärme-Kopplung zu fördern, wurden die etablierten Unternehmen der Elektrizitätswirtschaft verpflichtet, Strom von solchen sogenannten „qualifying facilities" zu zum Teil hohen Preisen abzunehmen.[368]

Integrationsgrad der Industrie

Trotz des verstärkten Handels mit Strom vom Ende der siebziger Jahre an schufen sich die lokalen Stromversorgungsunternehmen, die von den Kommunen mit der Versorgung der Bevölkerung mit Elektrizität beauftragt worden waren, die Erzeugungs- und Übertragungskapazitäten für die Versorgung ihrer monopolistischen Gebiete in der Regel selbst. Auch in der Folgezeit blieb die Elektrizitätswirtschaft fast vollständig vertikal integriert. Neben den vertikal integrierten Unternehmen existierten 1992 nur noch einige reine Verteilungsunternehmen, die ihren Strom von dem integrierten Versorgungsunternehmen in ihrer Region bezogen. Die horizontale Integration der Erzeugung und Verteilung war auf die gesamten Vereinigten Staaten bezogen sehr gering, da fast jeder Staat und auch viele Städte ihre eigenen Versorgungsmonopole besaßen. Auf der Ebene der einzelnen Staaten mit ihren geschlossenen Märkten war die Integration allerdings sehr hoch. Die Gesetzgebung seit 1935 und deren Interpretation durch die zuständigen Behörden behinderte Fusionen und Kooperationen zwischen Unter-

---

367 Vgl. Gilbert/Kahn (1996), S. 190ff. und Kumkar (1997a), S. 95f.

368 Zwar sollte der Strom der „qualifying facilities" zu vermiedenen Kosten abgenommen werden. Das Gesetz besagte, daß für den Strom „a rate which [does not] exceed the incremental cost to the electric utility of alternative electric energy... [which the] utility would generate or purchase from another source" gezahlt werden sollte. Dieser Preis wurde jedoch als langfristige Grenzkosten für neue Erzeugungskapazitäten kalkuliert, wobei vernachlässigt wurde, daß die zusätzliche Kapazität der neuen Unternehmen in der Regel überschüssige Kapazität darstellte, die den Gleichgewichtspreis unter die langfristigen Grenzkosten gesenkt hätte. Vgl. International Energy Agency (1998c), S. 84 und Energy Information Administration (1996), S. 27.

nehmen der Elektrizitätswirtschaft,[369] so daß es kaum zu Zusammenschlüssen kommen konnte. Besonders durch eine stärkere Integration der Netze hätten allerdings Effizienzvorteile durch Koordinationskostenersparnisse erreicht werden können.

Die Koordination der einzelnen Netze erfolgte durch mehrere Institutionen: Es gab 157 Energiekontrollzentren, die für die Systemstabilität der Netze in ihrem Bereich verantwortlich waren. Jedes vertikal integrierte Elektrizitätsversorgungsunternehmen besaß eine eigene Kontrollinstitution – mit Ausnahme einiger Staaten im Nordosten der Vereinigten Staaten, die gemeinsame Institutionen zur Kontrolle des Systems und zur Koordination der Einspeisung unterhielten. Die Netze der einzelnen Kontrollbereiche waren über Knoten miteinander verbunden, so daß ein Kontrollzentrum zur Sicherung eines stabilen Netzes Strom mit anderen Kontrollgebieten austauschen konnte.[370] Daneben existierten 20 Strompools, in denen sich Elektrizitätsversorgungsunternehmen zusammengeschlossen hatten, um ihre Aktivitäten zu koordinieren. Die Erzeugungskapazitäten wurden gemeinsam geplant und der Kraftwerkseinsatz koordiniert. Nach dem großen Stromausfall 1968, der weite Teile des Nordwesten der Vereinigten Staaten betraf, wurden 10 Vereinigungen geschaffen, die die Zuverlässigkeit der Stromversorgung fördern sollten.[371]

Eigentumsverhältnisse

Die Elektrizitätswirtschaft in den Vereinigten Staaten ist überwiegend in privater Hand. Private Stromversorgungsunternehmen besaßen zu Beginn der neunziger Jahre etwa 72 Prozent der Erzeugungskapazitäten. Kommunale und staatliche Unternehmen erzeugten 21 Prozent des Stroms in den Vereinigten Staaten, während 7 Prozent von den sogenannten unabhängigen Erzeugern, die nicht an der Versorgung beteiligt sind, erzeugt wurde. Der Zentralstaat besitzt vor allem den Großteil der Wasserkraftwerke in den Vereinigten Staaten. Der Großteil der Übertragungsleitungen befindet sich ebenfalls in privatem Eigentum. Die Verteilung erfolgt zu 25 Prozent durch kommunale und kooperative Unternehmen, den überwiegenden Teil der Verteilung übernehmen die privaten (vertikal integrierten)

369 Vgl. Joskow (1996b), S. 354f.
370 Insgesamt gibt es in den Vereinigten Staaten fünf Netzsysteme, in denen die einzelnen Netze zusammengeschaltet sind.
371 Vgl. International Energy Agency (1998c), S. 79 und Joskow (1995), S. 19f.

Versorgungsunternehmen.[372] Dabei steigt der private Anteil in der Elektrizitätswirtschaft weiter.[373]

Kompetenzen der Regulierungsinstitution

Die im Vergleich zu anderen Staaten sehr strenge Regulierung der amerikanischen Elektrizitätswirtschaft wird zum Teil von der US-Regierung, zum Teil von den Regierungen der Bundesstaaten durchgeführt. Beide Ebenen können Energiepolitik betreiben und entsprechende Programme verabschieden. Die Gesetzgebung der Bundesstaaten muß dabei allerdings mit der Bundesgesetzgebung vereinbar sein.[374] Die Regulierung des Stromgroßhandels liegt bei der US-Regierung, für die Regulierung der Versorgung der Endverbraucher sind grundsätzlich die Bundesstaaten zuständig.

Auf der Bundesebene hat das Energieministerium die hauptsächliche Verantwortung für die Energiepolitik, die im wesentlichen auf den sparsamen Umgang mit Energie, den Umweltschutz und die Reduzierung der Abhängigkeit vom Ölimport zielt. Es führt die langfristige, risikoreiche Forschung und Entwicklung in diesem Bereich durch, vermarktet den in staatseigenen Kraftwerken erzeugten Strom und initiiert Programme für die effiziente Energienutzung und Regulierung. Die eigentliche Regulierung wird von der Federal Energy Regulatory Commission (FERC) durchgeführt, einer an das Ministerium angeschlossenen, aber unabhängigen Organisation, deren Mitglieder, ein Vorsitzender und vier Kommissare,[375] von der Regierung ernannt werden. Die FERC ist für die zwischenstaatliche Regulierung der Elektrizitätswirtschaft, vor allem für die Preissetzung beim Stromaustausch zwischen Elektrizitätsversorgungsunternehmen und bei Einspeisungen in das Netz eines Unternehmens, für Zusammenschlüsse von Unternehmen der Elektrizitätswirtschaft und die Genehmigung von Erzeugerpools zuständig. Auch die Regulierung der Übertragungspreise innerhalb einzelner Bundesstaaten fällt in die Verantwortung der FERC, sofern das betroffene Übertragungsnetz mit den überregionalen Netzen verbunden ist. Die Netze, die von öffentlichen Unternehmen und Kooperationen betrieben werden, unterliegen allerdings nicht der Aufsicht der FERC, sondern der des jeweiligen Eigentümers, so daß die FERC insge-

---

372 Vgl. Joskow (1995), S. 18f.

373 Siehe zum Vergleich die Zahlen bei Kumkar (1997a), S. 100. Lediglich in Nebraska befindet sich die Elektrizitätswirtschaft vollständig im öffentlichen Besitz. Vgl. International Energy Agency (1998c), S. 76.

374 Vgl. International Energy Agency (1994), S. 302.

375 Vgl. Energy Information Administration (1997), S. 33.

samt nur etwa zwei Drittel des gesamten Übertragungsnetzes kontrolliert.[376] Die Regulierungsbehörde bedient sich für die Preisüberwachung der Rate-of-Return-Regulierung.

Für die Errichtung und den Betrieb von Kernkraftwerken ist darüber hinaus die Nuclear Regulatory Commission (NRC) verantwortlich. Daneben gibt es weitere Regierungsstellen, die für internationale Energieangelegenheiten, die Förderung heimischer Energiequellen auf staatlichem Grundbesitz, den Umweltschutz und die Besteuerung der Elektrizitätswirtschaft zuständig sind. Das Justizministerium überwacht die Einhaltung der Anti-Trust-Gesetze. Außerdem haben sowohl das amerikanische Repräsentantenhaus als auch der Senat einflußreiche energiepolitische Ausschüsse.[377]

Die Regulierung der Endverbraucherversorgung und der Handelsbeziehungen innerhalb der einzelnen Bundesstaaten obliegt den Regulierungsbehörden der einzelnen Staaten. Die eigenständige Energiepolitik der Bundesstaaten in diesem Bereich hat zu ganz unterschiedlichen Regulierungsstrukturen innerhalb der Vereinigten Staaten geführt. Die einzelstaatlichen Regulierungsbehörden bestehen in der Regel aus drei bis fünf Kommissaren, die entweder vom Gouverneur oder dem Parlament des betreffenden Staates bestimmt oder direkt gewählt werden. Die Amtszeit der Kommissare, die selten Fachleute sind, sondern in erster Linie ein politisches Amt bekleiden und Aufstiegsambitionen haben, beträgt durchschnittlich sechs Jahre.[378]

Da die Elektrizitätswirtschaft überwiegend privat ist, müssen die verschiedenen Regierungen in erster Linie über Marktregulierungen Einfluß nehmen. Diese Möglichkeit zur Regulierung wird ausgiebig genutzt, so daß die Regulierungsdichte in der amerikanischen Elektrizitätswirtschaft entsprechend groß ist. Im Gegenzug zu der Erteilung exklusiver Versorgungsrechte regulieren die Staaten ihre Elektrizitätsversorgungsunternehmen umfassend. Nicht nur die Preise und Vertragskonditionen werden explizit festgelegt, viele Staaten beteiligen sich auch direkt an Investitionsentscheidungen „ihres“ Gebietsmonopolisten.[379]

---

376 Vgl. International Energy Agency (1998c), S. 82.
377 Vgl. International Energy Agency (1996e), S. 321f.
378 Vgl. Bolle (1990), S. 18.
379 Vgl. Joskow (1995), S. 21 und International Energy Agency (1994), S. 302.

Wettbewerb

Bis zur Verabschiedung des Public Utilities Regulatory Policies Act (PURPA) 1978 herrschte überhaupt kein Wettbewerb in der amerikanischen Elektrizitätswirtschaft. Neben der oben erwähnten exklusiven Erteilung von Versorgungsrechten durch die Bundesstaaten behinderte das Energiegesetz von 1935 die Tätigkeit von Elektrizitätsversorgungsunternehmen über die Grenzen des eigenen Bundesstaates hinaus und führte dazu, daß jeweils nur das etablierte Versorgungsunternehmen Kraftwerke besitzen und betreiben konnte.[380] Der PURPA setzte einen Wettbewerb um den Bau neuer Erzeugungsanlagen in Gang. In der Regel wurde die Einspeisung aus solchen unabhängigen Kraftwerken aber in langfristigen Verträgen mit dem etablierten Versorgungsunternehmen geregelt, so daß das Gesetz zwar durch die Ausschreibungen des Baus von Kraftwerken zur effizienteren Produktion führte; ein echter Wettbewerb in der Erzeugung wurde aber nicht eingeführt, zumal der PUHCA von 1935 mit dem Verbot, Kraftwerke in mehr als einer Region zu errichten und zu betreiben, weiterhin galt.[381] Die vertikal integrierten Versorgungsunternehmen behielten ihre Gebietsmonopole, wurden lediglich teilweise vor die Alternative gestellt, ihren selbstproduzierten Strom durch fremdbezogenen von den „qualifying facilities“ zu ersetzen.

5.1.2 Die Reform der Elektrizitätswirtschaft in den Vereinigten Staaten

Von der Mitte der achtziger Jahre an wurden wieder strukturelle Reformen für die amerikanische Elektrizitätswirtschaft diskutiert, die vor allem an der Durchleitungsfrage anknüpften. Die seit 1978 bestehende Durchleitungsmöglichkeit enthielt derart einschränkende Bedingungen, daß eine Durchleitung praktisch nicht von den Regulierungsbehörden durchgesetzt werden konnte. Faktisch waren die regionalen Strommärkte weiterhin getrennt geblieben. Die Ausschreibung von Kraftwerken hatte zwar zu einer Effizienzverbesserung geführt, durch eine Integration der regionalen Märkte erhoffte man sich jedoch noch erheblich größere Vorteile. Die FERC hatte zwar rechtlich kaum Möglichkeiten, die Märkte zu öffnen und die Durchleitung von Strom auf dem Großhandelsmarkt durchzusetzen, sie ging Mitte der achtziger Jahre aber dazu über, Fusionen und Übernahmen in der Elektrizitätswirtschaft nur noch zu genehmigen, wenn die beteiligten Unternehmen Dritten freiwillig Zugang zu ihrem Netz gewährten. Außerdem war sie bereit, von der strengen Preisregulierung abzusehen, wenn ein Unternehmen sein

380 Vgl. International Energy Agency (1994), S. 305.

381 Vgl. Klopfer/Schulz (1993), S. 354f. und Nivola (1993), S. 219ff.

Netz für Durchleitungen öffnete. Auf diese Weise erreichte die FERC Durchleitungsmöglichkeiten für viele Netzbereiche.[382]

Die Regulierungsbehörden vieler Einzelstaaten erließen Gesetze, in denen auf der Grundlage des PURPA von 1978 ein Durchleitungsrecht vor allem für unabhängige Erzeuger („qualifying facilities"), die erneuerbare Energien oder Kraft-Wärme-Kopplung einsetzten und bestimmte technische Voraussetzungen erfüllten, festgelegt wurde.[383] Die Regulierer in den Bundesstaaten verpflichten die Versorgungsunternehmen zunehmend, Ausschreibungen für den Kauf von elektrischem Strom zu veranstalten, um „qualifying facilities" zu unterstützen.[384] Dies führte zu Protesten anderer Unternehmen, die das Recht zur unabhängigen Stromerzeugung auf alle potentiellen Stromerzeuger ausgeweitet wissen wollten, um selbst in der Elektrizitätserzeugung tätig werden zu können. Die etablierten integrierten Versorgungsunternehmen waren in dieser Frage gespalten. Viele Stromversorgungsunternehmen fürchteten, daß eine kleine Reform den Druck von Interessengruppen nach sich ziehen würde, größere Umstrukturierungen vorzunehmen, die das System der vertikal integrierten Stromversorgungsunternehmen in Frage stellen könnten.[385] Einige Elektrizitätsversorgungsunternehmen wollten jedoch die Produktionskosten mit der Wahl des optimalen Energiebündels aus eigenerzeugtem und zugekauftem Strom minimieren. Wegen der verschärften staatlichen Kontrolle beim Bau neuer Erzeugungsanlagen der etablierten Versorgungsunternehmen versuchten diese, sich an unabhängigen Erzeugern zu beteiligen, die nicht diesen strengen Kontrollen unterlagen.[386] Allerdings unterlagen sie der grundsätzlichen Regulierung der FERC nach dem PUHCA, die einem echten Erzeugerwettbewerb mit Absatzmöglichkeiten auch in anderen als dem Erzeugungsstaat entgegenstand. Die bestehenden reinen Verteilungsunternehmen verlangten ebenfalls die Öffnung des Marktes für Großhandelswettbewerb, um elektrischen Strom von einem Lieferanten ihrer Wahl beziehen zu können.

Die konservative amerikanische Regierung Bush trug dem 1991 mit ihren energiepolitischen Leitlinien Rechnung, in denen sie das Ziel einer wettbewerblichen Elektrizitätswirtschaft und das Prinzip der Förderung neuer Erzeuger verfolgte,

---

382 Siehe auch Nivola (1993), S. 222. Für eine Erörterung von Einzelfällen, in denen die FERC die Durchleitung bei genehmigungspflichtigen Fusionen oder bei der Genehmigung von Tarifen und Entgelten angeordnet hat, siehe Wilmowsky (1998), S. 185ff.

383 Der Anteil der von unabhängigen Erzeugern produzierte Strom an der Gesamterzeugung hat sich daraufhin bis Ende 1998 auf 12 Prozent erhöht. Vgl. Energy Information Administration (1999d), S. 9.

384 Vgl. International Energy Agency (1994), S. 303.

385 Vgl. Joskow (1995), S. 46.

386 Vgl. Wilmowsky (1998), S. 171.

die die Erzeugerpreisregulierung hinfällig werden lassen könnten. Von den beiden Gesetzentwürfen, die in der Folgezeit erarbeitet wurden, setzte sich der weitergehende des demokratisch dominierten Repräsentantenhauses gegenüber dem des Senats durch und wurde in einer überarbeiteten Fassung als „Energy Policy Act of 1992" verabschiedet.[387] Mit diesem Gesetz zur Umstrukturierung der Elektrizitätswirtschaft folgte der Kongreß einer Entwicklung, die durch die FERC und einige Bundesgerichtsentscheidungen schon vorgezeichnet war.

Das neue Energiegesetz von 1992 hebt die durch die Regulierung verursachten Beschränkungen des Wettbewerbs auf der Erzeugerebene auf. Jeder Erzeuger hat nun ein Zugangsrecht zum Netz, um Strom übertragen und an andere Elektrizitätsversorgungsunternehmen verkaufen zu können. Der Zwang für unabhängige Erzeuger, ihren Strom ausschließlich an das regionale Monopol, das das Netz betreibt, zu verkaufen, ist damit aufgehoben. Die Netzbetreiber sind auch dann zur Durchleitung verpflichtet, wenn sie zu diesem Zweck ihre Netzkapazitäten erweitern müssen.[388] Die Durchleitungspreise werden von der FERC reguliert.

Das Elektrizitätsgesetz von 1992 hat im Zuge der Einführung von Wettbewerb auf dem Großhandelsmarkt zu erheblichen Veränderungen der Struktur der Marktteilnehmer geführt. Viele unabhängige Erzeuger sind neu in den Markt eingetreten. Außerdem hat die Einführung von Endverbraucherwettbewerb in einigen Bundesstaaten vorher vertikal integrierte Unternehmen veranlaßt, den Erzeugungsbereich abzuspalten, meist auf Druck des jeweiligen Gesetzgebers. Auf der anderen Seite haben sich aber auch einige etablierte Versorgungsunternehmen zusammengeschlossen, um für den Wettbewerb besser gerüstet zu sein.[389]

Inzwischen haben die meisten einzelstaatlichen und kommunalen vertikal integrierten Stromversorgungsunternehmen damit begonnen, ihren Erzeugungsbereich auszugliedern und an unabhängige Unternehmen zu verkaufen.[390] Sie erwerben den Strom auf dem Großhandelsmarkt und beschränken sich auf die Verteilung und den Verkauf an die Endkunden. Vor allem durch den Erwerb von billigem Strom aus den staatlichen Wasserkraftwerken konnten viele Versorgungsunternehmen ihre Kosten erheblich senken. Im Zuge der Deregulierung erwog die

---

387 Vgl. Klopfer/Schulz (1993), S. 356ff.

388 Vgl. Klopfer/Schulz (1993), S. 356ff. Da eine Netzerweiterung nicht ad hoc erfolgen kann, wurden zunächst Übergangsfristen von 5 Jahren von der FERC anvisiert. Dies ließ sich allerdings nicht realisieren, so daß die Fristen verlängert wurden. Siehe Wilmowsky (1998), S. 185ff.

389 Vgl. International Energy Agency (1998c), S. 81.

390 Vgl. Energy Information Administration (1999d), S. 10.

amerikanische Regierung außerdem, einige staatliche Elektrizitätserzeugungsunternehmen zu privatisieren.[391]

Im April 1996 erließ die FERC zwei Verordnungen, in denen die Bedingungen für die Durchleitung von Strom festgelegt wurden.[392] Die Regulierungsbehörde versuchte nicht, die Elektrizitätswirtschaft vertikal zu entflechten, sondern akzeptierte den Status quo der vertikal integrierten Versorgungsunternehmen. Die Preisgestaltung für die Netznutzung ist in den verschiedenen Regionen unterschiedlich geregelt.

Die FERC schlägt in den Verordnungen außerdem vor, den Netzbetrieb mit der Koordination der Einspeisungen an unabhängige Systembetreiber, die die Aufgaben der ehemaligen Kontrollregionen übernehmen sollten, zu übertragen. Damit sollen Common carrier entstehen, die einen diskriminierungsfreien Zugang zum Netz gewährleisten. Das Eigentum an den Netzen und damit auch der Gewinn aus dem Netzbetrieb würde aber weiterhin bei dem Versorgungsunternehmen liegen, das bisher das Netz betrieben hat. Die FERC hat jedoch nicht die Kompetenz, dies rechtlich durchzusetzen, solange sie nicht nachweisen kann, daß eine Diskriminierung Dritter bei der Durchleitung ohne den unabhängigen Netzbetreiber nicht verhindert werden kann. Inzwischen haben eine Reihe von Elektrizitätsversorgungsunternehmen ihren Netzbereich ausgegliedert, im wesentlichen auf Betreiben der FERC, die die Erlaubnis zu Fusionen an diese Bedingung geknüpft hat.[393]

Auch die Einzelstaaten verzichten auf eine zwangsweise vertikale Entflechtung der Elektrizitätsversorgungsunternehmen und setzen auf die freiwillige Abspaltung des Netzbetriebs. Dieser ist bisher in Kalifornien und einigen Neuengland-Staaten[394] erfolgt und wird für Pennsylvania und New York erwartet. Seit 1996 existieren in den Vereinigten Staaten die ersten Handelsbörsen für Futures- und Optionskontrakte.[395]

---

391 Vgl. International Energy Agency (1998c), S. 77 und Moorhouse (1995), S. 421f.

392 Die Order 888 regelte den Zugang zum Übertragungsnetz und die Handhabung des Ausgleichs von versunkenen Kosten an die etablierten Versorgungsunternehmen, die Order 889 institutionalisierte ein elektronisches Informationssystem über die Verfügbarkeit von Übertragungskapazität. Vgl. Energy Information Administration (1996), S. ix.

393 Für eine Übersicht über die unabhängigen Systembetreiber siehe International Energy Agency (1998c), S. 90.

394 Zu den Neuengland-Staaten gehören Maine, New Hampshire, Vermont, Massachusetts, Rhode Island und Connecticut.

395 Vgl. Energy Information Administration (1999d), S. 10f.

Der Energy Policy Act von 1992 öffnete aber nicht den Zugang der Stromverbraucher zum Netz. Lediglich Unternehmen, die Strom weiterverkaufen, dürfen diesen von einem Anbieter ihrer Wahl durch das Netz beziehen. Für eine etwaige Einführung eines Endverbraucherwettbewerbs hatte der Kongreß nicht die Gesetzgebungskompetenz, die hierfür bei den einzelnen Staaten liegt.

Die Regierung Kaliforniens gab 1992 bekannt, eine Durchleitungsmöglichkeit für die gesamte Endverbraucherversorgung für 2002 anzustreben, und stieß damit die allgemeine Debatte um den Endverbraucherwettbewerb an,[396] die inzwischen landesweit geführt wird und erste Ergebnisse zeigt. Zehn Staaten haben bis 1997 Gesetze zur Umstrukturierung der Stromverteilung verabschiedet,[397] weitere acht Staaten folgten bis zum Frühjahr 1999. Bis Ende 1998 führten Kalifornien, Massachusetts und Rhode Island wettbewerbliche Strommärkte auf der Endverbraucherebene ein. In den anderen Staaten liefen bisher nur Pilotprojekte. Insgesamt hat bislang etwa die Hälfte der Bundesstaaten Gesetze zur Einführung von Wettbewerb erlassen oder auf den Gesetzgebungsweg gebracht.[398] Dabei läßt sich eine hohe Korrelation zwischen den Strompreisen in diesen Staaten und der Einführung von Wettbewerb nachweisen. Insbesondere Staaten mit sehr niedrigen Strompreisen zögern mit der Öffnung der Märkte, weil sie befürchten, daß ein landesweiter Wettbewerb zu einer Angleichung der Preise auf einem mittleren Niveau führen könnte und die Verbraucher in den Niedrigpreisstaaten damit gegenüber der derzeitigen Situation benachteiligt würden.[399] Die drastischen Strompreiserhöhungen und Stromausfälle in Kalifornien seit dem Frühsommer 2000 führten aber dazu, daß viele Staaten inzwischen zögern, Wettbewerb um die Endverbraucher einzuführen, obwohl die Probleme gerade auftraten, weil Kalifornien den Endverbrauchermarkt nicht vollkommen geöffnet, sondern Höchstpreise vorgeschrieben hat.[400] Der Bundesstaat New York hat sogar eine umfassende neue Regulierung verabschiedet.

Die einzelstaatlichen Regulierungsbehörden haben die Umstrukturierung zugunsten von Wettbewerb im Endverbraucherbereich zum Teil ohne juristische Grundlage vorangetrieben. Die dynamische Entwicklung des Elektrizitätsmarktes

---

396 Für eine ausführliche Erläuterung des zukünftigen kalifornischen Modells siehe Kumkar (1996).

397 Dies sind Kalifornien, Illinois, Maine, Massachusetts, Montana, Nevada, New Hampshire, Oklahoma, Pennsylvania und Rhode Island.

398 Vgl. Energy Information Administration (2000b).

399 Vgl. International Energy Agency (1998c), S. 97 und Energy Information Administration (1999d), S. 10.

400 Zur kalifornischen Deregulierungspolitik und deren Folgen siehe Sturbeck (2001), Kumkar (2001) und o.V. (2001).

führte dazu, daß die Gesetzgebung hinter den tatsächlichen Gegebenheiten hinterherhinkte. Derzeit laufen einige Verfahren gegen die Regulierungsbehörden in New York und Arizona, die die Kompetenz der Regulierungsbehörden, solche Umstrukturierungen ohne rechtliche Grundlage durchzuführen, klären sollen.

Im März 1998 wurde ein Plan des Energieministeriums veröffentlicht, der den Wettbewerb in der Elektrizitätswirtschaft weiter vorantreiben sollte. Damit wollte die US-Regierung die Initiative, die bislang im wesentlichen von der FERC und den Einzelstaaten ausgegangen war, zurückgewinnen. Der geplante Comprehensive Electricity Competition Act (CECA) soll die Einzelstaaten auffordern, Wettbewerb in der Endverbraucherversorgung bis zum 1. Januar 2003 einzuführen. Allerdings wird die Entscheidung darüber, ob das bisherige monopolistische System oder ein alternatives Wettbewerbssystem effizienter und daher dem von der Bundesregierung vorgeschlagenen Konzept überlegen sind, den einzelnen Staaten überlassen. Die Zuverlässigkeit des Übertragungsnetzes soll von einer privaten Organisation, einer Nachfolgerin der zehn 1968 zu diesem Zweck geschaffenen Vereinigungen, überwacht werden. Die Unternehmen, die an der Übertragung von Strom beteiligt sind, sollen diese Aktivitäten an einen unabhängigen Systembetreiber abgeben müssen. Außerdem strebt die Regierung an, die Regulierungskompetenzen von der FERC und den einzelstaatlichen Behörden klarer zu definieren. Vor allem soll die FERC die Möglichkeit haben, grundsätzlich die Durchleitung zum Zweck der Endverbraucherversorgung zu erzwingen.[401] Die Kompetenz zur Gestaltung der Stromverteilung und damit auch eines möglichen Endverbraucherwettbewerbs liegt bisher noch bei den einzelstaatlichen Regulierungsbehörden.

5.1.3 Politökonomische Analyse

Die Wissenschaft in den Vereinigten Staaten befaßt sich seit Beginn der sechziger Jahre mit der Regulierung der Elektrizitätswirtschaft und deren Ineffizienzen.[402] Doch erst Ende der siebziger Jahre wandelte sich die Einstellung der Exekutive zur Regulierung. Die Regierung wollte die stark gestiegenen Regulierungskosten begrenzen und sorgte dafür, daß die Regulierungsbehörden Verordnungen mehr und mehr auf ihre ökonomische Rechtfertigung überprüften. Die verschiedenen Regulierungsbehörden wurden angehalten, Kosten-Nutzen-Analysen der Regulierungsvorhaben und -entscheidungen zu erstellen. Eine solche Politik, die durch die Besetzung von Regulierungsposten mit Ökonomen un-

401 Vgl. International Energy Agency (1998c), S. 87 und Energy Information Administration (1999c).

402 Siehe Stigler/Friedland (1962).

terstützt wurde, veränderte langfristig das Selbstverständnis der Regulierungsbehörden, die immer mehr die Verfolgung ökonomischer Effizienz als ihr eigenes Ziel ansahen und damit zum Vorreiter der Deregulierung wurden. Die Behörden verhielten sich schließlich nicht mehr wie budgetmaximierende Bürokraten im Sinne von Niskanens Bürokratietheorie.[403]

Dennoch verging noch erhebliche Zeit, bis 1992 tatsächlich die wettbewerblichen Reformen umgesetzt wurden. Mehrere Faktoren haben zur Verlangsamung der Regulierungsreform in den Vereinigten Staaten beigetragen: Voraussetzung für die Deregulierung des Erzeugungsbereiches war die technische Entwicklung beim Kraftwerkseinsatz. Vor allem die Entwicklung der Gasturbinen, mit denen Strom mit verhältnismäßig geringem Kapitalaufwand[404] zu wettbewerbsfähigen Preisen erzeugt werden kann, trug entscheidend zu der Möglichkeit bei, unabhängige Erzeuger etablieren zu können.[405]

Ein weiterer Grund besteht darin, daß viele unter den gewählten Regulierern und Abgeordneten umstritten waren, zudem wurde die ökonomische Analyse der Energiepolitik auch unter Ökonomen kontrovers diskutiert. Ökonomen können Regulierungsreformen vorantreiben, sind allerdings nur dann einflußreich, wenn unter ihnen weitgehender Konsens über die zu ergreifenden Maßnahmen besteht. In den Vereinigten Staaten neigten die ökonomischen Expertenberichte eher zu Gutachten aus der Sicht von Partikularinteressen,[406] so daß sich die ökonomische Beurteilung der Elektrizitätswirtschaft erst spät durchsetzen konnte.

Die Geschwindigkeit der Regulierungsreform kann außerdem durch einen grundsätzlichen Wandel in den Einstellungen zu anderen politischen Themen beeinflußt werden, die Spillover-Effekte auf die Regulierung haben. Da die amerikanische Wählerschaft seit den achtziger Jahren immer konservativer geworden ist und Regulierungsabbau zu den Zielen konservativer Politik gehört, scheint die Verzögerung der Reform seit Anfang der achtziger Jahre überraschend. Schlüsse von allgemeinen politischen Tendenzen auf bestimmte Politikfelder zu ziehen, ist allerdings generell problematisch, denn diese allgemeinen Tendenzen müßten sich in allen Politikfeldern gleichermaßen auswirken, was empirische Studien nicht bestätigen können. Das Ausmaß der Übereinstimmung der Bevölkerung mit konservativer Politik schwankt stark zwischen unterschiedlichen Politikfeldern. Die

---

403 Vgl. Eisner (1993), Kap. 8.

404 im Vergleich zu anderen mit fossilen Brennstoffen oder Kernkraft betriebenen Kraftwerken

405 Vgl. Energy Information Administration (1996), S. 35.

406 Vgl. Noll (1996), S. 3f.

dominante politische Ideologie in Washington ist zudem höchst instabil, so daß ideologiegeprägte Reformen hier nur temporär sein können.[407]

Den Anstoß zur Deregulierung der Elektrizitätswirtschaft 1992 mit der Einführung von Wettbewerb gab neben dem Druck der Legislative vor allem die Federal Energy Regulatory Commission, die im Sinne ökonomischer Effizienz Wettbewerb auf dem Großhandelsmarkt für Strom einführen wollte. War früher der Schutz der Konsumenten das Argument für regulierende Beschränkungen des Wettbewerbs, wurde jetzt der Wettbewerb als Garant für den Konsumentenschutz angesehen.[408] Die Regierung Clinton unterstützte die Reformen in der Ansicht, daß die wettbewerbliche Umstrukturierung der amerikanischen Elektrizitätswirtschaft die jährlichen Energiekosten um 20 Milliarden Dollar verringern könnte, obwohl andere Schätzungen dies nicht annähernd bestätigen.[409] Die Reform auf gesetzgeberischer Ebene war schließlich möglich, weil Fragen der Verteilungsgerechtigkeit politisch und ideologisch in den Hintergrund traten.[410]

Letztlich hat sich in den Vereinigten Staaten die wettbewerbsfördernde Regulierungsreform im Laufe der Zeit durchgesetzt, wenn auch mit geringerem Tempo als erwartet. Viele Reformvorschläge entsprangen zunächst nicht einem Deregulierungswunsch, sondern der Absicht, den Regulierungsprozeß zu reformieren. Die Reform der Elektrizitätswirtschaft hat aber ausreichenden Markteintritt neuer Unternehmen ermöglicht, die das Regulierungsgleichgewicht verschieben konnten.

Die private Konsumentenbewegung, die zu Beginn der siebziger Jahre die Deregulierung unterstützte und Einfluß auf die Politik zu nehmen versuchte, verlor ihre relativ machtvolle Stellung schon Mitte der siebziger Jahre wieder. Für die privaten Stromverbraucher fällt der Strompreis nicht so sehr ins Gewicht, als daß sich ein Engagement in dieser Sache lohnen würde. Die Konsumentenanwälte, die in einigen Staaten an der Preissetzung durch die Regulierungsbehörde mitwirken, stritten ebenfalls nicht für Deregulierung, sondern warnten im Gegenteil davor.[411] Insofern trugen die Interessengruppen der privaten Stromverbraucher ebensowenig zur Deregulierung in der Elektrizitätswirtschaft bei wie die etablierten Unternehmensverbände der Branche, die in dieser Frage gespalten waren. Viele der regulierten Monopolisten hatten kein Interesse an einer Deregulierung, die ihre Marktposition geschwächt hätte, andere witterten allerdings zusätzliche Gewinn-

---

407 Vgl. Noll (1996), S. 22ff.

408 Vgl. Energy Information Administration (1996), S. 35.

409 Vgl. Energy Information Administration (1999d), S. 10.

410 Vgl. Nivola (1993), S. 232.

411 Vgl. Joskow (1996a), S. 256.

chancen durch Kostenersparnisse beim Ankauf von elektrischem Strom und die Möglichkeit, in neue Märkte vorzudringen. Hier standen sich die wettbewerbsorientierte Utility Working Group und die auf Bewahrung des Status quo ausgerichtete Electric Reliability Coalition innerhalb der Organisation der Unternehmen der Elektrizitätswirtschaft, dem Edison Electric Institute, gegenüber und stritten über die Konsequenzen einer Einführung von Wettbewerb.[412] Die Deregulierung der Elektrizitätswirtschaft kann daher weder als Niederlage der Industrie noch als Sieg der privaten Konsumenten, die dem Problem zu dieser Zeit weitgehend indifferent gegenüberstanden, bezeichnet werden.[413] Die Elektrizitätswirtschaft hatte sich 1978 immerhin noch erfolgreich gegen die Öffnung des Zugangs zum Übertragungsnetz wehren können, übte im Gesetzgebungsverfahren 1992 aber keinen großen Einfluß gegen die Umstrukturierung mehr aus. Die großen Elektrizitätsversorgungsunternehmen waren zu gespalten, und mit der zunehmenden Zahl von unabhängigen Erzeugern wuchs zudem die Zahl der etablierten Unternehmen, die eine Umstrukturierung anstrebten, weil sie damit flexibler auf die wachsende Unsicherheit des Marktes reagieren konnten.[414] Besonders Versorgungsunternehmen mit geringen Erzeugungskosten und hohen Überkapazitäten hofften, ihre Gewinne mit dem Verkauf von Strom außerhalb ihres monopolistischen Versorgungsgebietes erhöhen zu können.[415]

Das Energiegesetz von 1992 wurde außerdem von industriellen Stromverbrauchern beispielsweise aus der Automobil-, der Stahl- und der chemischen Industrie massiv unterstützt. Daneben hatten sich nach 1978 mit der Independent Power Producer's Working Group und der Independent Power Producers Coalition of America Vereinigungen gebildet, die die Interessen der unabhängigen Unternehmen der Elektrizitätswirtschaft vertreten konnten und ebenfalls eine Öffnung der Märkte verlangten.

Insgesamt verfolgte die Regulierungsbehörde eine Mischung aus Public-Interest- und Interest-Group-Ansatz. Faktisch gab es zwar signifikante Kostenreduzierungsmöglichkeiten. Diese waren aber deutlich geringer als in anderen Staaten vor der Umstrukturierung der Elektrizitätswirtschaft und spielten insbesondere auch nicht die entscheidende Rolle für die Regulierungsbehörden der Einzelstaaten[416]. Auf der anderen Seite eröffnete sich erst durch die Etablierung von unabhängigen Erzeugern und deren Interessengruppen ein Gegengewicht zu den inte-

---

412 Vgl. Howes (1992), S. 18.
413 Vgl. Eisner (1993), S. 196f.
414 Vgl. Nivola (1993), S. 222.
415 Vgl. Stevenson/Penn (1995), S. 357.
416 Vgl. Joskow (1998), S. 17.

grierten Versorgungsunternehmen. Die Regulierungsbehörde – und ihr folgend die Gesetzgebung – versuchte, in ihren Entscheidungen einen Ausgleich zwischen den verschiedenen Interessen herzustellen. Daß nicht allein das öffentliche Interesse eine Rolle spielte, zeigen die Kompensationszahlungen für versunkene Kosten, die in der Erwartung der Beibehaltung des monopolistischen Systems von den Stromversorgungsunternehmen getätigt worden waren. Mit diesen Zahlungen wurden die Interessen der etablierten Versorgungsunternehmen, die beachtliche Mittel in entsprechende Lobbying-Aktivitäten investiert hatten,[417] bedient.

Die Regulierungsbehörden der Einzelstaaten reagierten unterschiedlich auf die veränderte Situation durch den Großhandelsmarkt für Strom. Während Staaten wie Kalifornien oder einige Neuengland-Staaten Wettbewerb auch in der Endverbraucherversorgung zügig einführen wollten, wurde in anderen Staaten nicht über ein derartiges Ansinnen diskutiert. Ein Grund für das unterschiedliche Verhalten der Einzelstaaten könnten die unterschiedlichen Strompreise sein. Insbesondere die Regulierungssituation nach dem PURPA von 1978 war geprägt von hohen Preissteigerungen in der Elektrizitätswirtschaft, da die „qualifying facilities" Strom zu überteuerten Preisen in das Übertragungsnetz einspeisen durften. Dadurch wurde elektrischer Strom in einigen Bundesstaaten, die diese Art der Stromerzeugung mit regenerativen Energien besonders förderten – unter anderem Kalifornien –, sehr teuer.[418] Da die Deregulierung zuerst in den Staaten eingeleitet wurde, die landesweit die höchsten Elektrizitätspreise haben, kann ein Zusammenhang zwischen Energiepreisen und Deregulierungsbemühungen nicht von der Hand gewiesen werden.[419] In erster Linie dürften die Bemühungen der Regulierungsbehörden in diesen Staaten aber auf den Druck der Stromkonsumenten, vor allem der industriellen Abnehmer zurückzuführen sein. Die hohen Strompreise bedeuten einen Wettbewerbsnachteil gegenüber Unternehmen aus anderen Regionen. Die Elektrizitätspreise für Endverbraucher können von einer einzelstaatli-

417 Vgl. White (1996), S. 205.

418 Man kann davon ausgehen, daß bei der Institutionalisierung dieser Einspeisungsberechtigung die Behörden und politischen Entscheidungsträger von den Stromerzeugern aus regenerativen Primärenergien in deren Sinn beeinflußt wurden. Hier ließe sich die Capture-Theorie anwenden. Neben den „qualifying facilities" drängten allerdings auch Umweltschützer auf diese Lösung, die sich zudem gegen einen Wettbewerb um die Endverbraucher wenden. Ein solcher Wettbewerb würde dazu führen, daß die Versorger nur noch den billigsten Strom erzeugen bzw. kaufen und verteilen und so die Subventionierung von erneuerbaren Energieformen verhindern. Die Befürworter des Endverbraucherwettbewerbs erhofften sich ein Ende der versteckten Besteuerung (siehe Posner 1971) und damit eine Verbilligung des elektrischen Stroms insgesamt. Vgl. Joskow (1995), S. 57 und 61.

419 Siehe hierzu ausführlich White (1996).

chen Regulierungsbehörde mit dem bestehenden Regulierungsinstrument der Rate-of-Return-Regulierung nicht ohne weiteres gesenkt werden, wenn eine Preissenkung dazu führen würde, daß die dem Versorgungsunternehmen zugebilligte faire Rendite nicht erwirtschaftet werden kann. In etwa einem Drittel der Bundesstaaten der Vereinigten Staaten können neue Unternehmen mit Preisen, die Gewinne erwarten lassen, in den Markt eintreten, bei denen die etablierten Versorger überhaupt keine Rendite auf das eingesetzte Kapital erwirtschaften würden.[420] Daß die industriellen Stromverbraucher gerade Anfang der neunziger Jahre massiven Einfluß auszuüben versuchten, obwohl die Strompreise schon einige Jahre zuvor erheblich von den Erzeugungskosten abwichen, läßt sich mit der allgemeinen Krise der handwerklichen Unternehmen und der Abhängigkeit von militärischen und Luftfahrtunternehmen in einigen Staaten, vor allem in Kalifornien, Massachusetts, Rhode Island und New Hampshire Anfang der neunziger Jahre erklären. Der Kampf für niedrigere Strompreise war für viele Unternehmen nur ein Aspekt unter anderen – wie Steuern, Sozialversicherungen, Löhne und Arbeitsbedingungen –, die Produktionskosten zu senken und als Unternehmen überleben zu können.[421]

Noch 1990 waren viele Regulierungsbehörden der Ansicht, daß nicht der Strompreis entscheidend sei, sondern die globalen gesellschaftlichen Kosten.[422] Zunehmend wandten sich die Regulierungsbehörden aber von ihren sozialpolitischen Zielen ab und versuchten, die Strompreise zu senken. Die Forderungen der angeschlagenen Industrie schienen für die betroffenen Regulierungsbehörden wichtiger – weil machtvoller – zu werden als die Forderungen der Umweltschutzgruppen nach deren Beibehaltung.

Die Anwendung der Public-Interest-Theorie auf das Verhalten der Regulierungsbehörden der Einzelstaaten ist problematisch. Wäre das öffentliche Interesse der einzige Antrieb für die einzelstaatlichen Regulierungsbehörden, so müßten Deregulierungsbestrebungen in allen Staaten stattfinden. Das dies nicht der Fall ist, läßt darauf schließen, daß eher Interessengruppen eine Rolle spielen, die in den einzelnen Staaten unterschiedlich großen Einfluß ausüben. Tendenziell betreiben die einzelstaatlichen Regulierungsbehörden eher Industriepolitik zugunsten ihrer Elektrizitätsversorgungsunternehmen als die bundesstaatliche Behörde FERC, so daß davon ausgegangen werden kann, daß die Interest-Group-Theorien und unter Umständen auch die Capture-Theorie mehr Erklärungsmöglichkeiten bieten. In

420 Vgl. White (1996), S. 204.
421 Vgl. Joskow (1996a), S. 255f.
422 „It is not the price of electricity that matters, but its global societal cost." Regulierungsbehörde von Massachusetts, zitiert nach Joskow (1996a), S. 258.

den Staaten ohne Regulierungsbestrebungen existieren keine mächtigen Interessengruppen zugunsten der Deregulierung, die sich gegen die traditionelle Praxis der Regulierung und damit das Beharrungsvermögen der Regulierer durchsetzen können. In Staaten, in denen dereguliert wurde, haben sich solche Gruppen wegen der erwähnten hohen Strompreise in diesen Staaten etablieren können. Hier bewirken sie im Sinne von Beckers Theorie des Wettbewerbs zwischen Interessengruppen eine Öffnung der Märkte.[423,424] Daß später weitere Staaten, die keine derart hohen Elektrizitätspreise haben, ebenfalls Deregulierungsmaßnahmen einleiten, läßt sich auf den äußeren Druck zurückführen, der von den Vorreiterstaaten und der Bundesregierung bzw. der FERC ausgeübt wird.[425] Vor allem in Staaten mit geringen Strompreisen könnte die Öffnung der Märkte in anderen Staaten für die etablierten Versorger ein Anreiz sein, Gleiches für ihren Staat zu fordern, weil sie davon ausgehen, wettbewerbsfähig zu sein, in ihrem eigenen Gebiet die Konkurrenz nicht fürchten zu müssen und neue Absatzmöglichkeiten in anderen Regionen erschließen zu können.

Ein Eigeninteresse der Regulierungsbehörden der einzelnen Staaten kann nicht geleugnet werden. Einige Behörden lassen zwar Wettbewerb zu und heben damit die Garantie einer „fairen" Rendite für die ehemaligen monopolistischen Versorger auf, sie behalten sich jedoch – wie Kalifornien – eine Preisregulierung als Konsumentenschutz vor und schränken ihre Kompetenzen damit nicht ein.[426] Das Eigeninteresse der Regulierer – Furcht vor Auflösung der Behörde oder auch nur Einschränkung der Befugnisse – kann mit der Bürokratietheorie erklärt werden.

---

423 Die Interessengruppen der etablierten Versorgungsunternehmen werden relativ weniger mächtig im Vergleich zu den neuen Gruppen der unabhängigen Erzeuger (die es in allen Staaten gibt) und vor allem der industriellen Stromverbraucher.

424 Die Kritik von White (1996) an dem Erklärungsansatz Beckers geht insofern fehl, als White, der belegt, daß die Gewinne der etablierten Versorger in Hochpreisstaaten in der jüngsten Zeit zurückgegangen sind, davon ausgeht, daß damit die gesellschaftlichen Kosten der Regulierung gesunken sind und der Druck in Richtung Deregulierung abnehmen müßte. Die Einzelstaaten der Vereinigten Staaten sind aber nicht gänzlich voneinander abgeschlossen. Besonders die industriellen Stromverbraucher vergleichen die Strompreise über die Grenzen der Bundesstaaten hinweg. Ein im Vergleich zu anderen Staaten hoher Preis für Elektrizität bleibt für die stromverbrauchende Industrie unbefriedigend, unabhängig davon, ob dieser auf höhere Kosten im eigenen Staat zurückzuführen ist.

425 Dieser Druck wird 1996 von White zwar noch vernachlässigt, wenn er davon ausgeht, daß „the states where deregulation is currently taking place are far more likely to end up as the exception than as the rule." (White (1996), S. 247). Die Entwicklungen der vergangenen Jahre ließen jedoch das Gegenteil erwarten, auch wenn nach der mißglückten Deregulierung in Kalifornien derzeit unklar ist, welche Richtung sich durchsetzen wird.

426 Vgl. White (1996), S. 206.

5.2 Reformen in der europäischen Elektrizitätswirtschaft

5.2.1 Die Elektrizitätswirtschaft in Großbritannien

5.2.1.1 Struktur der englischen Elektrizitätswirtschaft vor 1990

Die britische Elektrizitätswirtschaft wurde 1947[427] verstaatlicht. Sie bestand danach zunächst aus der British Electricity Authority, die für die Stromproduktion und die Übertragung zuständig war, und 14, später ohne die beiden vertikal integrierten schottischen Unternehmen 12 Area Electricity Boards, die die Endverteilung des Stroms als Gebietsmonopolisten übernahmen. 1957 gingen die Funktionen der Electricity Authority auf den Central Electricity Generating Board (CEGB) über.[428] Im folgenden wird hauptsächlich das Elektrizitätssystem in England und Wales betrachtet. Die Änderungen in der Elektrizitätswirtschaft in Schottland und Nordirland hatten wegen der geringen Größe der Länder nur ein geringeres Ausmaß und waren weniger radikal als die Umstrukturierungen in England und Wales.[429]

Integrationsgrad der Industrie

Die britische Elektrizitätswirtschaft war nach 1947 stark zentralisiert. Erzeugung und Übertragung wurden vom CEGB durchgeführt. Die Verteilung nahm der CEGB jedoch nur in Ausnahmefällen vor. Es gab Lieferungen an den Schienenverkehr und mit Sondergenehmigung des Secretary of State for Energy auch teilweise für Großverbraucher.[430] Der überwiegende Teil der Verteilung[431] wurde von den 12 Area Boards als Gebietsmonopolisten durchgeführt,[432] die zwar nicht im Wettbewerb miteinander standen, aber voneinander unabhängig waren. Erzeugung und Übertragung waren also vollständig horizontal integriert und auch vertikal zusammengefaßt. Die Stromverteilung war hingegen horizontal nicht integriert und vertikal von Erzeugung und Übertragung getrennt.

---

427 mit Wirkung zum 1. April 1948

428 Zur Geschichte der britischen Elektrizitätswirtschaft und Energiepolitik siehe ausführlicher Newbery/Green (1996), S. 26ff., Vickers/Yarrow (1988), S. 282ff., Hannah (1979) und (1982), The Electricity Council (1987) und McGowan (1996).

429 In Schottland z.B. wurden bis auf die Atomkraftwerke alle Kraftwerke privatisiert, ohne daß der Versuch gemacht wurde, Wettbewerb einzuführen.

430 Vgl. Lammers (1992), S. 229f.

431 einschließlich des Verkaufs an die Endverbaucher

432 Vgl. Armstrong/Cowan/Vickers (1994), S. 291.

Eigentumsverhältnisse

Das Eigentum an den Unternehmen der englischen Elektrizitätswirtschaft lag nach der Verstaatlichung vollständig in der Hand des Zentralstaates. Die einzelnen Unternehmen waren als sogenannte Public Corporations organisiert, die eine Zwischenstellung zwischen privatrechtlichen und öffentlich-rechtlichen Unternehmen einnehmen. Sie sind rechtlich selbständig, befinden sich aber vollständig im Staatsbesitz. Anteilseigner oder Aktionäre gibt es nicht. Die Aufgaben der Public Corporations werden von der Regierung festgelegt, die auch die Direktoren ernennt. Der zuständige Minister (für die Elektrizitätswirtschaft war das früher der Energieminister, später der Minister für Handel und Industrie) ernennt außerdem die Mitglieder jeder Public Corporation, die ihm und dem Parlament direkt verantwortlich sind.[433]

Kompetenzen der Regulierungsinstitution

Die Regulierung der Elektrizitätswirtschaft wurde bis 1989 vom britischen Energieministerium vorgenommen. Aufgrund des vollständigen Staatseigentums an der Elektrizitätswirtschaft konnte die Regierung mit Hilfe des Elektrizitätssektors politische Ziele verfolgen. Vor allem in den sechziger und siebziger Jahren wurde in Großbritannien Stabilitätspolitik auf Kosten energiepolitischer Ziele und allokativer Effizienz in dieser Branche betrieben. Beispielsweise wurde der CEGB daran gehindert, billige ausländische Kohle zu importieren oder statt Kohle verstärkt Öl als Kraftstoff einzusetzen.[434] Eine gesetzliche Grundlage für solche Eingriffe gab es zwar nicht, dennoch konnte der Energieminister informell auf die Public Corporations einwirken und die Strompreise zugunsten der britischen Anti-Inflationspolitik niedrig halten.[435] Faktisch wurde die Elektrizitätswirtschaft und ihre Regulierung damit von der Politik kontrolliert und gelenkt.

Wettbewerb

Bis 1983 bestand in der britischen Elektrizitätswirtschaft kein Wettbewerb. Für die Erzeugung und die Übertragung gab es staatliche Monopole, und auch die Verteilerunternehmen waren in ihren Versorgungsgebieten vor Wettbewerb geschützt. 1983 wurde allerdings das Zugangsrecht zum Netz des CEGB und der regionalen Gebietsversorger auch dritten Anbietern eingeräumt. Außerdem mußten die Gebietsversorger den Strom privater Erzeuger abnehmen, sofern diese

433 Vgl. Lammers (1992), S. 225 und 230.
434 Vgl. Thomas (1997), S. 44.
435 Vgl. Lammers (1992), S. 258.

billiger anbieten konnten als der CEGB.[436] Der CEGB unterstützte die Stromerzeugung dritter Anbieter verständlicherweise nicht, sondern versuchte im Gegenteil, seine Monopolposition zu untermauern.[437]

5.2.1.2 Die englische Marktreform

Die Reform der Struktur der Elektrizitätswirtschaft in England hatte ihre Wurzeln in den wirtschaftlichen Problemen des Landes in den siebziger Jahren,[438] die auf einen zu starken Staatseinfluß auf die Wirtschaft zurückgeführt wurden. Vor allem die staatseigenen Unternehmen gerieten damals in finanzielle Schwierigkeiten.[439] Die Regierung Thatcher strebte seit 1979 Privatisierungen in verschiedenen Branchen an. Doch erst 1988 gab es mit dem White Paper „Privatising Electricity"[440] erste konkrete Pläne zur Privatisierung der Elektrizitätswirtschaft. Ein Jahr später wurde durch das neue Elektrizitätsgesetz der CEGB aufgespalten.[441] Für die Übertragung des Stroms und den Betrieb des neu eingeführten Spotmarktes zur Koordination der Stromeinspeisung der verschiedenen Erzeuger in das Netz wurde die National Grid Company (NGC) geschaffen, die im Besitz der 12 Regionalverteiler steht, die die Verteilung von den Area Boards übernahmen und 1990 privatisiert wurden.[442] Die NGC ist allerdings unabhängig von den Regionalversorgern, da diese keine direkte Kontrolle über die National Grid Company ausüben können.[443] Die Regionalversorger behalten ihre Monopollizenzen für die Verteilung ebenso wie die National Grid Company für die Übertragung. Eine Ausschreibung der Lizenzen, um einen Wettbewerb um den Markt zu institutionalisieren, ist nicht vorgesehen. Im Gegenteil: Die Verträge haben eine Laufzeit von 35 Jahren und können vom zuständigen Ministerium nur mit einer Frist von 25 Jahren gekündigt werden.[444] Allerdings bezieht sich das Monopol der Verteilungsunternehmen nur noch auf die physische Verteilung des Stroms. Nach einer stufenweisen Deregulierung können mittlerweile alle Endkunden ihren Anbieter frei wählen oder den Strom direkt vom Pool beziehen.

---

436 Vgl. Kumkar (1994), S. 94.

437 Vgl. Thomas (1997), S. 46 und Energy Information Administration (1997), S. 16. Siehe auch Klopfer/Schulz (1993), S. 137f.

438 Dem Ölpreisschock folgten hohe Arbeitslosigkeit, hohe Inflationsraten und ein geringes Inlandsprodukts- und Produktivitätswachstum. Vgl. Pollitt (1999), S. 3.

439 Vgl. Energy Information Administration (1997), S. 15.

440 Department of Energy (1988).

441 Vgl. Kumkar (1994), S. 95f.

442 Vgl. Kumkar (1994), S. 97.

443 Vgl. Green/Newbery (1993), S. 51.

444 Vgl. Kumkar (1994), S. 97.

Statt der vertikalen Integration von Erzeugung und Übertragung gibt es jetzt eine teilweise vertikale Verknüpfung von Übertragung und Verteilung. Die vertikale Integration wurde also nicht aufgehoben, sondern lediglich verschoben.[445]

Die Erzeugungskapazitäten sollten ursprünglich auf die beiden Unternehmen National Power und PowerGen aufgeteilt werden. Da geplant war, alle Atomkraftwerke von National Power betreiben zu lassen, wurde dem Unternehmen der weitaus größere Teil der übrigen Kraftwerke zugeteilt. Auf diese Weise sollte National Power die Möglichkeit haben, die Probleme, die nukleare Kraftwerke mit sich bringen (vor allem die nicht zu kalkulierenden Risiken, was Entsorgung und unklare Rechtsverhältnisse betrifft), kompensieren zu können. Die Privatisierung der Kernkraftwerke erwies sich allerdings als unmöglich[446], so daß die Kernkraftwerke in dem Unternehmen Nuclear Electric zusammengefaßt wurden. Daraufhin hielt National Power 50 Prozent der Erzeugungskapazität, PowerGen 30 Prozent und Nuclear Electric etwa 20 Prozent. National Power und PowerGen sind inzwischen vollständig privatisiert.[447] 1996 wurden die nuklearen Erzeugungskapazitäten in die beiden Unternehmen „British Energy" und „Magnox Electric" aufgeteilt. British Energy betreibt die Druckwasserreaktoren und wurde im Juli 1996 privatisiert; Magnox Electric betreibt die alten Magnox-Kernkraftwerke und bleibt in öffentlicher Hand.[448]

Seit der Privatisierung gibt es außerdem 46 neue Stromerzeugungslizenzen. Ende der neunziger Jahre verkauften 22 unabhängige Erzeuger ihren Strom an den Pool oder über spezielle Kontrakte direkt an die regionalen Verteiler.[449] Es gibt also eine große Zahl von Anbietern auf dem Stromerzeugungsmarkt. Diese relativ kleinen Unternehmen operieren allerdings nur im Grundlastbereich des Strommarktes. Der Poolpreis, der sich aus den Geboten für die marginalen Kraftwerke im Spitzenlastbereich ergibt, kann wesentlich, wenn nicht gar ausschließlich von National Power und PowerGen beeinflußt werden.[450]

---

445 Vgl. Armstrong/Cowan/Vickers (1994), S. 295.

446 Die Finanzmärkte waren nicht bereit, die nicht abschätzbaren Risiken der Nuklearkraftwerke zu tragen. Vgl. Turner (1995), S. 88. Siehe dazu auch Armstrong/Cowan/Vickers (1994), S. 293ff.

447 Vgl. Lo Passo/Macchiati (1997), S. 65.

448 Vgl. Dale (1996), S. 713, Thomas (1997), S. 61 und McGowan (1996), S. 147.

449 Vgl. Froning (1998b), S. 13 und Thomas (1997), S. 69.

450 Diese Konstellation wird vielfach als sehr problematisch für den Wettbewerb angesehen und heftig kritisiert. Vgl. z.B. Froning (1998b), S. 15, Turner (1995), S. 88f., Thomas (1997), S. 69, International Energy Agency (1994), S. 301 und Klopfer/Schulz (1993), S. 218ff.

Mit den Reformen wurde das Office of Electricity Regulation (OFFER) eingerichtet, das als unabhängige Aufsichts- und Regulierungsbehörde für die ökonomischen Aspekte der Elektrizitätswirtschaft tätig ist.[451] Die Aufgaben der Behörde liegen in der Förderung des Wettbewerbs in der Branche und im Kundenschutz.[452] Der Präsident von OFFER erteilt die Lizenzen und überwacht die Stromunternehmen, schlichtet Streit und überwacht die Preise. Die Stromerzeugung unterliegt dabei keiner Preiskontrolle. Der Wettbewerb auf dem Erzeugungsmarkt soll selbst zu effizienten Preisen führen. Die Preise der monopolistischen Bereiche der National Grid Company und der Regionalversorger werden mit Hilfe eines Price-caps[453] reguliert. Außerdem kann der Präsident der Regulierungsbehörde Verfahren vor der britischen Kartellbehörde,[454] initiieren, wenn er der Meinung ist, daß ein Stromerzeuger seine Marktmacht auf dem Erzeugungsmarkt mißbraucht. Der Staatssekretär des Energieministeriums und, seit der Eingliederung des Department of Energy in das Department for Trade and Industry, der Präsident des Board of Trade ist für die Regulierung des physischen Stromnetzes, der Kraftstofflagerung und der Qualität der Elektrizität zuständig und ernennt den Präsidenten der Regulierungsbehörde.[455]

Der Wettbewerb auf dem Erzeugungsmarkt erwies sich allerdings als unrealistisch. Dem Oligopol mit Kapazitätsbeschränkung auf der Anbieterseite steht eine sehr inelastische Nachfrage gegenüber. Grenzkostenpreise sind damit nicht zu erwarten. Im Gegenteil, Schätzungen zufolge sind die Preise etwa 80 Prozent höher als die Grenzkosten. Eine Kollusion der beteiligten Anbieter würde den Preis noch weiter in die Höhe treiben.[456]

National Power und PowerGen nutzten ihre faktische Oligopolmacht in der Tat auch weitgehend aus und diktierten die Pooleinspeisungspreise aufgrund ihrer Dominanz im Spitzenlastbereich.[457] Zwar mußten National Power und PowerGen

---

451 Die Regulierungsbehörde ist inzwischen mit der Regulierungsbehörde für Gas, OFGAS, verschmolzen worden. Die neue Behörde heißt OFGEM.

452 Vgl. McGowan (1993). S. 34.

453 Der Price-cap bezieht sich auf den durchschnittlichen Erlös je kWh. Vgl. Armstrong/Cowan/Vickers (1994), S. 297.

454 Seit dem 1. April 1999 heißt die Behörde Competition Commission, vorher Monopolies and Merger Commission.

455 Vgl. International Energy Agency (1996e), S. 313, Energy Information Administration (1997), S. 33 und Armstrong/Cowan/Vickers (1994), S. 292f.

456 Vgl. Armstrong/Cowan/Vickers (1994), S. 306.

457 Siehe hierzu Armstrong/Cowan/Vickers (1994), S. 307. Seit 1991 äußerte der Regulierer in jedem seiner Berichte über den Strompool seine Sorge über die Machtposition der beiden Unternehmen. Vgl. Green (1999), S. 107f.

auf Druck der Regulierungsbehörde[458] 1994 ihre Kapazitäten reduzieren, um die Marktkonzentration zu verringern, und sich bereit erklären, ihre Gebote für die Einspeisungstarife in das Netz zu senken und sich einer Price-cap-Regulierung der Gebote zu unterwerfen; dies zeigt jedoch deutlich, daß ein wettbewerblicher Erzeugungsmarkt zumindest in den ersten Jahren nach der Umstrukturierung nicht wirklich existierte.[459] Dies führte zu erheblichen Schwierigkeiten der Regulierungsbehörde, deren Kompetenzen auf einen wettbewerblichen Markt ausgerichtet sind, nicht auf einen Markt, auf dem erst Wettbewerb eingeführt bzw. durchgesetzt werden muß. Dementsprechend hatte der Regulierer dem Erzeugerduopol wenig Macht entgegenzusetzen. Er konnte nur politischen Druck ausüben und mit der Kartellbehörde drohen, um freiwillige Änderungen der Kraftwerksstrukturen und Preisgebote der Duopolisten zu erreichen.[460]

Der Pool spielte bis zur völligen Freigabe des Marktes 1998 für die Preissetzung wegen der zahlreichen Abnahmeverpflichtungen der Kraftwerksbetreiber für die heimische Kohle und der Vereinbarungen zwischen Erzeugern und regionalen Verteilern, schwankende Poolpreise auszugleichen, nur eine untergeordnete Rolle,[461] obwohl alle Stromverkäufe über den Pool laufen mußten. Bilaterale Verträge waren nicht erlaubt. Lediglich zur Korrektur der Poolpreise können Verträge abgeschlossen werden, was bisher ausgiebig genutzt wird. Seit dem Herbst 2000 gibt es neue Stromhandelsmöglichkeiten, von denen man sich Preissenkungen von mehr als 10 Prozent verspricht.[462]

Insgesamt kann das Poolsystem als Erfolg betrachtet werden.[463] Die Effizienz des Systems ist deutlich gestiegen. Die externen Kosten der Stromerzeugung haben sich mit den gesunkenen Emissionen verringert, die Unternehmensgewinne sind

---

458 Die Regulierungsbehörde sah sich ihrerseits dem Druck der großen industriellen Stromkunden ausgesetzt, die vor der Reform sehr niedrige quersubventionierte Strompreise bezahlen mußten.

459 Vgl. Green/Newbery (1993), S. 41f.; Kumkar (1994), S. 100; Turner (1995), S. 91; Energy Information Administration (1997), S. 18 und Pollitt (1999), S. 11f. Seit 1996 konnte ein drittes Erzeugerunternehmen, die Eastern Group, das Duopol aufbrechen. 1996/97 wurde der Poolpreis immerhin in durchschnittlich 15 Prozent der Fälle von Eastern gesetzt. Dennoch bleibt die Zahl der Unternehmen, die den Poolpreis bestimmen können, weiterhin sehr gering. Es ist außerdem zu vermuten, daß Eastern seine Angebotspreise im Einvernehmen mit den beiden anderen großen Erzeugern setzt. Vgl. International Energy Agency (1998b), S. 10 und 64.

460 Vgl. Green/Newbery (1997), S. 44f.

461 Vgl. Thomas (1997), S. 62f. und Green (1999).

462 Vgl. Energy Information Administration (2000c).

463 Vgl. Newbery/Green (1996), S. 64. Klopfer/Schulz (1993), S. 237-282 begründen ihre Ansicht hierzu ausführlich.

gestiegen. Die Stromverbraucher zahlen nach der Privatisierung außerdem geringere reale Strompreise. Letzteres liegt allerdings vorrangig an einer Reduzierung der Kraftstoffpreise und der Intervention der Regulierungsbehörde.[464] Es kann immerhin als Verdienst der Reform betrachtet werden, die hohen Kosten der britischen Kohle und des Nuklearstroms offengelegt zu haben. Außerdem sind die Regulierungsentscheidungen transparenter geworden, da sie nun öffentlich mit den betroffenen Gruppen[465] diskutiert werden und nicht mehr nur auf bürokratischen Entscheidungen des Ministeriums beruhen.[466]

5.2.1.3 Politökonomische Analyse

Das Zustandekommen der englischen Marktreform

Im Gegensatz etwa zum deutschen System läßt das britische Regierungssystem der aktuellen Regierung sehr viel mehr Gestaltungsspielräume. Sie kann jeweils entscheiden, wie sie das öffentliche Interesse in politische Entscheidungen umsetzt und ist dabei nicht an verfassungsmäßig vorgeschriebene Wirtschaftselemente, öffentliches Recht oder einen gesellschaftlichen Grundkonsens gebunden.[467]

Bis 1979 war die Zweiteilung der britischen Wirtschaft mit einem öffentlichen und einem privaten Sektor dennoch von den politischen Parteien anerkannt. Der öffentliche Sektor nahm dabei zudem stetig zu, obwohl es auch damals kein Geheimnis war, daß der staatliche Sektor ineffizient arbeitete und die politische Kontrolle ebenso versagte. Erst 1979 wurde dieser Konsens im Wahlprogramm der konservativen Partei mit ersten Privatisierungsforderungen durchbrochen. Allerdings sollten auch von der Regierung Thatcher zunächst nur wenige Branchen, die erst kurz vorher verstaatlicht worden waren, privatisiert werden.[468] Die ersten Privatisierungsbestrebungen, die von der Labour-Partei, die ebenso wie die

---

464 Vgl. Grassini (1997), S. 115.

465 British Coal, die Bergbaugewerkschaften, große industrielle Stromkunden, Stromerzeuger, Öl- und Gasunternehmen, die Verteilungsunternehmen, das Finanz-, und Umweltministerium, die Europäische Kommission, Parlamentskommissionen und Verbraucherorganisationen wie das eigens geschaffene „Consumers' Committee"

466 Vgl. Newbery/Green (1996), S. 77 und Lammers (1992), S. 259f.

467 Vgl. Schreiber/Woolcock (1991), S. 28.

468 Dabei handelte es sich um die British Aerospace, die British Shipbuilding und die National Freight Corporation. Außerdem sollten die Möglichkeiten einer Privatisierung der British Oil Corporation überprüft werden. Vgl. Schneider/Schmatzer (1989), S. 10.

Gewerkschaften über dieses Problem zerstritten war, kaum behindert wurden,[469] wurden schließlich auf immer weitere Bereiche der staatlichen Industriebranchen ausgedehnt. Für die Elektrizitätswirtschaft kam hinzu, daß Regierungsentscheidungen über die Stromwirtschaft und die dabei eingesetzte Technik (auch die Atomenergie) in der Nachkriegszeit ausgesprochen prestigeträchtig waren. Später wandelte sich das Bild allerdings immer mehr. Entscheidungen über Technik, Standorte und Strompreise versprachen eher Stimmenverluste als Stimmengewinne für die jeweilige Regierung.[470]

Für die Regierung Thatcher gab es mehrere Gründe für die Privatisierung der Elektrizitätswirtschaft. Zum einen versprach man sich Effizienzgewinne aus einer Privatisierung, die vor allem den Konsumenten zugute kommen sollten. Dies stand im Einklang mit der politischen Ideologie der konservativen Regierung, daß die Rolle des Staates bei ökonomischen Entscheidungen so weit wie möglich reduziert werden sollte. Da die Elektrizitätswirtschaft zudem in vielen europäischen Ländern und in den Vereinigten Staaten privat organisiert war, konnte man auf diese funktionierenden Referenzmodelle verweisen.[471] Im Gegensatz zu den Privatisierungen in der Telekommunikation und der Gaswirtschaft kam für die Elektrizitätswirtschaft eine einfache Privatisierung ohne weitergehende Umstrukturierungen aber nicht in Frage. Die Erfahrungen aus diesen Bereichen mit weitreichenden Spannungen zwischen den Regulierungsbehörden OFTEL und OFGAS und den zu regulierenden Unternehmen ließen erkennen, daß die Schaffung von Wettbewerb nicht im Anschluß an eine Privatisierung zu erreichen war, sondern eine wettbewerbsfähige Struktur geschaffen werden mußte, bevor privatisiert werden konnte. Anderes hätte sich gegenüber dem marktwirtschaftlichen Flügel der konservativen Partei nicht durchsetzen lassen.[472]

Ein anderer wichtiger Grund, die Elektrizitätswirtschaft zu privatisieren, war die Möglichkeit, die Privatisierungserlöse für den Staatshaushalt verwenden zu können. Auf diese Weise konnte man verhindern, daß die Rezession in Großbritannien sich auch auf die Staatsfinanzen niederschlug. Der Aspekt, möglichst hohe Privatisierungserlöse zu erzielen, wirkte sich schließlich auch auf die Struktur der

469 Dagegen gab es in der konservativen Partei nennenswerteren Widerstand. Der Economist vom 21.12.1985 zitiert einen einflußreichen konservativen Politiker folgendermaßen: „First of all the Georgian silver goes, and then all that nice furniture that used to be in the saloon. Then the Canalettos go." o.V. (1985), S. 69.

470 Vgl. Thomas (1997), S. 46f.

471 Vgl. Newbery/Green (1996), S. 58. Für einen Vergleich der Produktivität der britischen staatlichen Industrien mit den entsprechenden US-amerikanischen privaten Industrien siehe Pollitt (1999), S. 3.

472 Vgl. Thomas (1997), S. 48 und Vickers/Yarrow (1991), S. 488.

englischen Stromwirtschaft aus, denn die Regierung hatte stets im Auge, daß nur eine solche Struktur möglich war, bei der sich die Anteile der Unternehmen auch am Kapitalmarkt verkaufen ließen. Daher wurden die Anteile der NGC mit denen der Regionalversorger gekoppelt. In das Transportnetz allein waren nämlich nur wenige Anleger bereit zu investieren,[473] und ein erklärtes Ziel der Regierung war es, für einen breit gestreuten Aktienbesitz zu sorgen.[474] Ebenso kann die Aufspaltung der Erzeugungskapazitäten in nur zwei Unternehmen dazu zählen. Ein enges Oligopol ließ auf höhere Erlöse schließen, da es höhere Gewinnchancen für die privatisierten Unternehmen eröffnete. Außerdem konnte durch eine Privatisierung die politische Macht der Kohlegewerkschaften gebrochen werden. Nach der Privatisierung mußten diese sich mit privaten Unternehmen auseinandersetzen. Druck auf die Regierung wurde weniger erfolgversprechend.

Die konservative Regierung Thatcher versprach sich also politische Vorteile aus der Privatisierung der Elektrizitätswirtschaft. Weil es unsicher war, ob sie bei der nächsten Wahl, die für 1991 erwartet wurde, wiedergewählt werden würde, sie aber ihr Wahlversprechen unbedingt umsetzen wollte, mußte die Umstrukturierung und Privatisierung innerhalb einer Legislaturperiode beendet sein. Dies führte dazu, daß z.T. schnelle Lösungen gründlicheren vorgezogen wurden. Als sich beispielsweise abzeichnete, daß die Kernkraftwerke nicht als ein Teil von National Power verkauft werden konnten, gliederte man diese einfach aus und verkaufte das restliche Unternehmen, ohne sich Gedanken über eine wettbewerbsgerechtere neue Aufteilung zu machen.[475] Die Privatisierung war das erklärte Ziel der Regierung. Eine Evaluierung der Elektrizitätswirtschaft, die möglicherweise zu dem Ergebnis hätte führen können, daß öffentlicher Besitz in dieser Branche effizienter sein könnte, war daher keine wirkliche Alternative.[476]

Im politischen Bereich hatte die Regierung keine echten Gegner bei ihrem Privatisierungsvorhaben. Der CEGB als staatliches Monopolunternehmen war allerdings gegen die Privatisierung und argumentierte, die Versorgungssicherheit würde dadurch gefährdet. Die erhoffte Unterstützung der Öffentlichkeit blieb jedoch aus. In der Vergangenheit hatte der CEGB zu viele Fehler gemacht, was die Zuverlässigkeit der Stromversorgung und die Kapazitätsplanung betraf, unter denen

---

473 Vgl. Armstrong/Cowan/Vickers (1994), S. 295.

474 Dies wurde unter dem Schlagwort „Shareholder society" bekannt. Vgl. Energy Information Administration (1997), S. 16. Souter (1994), S. 18 bezweifelt jedoch, daß der Traum einer breiten Aktienstreuung in der Bevölkerung tatsächlich für die Regierung handlungsbestimmend war.

475 Siehe Armstrong/Cowan/Vickers (1994), S. 295 und Newbery/Green (1996), S. 58.

476 Vgl. Thomas (1997), S. 50.

sein Image in der Bevölkerung gelitten hatte.[477] Der CEGB konnte die Umstrukturierung zwar etwas verzögern,[478] letztlich aber nicht verhindern.

Wie sich später zeigte, war die neue Struktur der Elektrizitätswirtschaft nicht unumstritten. Der erste Präsident der Regulierungsbehörde, Stephen Littlechild, ein Experte für Regulierungsfragen, der die Price-cap-Regulierung mit entworfen hat, hatte ein starkes Interesse daran, dieser Art von Regulierung zum Erfolg zu verhelfen.[479] Er sah sich jedoch dem Druck vielfältigster Interessengruppen ausgesetzt. Er war der Einführung von Wettbewerb in der Erzeugung verpflichtet, während die beiden größten Erzeuger ihre Marktmacht auszunutzen gedachten; die Konsumenten erwarteten niedrigere Preise, die Regierung die Wahrung der Interessen der Kohle- und Nuklearindustrie. Das Problem, diese Interessen auszubalancieren, verdeutlicht die Überprüfung der Strompreise 1993/94, als die Unternehmen aufgefordert wurden, ihre Preise drastisch zu senken. Diese Preissenkung wurde trotzdem sowohl von der stromverbrauchenden Industrie als auch vom Parlament und den Medien als sehr investorfreundlich angesehen.[480] Außerdem etablierte sich die Meinung, daß die Konsumenten kaum Vorteile von der neuen Struktur hätten. Zwar ist die Effizienz in der Elektrizitätswirtschaft zweifelsfrei gestiegen, die vorhandenen Gewinne sind aber kaum an die Verbraucher transferiert worden.[481] Der spätere Prime Minister Blair forderte daher im Mai 1995 die Aufhebung der Price-cap-Formel zugunsten eines Regulierungsregimes, das „shares out the excess profits between the utility and its consumers“[482]. Die neue Regierung Blair führte nach ihrem Amtsantritt umgehend eine zusätzliche Gewinnsteuer für die kürzlich privatisierten Unternehmen ein[483] und versuchte, andere Akzente in der Politik gegenüber den privatisierten Branchen und ihren Regulierungsbehörden zu setzen.

---

477 Vgl. Thomas (1997), S. 46.

478 Vgl. Pollitt (1999), S. 6.

479 Vgl. Thomas (1997), S. S. 68.

480 Vgl. Turner (1995), S. 95f.

481 Eine Studie kommt beispielsweise zu dem Schluß: „Whatever the merits of such a policy, it cannot reasonably be claimed – as so often *is* claimed in political debates – that privatisation was an exercise whose principle purpose was promotion of the interest of electricity consumers. Indeed, thus far, consumers have fared poorly from the venture.“ Stevenson/Penn (1995), S. 361. Eine modelltheoretische Untermauerung dieser Aussage findet sich bei Ksoll (1998), S. 17ff.

482 Blair (1995), S. 37.

483 Vgl. Energy Information Administration (1997), S. 35.

Erklärungsmöglichkeiten der Regulierungstheorien

Nach der Life-Cycle-Theorie finden Regulierungsumstrukturierungen statt, wenn die Politik ein starkes Interesse an der regulierten Branche hat. In diesem Fall müßte man wohl von einem negativen Interesse sprechen. Die Regierung wollte sich nicht mehr mit den Regulierungsentscheidungen für die Elektrizitätswirtschaft belasten und wurde daher tätig. Die Life-Cycle-Theorie kann aber nicht erklären, warum gänzlich umstrukturiert wurde und nicht lediglich frühere Strukturen wiederhergestellt wurden.

Die Capture-Theorie als Auslöser für die Deregulierung der Elektrizitätswirtschaft in England kommt noch weniger in Frage, da das Monopolunternehmen CEGB gegen diese Umgestaltung war. Es gibt allerdings die Befürchtung, die Regulierungsbehörde OFFER habe sich von den zu regulierenden Unternehmen vereinnahmen lassen.[484] Kritiker sehen viele Entscheidungen des Regulierers als sehr industriefreundlich an. Die Elektrizitätswirtschaft selbst klagt allerdings eher über zu strenge Regulierungsentscheidungen. Das Problem des Regulierers, einer Behörde vorzustehen, die auf die Begleitung des Wettbewerbs ausgerichtet ist und nicht auf die Einführung von Wettbewerb, drückt sich auch in seinen Entscheidungen aus, die häufig nur durch Verhandlungslösungen mit den betroffenen Unternehmen umgesetzt werden können. Die Drohung mit der Wettbewerbsbehörde kann auf Dauer nicht wirksam sein. Daher ist der Regulierer nicht so durchsetzungsfähig, wie er eigentlich sein sollte. Dieses institutionelle Versäumnis aber dem Regulierer vorzuwerfen und ihn der Vereinnahmung durch die zu regulierende Industrie zu bezichtigen, ginge zu weit.

Auf der anderen Seite wird die Regulierungsbehörde von Dnes u.a. (1998) ausdrücklich dafür gelobt, sich nicht von Industrieinteressen beeinflussen zu lassen. Als Gründe für die Resistenz der Behörde gegen das „Capture" nennen die Autoren vor allem die kurze Zeitspanne, die seit der Schaffung der Regulierungsbehörde vergangen ist, aber auch die Person des ersten Direktors der Regulierungsbehörde. Das englische System macht eine Person verantwortlich für die Regulierungsentscheidungen und nicht, wie in den Vereinigten Staaten, ein Gremium. Damit ist die Verantwortung auch klar zugewiesen, und der Entscheidungsträger kann sich nicht hinter einer Gruppe „verstecken". Die Competition Commission, die sich vorbehalten kann, gegen eine Regulierung im Sinne der regulierten Unternehmen einzuschreiten, wird als ein weiterer Aspekt genannt, wie auch die Vermutung, daß die Prozeßregulierung wesentlich von den grundsätzlichen Re-

---

484 Vgl. Grassini (1997), S. 105 und McGowan (1996), S. 156f.

gulierungs- und Kontrollstrukturen determiniert wird und die Price-cap-Regulierung wenig Raum für Capture-Möglichkeiten lasse.[485]

Die Price-Cap-Regulierung läßt allerdings sehr wohl Möglichkeiten für „Capture“ offen. Der Korrekturfaktor der Price-cap-Formel, der den technischen Fortschritt abbilden soll, wird letztlich politisch festgelegt und könnte damit auch im Sinne der Industrie manipuliert werden. Der britische Regulierer ist zwar als Einzelperson direkter verantwortlich als amerikanische Regulierungskommissionen, er hat allerdings nicht solche weitreichenden Offenlegungspflichten und sieht sich keiner so ausgeprägten Kontrolle gegenüber wie die amerikanische Regulierung. Damit ist potentiell sehr wohl die Möglichkeit der Beeinflussung durch die regulierte Industrie gegeben. Für den Deregulierungsprozeß an sich läßt sich die Capture-Theorie allerdings nicht anwenden.

Die Public-Interest-Theorie kann teilweise zur Erklärung der Umstrukturierung in England beitragen. Die Deregulierung sollte aus Effizienzgründen und im öffentlichen Interesse stattfinden. Allerdings war die Erkenntnis, daß die Struktur der britischen Elektrizitätswirtschaft vorher nicht sehr effizient war, nicht neu und der Blick auf die privatwirtschaftlich organisierten Strombranchen in den Vereinigten Staaten und vielen europäischen Ländern auch früher schon möglich. Die Einführung des Strompools war zwar in der Tat erst mit dem technischen Fortschritt in der Informationstechnik möglich geworden. Dies war aber nicht der ausschlaggebende Faktor für die Privatisierung.

Wichtiger für die Einleitung der Reformen in England waren vielmehr politische und ideologische Aspekte. Hier hilft die Congressional-Dominance-Theorie weiter, die die Regulierung und ihre Änderungen auf das Primat der Politik zurückführt. Regulierungsänderungen kommen danach durch veränderte Präferenzen der Parlamentsmehrheit zustande. Das traf in Großbritannien zu, da sich nach der Wahl 1979 die politische Mehrheit änderte, und die neue Regierung starke Präferenzen zugunsten einer Deregulierung hatte. Die Parlamentsmehrheit änderte außerdem z.T. ihre Meinung über die Privatisierung der Elektrizitätswirtschaft, die ja ursprünglich nicht geplant war. Im Zuge anderer Umstrukturierungen und des Rückzugs des Staates aus anderen Branchen kam aber schließlich auch die Stromwirtschaft auf die Tagesordnung. Außenpolitische Zwänge, wie sie wohl in vielen Ländern für die Deregulierung der Elektrizitätswirtschaft zutreffen, gab es aber in England nicht. Die privatwirtschaftliche Organisation der Elektrizitätswirtschaft in anderen Ländern hatte lediglich Vorbildcharakter, setzte die Regierung in Großbritannien aber nicht unter Druck. Vielmehr versprach sich die Re-

485 Vgl. Dnes/Kodwani/Seaton/Wood (1998), S. 207 und 220f.

gierung und damit die Parlamentsmehrheit dadurch politischen Erfolg im eigenen Land und war der Ansicht, daß eine Deregulierung dem Endverbraucher nütze und so die Unterstützung der Wähler garantiere. Die Ausrichtung der politischen Mehrheit im Parlament an Wahlerfolgschancen dokumentiert der Umschwung, den die Regierung Blair nach ihrer Wahl anstrebte. Nachdem sich gezeigt hatte, daß die Preissenkungen für die privaten Endverbraucher von Strom nicht so groß wie erwartet waren und die Stromversorger den größeren Teil der Gewinne für sich verbuchen konnten, strebte die neue Regierung eine Neuverteilung der Effizienzgewinne zugunsten der Verbraucher bzw. Wählermehrheit an. Dies erfolgt aus dem Bestreben, politischen Erfolg zu haben, weniger aus Konsumentenschutz. In England gibt es zwar mächtigere Verbraucherorganisationen als auf dem europäischen Kontinent, sie sind aber als Interessengruppen nicht stark genug, um den Umstrukturierungsprozeß allein in Gang bringen zu können. Die Konsumentenanliegen wurden in das Programm der konservativen Partei und später das der Labour-Regierung aufgenommen, weil sie mit deren Interessen im Einklang standen, nicht weil die Konsumentenvertreter derart durchsetzungsfähig waren.

Die Interest-Group-Theorie hat ebenfalls eingeschränkte Erklärungsmöglichkeiten, was die Umstrukturierung der englischen Elektrizitätswirtschaft betrifft. Nachfrage-, Inputpreis- oder technische Änderungen haben in England keine Rolle gespielt, jedenfalls nicht in dem Maße, daß sich die Einflußmöglichkeiten verschiedener Interessengruppen dadurch hätten verändern können. Die angespannte Haushaltssituation war allerdings ein wesentlicher Grund für die Deregulierung. Die schwindenden Regulierungsrenten machten den Einsatz des CEGB für den Beibehalt der Regulierung weniger rentabel. Als Regulierungsrenten muß man in diesem Fall auch die Vorteile der Verbraucher aus der Regulierung betrachten. Zum Ende der achtziger Jahre waren diese Renten offensichtlich gesunken, da vermehrt über eine schlechte Qualität der Stromversorgung geklagt wurde und Planungsmängel aufgetreten waren, die der CEGB nicht durch eine stärkere Imagepflege bei den Kunden kompensieren konnte. Mit für solche Ausgaben verfügbaren Mitteln und damit den Stromverbrauchern im Rücken hätte der CEGB möglicherweise stärkeren Druck auf die Politik ausüben können.

Substitutionsmärkte sind in Großbritannien nur eingeschränkt vorhanden. Zwar wird in England von den privaten Haushalten immer noch viel Strom zum Heizen und zur Warmwassererzeugung verwendet, gemessen am gesamten Stromverbrauch (Haushalte und Industrie gemeinsam) eröffneten sich aber nicht allzu große Spielräume für eine Substitutionskonkurrenz, die auf stärkeren Wettbewerb hätte bestehen können, zumal auch die alternativen Energieformen im Staatsbesitz und monopolistisch organisiert waren.

Die Bürokratietheorie kommt eingeschränkt als Erklärungsansatz in Frage. Die Bürokratie hat zumindest so viele Vorteile in der Deregulierung gesehen – sei es, daß die Regierung davon profitieren oder daß eine effizientere Wirtschaft zu höheren Steuereinnahmen führen würde –, daß sie den Prozeß nicht blockiert hat.

Zusammenfassend läßt sich also feststellen, daß sich die Deregulierung der Elektrizitätswirtschaft in Großbritannien am besten mit der Congressional-Dominance-Theorie in Verbindung mit der Public-Interest-Theorie erklären läßt, die den politischen und ideologischen Aspekten, die in Großbritannien vorherrschten, Rechnung tragen. Die Interest-Group-Theorie, die wegen ihrer relativ unkonkreten Aussagen fast alle Regulierungssituationen erklären kann, läßt sich eingeschränkt anwenden, die Bürokratietheorie kann hilfsweise hinzugezogen werden, liefert aber keine Erklärung für die Initiative zur Umstrukturierung. Alle anderen Theorien spielen für Großbritannien keine Rolle.

5.2.2 Die Elektrizitätswirtschaft in Norwegen und Schweden

Während Großbritannien als Vorbild für eine wettbewerbliche Umstrukturierung der Elektrizitätswirtschaft gilt, sind die Reformen, die in den nordischen Ländern, vor allem in Norwegen, mit etwas Verzögerung aber auch in Schweden und Finnland, durchgeführt wurden, zu unrecht weniger beachtet worden. Die norwegischen Reformen, die etwa zeitgleich mit den britischen stattfanden, schufen Wettbewerb mit einem differenzierten Börsenmodell. Schweden führte fünf Jahre später ähnliche Wettbewerbskomponenten ein. Beide Länder verschmolzen ihre Strombörsen zu einer einzigen, so daß die erste internationale Strombörse, Nord Pool, – quasi ein nordeuropäischer Binnenmarkt – entstand.[486] Eine Besonderheit der Reformen in den nordischen Ländern ist, daß das weit verbreitete öffentliche Eigentum in der Elektrizitätswirtschaft – im Gegensatz zu den Reformen in England – nicht angetastet wurde.

5.2.2.1 Struktur der norwegischen Elektrizitätswirtschaft vor 1991

Die norwegische Elektrizitätswirtschaft basiert wegen der günstigen geographischen Gegebenheiten fast ausschließlich (zu 99 Prozent) auf der Wasserkraft als Primärenergie. Dies bedeutet relativ hohe Fixkosten der Erzeugung mit sehr geringen variablen Kosten. In Norwegen entstehen Erzeugungsengpässe nicht aufgrund von Kapazitätsengpässen, sondern daraus, daß die vorhandene Kapazität aufgrund von Wassermangel in manchen Jahren nicht genutzt werden kann. Aus

---

486 Das reformierte finnische System greift Komponenten der norwegischen und schwedischen Systeme auf.

diesem Grund versucht der norwegische Staat, der traditionell stark in der Elektrizitätswirtschaft engagiert ist, seit einiger Zeit, die Erzeugungskapazitäten durch Gaskraftwerke zu diversifizieren.[487]

Der Integrationsgrad der Industrie

Es existierten vor 1991 etwa 70 Erzeugungsunternehmen und 230 Verteilerunternehmen[488], deren Zahl auch nach den Reformen etwa gleich geblieben ist, obwohl die norwegische Regierung eine Konzentration auf etwa 20 vertikal integrierte Unternehmen anstrebte.[489] Von einer desintegrierten Elektrizitätswirtschaft kann dennoch nicht gesprochen werden. Die staatliche Gesellschaft Statkraft erzeugte etwa 30 Prozent des Stroms und besaß 80 Prozent der Übertragungsleitungen und damit auch das Import- und Exportmonopol für Strom. Erzeugung und Übertragung waren damit vertikal hoch integriert. Die Erzeugung war ebenso wie der Verteilungsbereich trotz ihrer relativ hohen Konzentration[490] aber nicht sehr stark horizontal integriert. Allerdings bestanden in vertikaler Richtung erhebliche Verbindungen zwischen Erzeugungs- und Verteilungsunternehmen, zum Teil über Kapitalbeteiligungen, zum Teil über langfristige Verträge zwischen Erzeugern und Verteilern.[491] Etwa 75 Prozent der Nachfrage, die nicht von der energieintensiven Schwerindustrie stammt, wurde von vertikal integrierten Unternehmen gedeckt.[492] Tatsächlich vollständig vertikal integriert mit allen drei Produktionsstufen waren aber außer einigen kommunalen Unternehmen, die neben dem Verteilungsnetz auch Teile des regionalen und zentralen Netzes besaßen, nur wenige norwegische Elektrizitätsunternehmen. Den exakten Grad der vertikalen Integration der norwegischen Elektrizitätswirtschaft zu bestimmen, hält Hjalmarsson wegen der relativ komplizieren Struktur mit vielen, aber unterschiedlich stark vertikal integrierten Unternehmen für schwierig.[493] Trotzdem kann festgehalten werden, daß Erzeugung und Übertragung wegen der großen Erzeugungskapazitäten des dominierenden Netzbetreibers hoch integriert waren, während Übertragung und Verteilung eher mäßig integriert, wenngleich nicht vollkommen desintegriert waren.

---

487 Vgl. International Energy Agency (1997), S. 65f. und Energy Information Administration (2000a).

488 1960 gab es noch mehr als 800 Verteilerunternehmen. Es ist also ein deutlicher Konzentrationsprozeß zu beobachten. Vgl. International Energy Agency (1997), S. 68.

489 Vgl. Moen/Hamrin (1996), S. 38.

490 Vgl. Hope (1996), S. 179 und International Energy Agency (1997), S. 67.

491 Vgl. Hjalmarsson (1993), S. 12.

492 Vgl. Hope/Rud/Singh (1993), S. 30.

493 Vgl. Hjalmarsson (1993), S. 11.

Eigentumsverhältnisse

Norwegen hat eine lange Tradition von öffentlichem Eigentum an Industrieunternehmen. Die Eigentumsstruktur der norwegischen Elektrizitätswirtschaft wird demgemäß auch von der öffentlichen Hand dominiert. Das öffentliche Eigentum liegt dabei nicht allein beim norwegischen Staat, sondern zu einem nicht geringen Teil bei den Provinzen und Kommunen. Etwa 75 Prozent der Erzeugungs- und Verteilungskapazitäten werden (auch nach den Reformen) von öffentlichen Unternehmen bereitgestellt.[494] Staat und Kommunen besitzen beispielsweise 85 Prozent der Erzeugungskapazitäten, der verbleibende private Anteil besteht hauptsächlich aus Anlagen zur Eigenerzeugung.[495] Daneben besaß die staatliche Gesellschaft Statkraft 80 Prozent des Übertragungsnetzes. Die norwegischen Gesetze fördern ausdrücklich das öffentliche Eigentum in der Elektrizitätswirtschaft. Die Konzessionen für Wasserkraftwerke werden für 60 Jahre erteilt, nach deren Ablauf die Kraftwerke entschädigungslos an den Staat fallen. Darüber hinaus besitzt der Staat ein Vorkaufsrecht, sollten Anteile eines Kraftwerkes von mehr als einem Drittel verkauft werden.[496] Das führt dazu, daß langfristig der Staatsanteil in der Elektrizitätswirtschaft weiter steigen wird.

Kompetenzen der Regulierungsinstitution

Durch den hohen Staatsanteil in der norwegischen Elektrizitätswirtschaft hat die Regierung, der die Energiepolitik und die Regulierung dieser Branche obliegen, direkte Eingriffsmöglichkeiten. Beispielsweise kann sie – was sie ausgiebig nutzt – energieintensive Industriezweige (vor allem die Schwerindustrie) mit subventionierten Preisen unterstützen.

Die Verantwortung für die Energiepolitik liegt im wesentlichen beim Energieministerium[497]. Die ihm angeschlossene Energie- und Wasserbehörde NVE reguliert und überwacht die Elektrizitätswirtschaft und ist am Lizensierungsverfahren für neue Kraftwerke unterstützend beteiligt. Außerdem wirken das Umwelt- und das Finanzministerium an der Energiepolitik mit. Das Parlament spielt in Norwegen ebenfalls eine entscheidende Rolle. Alle energiepolitischen Programme müssen von der Legislative verabschiedet werden. Insgesamt hielt sich die norwegische

---

494 Vgl. Hjalmarsson (1993), S. 12; Hope/Rud/Singh (1993), S. 30 und Hope (1996), S. 179f. und 193.

495 Vgl. International Energy Agency (1997), S. 15 und Kumkar (1998a), S. 10.

496 Vgl. International Energy Agency (1997), S. 67f.

497 1997 wurde das „Ministerium für Petroleum und Energie“ aus dem „Ministerium für Industrie und Energie“ ausgegliedert. Vgl. International Energy Agency (1997), S. 17.

Regierung, was die formalen Regulierungsentscheidungen angeht, in der Vergangenheit aber zurück. Regulierung fand zum einen durch die direkte Kontrolle der Staatsunternehmen und zum anderen durch eine Art Selbstregulierung der Industrie statt, bei der ein Club der bedeutenden Erzeuger die Koordination zwischen den Kraftwerken und zwischen Erzeugung und Übertragung organisierte.

Wettbewerb

Wettbewerb im Verteilungsbereich gab es vor 1991 nicht. Es existierten geschlossene Versorgungsgebiete und damit regionale Monopole für die Verteilung von Strom.[498] Allenfalls von einer Art Yardstick competition zwischen den verschiedenen Verteilern kann gesprochen werden. Diese hatte aber keine direkten Auswirkungen auf die im wesentlichen kommunalen Verteiler, deren Preisgestaltung von den Gemeinden festgelegt wurde.

Es existierten verschiedene Großhandelsmärkte für Strom, so daß ein begrenzter Wettbewerb auf der Stufe des Großhandels vorhanden war. So gab es einen Markt für die allgemeine Stromversorgung, auf dem die Erzeugerunternehmen als Anbieter und die regionalen und kommunalen Verteiler als Nachfrager auftraten und der etwa 60 Prozent des gesamten Stromhandelsvolumens umfaßte. Im wesentlichen wurden auf diesem Markt langfristige Verträge abgeschlossen. Ein großer Teil dieses Stromhandels spielte sich innerhalb vertikal integrierter Unternehmen ab. 30 Prozent des Stroms wurde auf dem Markt für die energieintensive Schwerindustrie umgeschlagen. Die Vertragsgestaltungen auf diesem Markt wurden im wesentlichen im norwegischen Parlament ausgehandelt, das über den dominierenden Erzeuger, die staatliche Statkraft, die Elektrizitätspreise für diesen Industriezweig aus politischen und historischen Gründen subventionierte. Die restlichen 10 Prozent des Stromhandelsvolumens wurden über den seit 1971 bestehenden kurzfristigen Spotmarkt mit stark schwankenden Preisen abgewickelt. Der Spotmarkt diente als eine Art freiwilliger und kooperativer Erzeugerpool[499] zum kurzfristigen Ausgleich zwischen den Erzeugern. Die Spotmarktpreise hatten allerdings keinen nennenswerten Einfluß auf die Preise auf den beiden anderen Märkten.[500] Wegen der Verteilungsmonopole und der intensiven vertikalen Verbindungen zwischen Erzeugern und Verteilern war der Anreiz zu effizienter Pro-

498 Vgl. Klopfer/Schulz (1993), S. 300.

499 Vgl. Klopfer/Schulz (1993), S. 300 und International Energy Agency (1996e), S. 248.

500 Vgl. Kumkar (1998a), S. 12f. und Midttun (1997), S. 95f.

duktion und zu Grenzkostenpreisen gering,[501] zumal die verschiedenen Strommärkte nicht wirklich Wettbewerb begründeten.

5.2.2.2 Die norwegische Marktreform

Das Gesetz zur wettbewerblichen Umstrukturierung der norwegischen Elektrizitätswirtschaft wurde vom Parlament im Juni 1990 beschlossen und trat zum 1. Januar 1991 in Kraft.[502] Mit der neuen Struktur wurden die natürlichen Monopolbereiche von den Bereichen, in denen Wettbewerb herrschen kann, getrennt. Die monopolistischen Netzbereiche werden weiterhin behördlich reguliert und stehen allen Nutzern zu gleichen Bedingungen offen. Damit wurde Wettbewerb sowohl im Erzeugungsbereich als auch im Stromhandel zur Versorgung der Endverbraucher eingeführt. Alle Verbraucher können dabei ihren Lieferanten frei wählen.[503] Die Versorgungspflicht der regionalen Verteiler wurde aufgehoben. Sie haben allerdings weiterhin eine Anschlußpflicht. Um sicherzustellen, daß der Netzzugang Dritter diskriminierungsfrei möglich ist, müssen die vertikal integrierten Unternehmen die wettbewerblichen Bereiche organisatorisch von den monopolistischen Netzbereichen trennen. Unter anderem mußte das Staatsunternehmen Statkraft seinen Netzbereich an das neu gegründete Unternehmen Statnett abgeben, das seit 1992 den Übertragungsbereich betreibt.[504] Die Übertragungstarife werden als Punkttarife an den Einspeisungs- und Entnahmepunkten erhoben. Die Gebühr erlaubt den Zugang zum gesamten Netz einschließlich aller regionalen Netzteile. Das bedeutet, daß das Einspeisungs- bzw. Entnahmeentgelt zwar vom jeweiligen Standort abhängt, aber unabhängig von der Entfernung zwischen den Vertragsparteien (Erzeuger und Händler) erhoben wird. Entstehende Stromverluste im Netz werden quasi vom Netzbetreiber Statnett „gekauft" und auf die

---

501 Vgl. International Energy Agency (1997), S. 72.

502 Vgl. Hope/Rud/Singh (1995), S. 81. Für das Folgende vgl. Menges/Barzantny (1997), S. 41, International Energy Agency (1997), S. 10 und 66ff. und Klopfer/Schulz (1993), S. 303f.

503 Seit 1997 ist ein Wechsel des Anbieters ohne Gebühren möglich, seit 1998 sogar wöchentlich. Eine stündliche Abrechnung lohnt sich für Haushaltskunden allerdings nicht, da die Kosten für die Meßvorrichtungen mögliche Preisvorteile wieder zunichte machen Vgl. International Energy Agency (1997), S. 73.

504 Statnett wurde zum 1.1.1992 aus der Statkraft ausgegliedert, übernahm zunächst die Verantwortung für die Betriebskoordination des Netzes und hat seit dem 1.5.1992 die Verantwortung für das gesamte Management und den Betrieb des norwegischen Netzes. Die 20 Prozent des Netzes, die sich nicht im Staatsbesitz befanden und damit nicht auf die Statnett übergingen, werden von dem Unternehmen angemietet, so daß Statnett das gesamte Netz betreibt. Vgl. Menges/Barzantny (1997), S. 42.

Übertragungstarife aufgeschlagen.[505] Dieser entfernungsunabhängige Tarif entspricht den Kostenstrukturen der physischen Übertragung von Strom. Der Bau von Kraftwerken und Übertragungs- oder Verteilungsleitungen steht jedem offen, sofern er eine Lizenz erwirbt.[506]

Die von der Regierung angestrebten Zusammenschlüsse einzelner Erzeugungs- bzw. Verteilungsunternehmen sollen auf freiwilliger Basis erfolgen. Dabei werden die Unternehmen durch die Ausgestaltung des Regulierungssystems zum Zusammenschluß ermuntert.[507] An eine Privatisierung etwa nach dem englischen Vorbild ist in Norwegen aber nicht gedacht. Weiterhin bleibt der überwiegende Teil der Elektrizitätswirtschaft in staatlicher bzw. provinzieller oder kommunaler Hand. Allerdings wurden die staatlichen Unternehmen rechtlich reorganisiert und stärker unternehmerisch ausgerichtet.

Seit Mai 1991 ist der Pool, dem bisher nur die großen Erzeuger angehörten, generell offen, so daß vor allem Verteiler, Großverbraucher und Stromhändler ihren Elektrizitätsbedarf direkt über die Strombörse beziehen können. Die ehemalige Poolgesellschaft der großen Stromerzeuger fusionierte 1993 mit dem Netzbetreiber Statnett. Über Aufsichtsratsmandate und einen Nutzerrat können die großen Versorger aber weiterhin die Entscheidungen der Netzgesellschaft beeinflussen.[508]

Strom wird in Norwegen auch nach der Reform auf verschiedenen Märkten gehandelt. Zum einen existieren bilaterale Verträge zwischen Erzeugern, Händlern und insbesondere großen industriellen Verbrauchern außerhalb der Strombörse. 1996 wurde etwa 50 Prozent des gesamten Handelsvolumens auf diese Weise abgewickelt.[509] Daneben gibt es innerhalb des norwegischen Pools, also der Strombörse, einen Spotmarkt, einen Ausgleichsmarkt und einen Zukunftsmarkt. Auf dem Zukunftsmarkt werden Finanzkontrakte gehandelt, über die zukünftige Preisrisiken ausgeglichen werden können. Die Spot- und Ausgleichsmärkte wikkeln den physischen Stromhandel ab. Auf dem Spotmarkt werden täglich Lieferungen gehandelt, die am folgenden Tag ausgeführt werden sollen. Anbieter und Nachfrager geben Preis- und Mengengebote für jede Stunde ab, die von der Börse zum Ausgleich gebracht werden. Sollten die zu handelnden Mengen die Netzkapazität überlasten, werden die Preise in überlasteten Gebieten erhöht, in Netzbereichen mit freien Kapazitäten gesenkt. Auf diese Weise werden Kapazität-

505 Vgl. International Energy Agency (1997), S. 78 und Amundsen/Bergman/Andersson (1998), S. 4.
506 Vgl. Kumkar (1998a), S. 29.
507 Vgl. Kumkar (1998a), S. 79.
508 Vgl. Menges/Barzantny (1997), S. 42.
509 Vgl. International Energy Agency (1997), S. 69.

sengpässe über den Preis effizient beseitigt. Um kurzfristigen Bedarfsänderungen gerecht werden zu können und die Systemstabilität zu gewährleisten, existiert der Ausgleichsmarkt. Dieser wird von Erzeugern bedient, die kurzfristig ihre Erzeugung erhöhen oder drosseln können und so auch bei unvorhersehbaren Nachfrageänderungen das System stabil halten.[510]

An der Regulierung der norwegischen Elektrizitätswirtschaft sind die norwegische Wettbewerbsbehörde und die an das Energieministerium angeschlossene Energie- und Wasserbehörde NVE beteiligt. In den wettbewerblichen Bereichen Erzeugung und Stromhandel kann auf eine Preisregulierung verzichtet werden.[511] Die Wettbewerbsbehörde überwacht den Markt. Die NVE mit ihren 45 Mitarbeitern ist für die Überwachung des monopolistischen Netzbereichs zuständig. Die NVE kann die täglichen Regulierungsentscheidungen unabhängig von der Regierung treffen. Sie gestaltet die Netztarife – zunächst nach dem Prinzip der Rate-of-Return-Regulierung, seit 1997 nach einem anreizkompatibleren System – im Rahmen der Entscheidung über die Vergabe von Lizenzen und setzt die Transparenz von Preisen und Konditionen durch. Innerhalb der vorgegebenen Richtlinien setzen die betroffenen Unternehmen ihre Preise allerdings selbst fest. Die NVE hat tatsächlich relativ geringe Einflußmöglichkeiten auf die endgültigen Preise. Die Wettbewerbsbehörde kann hingegen mit rechtlichen Mitteln und öffentlichem Druck erheblich stärkeren Einfluß auf die Elektrizitätswirtschaft nehmen.[512] Sie interveniert bei vermuteten Wettbewerbsbeschränkungen, beispielsweise wenn der Wechsel der Kunden zu einem anderen Versorger durch langfristige Verträge behindert wird, bei Preisabsprachen und abgestimmten Vertragsformen. Vor allem auf den größten Erzeuger Statkraft richtet sich das Augenmerk der Wettbewerbsbehörde, seitdem Statkraft angesichts bestehender Überkapazitäten und niedriger Preise erklärt hat, nicht mehr unter einem Mindestpreis anzubieten. Da Statkraft mit seinen Erzeugungskapazitäten leicht die Preisführerschaft auf dem Markt übernehmen kann, betrachtete die Wettbewerbsbehörde diese Ankündigung als Marktbeeinflussung.[513]

Mit der Übertragung wesentlicher Kompetenzen auf die Wettbewerbsbehörde hat die norwegische Regierung ihre Doppelfunktion als Eigentümer und Regulie-

---

510 Vgl. International Energy Agency (1997), S. 70ff.

511 Die Preise für bilaterale Lieferungen von Statkraft an die energieintensive Industrie werden weiterhin vom norwegischen Parlament festgelegt. Diese machen etwa die Hälfte des Energieverbrauchs dieses Industriezweiges aus. Vgl. International Energy Agency (1997), S. 70. Das Parlament hat damit weiterhin die Möglichkeit, die energieintensive Industrie zu subventionieren.

512 Vgl. Menges/Barzantny (1997), S. 48 und International Energy Agency (1997), S. 77f.

513 Vgl. Hope/Rud/Singh (1993), S. 43.

rungsinstitution in der Elektrizitätswirtschaft aufgespalten. Unternehmerische und Regulierungsentscheidungen werden nicht mehr von der gleichen Stelle getroffen. Statkraft und Statnett wurden rechtlich selbständiger, womit die Regierung ihre direkten Einflußmöglichkeiten weiter reduziert.[514]

5.2.2.3 Struktur der schwedischen Elektrizitätswirtschaft vor den wettbewerblichen Reformen

Die schwedische Elektrizitätswirtschaft beruht nicht so einseitig auf der Wasserkraft wie die norwegische. 53 Prozent des schwedischen Stroms werden aus Kernkraft erzeugt, 37 Prozent aus Wasserkraft und 10 Prozent mit Wärmekraftwerken, die mit fossilen Energieträgern oder Biomasse befeuert werden.[515]

Der Integrationsgrad der Industrie

Die schwedische Elektrizitätswirtschaft ist durch eine Vielzahl von Erzeugungs- und Verteilungsunternehmen gekennzeichnet. Es gibt etwa 85 Erzeuger und rund 290 Verteiler.[516] Allerdings ist die Erzeugung durch die dominante Position der staatlichen Vattenfall mit über 50 Prozent der Erzeugung stark konzentriert, so daß trotz der vielen Erzeugungsunternehmen nicht von einer desintegrierten Erzeugungsstruktur gesprochen werden kann. Zudem betrieb Vattenfall bis 1992 das Übertragungsnetz.[517]

Neben dem nationalen Übertragungsnetz gibt es in Schweden regionale und lokale Netze, die von anderen Unternehmen betrieben werden. Die regionalen Netze befinden sich hauptsächlich im Besitz von Erzeugungsunternehmen, die lokalen Verteilungsnetze im Besitz der Verteiler.[518]

---

514 Vgl. International Energy Agency (1997), S. 63. Siehe auch International Energy Agency (1994), S. 259. Als eine der ersten Handlungen entschied der Vorstand von Statkraft beispielsweise, ein geplantes großes Investitionsprojekt im Norden Norwegens zurückzustellen. Vgl. Hope/Rud/Singh (1993), S. 36.

515 Vgl. Vereinigung Deutscher Elektrizitätswerke (1999b).

516 Die Anzahl der Verteiler betrug Mitte der fünfziger Jahre etwa 2000 Unternehmen, 1970 etwa 900 und 1990 etwa 300. Vgl. Hjalmarsson (1996), S. 131 und Kumbhakar/Hjalmarsson (1998), S. 99. Es hat also ein erheblicher Konzentrationsprozeß stattgefunden, der derzeit noch andauert.

517 Obwohl Vattenfall offiziell der Betreiber des Übertragungsnetzes war, wurden die Entscheidungen bezüglich des Übertragungsnetzes tatsächlich von einem Pool-„Club" der großen Erzeuger getroffen, die die Kosten untereinander aufteilten und auch ihre Reservekapazitäten poolten. Vgl. Hjalmarsson (1996), S. 139f.

518 Vgl. Klopfer/Schulz (1993), S. 327 und International Energy Agency (1996c), S. 36.

Erzeugung und Übertragung waren in Schweden bis 1992 vertikal stark integriert. Vattenfall betrieb (in Zusammenarbeit mit anderen großen Erzeugern) das nationale Netz, Sydkraft mit 25 Prozent der Erzeugung das regionale Übertragungsnetz in Südschweden. Die Entflechtung von Vattenfall in ein Erzeugungs- und ein Übertragungsunternehmen sorgte 1992 für eine stärkere Desintegration von Erzeugung und Übertragung. Diese Entflechtung fand aber schon im Zuge der grundlegenden Reformen der schwedischen Elektrizitätswirtschaft statt, so daß die vertikale Integration von Erzeugung und Übertragung bis zu den Reformen als hoch angesehen werden kann. Übertragung und Verteilung waren teilweise vertikal integriert, da Vattenfall und Sydkraft auch in der Verteilung tätig sind. In horizontaler Hinsicht ist die Stromverteilung in Schweden desintegriert. Die großen Erzeuger sind aber alle zu einem nicht unerheblichen Grad auch in der Stromverteilung tätig, so daß die schwedische Elektrizitätswirtschaft insgesamt stark vertikal integriert ist.

Eigentumsverhältnisse

Die schwedische Elektrizitätswirtschaft hat eine gemischte öffentliche und private Eigentumsstruktur. Während sich bis zum Beginn dieses Jahrhunderts hauptsächlich die Kommunen in der Stromversorgung engagierten, begann das staatliche Engagement 1906 mit einem Parlamentsbeschluß zum Ausbau der Trollhätte-Wasserfälle für die Elektrizitätserzeugung. Aus diesem Projekt entstand die staatliche Gesellschaft Vattenfall, die zunehmend die Erzeugung und Koordination in der Elektrizitätswirtschaft dominierte.[519] Vattenfall ist mittlerweile der mit Abstand größte Erzeuger. Daneben gibt es Erzeuger, die sich in der Hand von Kommunen oder Regionen befinden. Trotz des großen Anteils öffentlicher Unternehmen an der Erzeugung gibt es aber auch wesentliche private Anteile an Erzeugungsunternehmen. Zum Beispiel ist die zweitgrößte Erzeugungsgesellschaft, Sydkraft, ein privates Unternehmen, deren Anteile allerdings zu 43 Prozent von verschiedenen Kommunen gehalten werden[520]. Insgesamt sind 50 Prozent der Erzeugungskapazität staatlich, 20 Prozent kommunal, 20 Prozent privat und 10 Prozent im Eigentum von Versicherungen und Pensionsfonds.[521]

Das Übertragungsnetz ist vollständig staatlich, während die regionalen und lokalen Netze unterschiedlichen, meist kommunalen Eigentümern gehören. Unter den

---

519 Vgl. Hjalmarsson (1996), S. 127f.

520 Vgl. International Energy Agency (1994), S. 281. 38 Prozent der Anteile an Sydkraft werden inzwischen von ausländischen Unternehmen gehalten, unter anderem Preussen Elektra und Electricité de France. Vgl. International Energy Agency (1996c), S. 36.

521 Vgl. International Energy Agency (1996c), S. 37.

Verteilern sind etwa 61 Prozent kommunale Unternehmen, 22 Prozent sind private Unternehmen und 13 Prozent befinden sich in der Hand des Staates.[522] Damit ist der überwiegende Teil der Unternehmen der schwedischen Elektrizitätswirtschaft in öffentlichem Besitz, teilweise als staatliche Unternehmen, teilweise als regionale oder kommunale Betriebe.

Kompetenzen der Regulierungsinstitution

Die Regulierungskompetenzen für die schwedische Elektrizitätswirtschaft liegen bei der Regierung, die ihre Interessen aber eher durch die direkte Kontrolle von Vattenfall als durch Regulierungsentscheidungen wahrgenommen hat. Vattenfall war angehalten, die Preise im Hochspannungsbereich nach dem Rate-of-Return-Prinzip auf der Basis von Grenzkosten[523] zu kalkulieren. Diese Kalkulationsbasis wurde von den anderen Erzeugern und vielen Verteilern übernommen, so daß die staatliche Vattenfall Preisführer war und einen Preisdruck nach unten für die anderen Erzeuger bewirken konnte.

Offiziell ist die NUTEK, die Behörde für industrielle und technische Entwicklung, als nachgeordnete Behörde des Ministeriums für Industrie und Gewerbe für die Regulierung (Vergabe von Lizenzen und Regulierung der Endverbraucherpreise und anderer Vertragskonditionen) zuständig. Damit hat Schweden die Regulierungskompetenzen aus der direkten Ministeriumsverwaltung ausgegliedert. Im Sinne der schwedischen Tradition des Konsenses bei politischen Entscheidungen werden auch die Enscheidungen der NUTEK einvernehmlich zwischen den großen Parteien, den zentralen und lokalen Behörden und den öffentlichen und privaten Elektrizitätsunternehmen getroffen.

Wettbewerb

Die elf größten Erzeugerunternehmen, die nahezu den gesamten Strom in Schweden erzeugen, waren in einem von der Regierung vor dem zweiten Weltkrieg initiierten Pool[524] zusammengeschlossen, der die Einspeisungen in das Netz koordinierte. Andere Unternehmen mußten, um das Netz zu nutzen, ihren Strom an ein Poolmitglied verkaufen und bei der Entnahme wieder zurückkaufen.[525] In der Er-

522 Die verbleibenden Unternehmen sind Kooperationen. Vgl. International Energy Agency (1996e), S. 281.

523 Die Preisformel berücksichtigte außerdem unter anderem Gewinnbeschränkungen und Abschreibungen. Vgl. Hjalmarsson (1996), S. 140 und Andersson/Bergman (1995), S. 98.

524 Vgl. Hjalmarsson (1996), S. 131.

525 Vgl. Kumkar (1998a), S. 20.

zeugung gab es eher Kooperation als Wettbewerb. Auch in der Verteilung herrschte kein Wettbewerb, sondern die regionalen und lokalen Verteilungsunternehmen hatten seit 1909 jeweils Gebietsmonopole.[526]

5.2.2.4 Die schwedische Marktreform

1991 wurde in Schweden ein neues Rahmengesetz zur Elektrizitätswirtschaft im Parlament eingebracht, das 1992 verabschiedet wurde und eine Öffnung der Netze für alle Marktteilnehmer vorsah. Außerdem sollte der Übertragungsbereich von den anderen Aktivitäten getrennt werden. Zum 1. Januar 1992 wurde der staatliche Eigenbetrieb Vattenfall vertikal vollständig desintegriert. Aus dem Erzeugungsbereich wurde die Aktiengesellschaft Vattenfall, deren spätere Privatisierung nicht ausgeschlossen wurde. Gründe für eine mögliche Privatisierung von Vattenfall mögen die hohe Staatsverschuldung Schwedens, aber auch die Einstellung der (konservativen) Regierung zur Staatstätigkeit gewesen sein. Mittlerweile hat die (jetzt sozialdemokratische) schwedische Regierung jedoch beschlossen, daß Vattenfall Staatsunternehmen bleiben soll.[527] Das Übertragungsnetz wird von Svenska Kraftnät als staatlicher Eigenbetrieb betrieben. Diese Entflechtung, bei der auch die regionalen Netze organisatorisch von den Verkaufsaktivitäten getrennt wurden, geht über das von der Europäischen Kommission geforderte „Unbundling“, also die rechnungsmäßige Trennung noch hinaus.

Die Betreiber von Netzteilen benötigen zum Betrieb eine Lizenz und haben eine Anschlußpflicht für neue Kunden. Der Übertragungsnetzbetreiber, die Svenska Kraftnät, ist für die Spannungs- und Frequenzregelung des Netzes, außerdem für den Netzausbau, die Festlegung von Zugangs- und Preisregeln für die Übertragungsnetznutzung und die Strombörse zuständig.[528] Die Gebühren für die Nutzung der regionalen und lokalen Netze werden von den jeweiligen Betreibern festgelegt. Die Netzgebühren sind dabei wie in Norwegen Punkttarife und gewähren Zugang zum gesamten Netz. Im Gegensatz zu Norwegen sind die Netzgebühren in Schweden nicht kapazitäts- bzw. belastungsabhängig. Falls die Nachfrage nach Leitungskapazität nicht befriedigt werden kann, tritt Svenska Kraftnät als Teilnehmer auf dem Markt auf. Der Netzbetreiber kauft eingespeisten Strom an den Einspeisungsstellen auf und speist ersatzweise Strom in den Zielgebieten ein. Die entstehenden Kosten werden über die generelle Netzzugangsgebühr abgegolten.[529]

---

526 Vgl. Bergman/Andersson (1995), S. 155 und 158.
527 Vgl. Kumkar (1998a), S. 22.
528 Vgl. Klopfer/Schulz (1993), S. 328ff.
529 Vgl. Amundsen/Bergman/Andersson (1998), S. 4.

Die Regulierung der Gebühren liegt bei der NUTEK.[530] Der Erzeugungs- und Handelsbereich wird nicht mehr reguliert. Die Endverbraucherpreise werden allenfalls passiv reguliert, d.h. die schwedische Wettbewerbsbehörde, die diese Preise überwacht, wird nur auf Beschwerden hin tätig.[531]

Damit sollte in der schwedischen Elektrizitätswirtschaft Wettbewerb in der Erzeugung und im Stromhandel, also der Bedienung der Endverbraucher eingeführt werden. Das nationale Übertragungsnetz ist seit 1995 für Dritte zugänglich, die regionalen und lokalen Netze seit 1996. Der Zugang für private Haushaltskunden ist für eine Übergangszeit nur möglich, wenn der Kunde sich sechs Monate vorher anmeldet. Außerdem muß er für ausreichende Meßvorrichtungen selbst aufkommen. Drei Jahre lang besaß das bisherige Versorgungsunternehmen zudem eine Monopolkonzession für kleine Haushaltskunden, die 1999 auslief.[532] Der schwedische Übertragungsnetzbetreiber, Svenska Kraftnät beteiligt sich seit April 1996 mit 50 Prozent an der norwegischen Börse Statnett Market des Netzbetreibers Statnett. Seitdem heißt die gemeinsame Börse Nord Pool.[533]

Im Zuge der Deregulierung fand eine Konsolidierung insbesondere der Verteilungsunternehmen statt, die sehr viel umfangreicher war als in Norwegen und von der Regulierungsbehörde NUTEK mit dem Argument gefördert wurde, den Stromtransport effizienter zu gestalten. Vermutlich soll damit aber sichergestellt werden, daß die Elektrizitätspreise der ländlichen Stromverbraucher auch weiterhin subventioniert werden.[534] Viele Gemeinden verkauften ihre kommunalen Verteiler an größere, häufig vertikal mit Erzeugern integrierte Unternehmen, weil die kommunalen Unternehmen zu klein waren, um im Wettbewerb bestehen zu können. Verkaufserlöse und die Ansicht mancher Kommunalpolitiker, daß die Teilnahme auf wettbewerblichen Märkten keine öffentliche Aufgabe sein könne, spielten ebenfalls eine Rolle.[535]

---

530 Vgl. International Energy Agency (1996e), S. 280. Zum 1. Januar 1998 wurden die Regulierungsaufgaben von der neugegründeten Schwedischen Nationalen Energiebehörde STEM übernommen. Vgl. Kumkar (1998a), S. 56.

531 Vgl. International Energy Agency (1994), S. 283.

532 Vgl. International Energy Agency (1994), S. 279, Midttun (1997), S. 105 und Kumkar (1998a), S. 32. Kleine Haushaltskunden dürften von einer Teilnahme am Strommarkt mit wechselnden Anbietern abgehalten werden, da die entstehenden Kosten für stündliche Verbrauchsmessungen (etwa 8000 schwedische Kronen) die Preisvorteile eines Wechsels überkompensieren. Vgl. International Energy Agency (1996c), S. 45.

533 Vgl. NUTEK (1996), S. 12. Zur Funktionsweise der internationalen Strombörse siehe beispielsweise Müller, Michael (1998).

534 Vgl. Kumkar (1998a), S. 61.

535 Vgl. NUTEK (1996), S. 22f.

5.2.2.5 Politökonomische Analyse

Norwegen

Norwegens Regierungssystem ist von Kooperation und Verhandlungen geprägt. Dementsprechend ging der Umstrukturierung der Elektrizitätswirtschaft auch eine breite Diskussion voraus. Die allgemeine Debatte um grundlegende Reformen, die zu der Einführung von Wettbewerb in der Erzeugung und im Stromhandel führte, wurde durch die 1987 geführte Diskussion um den Bau von Gaskraftwerken in Norwegen angestoßen. Gaskraftwerke hatten sich in der Vergangenheit gegenüber den Wasserkraftwerken als relativ unwirtschaftlich erwiesen, so daß der Staat diese Kraftwerke zur Diversifizierung der Erzeugungskapazität nur genehmigen wollte, wenn der jeweilige Investor am Risiko beteiligt würde und seine Kosten nicht ohne weiteres auf die Stromverbraucher abwälzen könnte. Dafür war jedoch eine Änderung der Energiegesetze nötig, die eine grundlegende Debatte über den besten Ordnungsrahmen für die Elektrizitätswirtschaft auslöste. Während die Regierungsspitze in erster Linie auf den Zusammenschluß von Unternehmen zu etwa 20 vertikal integrierten Elektrizitätsversorgern drängte, um die Elektrizitätswirtschaft auf diese Weise effizienter zu gestalten,[536] gaben das Finanz- und das Energieministerium 1988 eine Untersuchung über die Möglichkeit wettbewerbsorientierter Reformen in Auftrag. Die beiden Ministerien waren mit den Investitions- und Preisentscheidungen des existierenden Regulierungsregimes nicht zufrieden und suchten nach alternativen Strukturen. Die Idee des Wettbewerbs in der Elektrizitätswirtschaft setzte sich in Norwegen schnell durch, allerdings legte die sozialdemokratische Regierung Brundtland 1989 einen Reformvorschlag vor, der nur einige wettbewerbsorientierte Elemente vorsah, die der konservativen Opposition nicht umfassend genug waren. Erst mit dem Regierungswechsel 1990 wurde ein weitergehender Reformvorschlag der neuen konservativen Regierung ohne nennenswerte Opposition als Gesetz verabschiedet. Trotz des erneuten Regierungswechsels 1991 wurden die Reformen danach weiterverfolgt. Die Sozialdemokraten versuchten allerdings, Erzeugungsunternehmen, die durch den Wettbewerbsdruck in Schwierigkeiten geraten waren, mit einer Einschränkung der Vertragsfreiheit der Verbraucher zu unterstützen. Auch viele Kommunen hatten auf einen Schutz ihrer kommunalen Unternehmen gedrungen. Obwohl Norwegen kein föderaler Staat ist, haben die regionalen und lokalen Behörden, die an der Elektrizitätsversorgung beteiligt sind, nicht unerheblichen Einfluß auf die norwegische Regierung nehmen können.[537] Ein entspre-

---

536 Vgl. Hjalmarsson (1993), S. 69 und (1996), S. 171 und Kumkar (1998a), S. 13f.

537 Siehe International Energy Agency (1996e), S. 241.

chender Gesetzentwurf wurde aber Ende 1992 vom Parlament abgelehnt, so daß sich die Unterstützung von Erzeugungsunternehmen auf marktkompatiblere Regelungen wie Steuervergünstigungen beschränken muß.[538]

Die konservative Regierung, die die Reformen in Gang gesetzt hat, wurde hauptsächlich von Effizienzüberlegungen geleitet. Bereiche, die wettbewerblich organisiert werden können, sollten dem Wettbewerb ausgesetzt werden. Davon versprach man sich niedrigere Strompreise. Insbesondere erhoffte man sich eine Nivellierung der großen Preisunterschiede für Endverbraucher zwischen verschiedenen Regionen, soweit diese nicht auf unterschiedlich hohe Übertragungskosten zurückzuführen waren. Auf diese Weise sollte der Preis seine Funktion als Signal für Verbraucher und Investoren zurückgewinnen.[539]

Infolge des Wettbewerb sanken die Strompreise für Endabnehmer in Norwegen zunächst erheblich. Allerdings gibt es jetzt auch wesentlich stärkere Preisfluktuationen, da wegen der nahezu ausschließlichen Verwendung von Wasserkraft als Primärenergie das Angebot an Elektrizität stark von den Witterungsverhältnissen abhängt.[540] In trockenen Jahren steigen die Strompreise dadurch an. Diese Preisfluktuationen geben allerdings die Knappheitsverhältnisse wider und sind damit ökonomisch gerechtfertigt.

Außerdem wollte die Regierung die unterschiedlichen Rollen, die der Staat in der Elektrizitätswirtschaft als Manager der Staatsunternehmen, Gestalter der Energiepolitik und Regulierer wahrnimmt, trennen.[541] Die direkte Einflußnahme der Regierung auf den Energiesektor wurde reduziert. Die Privatisierung von Staatsbetrieben war allerdings kein Thema.[542] Die norwegische Regierung war der Meinung, daß auch Staatsbetriebe im Wettbewerb effizient sind, wenn sie betriebswirtschaftlich geführt werden. Außerdem wäre eine Privatisierung der vielen öffentlichen Unternehmen – mit etwa 200 unterschiedlichen regionalen und kommunalen Eigentümern – politisch und organisatorisch problematisch gewesen.[543]

Insgesamt gibt es in Norwegen inzwischen einen weitgehenden Konsens über die wettbewerbliche Öffnung des Elektrizitätsmarktes, auch wenn die Gemeinden

---

538 Vgl. Klopfer/Schulz (1993) S. 300ff. und Menges/Barzantny (1997), S. 40ff.

539 Vgl. Moen/Hamrin (1996), S. 38f. und International Energy Agency (1994), S. 259.

540 Vgl. International Energy Agency (1997), S. 79f., Student (1998), S. 216 und Bonde (2001b).

541 Vgl. International Energy Agency (1994), S. 259.

542 Vgl. Amundsen/Bergman/Andersson (1998), S. 3 und International Energy Agency (1997), S. 67.

543 Vgl. Moen/Hamrin (1996), S. 38.

ihre kommunalen Unternehmen weiterhin gern für sozialpolitische Zwecke einsetzen. Im allgemeinen überwiegen aber Effizienzgesichtspunkte über politisch motivierte Einflußnahmen. Dies mag unter anderem auch an dem Verzicht auf Privatisierung und umfassende Entflechtung der Unternehmen gelegen haben, der im Sinne der Kommunen war.[544] Die Elektrizitätswirtschaft selbst erwartete wegen ihrer preisgünstigen Erzeugungsmöglichkeiten durch den Einsatz von Wasserkraftwerken, auf dem europäischen Markt wettbewerbsfähig zu sein, und strebte ebenso Effizienzverbesserungen an. Die stromverbrauchenden mittelgroßen Industrieunternehmen, deren Endverbraucherpreise für Strom vorher von den Kommunen über die kommunalen Versorger reguliert wurden, setzten sich für die wettbewerbliche Reform ein. Sie nahmen nämlich an, bisher die Strompreise für Haushaltskunden quersubventioniert zu haben und erwarteten sinkende Preise, wenn sie direkt auf den Strommärkten auftreten könnten.[545]

Die Ergebnisse geben den norwegischen Reformen recht. Ohne große politische Kontroversen wurde ein System institutionalisiert, das zwar wegen der weiter bestehenden engen Verbindungen zwischen Erzeugern, Verteilern und zum Teil regionalen Netzbetreibern keinen vollkommenen Wettbewerb garantiert, aber zügig unter den gegebenen Voraussetzungen die größtmögliche Marktöffnung erreichte. Ineffizienzen wie die großen Überkapazitäten in der Erzeugung und der übermäßige Ausbau des Übertragungsnetzes konnten deutlich zurückgeführt werden,[546] seitdem Investitionen allein unter wirtschaftlichen Gesichtspunkten betrachtet werden.

Schweden

Das Signal für Wettbewerb in der schwedischen Elektrizitätswirtschaft gab die schwedische Behörde für industrielle und technische Entwicklung (NUTEK) 1991 mit Vorschlägen zur zukünftigen Rolle des Übertragungsnetzbetreibers, die auf eine wettbewerbliche Umstrukturierung der Elektrizitätswirtschaft hinausliefen. Diese Vorschläge wurden von der seit Herbst 1991 amtierenden konservativen Regierung aufgegriffen und vorangetrieben. Die Regierung brachte auf der Grundlage der Vorschläge der NUTEK und eines Weißbuches zum Wettbewerb

---

544 Die Kommunen begrüßten außerdem, daß die ursprüngliche Zentralisierungsabsicht der Regierung, die die Eigenständigkeit der kommunalen Versorgungsunternehmen gefährdet hätte, fallengelassen wurde. Vgl. Midttun (1997), S. 108.

545 Vgl. Midttun (1997), S. 108.

546 Vgl. International Energy Agency (1997), S. 83.

in der Elektrizitätswirtschaft[547] einen Gesetzentwurf ein. Dabei berief sie sich auf die schon erfolgten oder geplanten Reformen in anderen Ländern und die zu erwartende Internationalisierung der Elektrizitätsmärkte. Vor allem die Gefahr, den Anschluß an die Entwicklung in Norwegen zu verlieren, veranlaßte die Regierung zu handeln. Auch der von der Europäischen Kommission vorgelegte Richtlinienvorschlag für den Elektrizitätsbinnenmarkt spielte eine Rolle bei der Entscheidung der Regierung für eine wettbewerbliche Umgestaltung. Schweden erwartete eine wettbewerbliche Öffnung der europäischen Strommärkte noch vor der Jahrhundertwende und wollte sich im Zuge des EU-Beitritts zum 1. Januar 1995 darauf einstellen. Dementsprechend griff die Regierung wesentliche Teile des Kommissionsentwurfs in ihrem Gesetzesvorhaben auf. Der Gesetzentwurf wurde im Mai 1992 vom schwedischen Reichstag mit großer Mehrheit angenommen.[548]

Da die schwedische Elektrizitätswirtschaft mit ihrer Selbstregulierung unter der Führung von Vattenfall vor den Reformen als relativ effizient galt, war eine Effizienzverbesserung nicht das Hauptanliegen der Regierung, auch wenn durch die Umstrukturierung eine effizientere Verteilung und eine Erzeugungskapazitätsanpassung[549] erwartet wurde. Trotz der vielen Unternehmen auf dem schwedischen Elektrizitätsmarkt konnten Skalenerträge durch ausgeprägte Koordination und Kooperationen zwischen den privaten, aber auch zwischen privaten und öffentlichen Unternehmen ausgeschöpft werden.[550] Die Ankündigung der Regierung, die oligopolistischen Strukturen mit der Einführung von Wettbewerb aufzubrechen,[551] ist allerdings wenig glaubwürdig, da die beiden großen Erzeuger nach wie vor die Erzeugung dominieren und das Staatsunternehmen Vattenfall nicht in mehrere Erzeugungsunternehmen aufgespalten wurde.

Das schwedische Rahmengesetz bedurfte zur Verwirklichung der Reformen weitere Anpassungen des bestehenden Energiegesetzes. Dadurch verzögerte sich die Umsetzung der wettbewerblichen Strukturen. Die entsprechenden Entwürfe wurden im Juni 1993 vorgelegt, im Frühjahr 1994 vom Reichstag verabschiedet und sollten zum Januar 1995 in Kraft treten.[552] Aus der Wahl 1994 ging eine sozial-

547 Das Weißbuch „An Electricity Market with Competition" wurde vom Industrieministerium vorgelegt.

548 Vgl. Bergman/Andersson (1995), S. 158f. und Klopfer/Schulz (1993), S. 328ff.

549 Vattenfall tendierte als dominierendes Staatsunternehmen dazu, seine Gewinne zu reinvestieren, so daß Überkapazitäten entstanden. Das Industrieministerium, dem das Unternehmen unterstand, unterstütze das, da dies seinen industriepolitischen Vorstellungen entsprach. Vgl. Hjalmarsson (1996), S. 170.

550 Vgl. Hjalmarsson (1993), S. 66.

551 Vgl. International Energy Agency (1996c), S. 38.

552 Vgl. Klopfer/Schulz (1993), S. 330.

demokratische Regierung hervor, die das Inkrafttreten der Gesetze um ein Jahr verzögerte, um weitere Wirkungsanalysen einzuholen. Vor allem wollte die neue Regierung die Auswirkungen des Wettbewerbs auf kleine Konsumenten in ländlichen Regionen und die Folgen eines möglichen Ausstiegs aus der Kernkraft in einem wettbewerblichen Umfeld untersuchen. Die Ergebnisse sprachen für eine Implementierung des Wettbewerbs mit nur geringfügigen Änderungen, die im Herbst 1995 beschlossen wurden, so daß die Reform Anfang 1996 in Kraft treten konnte.[553]

Die Reform wurde von der schwedischen Industrie unterstützt, da die Unternehmen ebenso wie in Norwegen auf sinkende Strompreise durch den Wettbewerb und den direkten Zugang zum Netz hofften. Die öffentlichen Stromversorgungsunternehmen versprachen sich größere Selbständigkeit gegenüber der Regierung. Die privaten Stromerzeuger und Verteiler befürchteten von der Deregulierung mit einem Spotmarkt allerdings stark sinkende Strompreise und damit finanzielle Schwierigkeiten für sich. Sie betonten, daß die geplante Stillegung der schwedischen Kernkraftwerke in dem neuen System nicht mehr verwirklicht werden könnte. Außerdem verwiesen sie darauf, daß kleine Stromverbraucher in ländlichen Gegenden durch die Reform benachteiligt würden.[554] Es stimmten also nicht alle Unternehmen der Elektrizitätswirtschaft mit den Reformen grundsätzlich überein. Die Netzgesellschaft Svenska Kraftnät sprach sich allerdings schon frühzeitig nach ihrer Abspaltung von Vattenfall für eine wettbewerbliche Strombörse nach dem norwegischen Vorbild aus.[555]

Da der staatliche Erzeuger Vattenfall nicht in mehrere Unternehmen aufgespalten wurde, beherrschen die beiden größten Erzeuger, Vattenfall und Sydkraft, zusammen 75 Prozent der schwedischen Elektrizitätserzeugung und haben damit auch Marktmacht bei der Einspeisung von Strom in das Übertragungsnetz. Finanzielle Schwierigkeiten sind bei einer derartigen Marktkonzentration für die Erzeuger nicht zu erwarten. Vielmehr haben die großen Erzeuger monopolistische Preissetzungsspielräume.[556] Der internationale Strommarkt mit Norwegen, an dem sich auch Finnland und Dänemark beteiligen, kann die Macht der beiden großen

553 Vgl. Bergman/Andersson (1995), S. 155, Hope (1996), S. 189, Hjalmarsson (1996), S. 175 und Midttun (1997), S. 109.

554 Vgl. Bergman/Andersson (1995), S. 159.

555 Vgl. Menges/Barzantny (1997), S. 53.

556 Siehe hierzu die Studie von Bergman/Andersson (1995), die dies anhand des schwedischen Elektrizitätsmarktes belegt.

Erzeuger allerdings in Grenzen halten, auch wenn Vattenfall weiterhin der größte Erzeuger auf dem nordischen Strommarkt bleibt.[557]

Erklärungsmöglichkeiten der Regulierungstheorien

Trotz einiger Unterschiede in der norwegischen und der schwedischen Elektrizitätswirtschaft sind die grundsätzlichen Strukturen in beiden Ländern sehr ähnlich. Auch die Deregulierung weist Parallelen auf. Sowohl in Norwegen als auch in Schweden wurden die Umstrukturierungen von einem breiten Konsens getragen. Insbesondere auf der politischen Ebene richteten sich sowohl konservative wie sozialdemokratische Regierungen an Effizienzzielen aus, auch wenn zu beobachten ist, daß die Sozialdemokraten in beiden Ländern die Reformen etwas zurückhaltender betrieben und die sozialen Belange der kleinen privaten Stromkunden stärker berücksichtigten. Dennoch sind auch die sozialdemokratischen Regierungen in Norwegen und Schweden keineswegs als reformfeindlich einzustufen. Nennenswerten Widerstand gab es nach einer breiten Diskussion weder auf der politischen Ebene noch in der Industrie. Für beide Länder bietet die Public-Interest-Theorie eine hervorragende Erklärung für die wettbewerbliche Umstrukturierung der Elektrizitätswirtschaft, während alle anderen Theorien keine Rolle spielen. Nachdem das Thema Energieversorgung in Norwegen wegen der Frage neuer Gaskraftwerke auf der Tagesordnung stand, stellte sich in der Diskussion heraus, daß sich die Branche effizienter mit einer anderen Struktur organisieren läßt. Diese Struktur wurde daraufhin zügig umgesetzt. Den Anstoß für die Diskussion in Schweden gaben zum einen die Diskussionen in Norwegen, zum anderen die Bestrebungen der Europäischen Kommission, einen wettbewerblichen europäischen Strombinnenmarkt einzuführen. Neben der Sorge, hinter dem Nachbarn Norwegen zurückzubleiben, machte sich Schweden auch im Hinblick auf den EU-Beitritt Gedanken über eine wettbewerbskonforme Struktur. Die Ergebnisse des Diskussionsprozesses spiegeln aber wie in Norwegen die Orientierung am öffentlichen Interesse wider.

5.2.3 Die Elektrizitätswirtschaft in Spanien

In Spanien geht der Prozeß der Umgestaltung der Elektrizitätswirtschaft von einer zentral geplanten, öffentlich dominierten monopolistischen Struktur hin zu einer dezentralen Struktur mit privatem Eigentum und Wettbewerb, deren Entscheidungsprozesse auf marktwirtschaftlichen Anreizen beruhen, seinem Ende entgegen. Nachdem bis Mitte der achtziger Jahre der Schwerpunkt der Energiepolitik

---

557 Vgl. International Energy Agency (1996c), S. 48.

auf der Verwendung heimischer Energieträger – Kohle und Atomenergie – lag, um den Ölimport ersetzen zu können, kann man nach 1985 Anzeichen eines zunehmenden Wettbewerbs erkennen. Insbesondere hat Spanien wesentlich früher als der „Vorreiter" Großbritannien mit der vertikalen Entflechtung und dem separaten Betrieb des Transportnetzes begonnen.

5.2.3.1 Struktur der spanischen Elektrizitätswirtschaft bis 1985

Integrationsgrad der Industrie

Die Struktur der spanischen Elektrizitätswirtschaft ist sehr heterogen. Es gibt eine große Anzahl sehr unterschiedlicher Unternehmen in dieser Industrie, trotz kontinuierlicher Konzentration insgesamt weit über 600, von denen gut 300 reine Verteilerunternehmen sind. Die 20 größten Unternehmen – von denen wiederum nur vier wirklich als groß zu bezeichnen sind – erzeugen etwa 98 Prozent des Stroms, die vielen kleinen Unternehmen den Rest. Der größte Erzeuger ist die bis 1985 rein staatliche Endesa mit einem Viertel bis einem Drittel der gesamten spanischen Stromproduktion. Die Stromindustrie in Spanien mit mehreren großen Erzeugern ist damit horizontal als eher desintegriert zu bezeichnen.

In vertikaler Hinsicht kann bis 1985 hingegen von nahezu vollständiger Integration gesprochen werden. Alle Erzeugerunternehmen außer den Selbsterzeugern sind vollkommen vertikal integriert. Daneben existiert noch eine beträchtliche Anzahl reiner Verteilerunternehmen, die aber mit den Erzeugern eng verbunden sind.[558]

Eigentumsverhältnisse

Die Eigentumsverhältnisse der einzelnen Elektrizitätsunternehmen sind ebenfalls unterschiedlich. Grundsätzlich ist die Elektrizitätswirtschaft weitgehend privat organisiert. Das bis 1985 vollständig staatliche Unternehmen Endesa besitzt allerdings den größten Anteil an der Stromproduktion und der Verteilung. Insgesamt sind ca. 70 Prozent der Erzeugung und 90 Prozent der Verteilung des Stroms privat, der Rest wird durch öffentlich kontrollierte Unternehmen bereitgestellt.[559]

---

558 Vgl. International Energy Agency (1994), S. 277 und Henney (1992), S. 61.

559 Vgl. Henney (1992), S. 61.

Kompetenzen der Regulierungsinstitution

Die Verantwortung für die Energiepolitik liegt bei der spanischen Zentralregierung. Sie legt Art und Umfang der Regulierung fest, erteilt beispielsweise Konzessionen für die Nutzung der Wasserkraft und genehmigt die Errichtung neuer Kraftwerke und Übertragungsnetze, stellt Investitionspläne für die gesamte Elektrizitätswirtschaft für den Zeitraum von jeweils zehn Jahren auf[560], legt Preishöchstgrenzen fest und überwacht die Implementierung, die von den regionalen Regierungen vorgenommen wird. Die regionalen Regierungen erteilen beispielsweise die einzelnen Lizenzen für regionale Erzeugungs-, Übertragung- und Verteilerunternehmen.[561]

Zu Beginn der fünfziger Jahre wurden landesweit einheitliche Höchstpreise für die unterschiedlichen Stromleistungen – also die Lieferung von Strom in unterschiedlichen Leistungs- und Spannungsstufen und für die Zeiten unterschiedlich starker Nachfrage – eingeführt. Das Industrie- und Energieministerium hat dabei im allgemeinen eine ausgeprägte Niedrigpreispolitik verfolgt.[562] Seit 1954 kontrolliert das Ministerium zusätzlich die über den Preis hinausgehenden Bedingungen für Energielieferungen.[563] Die Regulierungsbefugnisse der spanischen Zentralregierung erstrecken sich damit im wesentlichen auf die Investitions- und Preisaufsicht.

1979 wurde zusätzlich ein Komitee für die Regulierung der öffentlichen Elektrizitätsversorgung gegründet, das sich aus Vertretern der für die Elektrizitätsregulierung zuständigen Regierungsbehörden und den Elektrizitätsversorgungsunternehmen zusammensetzt. Ziel dieses Komitees ist es, auftretende Differenzen auf dem Verhandlungsweg zu klären und die Ziele der einzelnen Elektrizitätsversorgungsunternehmen mit der nationalen Energiepolitik in Einklang zu bringen.[564] Eine Verringerung der Regulierungskompetenzen der spanischen Regierung war damit aber nicht verbunden.

Die Ölpreiskrise der siebziger Jahre betraf die spanische Elektrizitätswirtschaft, die einen hohen Ölverbrauch hatte, in besonderer Weise. Daher beschloß die Regierung ein Programm zur Kraftstoffsubstitution. Durch gezielte Investitionen in die Nuklear- und Kohleverstromung wollte man die Abhängigkeit vom Öl als

---

560 den sogenannten Nationalen Energieplan

561 Vgl. International Energy Agency (1994), S. 275, Henney (1992), S. 62 und Lammers (1992), S. 363.

562 Vgl. Lammers (1992), S. 377.

563 Vgl. Lammers (1992), S. 362.

564 Vgl. Lammers (1992), S. 363.

Kraftstoff reduzieren.[565] Die durch hohe Anfangsinvestitionen in die Atomkraft und die teure heimische Kohle belasteten Elektrizitätsunternehmen wurden aus einem schon seit den fünfziger Jahren existierenden Ausgleichssystem kompensiert, das zum Ausgleich von Kostenunterschieden bei der Verstromung der in der spanischen Elektrizitätswirtschaft stets sehr heterogenen Energieträger eingerichtet worden war.[566]

Wettbewerb

Die Elektrizitätswirtschaft in Spanien ist trotz der Vielzahl an Unternehmen sehr zentralistisch organisiert. Es gibt zwar kein Erzeugermonopol. Aufgrund der Lizensierung der Erzeuger durch die nationale Regierung, der zentralen Koordinierung der Investitionspläne und der Preiskontrolle beim Verkauf des erzeugten Stroms an die Verteiler[567] wird der Wettbewerb aber faktisch ausgeschaltet. Ebenso existiert kein Endverbraucherwettbewerb. Obwohl gesetzlich keine Gebietsmonopole existieren, haben die einzelnen Verteilerunternehmen jeweils de facto-Monopole in ihren Versorgungsgebieten, die durch Abkommen der Verteiler untereinander gesichert werden.[568]

5.2.3.2 Umstrukturierungen seit 1985

Seit 1985 läuft der Umstrukturierungsprozeß der spanischen Elektrizitätswirtschaft. Ziel der Regierung war es zunächst, die Koordination der gesamten Branche zu erhöhen und damit zu verbessern und für mehr Transparenz in der Stromwirtschaft zu sorgen, um die internationale Wettbewerbsfähigkeit des spanischen Stroms zu steigern. Unter der Prämisse, einheitliche Stromtarife im ganzen Land zu gewährleisten, entschied sich die spanische Regierung für ein Poolsystem, das von einem zentralen Netzbetreiber betrieben werden sollte.[569] Dazu wurde 1985 das Hochspannungsnetz nationalisiert und der neugegründeten Redesa zum Betrieb übertragen. Der spanische Staat hält einen entscheidenden Anteil an dem Unternehmen. Als Eigentümer von Teilen des Hochspannungsnetzes besitzen die verschiedenen Erzeugerunternehmen ebenfalls Anteile am Netzbetreiber. Analog zu der gemischtwirtschaftlichen Struktur der spanischen Elektrizitätswirtschaft ist damit auch das Netzunternehmen Redesa ein gemischtwirt-

565 Vgl. Kahn (1998), S. 16.
566 Vgl. Lammers (1992), S. 362.
567 Durch die Preiskontrolle gleicht das Energieministerium die Kostenunterschiede bei der Verwendung unterschiedlicher Energieträger aus. Vgl. International Energy Agency (1994), S. 277f.
568 Vgl. Henney (1992), S. 61 und International Energy Agency (1994), S. 277.
569 Vgl. International Energy Agency (1994), S. 275.

schaftliches Unternehmen. 1993 hielt der spanische Staat 51 Prozent der Anteile; 49 Prozent waren privat.[570]

Redesa muß jedem Elektrizitätsversorgungsunternehmen Transportkapazität zur Verfügung stellen. Tatsächlich fand aber zunächst keine wirkliche Durchleitung von Strom einzelner Erzeuger durch das Netz statt, sondern Redesa kauft den Strom von den Erzeugern und verkauft ihn an die Verteiler weiter.[571] Da das Unternehmen also faktisch die Übertragung durchführt, organisiert es auch den kurz- und mittelfristigen Kraftwerkseinsatz, koordiniert die Wartungsarbeiten und damit die Ausfallzeiten der einzelnen Kraftwerke und den Stromhandel mit dem Ausland[572]. Die Bündelung der der Elektrizitätswirtschaft grundsätzlich eigenen Koordinationsaufgaben sollte die Transaktionskosten verringern und zu einer größeren Effizienz führen.

Die Etablierung eines zentralen Netzbetreibers hat die vertikale Integration der spanischen Elektrizitätswirtschaft deutlich verringert.[573] Vollständig integrierte Unternehmen gibt es nun nicht mehr. Allerdings haben sich damit auch die Eingriffsmöglichkeiten der Regierung vergrößert, die durch das Industrie- und Energieministerium weitgehende Kontrollrechte gegenüber Redesa besitzt. Die Industriestruktur konnte mit der Herauslösung des Übertragungsnetzes zwar etwas entflochten werden, die Elektrizitätswirtschaft behielt aber ein nicht unbeträchtliches Ausmaß an vertikaler Integration bei. Die wesentlichen Erzeuger agieren auch weiterhin als Verteilerunternehmen, müssen allerdings ihre Erzeugungs- und Verteileraktivitäten separat ausweisen[574] und seit 2000 vollständig trennen.[575]

In horizontaler Hinsicht hat die Umstrukturierung zu einem Konzentrationsprozeß geführt. Dies war von der Regierung auch so gewünscht, da sie davon ausging, daß die Konsolidierung der Unternehmen zu weniger, aber größeren Einheiten die Wettbewerbsfähigkeit auf dem europäischen Markt erhöhen würde. Von den über 300 Erzeugern, die es bisher gab, spielen seit Anfang der neunziger Jahre nur noch sieben Gruppen in der Stromerzeugung eine Rolle[576]. Damit hat sich die horizontale Konzentration wesentlich erhöht, Monopolgefahren bestehen allerdings

---

570 Vgl. McGowan (1993), S. 7.
571 Vgl. International Energy Agency (1994), S. 277.
572 Ein gesetzliches Außenhandelsmonopol besitzt Redesa allerdings nicht. Vgl. Kumkar/ Neu (1997), S. 16f.
573 Vgl. Newbery (1994), S. 10.
574 Vgl. International Energy Agency (1994), S. 276 und Kahn (1998), S. 17.
575 Vgl. International Energy Agency (1996b), S. 72.
576 Vgl. International Energy Agency (1994), S. 277.

nicht[577]. Durch einen Anteilstausch zwischen verschiedenen Unternehmen der Elektrizitätswirtschaft, der nötig wurde, weil einige private Unternehmen vor dem Konkurs standen, verschaffte sich der spanische Staat mehr Einfluß auf die meisten Unternehmen der Branche. Die staatliche Endesa hält jetzt signifikante Anteile an vielen Unternehmen, so daß die Regierung diese Unternehmen und damit deren Betrieb und Investitionen mindestens partiell kontrollieren kann.[578]

1987 wurde ein Gesetz erlassen, das die Kompensation der Kostenunterschiede bei der Verstromung unterschiedlicher Ressourcen neu regelte. Mit dem Kompensationsmechanismus auf Basis von Standardkosten wurden gleichzeitig Anreize für die Unternehmen geschaffen, ihre Kosten zu senken.[579] Außerdem wurde ein Privatisierungsprogramm beschlossen.[580] Das früher vollkommen staatliche Unternehmen Endesa, das bereits Ende der achtziger Jahre teilweise privatisiert wurde, befand sich 1997 nur noch zu knapp 42 Prozent im staatlichen Besitz und wird weiter privatisiert. Auch die Eigentumsstruktur der Redesa ändert sich. Bis Ende 2003 soll die Staatliche Gesellschaft für Industriebeteiligungen noch einen Anteil von 25 Prozent behalten. Danach darf kein Unternehmen mehr als 10 Prozent der Anteile an der Netzgesellschaft halten, und die Summe der Beteiligungen von Elektrizitätsunternehmen darf insgesamt 40 Prozent nicht überschreiten.[581]

1994 wurde zudem eine neue Tarifstruktur verabschiedet, die Verbrauchern Vergünstigungen ermöglicht, wenn sie bereit sind, in Zeiten, während derer die Stromerzeugung besonders teuer ist – etwa in den Lastspitzen –, ihren Stromverbrauch zu reduzieren.[582] Außerdem wurde Ende des Jahres ein neues Elektrizitätsgesetz verabschiedet, das zu mehr Wettbewerb in der Elektrizitätswirtschaft führen sollte.[583] Mit staatlicher Erlaubnis dürfen neue Erzeuger Strom jetzt direkt an große Endverbraucher verkaufen. Der Preis kann frei ausgehandelt werden. Das Übertragungsnetz der Redesa wird dabei nur noch für die Durchleitung be-

---

577 Die International Energy Agency hat diesbezüglich allerdings Befürchtungen. Siehe International Energy Agency (1996b), S. 78. Auch die spanische Regierung scheint dies zu befürchten, hat sie doch die Fusion der Stromversorger Union Fenosa (12,8 Prozent Marktanteil in Spanien) und Hidrocantabrico (6,6 Prozent Marktanteil) im Mai 2000 untersagt. Vgl. o.V. (2000e).

578 Vgl. McGowan (1993),S. 29.

579 Vgl. International Energy Agency (1996b), S. 69f.

580 Vgl. International Energy Agency (1996e), S. 263.

581 Vgl. Vereinigung Deutscher Elektrizitätswerke (1999c) und Lo Passo/Macchiati (1997), S. 65.

582 Vgl. International Energy Agency (1996b), S. 71.

583 Vgl. International Energy Agency (1996b), S. 20.

nötigt, ansonsten ist der Netzbetreiber nicht mehr beteiligt.[584] Ein – wenn auch begrenzter – Netzzugang Dritter war bereits seit 1985 möglich. Inzwischen besitzt Redesa aber kein gesetzliches Monopol für die Stromübertragung mehr. Stromerzeuger und Endverbraucher können unbegrenzt Strom importieren oder exportieren, solange davon nicht der kurzfristige Ausgleich zur Systemoptimierung betroffen ist, der weiterhin der Redesa vorbehalten bleibt.[585] Eigenerzeuger dürfen Strom zudem zu festgelegten Preisen in das Netz einspeisen.[586] Die durch das Gesetz von 1994 eingeführte Regulierungsbehörde, die das Regulierungskomitee abgelöst hat, greift seither mit nicht unerheblichem Erfolg ein, um die Regierung an nicht marktkonformen Handlungen zu hindern und den Wettbewerb zu fördern. So setzte sie die operationale Trennung von bereits fusionierten Unternehmen durch und wandte sich konsequent gegen eine von der Regierung geplante weitere Konsolidierung der Elektrizitätswirtschaft.[587]

Im Dezember 1996 wurde ein generelles Protokoll zwischen dem Industrie- und Energieminister und den Elektrizitätsunternehmen unterzeichnet. Darin wird der Plan verfolgt, einen allgemeinen Endverbraucherwettbewerb ab 1998 einzuführen. Das Protokoll regelt außerdem die Kompensationszahlungen für die Unternehmen neu, die durch das 1985 abgebrochene Nuklearprogramm der spanischen Regierung in finanziellen Druck geraten waren.[588] Seit Anfang 1998 ist ein neues Elektrizitätswirtschaftsgesetz in Kraft, das die EU-Richtlinie umsetzt. Spanien hat sich allerdings unter Berufung auf technische und wirtschaftliche Gründe entschieden, den Markt nicht sofort für alle Kunden, sondern über zehn Jahre schrittweise zu öffnen. Die Marktöffnung geht aber über die Anforderungen der europäischen Richtlinie hinaus. Seit Anfang 2000 können Kunden mit einem Jahresstromverbrauch von mindestens 9 Millionen kWh ihr Versorgungsunternehmen frei wählen.[589] Damit hat sich Spanien konsequent an die EU-Stromrichtlinie angepaßt. Der direkte Netzzugang beispielsweise wird von dem Spotmarktsystem schneller erfüllt, als es die EU vorgibt. Im Zuge der Anpassung an die EU-Richtlinie besteht darüber hinaus aber noch einiger Regelungsbedarf. Der garantierte Einsatz heimischer Energieträger liegt deutlich über dem von der EU zuge-

584 Vgl. International Energy Agency (1996b), S. 72, International Energy Agency (1996e), S. 268f. und Kumkar/Neu (1997), S. 16f.
585 Vgl. International Energy Agency (1996b), S. 73.
586 Vgl. Kumkar/Neu (1997), S. 16f.
587 Vgl. Kahn (1998), S. 19.
588 Vgl. Kahn (1998), S. 15f.
589 Vgl. Vereinigung Deutscher Elektrizitätswerke (1999c).

lassenen.[590] Es bleibt abzuwarten, wie die spanische Regierung dieses Problem gegen die Interessen der Bergbaugewerkschaften lösen kann.

5.2.3.3 Politökonomische Analyse

Der im Vergleich zu anderen europäischen Ländern frühe, nämlich schon Mitte der achtziger Jahre einsetzende Umstrukturierungsprozeß mag eine Steigerung der spanischen Wettbewerbsfähigkeit zum Ziel gehabt haben. Hauptsächlich sollten aber die hohen Strompreise gesenkt werden. Der Prozeß wurde in erster Linie nicht durch die Initiative der spanischen Regierung angestoßen, sondern durch externe Faktoren. Als Konsequenz aus deutlich sinkender Elektrizitätsnachfrage und terroristischen Anschlägen gegen die Nutzung der Kernkraft mußte 1985 das Nuklearprogramm eingestellt werden. Dadurch gerieten einige Unternehmen, die in die Kernkraft investiert hatten, in erhebliche finanzielle Schwierigkeiten. Die Investitionen konnten sich nicht mehr amortisieren, und die Verschuldung im Ausland bei einer zu diesem Zeitpunkt sehr schwachen Peseta verschärfte die Situation zusätzlich.[591] Einige private Unternehmen standen vor dem Konkurs, so daß der Staat eingreifen mußte, um die Elektrizitätsversorgung im Land zu sichern. Außerdem wollte die sozialistische Regierung die Unternehmen vor ausländischen Übernahmen schützen.

Neben diesen ursächlich in Spanien liegenden Faktoren spielte bei der Umgestaltung auch der Beitritt zur Europäischen Gemeinschaft eine Rolle. Vor dem Beitritt am 1. Januar 1986 waren neue gesetzliche Voraussetzungen zu erfüllen. Unter anderem betraf dies auch Reformen der Elektrizitätswirtschaft.[592] Zumindest zu Beginn der Umstrukturierungen war dem spanischen Staat also nicht primär an der Schaffung von Wettbewerb gelegen. Erst Mitte der neunziger Jahre wurden in das Poolsystem im Zusammenhang mit der europäischen Stromrichtlinie echte Wettbewerbselemente eingefügt.

Daß die spanische Regierung keinen konsequenten Wettbewerbskurs verfolgte bzw. verfolgen konnte, zeigt schon die Verpflichtung zum Einsatz heimischer Kohle. Dies wirkt einer wettbewerbsfähigen Elektrizitätswirtschaft entgegen, da die spanische Kohlebranche, die eigentlich sehr unwirtschaftlich ist, geschützt und mit Preisen, die wesentlich über dem Weltmarktpreis liegen, subventioniert wird. Dies bewirkt hohe Kohlepreise und damit höhere Kosten der Stromerzeugung. Die Abnahmegarantie für mit Kohle erzeugten Strom bewirkt letztlich, daß

---

590 Vgl. Kahn (1998), S. 18.
591 Vgl. Kahn (1998), S. 16.
592 Vgl. International Energy Agency (1996e), S. 273.

nicht das Grenzunternehmen im Strompool den Preis bestimmt. Bei der Festlegung der Quoten für die Kohleverstromung spielen allerdings die Gewerkschaften eine nicht unwesentliche Rolle. Durch die Abnahmegarantie der Kohle zu erhöhten Preisen kann der Beschäftigungsstand in der Kohlebranche weitgehend gesichert werden. Wegen der hohen Arbeitslosigkeit blieb der Regierung kaum Spielraum, zwischen Beschäftigungszielen und Wettbewerbszielen zu wählen. Insofern ist die Tatsache, daß Wettbewerbselemente erst durch den EU-Druck institutionalisiert wurden, nicht unbedingt darauf zurückzuführen, daß die Regierung die Wettbewerbsverzerrungen wirklich wollte, sondern darauf, daß sie Rücksicht auf einflußreiche Gruppen und die wirtschaftlichen Gegebenheiten nehmen und damit die Verzerrungen hinnehmen mußte.

Ebenso wird die Verstromung regenerativer Energien aus Gründen des Umweltschutzes und die Eigenerzeugung gefördert und damit eine weitere Preisverzerrung hingenommen. Die Verringerung der Subventionen für Eigenerzeugung ist allerdings im Gespräch. Die Regierung unterstützt den Subventionsabbau, er wird aber von vielen spanischen Gemeinden abgelehnt.[593] In der Frage der Subventionierung bestimmter Verstromungsarten befindet sich die Regierung grundsätzlich auf einem Wettbewerbskurs, wird aber von einflußreichen Gruppen an der Durchsetzung gehindert.

Die spanische Regierung hätte die Unternehmen der Elektrizitätswirtschaft allerdings gerne noch weiter zusammengefaßt, stieß aber auf den Widerstand der Regulierungsbehörde, die darin eine Gefahr für den Wettbewerb sah. Hier verhielt sich die Regierung ohne äußeren Druck wettbewerbsfeindlich, um ihre Einnahmen zu maximieren. Eine weitere Fusion hätte nämlich den Einfluß von Endesa und damit deren Privatisierungserlöse vergrößert.[594]

Auch im Zuge der Diskussion über die Vorschläge zur europäischen Stromrichtlinie zeigte sich, daß die spanische Regierung den Wettbewerb nicht bedingungslos förderte. In der Frage des Zugangs Dritter zum Netz war die Regierung ebenso wie der Netzbetreiber Redesa und die gemischtwirtschaftliche marktdominierende Endesa gegen die Vorschläge der Europäischen Kommission. Dabei riskierte die Regierung einen Konflikt mit den privaten Unternehmen der Elektrizitätswirtschaft. Vor allem Iberdrola erhoffte sich von dem geplanten Netzzugang eine

593 Vgl. Kahn (1998), S. 21.
594 Vgl. Kahn (1998), S. 19.

Verringerung der Monopolmacht in der weitgehend öffentlich kontrollierten Elektrizitätswirtschaft.[595]

Die spanische Energiepolitik ist insgesamt sehr stark von Verpflichtungen und Zugeständnissen geprägt, die die Regierung in der Vergangenheit eingegangen ist und an die sie sich nun halten muß.[596] Eine marktorientierte Umstrukturierung geht deshalb, auch wenn sie von der Regierung gewünscht und vorangetrieben wird, nur langsam vonstatten. Insofern kann man zwar davon ausgehen, daß die spanische Regierung Mitte der achtziger Jahre nicht von dem Wunsch nach einer wettbewerblich organisierten Elektrizitätswirtschaft getrieben wurde, daß sie im Zuge der Umstrukturierung aber durchaus den Wettbewerb im Sinn hatte, um die hohen Energiepreise zu senken, solange nicht andere staatliche Interessen wie die Einnahmenerzielung dem entgegenstanden.

Erklärungsmöglichkeiten der Regulierungstheorien

Für die spanische Regierung stand zu Beginn der Umstrukturierungen Mitte der achtziger Jahre der Wettbewerbsgedanke nicht im Vordergrund. Allerdings wollte sie die hohen Energiepreise durch mehr Effizienz in der Elektrizitätswirtschaft senken, so daß man ihr durchaus die Verfolgung von öffentlichen Interessen zubilligen muß.

Die Capture-Theorie trifft für die Regulierung der spanischen Elektrizitätswirtschaft nur sehr bedingt zu. Die Regierung verfolgt zwar eine Politik im Sinne der gemischtwirtschaftlichen Endesa, hat dabei aber eigene Interessen wie die Erzielung möglichst hoher Einnahmen bei der Veräußerung von Anteilen des Unternehmens. Eher spielen andere Interessengruppen eine Rolle für die Regulierung. Die Bergarbeitergewerkschaften haben erhebliche Macht, um einen Schutz der Kohleindustrie durchzusetzen, weil sie mit dem Gespenst der Erhöhung der Arbeitslosenzahlen drohen können. Die Umweltlobby wird in Spanien ebenfalls stärker. Sie hat aber außer Wählerstimmen wenig Druckmittel und damit weniger Einfluß auf politische Entscheidungen. Der Plan der Regierung, die Verstromung regenerativer Energien nicht mehr so stark zu subventionieren, belegt dies. Die Einstellung des spanischen Nuklearprogramms ist – neben gesunkener Nachfrage – durch massive terroristische Gewalt erreicht worden. Offensichtlich war dies ein ausreichendes Druckmittel.

---

595 Vgl. Henney (1992), S. 64.
596 Vgl. Kahn (1998), S. 21.

Bei der Betrachtung dieser Interessengruppen, die in die Regulierung der spanischen Elektrizitätswirtschaft eingreifen, fällt allerdings auf, daß sie stets nur für oder gegen den Einsatz bestimmter Energieträger streiten und letzten Endes keine gegensätzlichen Positionen vertreten. Beckers Theorie des Wettbewerbs zwischen Interessengruppen bietet hier also keine Erklärungsmöglichkeiten. Die Gruppe potentieller Wähler eignet sich in diesem Fall nicht als Interessengruppe, da sie keine Lobbyingmittel zur Durchsetzung ihrer Interessen einsetzt. Die Reaktion der Regierung auf den Druck der verschiedenen Interessengruppen läßt sich aber mit Peltzmans Theorie des stimmenmaximierenden Regulierers erklären. Der Regulierer ist in diesem Fall die spanische Regierung, deren Anliegen es in der Tat ist, ihre Stimmen für die nächste Wahl zu maximieren und die daher einen Ausgleich zwischen dem Druck von mächtigen Interessengruppen und dem Druck potentieller Wähler, die gegen unliebsame Entscheidungen mit dem Entzug ihrer Wählerstimme reagieren könnten, sucht.

Neben den Interessengruppen war die spanische Regierung auch durch die Europäische Union einer Beschränkung ihrer Gestaltungsfreiheit ausgesetzt. Zum einen mußte sie ihre Regulierung beim Eintritt in die EG 1986 an die europäischen Normen anpassen, zum anderen muß sie die europäische Stromrichtlinie umsetzen. Nachdem der Umstrukturierungsprozeß erst einmal in Gang gesetzt wurde, zeigt sich die spanische Regierung beim Umsetzen der Stromrichtlinie aber erheblich wettbewerbsfreundlicher als Mitte der achtziger Jahre. Mit dem Argument im Hintergrund, europäische Vorgaben zwangsläufig in spanisches Recht umsetzen zu müssen, scheint sich die zunehmend wettbewerbsfreundlicher gewordene Regierung gegen Widerstand im eigenen Land durchsetzen zu können.

Die Umgestaltung der spanischen Elektrizitätswirtschaft seit Mitte der achtziger Jahre ist damit durch mehrere Aspekte erklärbar. Zunächst verfolgte der Staat das öffentliche Interesse, indem er die Elektrizitätswirtschaft effizienter gestalten wollte. Später kam der Wettbewerbsgedanke hinzu. Die wettbewerbsfeindliche Haltung der Regierung, die Erzeugerunternehmen weiter zusammenzufassen, um der Endesa mehr Macht und sich selbst damit größere Privatisierungserlöse zu verschaffen, ist mit der Bürokratietheorie erklärbar, da höhere Staatseinnahmen die Gestaltungsspielräume der Verwaltung vergrößern. Die weiteren Wettbewerbsverzerrungen durch die Subventionierung bestimmter Energieträger lassen sich interessengruppentheoretisch mit dem Peltzman'schen Ansatz des stimmenmaximierenden Regulierers erklären.

5.2.4 Die Elektrizitätswirtschaft in den Niederlanden

Die niederländische Elektrizitätswirtschaft stellt insofern eine Besonderheit dar, als hier im Gegensatz zum allgemeinen Trend zur Dezentralisierung und Deregulierung eine Tendenz zu verstärkter horizontaler Integration und zentraler Regulierung zu beobachten ist. Das entstehende öffentliche Monopol wird möglicherweise im Zuge der Übernahme der EU-Richtlinie einer liberaleren Marktform weichen. Der Prozeß der Umstrukturierung ist jedoch noch nicht abgeschlossen und eine endgültige Würdigung des EU-Einflusses nicht möglich. Dennoch scheint es lohnend, das Beispiel Niederlande aus politökonomischer Perspektive zu betrachten. Sind die gegensätzlichen Tendenzen im Vergleich zu anderen europäischen Ländern allein durch die andere Ausgangslage der Niederlande bedingt, spielen andere gesellschaftspolitische Rahmenbedingungen (die „Dutch consultation economy“[597]) die entscheidende Rolle oder führte eine spezielle Konstellation von Interessengruppen dazu, daß die Veränderungen der Elektrizitätswirtschaft in den Niederlanden eher in die „falsche“ Richtung gehen?

5.2.4.1 Struktur der niederländischen Elektrizitätswirtschaft bis 1985

Integrationsgrad der Industrie

Traditionell existierte in den Niederlanden eine große Anzahl sehr unterschiedlich großer Unternehmen für die Erzeugung, Übertragung und Verteilung von elektrischem Strom. Die Organisationsstruktur war also sehr dezentral. 1920 gab es 550 rein kommunal tätige Versorgungsunternehmen, in den achtziger Jahren immerhin noch gut 80, von denen 68 reine Verteilerunternehmen auf kommunaler Ebene waren und 15 vertikal integrierte regionale Unternehmen.[598] Für die Übertragung des Stroms ist dabei seit 1946 die SEP, ein Zusammenschluß aller Stromerzeuger, verantwortlich. Die SEP organisiert die Koordination zwischen den einzelnen Erzeugern und den Verteilerunternehmen. Im Prinzip fungiert sie als ein Erzeugerpool, der den Kraftwerkseinsatz koordiniert und das Übertragungsnetz betreibt.

Der horizontale Integrationsgrad war zwar sehr gering, in der Regel nahmen jedoch vertikal integrierte Unternehmen Erzeugung und Verteilung vor. Das Hochspannungsnetz für die Fernübertragung war davon getrennt, zumindest was die Organisation betraf. Die Erzeuger hielten aber Anteile an der SEP. Die vertikale Integration ist insgesamt durchaus beachtlich, da die größeren Produktions- und Verteilerunternehmen die wesentliche Rolle in dieser Branche spielen.[599]

1982 wurde eine Umstrukturierung der Energiewirtschaft als Ziel in die Koalitionsvereinbarung der Regierung aufgenommen[600] und spielte von da an eine Rolle

597 Künneke (1995), S. 182.
598 Vgl. Klopfer/Schulz (1993), S. 378.
599 Vgl. Künneke (1995), S. 192.
600 Vgl. den Hertog (1996), S. 983.

auch für die Elektrizitätswirtschaft, die vor allem nach den Ölpreiskrisen wegen ihrer hohen Strompreise kritisiert wurde. Zurückgeführt wurden die hohen Strompreise vor allem auf falsche Entscheidungen der Stromproduzenten, was den Primärenergieeinsatz betraf, und auf eine zu geringe Ausnutzung von Economies of Scale und Scope.[601] Die Entscheidungskompetenzen über die Verteilerunternehmen lagen weitgehend bei kommunalen und provinziellen Verwaltungen, die nur ihren Bereich im Blick hatten und keinen Bedarf an Effizienzverbesserungen durch horizontale Integration hatten. Die Forderungen der niederländischen Regierung, die Erzeugung und Übertragung von Strom in einem Unternehmen zu integrieren und die Anzahl der Verteilerunternehmen auf 30 bis 40 zu reduzieren, konnte die Elektrizitätswirtschaft erfolgreich abwehren. Zu einem entsprechenden Gesetz kam es wegen des Widerstands der kommunalen und provinziellen Eigentümer nicht. Bis 1985 gab es dennoch freiwillige Zugeständnisse der Elektrizitätswirtschaft. Einige Verteilerunternehmen fusionierten.[602]

Eigentumsverhältnisse

Die niederländische Elektrizitätswirtschaft ist nach verschiedenen Verstaatlichungen vollständig in öffentlicher Hand, wobei im wesentlichen Provinzen und Kommunen als Eigentümer auftreten.[603] Dies beruht auf der Vorstellung, daß die Elektrizitätswirtschaft öffentliche Aufgaben übernehme und ohne Markteingriffe nicht angemessen funktionieren und Verbraucher vor zu hohen Preisen schützen könne. Ebenso soll gewährleistet sein, daß jeder Verbraucher am Netz angeschlossen ist und säumige Zahler „sozial verträglich" von der Versorgung ausgeschlossen werden. Diese Aufgaben können nach in den Niederlanden weit verbreitetem Verständnis kommunale und provinzielle Serviceeinrichtungen besser übernehmen als private Unternehmen.[604]

Kompetenzen der Regulierungsinstitution

Die Unternehmen der Elektrizitätswirtschaft wurden vom Staat, von Provinzen oder Kommunen lizensiert. Mit einem Versorgungsrecht war zugleich die Versorgungspflicht verbunden. Ihre Struktur und Regulierung konnte die Elektrizitätswirtschaft weitgehend autonom regeln. Die Vereinigung der Elektrizitätsverteiler (VEEL) gab Tarifrichtlinien heraus, an die sich die Verteilerunternehmen in der Regel auch hielten. Auch die SEP als Gemeinschaft der Stromproduzenten

---

601 Vgl. Klopfer/Schulz (1993), S. 378.
602 Vgl. Klopfer/Schulz (1993), S. 379f.
603 Vgl. Klopfer/Schulz (1993), S. 378.
604 Vgl. Künneke (1995), S. 187.

konnte die Höhe der Tarife teilweise kontrollieren. Im Laufe der Zeit ist der Einfluß der Erzeuger dabei immer größer geworden, so daß diese schließlich sogar entscheidenden Einfluß auf die Tarifstruktur der Verteilerunternehmen nehmen konnten.[605] De facto bildeten damit VEEN und SEP institutionell und organisatorisch die Regulierungsinstitution[606] und sprachen sich mit den kommunalen und provinziellen Eigentümern und schließlich auch mit der Zentralregierung ab.[607] Der Wirtschaftsminister hatte einige Kontrollkompetenzen; er wirkte beispielsweise bei der Preisbildung mit. Ein allgemeines Preisgesetz begrenzt nämlich die jährlichen Preissteigerungen in den Niederlanden, so daß der Wirtschaftsminister bei übermäßigen Strompreiserhöhungen eingreifen kann. Tatsächlich ist der Minister aber bisher den Vorschlägen der lokalen oder provinziellen Verteilerunternehmen gefolgt,[608] die die Strompreise grundsätzlich selbständig festsetzen. Da die Tarifstruktur ganz im Ermessen der einzelnen Unternehmen und ihrer Kommunen oder Provinzen, in deren Eigentum sie sich befinden, lag, gab es regional sehr unterschiedliche Strompreisstrukturen.

Ursprünglich griff der Wirtschaftsminister auch nicht in die Kapazitätsplanung ein. Diese wurde von den Unternehmen der Elektrizitätswirtschaft selbst durchgeführt. Dabei wurden von der SEP Elektrizitätspläne aufgestellt, in denen alle Investitionsvorhaben erfaßt wurden. Seit 1975 müssen diese Pläne allerdings vom Wirtschaftsminister genehmigt werden.[609] Insgesamt hatte der Wirtschaftsminister hauptsächlich informellen Einfluß auf die Regulierung der Elektrizitätswirtschaft. Er koordinierte zwar die Energiepolitik,[610] hielt sich in konkreten Einzelfragen aber an die Vorschläge der Selbstregulierungsinstitutionen.

Wettbewerb

Wettbewerb bestand in der niederländischen Elektrizitätswirtschaft bis 1985 überhaupt nicht. Zwar existierten jeweils mehrere Erzeuger- und Verteilerunternehmen, die kommunalen Verteiler kooperierten in der Regel aber mit jeweils einem Erzeugerunternehmen, von dem sie beliefert wurden, selbst wenn Erzeugung und Verteilung nicht integriert waren. Die Erzeugerunternehmen besaßen eine ausgeprägte Machtstellung, da die SEP als Zusammenschluß der Erzeuger

---

605 Vgl. Künneke (1995), S. 183.
606 Vgl. de Braekeleer/Hartog (1992), S. 8.
607 Vgl. Künneke (1995), S. 182.
608 Vgl. de Braekeleer/Hartog (1992), S. 8.
609 Grundlage dafür war eine Vereinbarung zwischen der SEP und dem Wirtschaftsministerium.
610 Vgl. International Energy Agency (1996e), S. 215.

allein für den Stromtransport und die Koordination der Kraftwerksproduktion verantwortlich war.

5.2.4.2 Die Umstrukturierungen der niederländischen Elektrizitätswirtschaft seit 1985

Nachdem der Vorstoß der Regierung 1982 nicht zu dem gewünschten Erfolg geführt hatte, kündigte der Wirtschaftsminister 1985 weitergehende Umstrukturierungen an. Insbesondere sollten größere Erzeuger geschaffen werden; geplant waren drei bis fünf größere Unternehmen, nachdem das Wirtschaftsministerium die Erzeugung zunächst in einem einzigen Unternehmen konzentrieren wollte. Die Zahl der Verteiler sollte ebenfalls reduziert werden, und Erzeugung, Übertragung und Verteilung sollten getrennt werden.[611] Daneben waren Veränderungen in der Eigentumsstruktur und der Koordination der Elektrizitätswirtschaft und in den Regulierungskompetenzen beabsichtigt. Obwohl die Elektrizitätswirtschaft nicht begeistert war, restrukturierte sie sich im folgenden Jahr selbst. Dabei wurden einige Forderungen der Regierung umgesetzt, um ein neues Gesetz zu verhindern. Die vertikal integrierten Unternehmen trennten ihre Rechnungslegung und Organisation der einzelnen Stufen, und die Produktionsunternehmen fusionierten zu fünf Unternehmen, die in Aktiengesellschaften umgewandelt wurden, [612] deren Anteile allerdings weiterhin direkt oder indirekt von der öffentlichen Hand[613] gehalten werden. Außerdem vereinbarten die Verteilerunternehmen, ihre Anzahl auf 56 zu verringern.[614] Diese Umstrukturierungen gingen der Regierung aber nicht weit genug, so daß 1989 ein neues Elektrizitätsgesetz in Kraft trat, das die Phase der Umwandlung seit Mitte der achtziger Jahre abschloß. Das Gesetz schreibt einerseits die eingetretenen Änderungen im Energiesektor fest. Erzeugung und Übertragung auf der einen Seite und die Verteilung auf der anderen Seite wurden desintegriert. Für die Produktionsunternehmen wurden Mindestgrößen festgeschrieben, die eine weitergehende horizontale Integration auf vier Unternehmen erforderlich machten.[615] Die SEP als Koordinationsmechanismus wurde zu einem zentralen Stromhändler erweitert, der nicht nur ein Poolsystem betreibt, sondern auch die Kosten zwischen den Erzeugerunternehmen ausgleicht. Das führte dazu, daß sich die Strompreise in den einzelnen Regionen der Niederlande annäherten und die starken Preisdifferenzen der Vergangenheit angehörten, zumal der Wirt-

---

611 Vgl. Henney (1992), S. 42 und Lammers (1992), S. 339.

612 Vgl. Klopfer/Schulz (1993), S. 382.

613 Die Anteile werden von Provinzen, Kommunen und den Verteilerunternehmen, die sich wiederum in öffentlichem Eigentum befinden, gehalten. Vgl. Künneke (1995), S. 184.

614 Vgl. Lammers (1992), S. 340.

615 Vgl. Arentsen/Künneke/Moll (1997), S. 178.

schaftsminister nach dem Gesetz nun auch Preisobergrenzen für die Stromtarife festlegen konnte. Außerdem bekam er größere Kompetenzen bei der Kapazitätsplanung und kann nun den Primärenergieträgereinsatz stärker beeinflussen. Die Genehmigungsfristen für neue Kraftwerke verlängerten sich dadurch, daß nicht nur die betroffenen Städte und Gemeinden zustimmen müssen, sondern auch der Wirtschaftsminister offiziell beteiligt wird.[616]

War die Intention der Regierung eigentlich eher eine möglichst umfassende Integration auf horizontaler Ebene, um effizienter produzieren zu können, und eine Ausweitung der Kompetenzen der nationalen Regierung als Regulierungsinstitution, so führten die Veränderungen letztlich unbeabsichtigt zu immerhin einigen wettbewerbsfördernden Elementen. Durch die Entflechtung auf vertikaler Ebene konkurrieren die Erzeuger jetzt um die Verteilerunternehmen, die seit dem 1. Januar 1992 bei jedem der niederländischen Erzeugungsunternehmen Strom kaufen können, allerdings nicht direkt importieren dürfen. Die Durchleitung ist dabei gesetzlich gewährleistet.[617] Allerdings behalten die Verteiler weiterhin ihre regionale Monopolstellung in ihren Absatzgebieten; da die Strompreise durch das Kostenpooling bereits angeglichen sind, ist es unnötig, den Anbieter zu wechseln.[618] Dennoch hat sich die Macht der Verteilerunternehmen durch den Konzentrationsprozeß entscheidend ausgeweitet. Die 68 Verteiler, die es 1985 gab, fusionierten bis 1996 zu 20, wobei eine weitere Konzentration erwartet wird.[619] Jedes Verteilerunternehmen hat ein größeres Marktvolumen und das alleinige Recht, dieses zu beliefern. Ein Direktabsatz der Erzeuger an Endverbraucher ist nicht möglich. Außerdem hat die neue Eigentumsstruktur dazu geführt, daß einige Erzeugerunternehmen jetzt von Verteilern besessen werden, so daß auch eine politische Kontrolle der Verteiler über diese Erzeuger besteht.[620] Die Möglichkeit von Privatbesitz in der Elektrizitätswirtschaft ist aber weiterhin ausgeschlossen, der Kraftwerksbau genehmigungspflichtig, und die Preissetzung beruht auf einer Vollkostendeckung. Immerhin haben Großverbraucher von Strom aber die Möglichkeit, ihren Strom direkt zu importieren und sind nicht mehr auf die Lieferungen der regionalen Monopole angewiesen.[621]

Das neue System der niederländischen Elektrizitätswirtschaft war aber nicht stabil. Die Versorgungsunternehmen bekämpften das faktische Export- und Im-

---

616 Vgl. Lammers (1992), S. 343 und Klopfer/Schulz (1993), S. 384

617 Vgl. Lammers (1992), S. 356 und Klopfer/Schulz (1993), S. 377 und 385.

618 Vgl. International Energy Agency (1994), S. 251.

619 Vgl. International Energy Agency (1996d), S. 56.

620 Vgl. Künneke (1995), S. 192.

621 Vgl. Klopfer/Schulz (1993), S. 386f.

portmonopol des Netzbetreibers SEP, und die Europäische Kommission sah darin ebenfalls eine wettbewerbsbeschränkende Maßnahme.[622] Unter anderem führte eine Überprüfung dieses Problems durch die niederländische Regierung 1995 zu einem White Paper zur Energiepolitik, das einige grundlegende Reformen von 1997 an bewirken sollte.[623] Der Liberalisierung und EU-weiten Internationalisierung wurde dadurch Rechnung getragen, daß der Markt für Großverbraucher stufenweise geöffnet werden sollte.[624] Neben dem international als problematisch angesehenen mangelnden Wettbewerb sah sich die Elektrizitätswirtschaft aber noch einem nationalen Problem ausgesetzt, nämlich der Tatsache, daß trotz der zentralstaatlichen Investitionsplanung überschüssige Kapazitäten aufgebaut worden waren. Über Jahre hinweg wurde in den Niederlanden aus Umweltschutzgründen die dezentrale Stromproduktion über Kraft-Wärme-Kopplung staatlich gefördert.[625] Da die Verteilerunternehmen verpflichtet waren, den auf diese Weise erzeugten Strom zu vermiedenen Kosten abzunehmen und zudem das zur Produktion erforderliche Gas zu sehr günstigen Preisen verfügbar war, war eine solche Stromproduktion rentabel. Der Marktanteil der etablierten Erzeuger schrumpfte, die Fixkosten, die den überwiegenden Anteil der Produktionskosten ausmachen, mußten also durch weniger Absatz erwirtschaftet werden.[626] Eine Umstrukturierung schien damit auch aus nationaler Sicht notwendig. Die durch die Überkapazitäten hervorgerufenen Schwierigkeiten der vier großen Erzeuger veranlaßten die Regierung, ihren Plan von einer vollständigen horizontalen Integration der Erzeugung erneut zu verfolgen. Insbesondere mit dem Hinweis auf eine notwendige internationale Wettbewerbsfähigkeit der niederländischen Stromerzeugung ließ sich ein Zusammenschluß der ohnehin durch den zentralen Kraftstoffeinkauf, die Kapazitätskontrolle und das Kostenpooling als Einheit operierenden Erzeugerunternehmen diesmal rechtfertigen.[627]

Zum 1. Januar 1998 ist schließlich das neue Elektrizitätsgesetz zur Umsetzung der EU-Strombinnenmarktrichtlinie in Kraft getreten. Mit diesem Gesetz wurde die Stromerzeugung völlig freigegeben. Auch ausländische Unternehmen können sich daran beteiligen, sofern deren Heimatländer auch niederländische Unternehmen bei sich zulassen. Eine Fusion der vier großen Erzeugerunternehmen sollte gewährleisten, daß die heimische Erzeugung wettbewerbsfähig bleibt, scheiterte

622 Vgl. Klopfer/Schulz (1993), S. 388.

623 Vgl. International Energy Agency (1996e), S. 227 und International Energy Agency (1996d), S. 58.

624 Vgl. International Energy Agency (1996d), S. 11.

625 Diese Förderung lief zum 1.1.1995 aus.

626 Vgl. International Energy Agency (1996d), S. 18.

627 Vgl. International Energy Agency (1996d), S. 58ff.

aber an den unterschiedlichen Interessen der jeweiligen Eigentümer.[628] Das Übertragungsnetz bleibt ein Monopol, der Betreiber muß allerdings jedem diskriminierungsfreie Durchleitung zu veröffentlichten Gebühren gewähren. Eine vollständige Öffnung des Wettbewerbs im Verteilungsbereich war zunächst schrittweise bis 2007 geplant. Inzwischen hat der Verband der niederländischen Energieversorger aber angekündigt, daß die niederländischen Haushalte schon von 2004 an ihren Stromlieferanten frei wählen können sollen.[629] An eine Privatisierung der Erzeuger- und Verteilerunternehmen ist aber derzeit noch nicht gedacht.[630]

5.2.4.3 Politökonomische Analyse

Die Hauptbeteiligten der niederländischen Elektrizitätswirtschaft sind die Stromproduzenten, die Verteilerunternehmen, die regionalen Gebietskörperschaften, die Zentralregierung und die großen industriellen Stromverbraucher. Vor Beginn der Reformen von 1985 hatten die beteiligten Akteure ein gemeinsames Interesse an nationaler Planung und Koordination von Investitionen, Übertragungsnetz und Produktionsmanagement. Den Anstoß zur Umstrukturierung der Elektrizitätswirtschaft gab die niederländische Regierung, die eine effizientere Stromwirtschaft erreichen wollte. Die „freiwillige" Fusion einiger Verteilerunternehmen aufgrund des Drucks der Regierung war nicht nur der Beginn der Umstrukturierung, sondern verhalf den nun größeren Verteilern auch zu mehr Macht innerhalb ihrer Branche. Als Folge der Reform und der eingeführten Wettbewerbselemente wich der vorher bestehende Konsens der an der Stromwirtschaft Beteiligten einer zunehmenden Konkurrenz verschiedener Interessen. Insbesondere die Produzenten und die Verteiler verfolgten gegensätzliche Interessen.[631]

Bis 1995 traten die Produzenten für eine striktere zentrale Planung unter Berücksichtigung der kleineren dezentralen Produktionskapazitäten ein. Sie betonten die öffentliche Aufgabe der Elektrizitätswirtschaft und die zentrale Planung als Garantie für ein sicheres Angebot, geringe Kosten, Umweltschutz und akzeptable Tarife.[632] Damit wollten sie ihren nationalen Markt und das Poolsystem schützen. Die Verteiler wollten ihren stärkeren ökonomischen Einfluß und ihre damit gewonnene Verhandlungsmacht dazu einsetzen, den Wettbewerb noch weiter zu öffnen und die zentrale Planung der Stromerzeugung aufzugeben. Außerdem bekämpften sie das Import- und Exportmonopol der SEP.

---

628 Vgl. Froning (1998a).
629 Vgl. Verband der Elektrizitätswirtschaft (2001).
630 Vgl. Lamprecht (1997), S. 360.
631 Vgl. Arentsen/Künneke/Moll (1997), S. 187.
632 Vgl. Arentsen/Künneke/Moll (1997), S. 191.

Ein freier Zugang der Verteiler zu internationalen Märkten würde allerdings zu Überkapazitäten der Erzeuger und damit zu steigenden Kosten führen. Die Erzeuger müßten dann im Gegenzug ihren Überschuß auf den internationalen Märkten absetzen. Ein solches System würde für sie das ökonomische Risiko vergrößern und ihre Planungssicherheit einschränken. Ohne starken externen Druck waren die Erzeuger daher nicht bereit, ihre gesicherte Stellung zugunsten von mehr Wettbewerb aufzugeben.[633] Unterstützt wurden die Erzeuger von einigen Verteilern, die ebenfalls den Wettbewerb fürchteten, der sie um die sicheren Privatkunden bringen würde.

Die großen Industriekunden strebten wie die Verteiler eine Öffnung des Marktes und einen verstärkten Wettbewerb an. Sie haben in der Öffentlichkeit jedoch keine dominante Position. Die industriellen Stromkunden sind zudem keine homogene Gruppe. Unter einigen Industriekunden bestehen Befürchtungen, die gegenwärtigen Privilegien wie sehr niedrige Stromtarife und die Möglichkeit, selbstproduzierten Strom in das öffentliche Netz einzuspeisen, zu verlieren.[634]

Die Gemeinden und Regionalregierungen waren stets gegen die Trennung von Erzeugung, Übertragung und Verteilung,[635] wohl wegen ihrer dann geringeren Einflußmöglichkeiten und der Aufhebung der kleinen regionalen Einheiten. Die kommunalen Stromversorger spielen für die Gemeinden eine nicht zu unterschätzende Rolle als Einkommensquelle, vor allem seit zu Anfang der achtziger Jahre öffentliche Budgets gekürzt werden mußten. Außerdem können die Gemeinden mit den Stromversorgungsunternehmen auch sozialpolitische Ziele verfolgen, indem sie Tarifkunden gegenüber Industriekunden relativ bevorzugen.[636] Die kommunalen Eigentümer der Verteilerunternehmen konnten vor allem in den achtziger Jahren dem Zentralstaat nennenswerten Widerstand gegen dessen Umstrukturierungsvorhaben entgegensetzen. Im Zuge der voranschreitenden Liberalisierung und Marktöffnung auf europäischer Ebene gelang es der niederländischen Regierung jedoch, sich durchzusetzen, zum einen mit dem Argument, die nationale Elektrizitätswirtschaft für den internationalen Markt wettbewerbsfähig zu machen, zum anderen, um das Problem der erheblichen Überschußkapazitäten zu lösen.

Wie weit die EU sich mit ihrer Forderung durchsetzen wird, das Import- und Exportmonopol der SEP und damit die faktische Monopolposition der inländischen

633 Vgl. Künneke (1995), S. 193.
634 Vgl. Arentsen/Künneke/Moll (1997), S. 192.
635 Vgl. Henney (1992), S. 42.
636 Vgl. Künneke (1995), S. 188.

Erzeuger in den Niederlanden aufzuheben, ist im Moment noch nicht abzusehen. Die Chancen dafür stehen nicht schlecht, da auch im Land solche Forderungen seitens der Verteiler und der industriellen Kunden erhoben werden und die Niederlande keine große Entscheidungsmacht in den Gremien der EU besitzen. Die Regierung paßt sich eher an die Nachbarländer an, mit deren Volkswirtschaften die Niederlande wegen ihres kleinen nationalen Marktes ohnehin eng verbunden sind.[637]

Die Ausgangslage der Niederlande als kleines europäisches Land ist in der Tat anders als die größerer Staaten. Die zahlreichen Unternehmen der Elektrizitätswirtschaft können auf europäischer Ebene nur gemeinsam wettbewerbsfähig sein. Die Strategie der niederländischen Regierung, durch ein Erzeugungsmonopol das Überleben ihrer Stromwirtschaft zu sichern und gleichzeitig selbst stärkeren Einfluß auf diese Branche zu gewinnen, erwies sich letztlich als erfolgreich. Insgesamt zog sich dieser Prozeß sehr in die Länge und ist auch jetzt noch nicht abgeschlossen. Das vollständige öffentliche Eigentum an den Unternehmen der Elektrizitätswirtschaft mag die Umstrukturierungen überhaupt erst möglich gemacht haben. Der weitgehende kommunale Besitz in Verbindung mit dem auf Konsens und Konsultation aller Gruppen bedachten Gesellschaftssystem verzögerte das Verfahren allerdings erheblich. Zugeständnisse aller Seiten führten jeweils nur zu kleinen Schritten. Die EU-Richtlinie hat sicherlich zur Beschleunigung bei der Einführung wettbewerblicher Elemente beigetragen; trotzdem konnte sich das nationale Erzeugungsmonopol etablieren.

Auf eine spezielle Konstellation von Interessengruppen kann man die niederländische Variante der Umstrukturierung daher nicht zurückführen. Die Interessengruppen sind nicht grundsätzlich verschieden von denen anderer Länder. Allenfalls der relativ starke Einfluß von Kommunen und Regionalregierungen hebt sich von anderen Staaten ab. Dieser Faktor wirkte aber gerade gegen die Monopolisierung der Erzeugung, allerdings auch gegen die Privatisierung. Die gesellschaftspolitischen Rahmenbedingungen förderten das Erzeugungsmonopol ebensowenig. Sie tragen aber dazu bei, daß der öffentliche Besitz an der Elektrizitätswirtschaft aus sozialpolitischen Gründen nicht in Frage gestellt wird. Letztlich muß man die Umstrukturierung der Elektrizitätswirtschaft in den Niederlanden – gegen den Trend zu Privatisierung und Wettbewerb auf nationaler Ebene – also auf der einen Seite auf die besondere Ausgangslage der Niederlande als kleines Land zurückführen, dessen Stromerzeugung nur als ein Unternehmen auf internationalen Märkten überleben kann, auf der anderen Seite auf den gesellschaftspolitischen

637 Vgl. Künneke (1995), S. 205.

Konsens, daß die Elektrizitätswirtschaft soziale Aufgaben erfüllt und daher in staatlicher Hand bleiben sollte.

Erklärungsmöglichkeiten der Regulierungstheorien

Die Umstrukturierung der Elektrizitätswirtschaft in den Niederlanden kann in ihrer ersten Phase nicht als Deregulierung bezeichnet werden. Sie führte vielmehr zu einer Verschiebung der Regulierungskompetenzen von einer weitgehenden Selbstregulierung der Industrie hin zu stärkerem Einfluß des Wirtschaftsministers und zu einer Konzentration der Industriestruktur. Erst später folgte die Öffnung des Marktes und die Zulassung von internationalem Wettbewerb.

Im Zuge der Übertragung von Kompetenzen der Selbstregulierung auf die Regierung – die letztlich auch den Boden für eine Regulierungsbehörde bereitet hat – spielt die Ausrichtung des niederländischen Gesellschaftssystems an der Vorstellung, daß der Staat unter Berücksichtigung aller gesellschaftlichen Gruppen Entscheidungen herbeiführen soll und damit auch die Möglichkeit haben soll, diese Entscheidungen direkt umzusetzen, eine wesentliche Rolle. Sowohl die Unternehmen der Elektrizitätswirtschaft als auch die Verbraucher wurden daher am Entscheidungsverfahren beteiligt. Die Regierung war der Ansicht, daß die Effizienz der Elektrizitätswirtschaft und damit die Wohlfahrt für die Bevölkerung durch den Konzentrationsprozeß steigen würde. Außerdem sollten Fehlplanungen und Fehlentwicklungen verhindert werden, indem der Wirtschaftsminister stärkeren Einfluß auf den Planungsprozeß nahm. Die Umsetzung dieser Vorstellungen der Regierung verzögerte sich allerdings dadurch, daß die betroffene Industrie gegen die Umstrukturierung protestierte. Die Unternehmen der Elektrizitätswirtschaft hatten verständlicherweise kein Interesse an Fusionen, die die Entscheidungsträger in den einzelnen Unternehmen um ihren Einfluß bringen würden.

Die Erklärungsmöglichkeiten der Interest-Group-Theorie greifen hier allerdings zu kurz. Natürlich haben die unterschiedlichen Gruppen in den Niederlanden unterschiedliche Interessen, an deren Durchsetzung ihnen gelegen ist. Letztlich beruhte die Entscheidung der Regierung aber nicht auf einem Ausbalancieren dieser verschiedenen Interessen mit dem Ziel, daß sich die durchsetzungsfähigste Gruppe behaupten würde. Die Regierung verfolgte im Gegenteil ihre am öffentlichen Interesse ausgerichtete Meinung, auch wenn die verschiedenen gesellschaftlichen Gruppen bei der Entscheidungsfindung beteiligt wurden. Sie ließ sich nicht im Sinne der Capture- oder Life-Cycle-Theorie von der Stromindustrie instrumentalisieren, die sich letztlich nicht durchsetzen konnte. Daher ist die Public-Interest-Theorie als Erklärung der Regulierungsumstrukturierungen – zumindest der ersten Phase – am besten geeignet.

Die zweite Phase der Umgestaltung wurde im wesentlichen durch den europäischen Druck eingeleitet. Die EU drängte auf die Zulassung von Wettbewerb im Stromsektor. Die europäische Stromrichtlinie machte Anpassungen nötig. Zwar waren auch die niederländischen Verteilerunternehmen für die Aufhebung des Import- und Exportmonopols der SEP, trotz ihrer gestiegenen Machtposition innerhalb der Elektrizitätswirtschaft hätten sie allein aber keine Durchsetzungschance gehabt. Da sich die Regierung aber schon in der ersten Phase der Umstrukturierung erfolgreich gegen alle Interessengruppen behaupten konnte, ist die bereits erfolgte und auch eine weitere mögliche Marktöffnung allein dem Druck internationaler Regeln zu verdanken, an die sich die Niederlande als EU-Mitglied halten müssen.

5.2.5 Die Elektrizitätswirtschaft in Frankreich

Statt an die Effizienz einer marktlichen Regelung des Wirtschaftsgeschehens zu glauben, hat sich die französische Politik dem wirtschaftlichen Allgemeininteresse verschrieben, dessen Verwirklichung aus französischer Sicht ohne staatliche Interventionen in den Wirtschaftskreislauf nicht vorstellbar ist. Die französische Wirtschaft zeichnet sich daher traditionell durch eine starke zentralstaatliche Planung aus, in der öffentliche Unternehmen eine große Rolle spielen. Diese Philosophie des „service public“ zur Sicherung elementarer Grundbedürfnisse und zur Schaffung einer technisch modernen Gesellschaft[638] hat unter anderem auch dazu geführt, daß das Land seine Elektrizitätswirtschaft nach dem Krieg verstaatlicht hat und auch im Zuge allgemeiner Umstrukturierungen der Branche in anderen Ländern bisher nicht bereit ist, den Staatseinfluß zu verringern.

5.2.5.1 Struktur der französischen Elektrizitätswirtschaft

Die französische Elektrizitätswirtschaft basierte traditionell auf der Wasserkraft als einziger heimischer Primärenergiequelle. Inzwischen werden aber mehr als 75 Prozent des in Frankreich produzierten Stroms in Kernkraftwerken erzeugt, lediglich 18 Prozent stammen noch aus Wasserkraft.[639]

Eine weitgehend vom Staat unabhängige Industriestruktur mit etwa 1300 Unternehmen unterschiedlichster Größe, Eigentumsverhältnisse und Integrationsgrade

---

638 Vgl. Wolf (1998), S. 1434 und Henney (1992), S. 22.

639 Vgl. Poppe/Cauret (1997), S. 205. Der Ausbau der Atomenergie wurde nach den Ölkrisen beschlossen, als die Notwendigkeit, eigene Energiequellen zu besitzen, größer wurde. Vgl. Laffont (1996), S. 413 und Poppe/Cauret (1997), S. 215.

mit Wettbewerbselementen[640] entwickelte sich seit Beginn des 20. Jahrhunderts zu einem staatlichen Monopol. Zunächst wurden lokale Verteilungsmonopole mit vierzig- bis fünfzigjährigen Konzessionen geschaffen. Nach dem ersten Weltkrieg erließ die Regierung zahlreiche Regulierungsgesetze, die die Wasserkraftwerke nach und nach in staatlichen Besitz überführten. Seit 1922 durften Hochspannungsleitungen nur noch vom Staat gebaut werden, so daß auch das Übertragungsnetz zunehmend staatlich bereitgestellt wurde. Große regionale Versorgungsunternehmen schlossen sich zusammen. Zu Beginn des zweiten Weltkriegs dominierten schließlich zwei große Unternehmen die Stromwirtschaft.[641] Nach dem Krieg wurden die Gas- und die Elektrizitätswirtschaft verstaatlicht. Mit der Gründung der Electricité de France (EdF) im April 1946 wurde die Elektrizitätswirtschaft zum Staatsmonopol. Diese Verstaatlichung trug die Elektrizitätswirtschaft selbst mit, die meinte, ihre z.T. kriegsbedingten Probleme nur durch Nationalisierung lösen zu können.[642]

Die EdF produzierte bisher etwa 85 Prozent des Stroms in Frankreich, besitzt das gesamte Übertragungsnetz und verteilt 95 Prozent des elektrischen Stroms selbst.[643] Die anderen Erzeugungsunternehmen spielen nur eine untergeordnete Rolle. Sie mußten bisher ihre gesamte Produktion bzw. ihren gesamten nicht selbst benötigten Überschuß zu langfristigen Grenzkosten an die EdF verkaufen und durften ihn nicht selbst vertreiben.[644] Für die regionale und lokale Verteilung vergeben die Kommunen Konzessionen. Einige Städte, vor allem in ländlichen Gegenden, übernehmen ihre Verteilung selbst; in der Regel wird aber der EdF die Konzession erteilt oder die Verteilung ganz an sie delegiert.[645] Damit ist die französische Elektrizitätswirtschaft vollständig vertikal und nahezu vollständig horizontal integriert. Erzeugung und Übertragung der EdF waren bisher auch rechnungsmäßig nicht getrennt und unterstanden demselben Generaldirektor. Die 99 Verteilungszentren der EdF allerdings sind in ihrer Finanzierung unabhängig und kaufen ihren Strom von der zentralen Abteilung für Erzeugung und Übertragung

---

640 Vgl. Lammers (1992), S. 178.

641 Vgl. Laffont (1996), S. 408ff.

642 Vgl. Laffont (1996), S. 412.

643 Vgl. Laffont (1996), S. 420. Andere Quellen sprechen von 92 Prozent der Elektrizitätsproduktion und 96 Prozent der Verteilung (Vgl. Fraquelli/Vannoni (1996), S. 514) oder 94 Prozent der Produktion (vgl. Poppe/Cauret (1997), S. 205 und International Energy Agency (1996a), S. 71).

644 Vgl. Laffont (1996), S. 421.

645 Außer der EdF existieren damit etwa 200 weitere Verteiler, die insgesamt etwa 6 Prozent der Stromverteilung übernehmen. Vgl. Poppe/Cauret (1997), S. 207 und Finon (1996), S. 25.

zum Tarif für Hochspannungsabnehmer.[646] Wettbewerb fand in diesem System, in dem die EdF konsequenterweise auch das Außenhandelsmonopol besaß,[647] nicht statt. Auf europäischen Druck hat Frankreich seinen Markt für industrielle Großverbraucher im Jahr 2000 teilweise geöffnet; die gesetzlichen Bestimmungen beschränken den Wettbewerb allerdings weiterhin stark.

5.2.5.2 Kompetenzen der Regulierungsinstitution

Da der französische Staat Eigentümer der EdF und damit nahezu der gesamten Elektrizitätswirtschaft ist, kann er direkt in die Unternehmenspolitik der EdF eingreifen. Die EdF ist wie alle verstaatlichten Unternehmen in Frankreich von der Kontrolle durch die Wettbewerbsbehörde ausgenommen, so daß die jeweilige Regierung weitgehend freie Hand erhält. Über seine Vertreter im Verwaltungsrat der EdF und seine Einsetzungs- und Abberufungsmöglichkeiten der Geschäftsführung kann der französische Staat die Elektrizitätswirtschaft kontrollieren. Darüber hinaus können Entscheidungen auch direkt beeinflußt werden. Insbesondere in die Investitionsplanung und die Preisgestaltung greift der Staat massiv ein. Dabei sind mehrere Ministerien – die Ministerien für Industrie, Wirtschaft, Finanzen und Umwelt – beteiligt. Das Finanzministerium genehmigt die von der EdF festgelegten Preise für Endverbraucher und die Einspeisung von Strom fremder Erzeuger nach Konsultation mit dem Industrieministerium, wenn der zuvor festgelegte Price-Cap eingehalten wird.[648] Außerdem muß es Ausgabensteigerungen genehmigen. Das Industrie- und Außenhandelsministerium formuliert die industriepolitischen Ziele und ist für die Investitionsprogramme verantwortlich. Es legt die Standorte für neue Kraftwerke und Übertragungsleitungen fest. Daneben vertritt es die EdF gegenüber den Kommunen. Über die Höhe der Investitionen und die Diversifizierungen in andere Branchen wird vom Finanz- und Industrieministerium gemeinsam entschieden. Das Finanzministerium hat damit den ausschlaggebenden Einfluß bei der Preis- und Investitionskontrolle. Jede Kreditaufnahme und alle Investitionsprogramme der EdF bedürfen der Zustimmung des Finanzministers. Außerdem haben die Vertreter des Finanzministeriums in der EdF umfassende Prüf- und Vetorechte, so daß der Finanzminister im Extremfall

646 Vgl. Lammers (1992), S. 179.

647 Das Außenhandelsmonopol besteht nicht nur faktisch, sondern ist gesetzlich verankert. Vgl. Kumkar (1995), S. 449.

648 Vgl. International Energy Agency (1994), S. 205 und (1996a), S. 72.

alle Entscheidungen der EdF aufheben kann.[649] Schließlich ist das Umweltministerium für die Reaktorsicherheit zuständig.[650]

Seit Beginn der siebziger Jahre gibt die Regierung der EdF Planvorgaben, in deren Rahmen dem Unternehmen größere Selbständigkeit gewährt wird. Dieser Plan definiert die genauen Ziele des Unternehmens – soziale Wohlfahrt durch Wahl der Preispolitik, Maximierung von Qualitätsstandards, Diversifizierung des Outputs und Bevorzugung heimischer Materialien, aber auch Forschungs- und Entwicklungsaufwand und den Beitrag zu den Regierungsaktivitäten zugunsten von Entwicklungsländern – und legt genaue Verkaufszielvorgaben fest. Da diese Zielvorgaben nur auf *ein* mögliches volkswirtschaftliches Szenario ausgerichtet sind und Änderungen von Rahmendaten nicht berücksichtigen, konnte bereits der erste Plan infolge der Ölkrise 1973 nicht eingehalten werden. Zu Beginn der achtziger Jahre wurden einige Aufgaben – Lizensierung, Emissionskontrolle und andere Überwachungstätigkeiten – an regionale Behörden delegiert. Diese regionalen Behörden werden jedoch nur im Auftrag des Zentralstaates tätig und können keine eigene Energiepolitik verfolgen.[651]

Seit 1989 wird der EdF von Seiten der Regierung mehr Autonomie bezüglich der Investitionsentscheidungen eingeräumt. Der Staat sieht sich zunehmend als normaler Anteilseigner. Der Plan von 1993 stellt Effizienz- und Umweltschutzziele in den Vordergrund. Außerdem soll die internationale Wettbewerbsfähigkeit der EdF im Hinblick auf den europäischen Binnenmarkt für Elektrizität gesteigert werden.[652]

Die französische Regierung hat damit große Gestaltungsspielräume in der Elektrizitätswirtschaft. Innerhalb dieser Organisationsstruktur strebt sie allerdings möglichst effiziente Ergebnisse an. Zum Beispiel soll die EdF ihre Marktmacht in Branchen, in denen sie im Wettbewerb steht, nicht mißbrauchen, die Preisregulierung orientiert sich an den Grenzkosten[653] und wird mit einem Price-cap gedekkelt, es wurden interne Managementreformen durchgeführt und eine Art Yardstick competition eingeführt. Ein Vorteil dieses Systems, in dem die Kontrollbehörden direkt an den Entscheidungen beteiligt sind, liegt in den kürzeren und problemloseren Genehmigungsverfahren für neue Kraftwerke und technische

---

649 Vgl. Lammers (1992), S. 185.
650 Vgl. Henney (1992), S. 22.
651 Vgl. International Energy Agency (1996a), S. 27.
652 Vgl. Laffont (1996), S. 430ff.
653 Industriekunden zahlen schon seit 1957 Grenzkostenpreise. Vgl. Lhermitte/Caillé (1979), S. 118.

Standards, die von der EdF in Zusammenarbeit mit der Regierung entworfen werden.[654] Wegen der vielen beteiligten Ministerien und der fehlenden Trennung zwischen Regierung und Staatsunternehmen ist der Regulierungsprozeß in der französischen Elektrizitätswirtschaft aber wenig transparent und nachvollziehbar. Die Öffentlichkeit wurde bisher kaum informiert und war auch nicht an Genehmigungsverfahren für neue Kraftwerksstandorte – in Frankreich hauptsächlich Nuklearanlagen – beteiligt.[655]

Nachdem die überragende Position der EdF innerhalb der französischen Elektrizitätswirtschaft auf europäischer Ebene kritisiert worden war, erhielten die Kommunen stärkere Kontrollrechte gegenüber dem Versorgungsmonopol. Inzwischen muß die Regierung außerdem den Bau neuer Übertragungsleitungen gegenüber den betroffenen Kommunen rechtfertigen, was zur Verzögerung oder gänzlichen Einstellung von Projekten führen kann. Beispielsweise scheiterte der Bau einer Verbindungsleitung zwischen Frankreich und Spanien 1996 an den Umweltschutzbedenken betroffener Bürger.[656]

Inzwischen hat die französische Regierung eine Regulierungsbehörde für Elektrizität eingesetzt, die die Tarife für die Durchleitung durch das Netz der EdF festlegen, einen unabhängigen Netzbetrieb und den Zugang Dritter zum Netz garantieren und eine Bevorzugung der EdF verhindern soll. Diese Aufgaben nimmt die Behörde bisher aber noch nicht vollständig wahr. Weiterhin gibt es heftige Vorwürfe der EU, daß Frankreich seinen Markt gegen Wettbewerb abschottet und sich bisher weigert, einem Enddatum für die Liberalisierung der Strommärkte in Europa zuzustimmen.[657]

5.2.5.3 Politökonomische Analyse

Ursprünglich war bei der Verstaatlichung der Elektrizitätswirtschaft nach dem Krieg auf der Verteilungsebene keine so weitgehende horizontale Integration geplant. Es sollten relativ selbständige Regionalunternehmen für die Verteilung entstehen, die von der EdF koordiniert werden sollten. Dabei sollte die EdF nur Entscheidungen treffen können, die das Gesamtsystem betreffen. Bis zur Etablierung der Regionalgesellschaften sollte die EdF deren Funktion übernehmen. Da

---

654 Faktisch werden Investitionsprojekte der EdF von der Regierung initiiert und durchgesetzt. Daher gibt es auch so gut wie keine rechtlichen Möglichkeiten, etwa den Standort eines Atomkraftwerks anzufechten. Dies erklärt die relativ geringen Investitionskosten französischer Kernkraftwerke. Vgl. Lammers (1992), S. 204f.

655 Vgl. Lammers (1992), S. 219.

656 Vgl. Poppe/Cauret (1997), S. 219f.

657 Vgl. o.V. (2000b).

die Verordnung zur Bildung der Regionalgesellschaften von der französischen Regierung aber nie erlassen worden ist und die EdF sich erfolgreich gegen die Schaffung von Verwaltungsräten, die zu unabhängigen Verteilungsunternehmen geführt hätten, wehren konnte, entstand letztlich eine Struktur, die vom Gesetzgeber in dieser Form nicht gewollt war. Aber weder die Regierung noch die Electricité de France hatten ein Interesse an einer weiteren Aufgliederung. Nachdem die EdF von der Regierung eine Transportkonzession für das gesamte Gebiet Frankreichs bekommen hatte, war das Staatsmonopol faktisch festgeschrieben.[658] Außerdem war vorgesehen, daß die Kontrolle über die EdF nicht von der Regierung allein ausgeübt werden sollte, sondern der Verwaltungsrat sich paritätisch aus Regierungsvertretern, Verbrauchern und Arbeitnehmern zusammensetzen sollte. Die Verbrauchervertreter wurden aber schon 1952 durch technische Experten ersetzt, die die fachliche Kompetenz des Kontrollgremiums heben sollten, was die Abhängigkeit dieses Gremiums von der Regierung nicht gerade verringerte. Nach wie vor werden alle Mitglieder von der Regierung ernannt und wieder abberufen. Zudem hat der Generaldirektor der EdF, der auf Vorschlag des Industrieministers von der Regierung ernannt wird, die Möglichkeit, den Verwaltungsrat ganz zu umgehen und sich Genehmigungen direkt vom zuständigen Minister erteilen zu lassen.[659]

Auch wenn sich die Gestaltung der Elektrizitätswirtschaft letztlich anders darstellte als ursprünglich geplant, beruht sie doch auf einem weitgehenden Konsens in der französischen Gesellschaft. Die zentrale Planung mit Zielvorgaben für die Unternehmen ist ein wesentliches Element des französischen Wirtschaftssystems. Privatunternehmen müssen sich zwar nicht an diese Vorgaben halten, die Regierung schafft aber durch Subventionen und günstige Kreditbedingungen Anreize für die Unternehmen, sich vertraglich zur Einhaltung dieser Vorgaben zu verpflichten.[660] Besonders strategische Industrien wie die Elektrizitätswirtschaft, die als soziales Symbol und nationaler Stolz angesehen werden,[661] können nach weit verbreiteter Auffassung in Frankreich nicht dem Markt überlassen werden, sondern sollen dem öffentlichen Interesse dienen und müssen mindestens staatlicher Gestaltung ausgesetzt werden, wenn sie nicht direkt vom Staat betrieben werden.

Trotz der weitgehenden Befugnisse der Regierung ist die EdF nicht in die staatliche Verwaltung eingegliedert. Das Management der EdF und die Regierung stimmen zwar in den Grundzügen der Energiepolitik überein. Die Führungsebene

658 Vgl. Lammers (1992), S. 179.
659 Vgl. Lammers (1992), S. 184.
660 Vgl. Lammers (1992), S. 177.
661 Vgl. Poppe/Cauret (1997), S. 213.

der Staatsunternehmen wird aus den besten Absolventen der Eliteschulen rekrutiert, die auf der Basis des „public interest"-Ideals[662] ausgebildet werden und sich dieser verpflichtet fühlen. Tatsächlich nutzt die Politik die sich ihr bietenden Gestaltungsspielräume nicht vollständig aus. Letztendlich kommen viele Regulierungsentscheidungen in einer engen Zusammenarbeit zwischen der EdF und den Ministerialbürokratien zustande. Dadurch, daß sich das Management der staatseigenen Unternehmen und die Verwaltungsbeamten aus den Absolventen der gleichen Eliteschulen für Ingenieure rekrutieren, arbeiten beide Seiten relativ reibungslos zusammen und treffen Entscheidungen, die sie für die – technisch – effizientesten halten.[663] Solange es zu keinen Konflikten kommt und die Implementierung der allgemeinen Politikvorgaben reibungslos verläuft, hält sich die politische Ebene zurück.[664]

In jüngster Zeit versucht die EdF jedoch, sich von dem autokratischen System zu trennen und ein „entreprise citoyenne" zu werden.[665] Dies hat seine Ursache in einem Wandel in der französischen Gesellschaft. Die europaweiten Debatten lassen Frankreich nicht unberührt. Auch wenn Neuerungen abgelehnt werden, findet doch eine Auseinandersetzung statt. Der technologische Konsens wird schwächer, die Bevölkerung demokratiebewußter, so daß der Nutzen einer autoritären Staatsgewalt zunehmend bezweifelt wird und der Idee eines liberalen und wettbewerblichen Staates weicht. Allmählich bildet sich z.B. auch in Frankreich eine Opposition gegen die Nutzung der Kernkraft.[666]

Nicht nur der Wandel in der Einstellung der Bevölkerung zur Elektrizitätswirtschaft, auch andere, hauptsächlich durch die EU-Richtlinie bedingte Faktoren spielten eine Rolle dabei, daß schließlich einige Reformen unausweichlich wurden. Die Regierung Chirac dachte zwar über die Möglichkeit einer Privatisierung der Elektrizitätswirtschaft nach, scheiterte aber noch am breiten Konsens über die Rolle der EdF.[667] Die europäische Integration schwächte die Gestaltungsmöglichkeiten des französischen Staates. Im Zuge der Debatte über die europäische Stromrichtlinie wurde über eine Aufhebung des Strommonopols zumindest in der Erzeugung im Parlament und in der Gesellschaft debattiert. Die Aufhebung des Monopols war schließlich nicht mehr zu verhindern. Die Investitionen in die

---

662 Vgl. Poppe/Cauret (1997), S. 216.

663 Vgl. Finon (1996), S. 30ff.

664 Das Parlament hat durch die französische Verfassung ohnehin keine große Machtfülle. Vgl. Finon (1996), S. 31.

665 Vgl. Henney (1992), S. 22.

666 Vgl. Henney (1992), S. 22ff.

667 Vgl. McGowan (1993), S. 28.

Kernenergie haben zu großen Überkapazitäten geführt, die auf dem europäischen Markt nur noch abgesetzt werden können, wenn Frankreich bereit ist, Wettbewerber auf dem heimischen Markt zuzulassen. Eine Beibehaltung des Verteilungsmonopols der EdF stand aber außer Frage.[668] Das Import- und Exportmonopol der EdF wurde von der Europäische Kommission beanstandet. Nachdem der Wettbewerbskommissar mit einem Verfahren vor dem europäischen Gerichtshof gedroht hatte, setzte die französische Regierung 1993 eine Arbeitsgruppe ein, die das „Single-buyer"-Konzept für große Industriekunden entwickelte.[669] Diese sollen dabei die Möglichkeit erhalten, mit anderen Erzeugern Stromlieferungen zu vereinbaren, die zu dem vereinbarten Preis in das Netz der EdF eingespeist werden. Die EdF verkauft dem Kunden den Strom zu seinem Kontraktpreis zuzüglich einer Durchleitungsgebühr. Auf diese Weise bleibt die EdF an allen Verträgen mit Endverbrauchern beteiligt, kennt die Konkurrenzpreise und kann den Kunden ebenfalls günstige Bedingungen bieten, um sie an sich zu binden. Die Regierung konnte soviel Druck auf europäischer Ebene ausüben, daß der französische Vorschlag des „Single buyer" in die EU-Richtlinie aufgenommen wurde und das Verteilungsmonopol der EdF nicht angetastet zu werden braucht. Inzwischen hat Frankreich allerdings den regulierten Netzzugang eingeführt. Derzeit blockiert Frankreich aber noch den freien Wettbewerb mit Regeln wie einer Mindestlaufzeit von drei Jahren für Stromlieferverträge zwischen Erzeugern und zugelassenen Kunden oder mit der Festlegung, daß als Stromhändler nur ein (Erzeugungs-)Unternehmen tätig werden darf, daß höchstens 20 Prozent seines erzeugten Stroms handelt. Die Europäische Kommission hat ein Verfahren gegen Frankreich ausgesetzt, nachdem Frankreich ein Gesetz zur Öffnung des Strommarktes erlassen hatte. Die zur Anwendung des Gesetzes notwendigen Durchführungsbestimmungen stehen aber bisher noch aus.[670] Inzwischen können sich immerhin Industrieunternehmen mit einem Elektrizitätsverbrauch von mehr als 16 GWh auch von ausländischen Stromanbietern versorgen lassen.[671] An eine Privatisierung der EdF ist weiterhin nicht gedacht.[672]

Regulierungsänderungen hat es damit in Frankreich zwar gegeben. Sie haben aber faktisch bisher kaum etwas bewirkt. Die beiden französischen Wasserversorgungsunternehmen haben immerhin damit begonnen, die ihnen gesetzlich gegebenen Spielräume auszunutzen, um selbst Strom zu produzieren mit kleinen Kraft-

---

668 Vgl. Fraquelli/Vannoni (1996), S. 514f. und Finon (1996), S. 41 und 49.

669 Vgl. International Energy Agency (1994), S. 200 und (1996a), S. 74 und Poppe/Cauret (1997), S. 220.

670 Vgl. o.V. (2000d).

671 Vgl. o.V. (2000c).

672 Vgl. International Energy Agency (1996a), S. 75.

werken, die nicht unter das Verbot fallen, aber mittlerweile effizient genug sind.[673] Diese Unternehmen könnten das immer noch bestehende politökonomische Gleichgewicht in Gefahr bringen.

Traditionell hat die EdF eine starke – vor allem kommunistische – Gewerkschaftsmacht hinter sich, die sich für den technischen Fortschritt in der Elektrizitätswirtschaft stark macht und sich auch für die Belange des Management gegenüber der Regierung einsetzt.[674] Die starke Gewerkschaftsmacht bewirkt daher, daß die Regierung bei Entscheidungen die Belange der Beschäftigten der Elektrizitätswirtschaft berücksichtigen muß.[675]

Erklärungsmöglichkeiten der Regulierungstheorien

Frankreich besitzt einen starken öffentlichen Sektor, der den Idealen des „public interest" verbunden ist.[676] Demgemäß orientiert sich die französische Elektrizitätswirtschaft am öffentlichen Interesse und an Effizienzzielen. Die Public-Interest-Theorie erklärt das Verhalten innerhalb der französischen Elektrizitätswirtschaft damit optimal. Staatsbetriebe werden als effizient angesehen. Insofern ist es konsequent, wenn sich die französische Regierung gegen Bestrebungen der EU stellt, Wettbewerb und Privateigentum in der Stromwirtschaft zu fördern. Da der Staatsbetrieb Electricité de France im Moment kein großes Defizit mehr besitzt, gibt es auch keinen finanziellen Druck, die Branche umzustrukturieren[677], der in anderen Ländern den Anstoß zu Strukturveränderungen gegeben hat.

Die weitgehende Umgehung des politischen Diskussionsprozesses birgt aber auch die Gefahr, daß die Richtlinien, nach denen die französische Elektrizitätswirtschaft gestaltet und geführt wird, zunehmend nicht mehr dem öffentlichen Interesse, sondern dem Interesse der beteiligten Organisationen entsprechen. Zwar kann die Stromwirtschaft als technisch effizient angesehen werden, auf veränderte Marktdaten, insbesondere die Nachfrage, wurde aber in der Vergangenheit nicht geachtet.[678] Hier könnten die Bürokratie- oder Capture-Theorie ansetzen. Da die Verwaltung aber nicht die Ziele des Staatsunternehmens übernimmt, sondern diese Ziele bereits als ihre eigenen vertritt, ist die Capture-Theorie nicht als Erklä-

---

673 Vgl. Poppe/Cauret (1997), S. 21.

674 Vgl. Laffont (1996), S. 419 und Henney (1992), S. 22. Die EdF war beispielsweise ein Vorreiter bei der Entwicklung neuer Beschäftigungs- und Lohnmodelle, bei Sozialleistungen und der Gestaltung von Arbeitsbedingungen und Pensionsplänen.

675 Vgl. Poppe/Cauret (1997), S. 216.

676 Vgl. u.a. Finon (1996), S. 32.

677 Vgl. Poppe/Cauret (1997), S. 217.

678 Vgl. Finon (1996), S. 32 und 54.

rung geeignet. Die Umsetzung neuer technischer Möglichkeiten könnte zwar als Eigeninteresse der Bürokratie ausgelegt werden. Vor dem Hintergrund, daß die französische Elektrizitätswirtschaft wenn nicht tatsächlich effizient, so doch in ausgeprägtem Maße effizienzorientiert ist, taugt die Bürokratietheorie aber nicht als Erklärungsansatz. Regulierung im öffentlichen Interesse muß nicht bedeuten, daß tatsächlich die effiziente Lösung erreicht wird; es bedeutet lediglich, daß umgesetzt wird, was die Entscheidungsträger für das öffentliche Interesse halten. In der französischen Elektrizitätswirtschaft war dies zumindest lange Zeit die Verfolgung der aus technokratischer Sicht effizienten Produktion von Elektrizität.

Die verschiedenen Ansätze der Interest-Group-Theorie erklären das Verhalten der EdF und des französischen Staates hingegen nicht. Die EdF befindet sich als öffentliches Monopolunternehmen nicht auf einem Markt für Regulierung. Ein Bargainingprozeß zwischen der Regulierungsinstanz und dem Monopolunternehmen kommt nicht zustande. Zwar kann die EdF – nicht zuletzt mit Hilfe der Gewerkschaften – einige Interessen der Arbeitnehmer im sozialen Bereich durchsetzen, ein echtes bilaterales Monopol besteht aber nicht. Die Regierung ist keinem Drohpotential von seiten der EdF ausgesetzt. Die Electricité de France könnte zwar mit der Einstellung der Stromversorgung oder auch nur mit der Verringerung der Qualität drohen. Diese Drohung ist aber nicht wirkungsvoll, weil der Staat als Eigentümer die Führungsspitze des Unternehmens auswechseln kann. Ein Wettbewerb zwischen Interessengruppen existiert in der französischen Elektrizitätswirtschaft bisher nicht. In Zukunft muß allerdings damit gerechnet werden, daß bestehende Interessengruppen stärker werden und sich im Zuge der gesellschaftlichen Veränderungen neue Gruppen bilden, die dann eine Rolle im Regulierungsprozeß spielen werden.

5.2.6 Die Elektrizitätswirtschaft in Italien

5.2.6.1 Struktur der italienischen Elektrizitätswirtschaft

Die italienische Elektrizitätswirtschaft wird seit der Verstaatlichung am 6. Dezember 1962[679] ähnlich wie die französische Stromwirtschaft von einem vertikal integrierten Unternehmen dominiert. Mit der Verstaatlichung wurde aus etwa 1200 kleinen Unternehmen die Ente Nazionale per l'Energia Elettrica (ENEL) gegründet, die seitdem für mehr als 80 Prozent der Erzeugung und mehr als 87 Prozent der Verteilung von elektrischer Energie zuständig ist und das gesamte Übertragungsnetz einschließlich des Lastmanagements betreibt. 4 Prozent der Erzeugung und 12 Prozent der Verteilung werden von etwa 150 kommunalen

679 durch das Gesetz N. 1643; vgl. Lammers (1992), S. 318.

Unternehmen kontrolliert; daneben gibt es Eigenerzeuger (15 Prozent der gesamten Erzeugung[680]) und einige Kleinstbetriebe.[681] Die kommunalen Unternehmen und die industriellen Eigenerzeuger und Kleinstbetriebe waren von der Verstaatlichung ausgenommen worden bzw. konnten selbst entscheiden, ob sie der ENEL beitreten wollten oder nicht.[682]

Bisher war das System vollständig integriert. Zwar dürfen private Unternehmen schon seit 1982 Strom produzieren, aber bürokratische Behinderungen und die Verpflichtung, den produzierten Strom zu staatlich festgelegten, sehr niedrigen Preisen an die ENEL zu verkaufen, führten dazu, daß sich die private Stromerzeugung nicht ausweitete. Erst 1991 wurden die Bedingungen für private Stromproduzenten per Gesetz verbessert. Bisher bestehende Regulierungen wurden weitgehend abgebaut. Private Stromproduktion zur Versorgung des eigenen Unternehmens bedurfte keiner Genehmigung mehr und die Übertragung von Strom zwischen Betriebsteilen desselben Unternehmens wurde grundsätzlich erlaubt. Die Preise für den Verkauf von Überschüssen an die ENEL wurden 1992 erhöht und basierten jetzt auf den Kosten, die ENEL durch den Fremdbezug vermeidet. Die Bedeutung der unabhängigen Erzeuger nimmt mit der Verbreitung von Kraft-Wärme-Kopplungsanlagen und der Nutzung regenerativer Energien inzwischen zu.[683]

Die Dominanz der ENEL blieb dennoch unangetastet. Bis zur Umsetzung der EU-Stromrichtlinie bestanden für unabhängige Erzeuger keine Zugangsrechte zum Übertragungsnetz, so daß alle Erzeuger einem Verkaufszwang an die ENEL unterlagen. Nichtitalienische Unternehmen aus der Europäischen Union durften Strom durch das italienische Netz leiten, sofern es sich um reine Transitgeschäfte handelte und kein Strom nach Italien importiert oder exportiert wurde.[684] Damit erfüllte Italien die EU-Durchleitungsvorgabe, ging aber in keiner Weise darüber hinaus.

Da die Preise weiter staatlich festgelegt wurden und die Erteilung neuer Lizenzen an die staatliche Bedarfsplanung angelehnt ist, führte die Förderung privater Kleinunternehmen nicht zu wirklichem Wettbewerb innerhalb der italienischen Elektrizitätswirtschaft, aber immerhin zu größerer Wettbewerbsfähigkeit der

---

680 Vgl. International Energy Agency (1994), S. 233.

681 Vgl. Fraquelli/Vannoni (1996), S. 514, Kumkar/Neu (1997), S. 14 und International Energy Agency (1994), S. 233.

682 Vgl. Lammers (1992), S. 319 und International Energy Agency (1994), S. 234.

683 Vgl. Fraquelli/Vannoni (1996), S. 514f., Kumkar/Neu (1997), S. 14 und International Energy Agency (1994), S. 234.

684 Vgl. International Energy Agency (1994), S. 235.

Stromwirtschaft insgesamt. Dadurch, daß neue Erzeugungsverfahren unterstützt und eingesetzt wurden, sah sich die ENEL zunehmend dem Zwang zur Überprüfung ihrer Produktionskosten ausgesetzt. Die monopolistische Erzeugungsstruktur bricht daher langsam auf.

Die Eigentumsstruktur in der italienischen Elektrizitätswirtschaft wird zudem geändert. Das staatliche Monopol wurde 1992 in eine Aktiengesellschaft umgewandelt, an der der Staat zunächst alle Anteile hielt, die aber von Ende 1995 an in Abschnitten privatisiert werden sollte.[685] Ende 2000 hielt der italienische Staat – vertreten durch das Finanzministerium – nach einer ersten Teilprivatisierung allerdings immer noch die Mehrheit an dem Stromkonzern.

Seit Februar 1999 setzt Italien die EU-Richtlinie in einem nationalen Gesetz um. Die ENEL ist nun zur Durchleitung fremden Stroms verpflichtet. Dabei findet allerdings keine Entflechtung des Unternehmens statt, im Gegenteil: In Verteilungsgebieten, in denen kommunale Verteilungsunternehmen und die ENEL operieren, dringt die Regierung auf stärkere Konzentration. Der Erzeugungsbereich wird hingegen seit 1999 in mehrere Tochterunternehmen ausgegliedert, um die Vorgabe der EU zu erfüllen, daß nicht mehr als 50 Prozent eines nationalen Marktes von einem Erzeugungsunternehmen beliefert werden dürfen.[686] Der Markt für Endverbraucher wird im Einklang mit den EU-Vorgaben geöffnet. Unabhängige Erzeuger sollen ihren Strom dann auch direkt an industrielle Verbraucher verkaufen dürfen. Die Höchstpreise für Endverbraucher, die sich ihren Anbieter nicht selbst wählen können, bleiben staatlich festgelegt und für bestimmte Mindestqualitäten national einheitlich.

5.2.6.2 Kompetenzen der Regulierungsinstitution

Energiepolitik in Italien liegt offiziell in der Hand der Zentralregierung. Der italienische Staat verfolgt mit seiner Energiepolitik allgemeine Effizienz- und Umweltschutzziele. Dazu gehören Energiesparmaßnahmen, Diversifizierungen der Energieproduktion, was in Italien vor allem heißt, die Abhängigkeit vom Öl zu verringern,[687] aber auch die Steigerung der Wettbewerbsfähigkeit des gesamten Energiesystems. Bis Ende der achtziger Jahre wurden regelmäßig nationale Energiepläne aufgestellt, die die Grundsätze der Energiepolitik und die zu ergreifenden Maßnahmen festlegten. Der Vorstand des Staatsmonopols ENEL wird

---

685 Vgl. Fraquelli/Vannoni (1996), S. 514, International Energy Agency (1996e), S. 185 und Pollitt (1995), S. 3.

686 Vgl. ENEL (1998), S. 17 und Energy Information Administration (1999b).

687 Vgl. de Paoli (1996), S. 102.

vom Finanzministerium berufen, ansonsten haben das Industrieministerium und das Ministerium für Staatsbeteiligungen die Verantwortung für den Betrieb des Unternehmens. Ein eigenes Energieministerium hat es in Italien nie gegeben, obwohl seine Errichtung diskutiert wurde.[688]

Aufgabe des Ministeriums für Staatsbeteiligungen war die Vertretung der Interessen der Staatsbetriebe innerhalb der italienischen Regierung und die Aufsicht über alle Staatsunternehmen. Es wurde 1993 aufgelöst, seine Kompetenzen gingen auf das Industrieministerium über.[689] Im einzelnen genehmigt das Industrieministerium Bau und Betrieb von Erzeugungs- und Übertragungseinrichtungen, nach Rücksprache mit anderen Agenturen – Regierungsorganisationen und unabhängigen Agenturen – und den betroffenen lokalen Behörden. Das Umweltministerium ist, sofern nötig, für Umweltregulierungen zuständig. Für die Genehmigung von Verteilungseinrichtungen sind die Städte und Gemeinden jeweils in ihrem Bereich zuständig; sie vergeben die Lizenzen entsprechend ihren Stadtentwicklungsplanungen. Faktisch hatte die ENEL aber stets nicht nur eine Mitsprachegelegenheit bei der Formulierung der Energiepolitik, sondern dominiert sie.[690]

Die Endverbraucherpreise wurden bis Ende 1994 direkt von der Zentralregierung in Rom – vom interministeriellen Preiskommittee – festgesetzt. Mit der Festlegung von Preishöhe und -struktur[691] verfolgte die Regierung politische Ziele. Mittel- und Hochspannungsabnehmer zahlten Grenzkostenpreise, die Niederspannungskunden zahlten zusätzlich die Kapazitätskosten und einen Gewinnzuschlag. Außerdem sind die Preise für Privathaushalte nach der Verbrauchsmenge gestaffelt, d.h. der Preis je kWh steigt mit der Abnahmemenge. Ursprünglich sollten damit Bezieher geringer Einkommen unterstützt werden. Nachdem inzwischen aber 95 Prozent der Haushalte davon profitieren, führt diese Preisstruktur in erster Linie zu Anreizen zum sparsamen Energieverbrauch.[692] Preissteigerungen wurden

688 Vgl. International Energy Agency (1994), S. 233 und de Paoli (1996), S. 96.

689 Vgl. de Paoli (1996), S. 96f.

690 Vgl. de Paoli (1996), S. 95.

691 Das Preiskommitee konnte sowohl Mindest- als auch Höchstpreise festsetzen. Vgl. Lammers (1992), S. 319.

692 Die Preisstruktur wird von der italienischen Regierung ökonomisch damit gerechtfertigt, daß sie bewirkt, daß Strom auf diese Weise weniger zum Kochen und Heizen verwendet wird. Die Lastkurven glätten sich daher, es gibt weniger Lastspitzen, d.h. es müssen weniger Reservekapazitäten vorgehalten werden. Vgl. International Energy Agency (1994), S. 236.

zur Inflationsbekämpfung bewußt unter den Kostensteigerungen gehalten, was das Staatsunternehmen zeitweilig in finanzielle Schwierigkeiten brachte.[693]

Seit Ende der achtziger Jahre wandelt sich in Italien die Ansicht darüber, wie diese Ziele erreicht werden sollen. War bis dahin die zentrale Planung mit nationalen Energieplänen vorherrschend, so orientiert sich die italienische Energiepolitik zunehmend an marktwirtschaftlichen Verfahrensweisen. Das 1992 angekündigte Privatisierungsprogramm für die ENEL sollte neben einer Reduzierung des Staatsdefizits auch den Rückzug des Staates aus der Wirtschaft einleiten.[694] Das interministerielle Preiskommittee wurde Ende 1994 aufgelöst, als die Regierung beschloß, die Verantwortung einer neuen Regulierungsbehörde zu übertragen, die mittels Price-cap-Regulierung Anreizmechanismen in das Preissystem integrieren soll.[695] Zunächst wurde die Preisgestaltung jedoch vom Industrieministerium übernommen. Seit 1995 besteht zwar eine Regulierungsbehörde, sie ist allerdings nicht unabhängig von der Regierung.[696] Italien hat sich wie die meisten EU-Staaten für den regulierten Netzzugang entschieden und legt die Durchleitungsentgelte behördlich fest. Die Tarife sind weitgehend entfernungsunabhängig und sollen auch Kosten für Forschung, den Rückbau von Kernkraftwerken und Investitionen, die im Wettbewerb obsolet geworden sind, decken.[697]

Zu wirklichem Einfluß kommt die Regulierungsbehörde erst dann, wenn ENEL tatsächlich privatisiert ist. Solange die Regierung als Eigentümer den Vorstand einsetzt und alle Pläne des Unternehmens genehmigen muß, findet Regulierung in erster Linie direkt durch die Regierung statt.

Die Energiepolitik in Italien hat sich im letzten Jahrzehnt von staatlicher Lenkung zu einem am Markt orientierten Regulierungsansatz gewandelt. Starre und ineffiziente Preisregulierungen wurden gelockert, die Privatisierung des Staatsunternehmens ENEL eingeleitet und die Monopolgarantien im Erzeugungsbereich aufgehoben. Die italienische Regierung hat damit die Voraussetzungen dafür geschaffen, daß eine vielfältigere Elektrizitätswirtschaft entsteht. Ob dies gleichbedeutend mit Wettbewerb ist, muß sich allerdings noch herausstellen. Dies hängt auch davon ab, inwieweit andere Erzeuger von der ENEL diskriminiert werden können.

---

693 Die Regierung paßte seit 1986 die Tarife schließlich an, um das Defizit der ENEL zu reduzieren. Vgl. Lammers (1992), S. 336.

694 Vgl. International Energy Agency (1994), S. 231.

695 Vgl. ENEL (1998), S. 17 und de Paoli (1996), S. 96.

696 Vgl. International Energy Agency (1996e), S. 185.

697 Vgl. Froning (1999).

5.2.6.3 Politökonomische Analyse

Nach der Verstaatlichung der Elektrizitätswirtschaft 1962 basierte die italienische Energiepolitik gut 20 Jahre lang auf der Vorstellung, daß direkte Staatseingriffe das Problem der Energieversorgung am effizientesten lösen könnten.[698] Die Energiepolitik war dementsprechend auf genaue Handlungsvorgaben seitens des Staates ausgerichtet. Erst zu Beginn der neunziger Jahre zog sich der Staat in vielen Politikbereichen aus seiner dominanten Position zurück. Beispielsweise wurde 1990 eine Wettbewerbsbehörde errichtet, nachdem darüber 17 Jahre lang darüber diskutiert worden war. Doch erst 1992 fiel die Entscheidung, daß sich der Staat von weiten Teilen der staatlichen Unternehmen trennen sollte.

Für den Wandel in der Energiepolitik waren vor allem drei Faktoren ausschlaggebend: die Golf-Krise, die Planungskrise und die Finanzkrise des italienischen Staates. Die Golf-Krise zeigte, daß trotz des Krieges und der damit verbundenen Ölproduktionsausfälle des Iraks und Kuwaits Öl nach dem schnellen Ende des Krieges wieder sehr billig wurde und Befürchtungen bezüglich einer möglichen Unterbrechung von für die italienische Stromwirtschaft extrem wichtigen Öllieferungen unbegründet waren. Der Ölmarkt rechtfertigte damit keine Staatseingriffe mehr.

Der Zusammenbruch vieler osteuropäischer Zentralverwaltungswirtschaften ließ das Vertrauen in den Staat als zentrales Planungsinstrument ganz generell in Italien sinken. Darüber hinaus zeigte sich in der Energiewirtschaft, daß die Vorgaben der nationalen Energiepläne nicht eingehalten bzw. umgesetzt wurden. Es gab Ineffizienzen in der Überwachung von Errichtung und Betrieb der Kraftwerke, so daß die Baukosten für neue Kraftwerke stiegen. Regierung und Parlament waren nicht in der Lage, konsistente Entscheidungen zur Energiepolitik über einen längeren Zeitraum hinweg zu treffen, und die Regierungsbürokratie hatte keine Anreize und aufgrund der fehlenden Tradition der zentralen Planung der Elektrizitätswirtschaft auch nicht die Erfahrung und Fähigkeiten, zustande gekommene Beschlüsse zügig umzusetzen. Das Staatsmonopol ENEL nutzte die Schwäche der Politik allerdings auch nicht, um seine Spielräume auszuweiten und selbst Entscheidungen zu treffen. Dies ließ die Regierung zunehmend inkompetent für die Gestaltung der Elektrizitätswirtschaft erscheinen, zumal bekannt wurde, daß die jeweils regierenden Parteien die Staatsunternehmen nicht nur nutzten, um verdiente politische Freunde mit Posten zu versorgen, sondern sich die regierenden Parteien auch aus den Budgets der öffentlichen Unternehmen bedienten.

---

698 Vgl. hierzu und für das folgende de Paoli (1996), S. 111ff.

Zusammen mit internationalen Faktoren bewirkte die Planungskrise in der Elektrizitätswirtschaft einen Wandel in der Einstellung der Bevölkerung gegenüber der wirtschaftlichen Handlungskompetenz des Staates. Auf der anderen Seite hatte der Staat selbst einen Anreiz, sich aus der zentralen Planung vieler Branchen zurückzuziehen. Viele staatliche Unternehmen benötigten systematisch finanzielle Unterstützung, um überleben zu können. Eine Privatisierung würde damit nicht nur das Planungsproblem lösen, sondern gleichzeitig die Haushaltskassen durch Privatisierungserlöse und entfallende Subventionen entlasten. Die Diskussion um eine Privatisierung der ENEL, die vor allem in den achtziger Jahren infolge der Finanzkrise des Unternehmens ernsthaft geführt wurde,[699] hat nach dem überraschenden konkreten Privatisierungsvorhaben 1992[700] mittlerweile immerhin zu einer Verringerung des staatlichen Eigentums an der ENEL geführt. Daß sich der Prozeß so lange hinzog und weiter hinzieht, liegt zum Teil an finanziellen und organisatorischen Gründen, teilweise scheiterte die Privatisierung an politischer Opposition. Vor allem die schwindenden Aussichten, die Leitungsfunktionen der Staatsbetriebe politisch besetzen und sich aus deren Budgets bedienen zu können, führten zu politischem Protest. Während Teile des Parlaments der Privatisierung eher ablehnend gegenüberstanden, drängte die Regierung auf schnelle Privatisierungserlöse. Allerdings änderte sich die Haltung der jeweiligen Regierungen bezüglich der Ausgestaltung der Privatisierung ständig. Die Regierungen Amato und Ciampi (April 1992 bis April 1994) wollten die ENEL als Gesamtunternehmen privatisieren und durch eine Regulierungsbehörde kontrollieren lassen. Diese reine Privatisierung hätte den höchsten Erlös erbracht, da die Gewinnaussichten eines Monopolunternehmens und damit die Gebote dafür höher liegen als die für ein desintegriertes Unternehmen. Unter anderem verzögerte allerdings die fehlende Institutionalisierung der Regulierungsbehörde die Privatisierung. Inzwischen kündigte die Regierung Berlusconi (Mai 1994 bis Dezember 1994) die Aufteilung der ENEL in ein Übertragungs- und Verteilungsunternehmen und mehrere Erzeugungsunternehmen an. Die Regierung Dini zog dieses Vorhaben im Sommer 1995 zurück und wollte die ENEL möglichst schnell als Monopol verkaufen.[701] Dies zeigt die Schwierigkeiten der italienischen Politik, über mehrere Jahre hinweg konsistente Entscheidungen zu treffen und umzusetzen. Das Ziel, den Staatseinfluß in der Wirtschaft zu verringern, fand in der öffentlichen Meinung zwar breite Unterstützung, scheint aber weder für die Regierung noch für die politische Elite Italiens Priorität gehabt zu haben. Der Effizienzgedanke wurde von keiner der industriell, sozial oder politisch einflußreichen

---

699 Vgl. Polo/Scarpa (1997), S. 143 und McGowan (1993), S. 28.
700 Vgl. de Paoli (1996), S. 118.
701 Vgl. de Paoli (1996), S. 120.

Interessengruppen in den Vordergrund gestellt[702] und zwang damit die Politik nicht unmittelbar, darauf zu reagieren.[703]

Neben der Privatisierungsdebatte war Italien zu Beginn der neunziger Jahre aber auch gezwungen, neue Erzeugungskapazitäten zu schaffen. Nach dem Volksentscheid gegen die Nutzung der Atomkraft 1987 und der damit bevorstehenden Stillegung der Atomkraftwerke mußten alternative Kapazitäten errichtet werden. ENEL leitete zwar die Ausweitung ihrer Kapazitäten ein, traf aber auf Schwierigkeiten bei der politischen Durchsetzung neuer Kraftwerksstandorte. Die Zentralregierung war gegenüber den Provinzregierungen und den lokalen Behörden, die Standorte in ihren Gebieten ablehnten, relativ wenig durchsetzungsfähig. Zum Teil lag das an parteipolitischen Differenzen, hauptsächlich aber daran, daß die Politiker auf der Regionalebene die Positionen ihrer Partei auf der nationalen Ebene nicht teilten und auf der Durchsetzung ihrer regionalen Standpunkte beharrten. Auch nach der Verabschiedung von Gesetzen, die ihr erlaubten, ohne die Zustimmung lokaler Behörden Kraftwerke zu errichten, konnte sich die italienische Regierung nicht effektiver gegenüber den Regionen durchsetzen. Selbst finanzielle Anreize führten nicht zu einer wesentlichen Verringerung der regionalen Opposition.[704] Die Genehmigungsverfahren vor allem für Kohlekraftwerke blieben damit langwierig. Um die zunehmende Abhängigkeit Italiens von importiertem Strom zu verringern, mußten zusätzlich weitere Erzeugungskapazitäten geschaffen werden, so daß unabhängige Stromproduzenten gefördert wurden.[705]

Auf diese Weise wird die Stromerzeugung in Italien horizontal desintegriert. Es wird sich ein Strommarkt mindestens für die Erzeugung etablieren. Der Druck der Erzeuger könnte – mit Hilfe der EU – dazu führen, daß den Erzeugern schließlich auch der Zugang zu allen Endkunden gewährt wird. Die voranschreitende Deregulierung wird zu Wettbewerb führen, auch wenn dies nicht das Ziel der italienischen Energiepolitik ist.[706] Denn letztlich entspringt die Umstrukturierung nicht dem Wettbewerbsgedanken, sondern der Sicherung eines ausreichenden heimischen Angebots. In diesem Sinne ist die Elektrizitätswirtschaft in Italien ähnlich wie die französische infolge der EU-Richtlinie auch nicht grundlegend entflochten worden. Die ENEL ist lediglich gezwungen, im Erzeugungsbereich effizienter zu

---

702 Vgl. de Paoli (1996), S. 121.

703 Der Druck der Eigenerzeuger, die ENEL zu liberalisieren, war offensichtlich nicht stark genug, um sich gegen die Idee einer nationalen und gemeinwohlverpflichteten Elektrizitätswirtschaft durchzusetzen. Vgl. Henney (1992), S. 49.

704 Vgl. Henney (1992), S. 48 und de Paoli (1996), S. 110.

705 Vgl. International Energy Agency (1994), S. 232.

706 Vgl. de Paoli (1996), S. 123.

werden. Der Druck kommt bisher aber nicht von tatsächlicher Konkurrenz, da die ENEL weiterhin den italienischen Markt dominiert, sondern aus dem Kosten- und Preisvergleich mit ausländischen Erzeugern[707]. Es ist davon auszugehen, daß die ENEL in Zukunft ihren Kraftwerkspark eher nach ökonomischen Kriterien strukturieren wird.

Die Europäische Union spielt für die italienische Energiepolitik eine geringere Rolle, als man annehmen könnte. Die Umstrukturierungsmaßnahmen sind nicht auf europäischen Druck zurückzuführen. Zwar kritisierte die EU die Monopolrechte der ENEL, drohte mit Verfahren und verlangte Durchleitungsrechte für ausländische Unternehmen.[708] In der Diskussion um die Stromrichtlinie wurde zudem schnell klar, daß Italien nicht darum herumkommen würde, seine Elektrizitätswirtschaft dem – zumindest ausländischen – Wettbewerb zu öffnen. Den Anstoß für die Zulassung unabhängiger Erzeuger gaben aber interne italienische Faktoren, und von Wettbewerb im Endverbraucherbereich ist die italienische Elektrizitätswirtschaft noch weit entfernt.

Erklärungsmöglichkeiten der Regulierungstheorien

Die immer noch dominierende Stellung der ENEL in der italienischen Elektrizitätswirtschaft kann nicht mit dem öffentlichen Interesse an einer ausreichenden und sicheren Energieversorgung begründet werden. Die großen Ineffizienzen in der Wahl der Kraftwerksstandorte und der Regulierungsmethoden[709] dürften kaum im Interesse der Bevölkerung gewesen sein. Nach der Public-Interest-Theorie ist Regulierung nur dann nicht effizient, wenn die Regulierungsbehörde falsch strukturiert ist, sie ein unzureichendes Mandat hat oder nicht ausreichende Informationen über die zu regulierende Industrie hat. Die italienische Regierung dürfte als Eigentümer der ENEL allerdings über ausreichende Informationen verfügen. Zudem hat sie als Regulierungsbehörde ein unbegrenztes Handlungsmandat und kann über die Wahl ihrer Methoden und die personelle Ausstattung frei entscheiden. Daher ist anzunehmen, daß eher Interessen der politischen Entscheidungsträger, der damit befaßten Bürokratie oder des regulierten Staatsunternehmens selbst eine größere Rolle spielen. Die Public-Interest-Theorie erklärt die Haltung der italienischen Regierung bezüglich der Elektrizitätswirtschaft also nicht, zumal

---

707 Im thermoelektrischen Bereich werden Kraftwerke aus den Vereinigten Staaten und Großbritannien zum Vergleich herangezogen, bei der Wasserkraft die spanische Iberdrola und die norwegische Statkraft. Vgl. ENEL (1999).

708 Die EU sah den freien Warenverkehr behindert und warf Italien einen Bruch der römischen Verträge vor. Vgl. International Energy Agency (1994), S. 231f.

709 Vgl. Lammers (1992), S. 335f.

die beabsichtigte Privatisierung derart verzögert wurde. Wäre es die Ansicht der Regierung, daß eine Privatisierung Effizienzvorteile bringt, so hätte sie nach der Public-Interest-Theorie diese zügig durchführen müssen. Wäre sie der Ansicht, daß ein Staatsunternehmen dem öffentlichen Interesse besser dient, hätte sie die Privatisierung gar nicht erst ins Auge fassen sollen.

Der allgemeine Public-Choice-Ansatz der Interest-Group-Theorie hingegen erklärt das Verhalten der italienischen Regierung zu Beginn der neunziger Jahre. Die Akteure im Regulierungsprozeß sind die Regierung und die Steuerzahler bzw. Stromkonsumenten. Die Regulierung diente zunächst unter anderem als ein Umverteilungsinstrument, das für die Zahler weniger transparent war als direkte Steuern. Langfristig entsprachen sich Steuern und Regulierung von Staatsunternehmen als Umverteilungsinstrumente jedoch. Der Staat mußte Verluste, die durch die Subvention bestimmter Kundengruppen entstehen, aus dem allgemeinen Haushalt durch Steuern finanzieren. Die Situation, daß sich das Staatseigentum als Politikinstrument nicht als billiger als die Erhebung von Steuern erwies, entstand Ende der achtziger Jahre. Das Problem, Steuern zu erhöhen und damit die Subventionen für bestimmte Stromkunden transparent machen zu müssen, versuchte der italienische Staat daraufhin durch die Privatisierung zu lösen.[710] Die Verzögerung der Privatisierung erklärt der Public-Choice-Ansatz allerdings nicht.

Alle einzelnen Ansätze der Interest-Group-Theorie betrachten zusätzlich die regulierte Industrie, also in diesem Fall hauptsächlich die ENEL, als eine Interessengruppe. Von den verschiedenen Ausprägungen der Interest-Group-Theorie ist nur der Ansatz der Regulierung als Bargaining-Prozeß zwischen der Regulierungsinstanz und dem Monopolunternehmen, also der modifizierte Peltzman-Ansatz, mit Einschränkungen als Erklärungsmöglichkeit denkbar. Die Ansätze der Interest-Group-Theorie gehen davon aus, daß es sich bei der Regulierungsbehörde und dem regulierten Unternehmen um verschiedene Akteure handelt, die Regulierungsbehörde also keine Eigentumsrechte an dem regulierten Unternehmen hat. Die Manager des Monopolunternehmens ENEL könnten zwar als eigenständige Akteure auftreten und sich mindestens vorübergehend auch einen Informationsvorsprung gegenüber der Regierung verschaffen, letztlich sind sie aber von der Regierung abhängig. Die Regierung stellt das oberste Management ein und kann es gegebenenfalls auch wieder austauschen. Im Gegensatz zu einem privaten Monopol hat das Management des Staatsunternehmens damit kein echtes Drohpotential.

---

710 Vgl. de Paoli (1996), S. 114.

Aufrund des staatlichen Eigentums an der ENEL hat auch die Capture-Theorie keine Relevanz. Selbst wenn die Manager des Staatsunternehmens die Energiepolitik wegen ihrer Fachkompetenz wesentlich gestalten könnten, ständen sie keiner unabhängigen Regulierungsbehörde gegenüber. Die faktisch handelnde Regulierungsinstitution, die Regierung, ist neben den Interessengruppen noch politischem Einfluß ausgesetzt, den die unterschiedlichen Ansichten der verschiedenen Regierungen zum Privatisierungsvorhaben seit 1992 deutlich machen.

Die Life-Cycle-Theorie hingegen könnte eine Erklärung für das Verhalten der italienischen Regierung gegenüber der Elektrizitätswirtschaft bieten. Das Staatsmonopol mag 1962 als effiziente Lösung erschienen sein. Zumindest wurde die Verstaatlichung mit den Ineffizienzen der privaten Versorgungsmonopole begründet.[711] Im Laufe der Zeit schlichen sich Ineffizienzen ein, die bürokratietheoretisch erklärbar sind. Außerdem änderten sich die technischen Produktionsvoraussetzungen und damit die ökonomischen Zweckmäßigkeiten. Mit der Volksabstimmung gegen die Nutzung der Kernkraft rückte die Elektrizitätswirtschaft wieder in den Mittelpunkt des Interesses. Infolge der Abstimmung mußten Anfang der neunziger Jahre neue Erzeugungskapazitäten geschaffen werden. In diesem Zuge wurde die Elektrizitätswirtschaft einer grundsätzlichen Überprüfung unterzogen, die dazu führte, daß nicht nur die notwendigen Anpassungen erfolgten, sondern die Privatisierung der Elektrizitätswirtschaft eingeleitet wurde. Hier wurde allerdings auf externe Notwendigkeiten reagiert und weniger ein zuvor effizienter Regulierungszustand wiederhergestellt. An diesem Punkt führt die Life-Cycle-Theorie nicht weiter. Das politische Interesse an der Stromwirtschaft ist nicht etwa gesunken. Im Gegenteil, nach der Verabschiedung der EU-Stromrichtlinie bestand erneuter Regelungsbedarf für die italienische Regierung. Daß die Privatisierung dennoch nicht zügig in Angriff genommen wurde, obwohl die formalen Voraussetzungen beim Staatsunternehmen gegeben sind, läßt auf gegenteilige Interessen im politischen Entscheidungsprozeß schließen. Hier bieten sich die Congressional-Dominance-Hypothese und die Bürokratietheorie an. In Italien geht die Regierung aus der Parlamentsmehrheit hervor, d.h. die Parlamentsmehrheit hat letztlich die Entscheidung über die Gestaltung der Struktur der Elektrizitätswirtschaft. Ebenso wie auch die Bürokratie hat sie ein Interesse an möglichst hohen Privatisierungserlösen und damit größeren politischen Gestaltungsmöglichkeiten. Damit steigen die Wahlchancen der Parlamentsmehrheit. Die Erlöse steigen mit sinkenden Schulden der ENEL. Demnach liegt es sowohl im Interesse des Parlaments als auch der Bürokratie, die Privatisierung der ENEL zu verzögern und die Zeit zu nutzen, die ENEL zum Schuldenabbau zu bewegen,

---

711 Vgl. Lammers (1992), S. 318.

zumal es keinen starken öffentlichen Druck auf die Parlamentarier gibt. Außerdem sind Parlament und Ministerialbürokratie an möglichst großem Einfluß interessiert. Ein Staatsunternehmen bietet weitaus größere Einflußmöglichkeiten als ein privates reguliertes Unternehmen. Mit dem gleichen Argument läßt sich die „Wettbewerbsfeindlichkeit" in Italien erklären. In einem wettbewerblichen Umfeld entfallen die staatlichen und damit auch bürokratischen Gestaltungsmöglichkeiten weitgehend. Letztlich haben sich in der Frage der Privatisierung des Staatsmonopols ENEL Parlament und Bürokratie bisher gegen die verschiedenen Regierungen durchsetzen können.

Die – bisher nicht sehr weitgehende – Umgestaltung der italienischen Elektrizitätswirtschaft ist insgesamt auf finanzielle und organisatorische Probleme des italienischen Staates und des Staatsunternehmens ENEL zurückzuführen. Die politischen Entscheidungsträger in Italien weisen eher Beharrungstendenzen entsprechend der Bürokratietheorie auf. Die italienische Besonderheit, eine Privatisierung der Elektrizitätswirtschaft zu beschließen, sie aber dann zu verzögern, kann auf der einen Seite mit dem Public-Choice-Ansatz, auf der anderen Seite mit der Congressional-Dominance-Hypothese und dem Wunsch des Parlaments, möglichst große Gestaltungsspielräume zu erzielen, erklärt werden. Das bestehende Gleichgewicht könnte ins Wanken geraten, wenn die Single-buyer-Alternative, die die EU-Stromrichtlinie den Netzbetreibern der Stromwirtschaft in den Mitgliedstaaten zur Zeit noch einräumt, ausläuft und auch Italien echten Endverbraucherwettbewerb einführen muß.

5.2.7 Die Elektrizitätswirtschaft in Deutschland

5.2.7.1 Struktur der deutschen Elektrizitätswirtschaft

Die historisch gewachsene Struktur der Elektrizitätswirtschaft in Deutschland[712] ist durch eine Vielzahl von Unternehmen in der Erzeugung, Übertragung und Verteilung gekennzeichnet. Neben der öffentlichen Elektrizitätswirtschaft gibt es eine industrielle Kraftwirtschaft, die Strom für den Eigenbedarf von Unternehmen produziert, und die Kapazitäten der Deutschen Bahn, die ihren Strombedarf ebenfalls selbst produziert. Da die öffentliche Elektrizitätswirtschaft mindestens 85 Prozent des gesamten Strombedarfs[713] deckt, kann die industrielle Eigenpro-

---

712 Zur geschichtlichen Entwicklung der Elektrizitätswirtschaft siehe Müller/Stahl (1996), S. 279ff. und Zängl (1989).

713 Vgl. Schmidtchen/Bier (1997), S. 12. Die VDEW nennt für 1995 folgende Zahlen: Öffentliche Versorgung 88 Prozent, Private Erzeuger (Bergbau und verarbeitendes Gewerbe) 11 Prozent, Bahn 1 Prozent. Vgl. Vereinigung Deutscher Elektrizitätswerke (1996), S. 35.

duktion bei der Betrachtung vernachlässigt werden, zumal sie keine Auswirkungen auf die Marktstruktur und deren Veränderung hat, weil sie in den Markt nicht oder nur marginal eingreift. Dominiert wird die Elektrizitätswirtschaft von sechs Verbundunternehmen, die in der Elektrizitätserzeugung und der Übertragung tätig sind und außerdem über Eigentumsbeteiligungen an Regionalversorgungsunternehmen an der Verteilung des Stroms an die Endkunden mitwirken. Neben den etwa 50 Regionalversorgern existieren rund 900 Stadtwerke, die die Verteilung in ihrem Versorgungsgebiet übernehmen.[714] Bisher galten die Elektrizitätspreise in Deutschland als hoch im internationalen Vergleich – zum Teil 40 Prozent über dem Niveau europäischer Nachbarländer.[715]

Integrationsgrad der Industrie

Da die Verbundunternehmen bisher sowohl Erzeugung als auch Übertragung und Verteilung auf jeweils „ihrem" früher durch Demarkationsverträge abgegrenzten und damit auch abgesicherten Versorgungsgebiet durchführen, kann man von einer vertikal hoch konzentrierten Elektrizitätswirtschaft in Deutschland sprechen. Die horizontale Integration ist nicht so stark ausgeprägt. Durch die Vielzahl der in der Verteilung tätigen Unternehmen ist die Integration hier eher gering.[716] Für Erzeugung und Übertragung kann im Hinblick auf die Verbundunternehmen von einer „dezentralen pluralistischen Struktur"[717] gesprochen werden, auch wenn über Kapitalbeteiligungen und Lieferverflechtungen Verbindungen zwischen den Unternehmen bestehen. Die Konzentration der Branche auf diese inzwischen sechs Unternehmen ist zwar formal hoch, wenn man allein den Konzentrationsgrad berechnet. Zu beachten ist allerdings, daß die Gegebenheiten der Elektrizitätswirtschaft keine beliebig kleinen Unternehmenseinheiten – insbesondere im Übertragungsbereich – zulassen. Dies berücksichtigend ist die Struktur der Elektrizitätswirtschaft in Deutschland im internationalen Vergleich in der Tat als dezentral und pluralistisch einzustufen.[718] Dies betrifft allerdings nur den formalen

---

714 Vgl. Kumkar (1995), Kumkar/Neu (1997), S. 12f. und Mez (1997), S. 234ff. Bis 1997 gab es neun Verbundunternehmen. Die Energieversorgung Schwaben und das Badenwerk fusionierten 1997 zur Energie Baden-Württemberg AG. Mittlerweile sind auch RWE und VEW sowie PreussenElektra und Bayernwerk fusioniert.

715 Vgl. z.B. International Energy Agency (1994), S. 216, Schmidtchen/Bier (1997), S. 21.

716 Im Zuge der Einführung des Wettbewerbs in der deutschen Elektrizitätswirtschaft wird die horizontale Integration der Elektrizitätsverteiler zunehmen.

717 Dietze (1998), S. 20.

718 Dieser Ansicht sind ebenfalls Kumkar/Neu (1997), S. 18, gegenteiliger Meinung ist Wirths (1998), S. 70.

Organisations- und Integrationsgrad und läßt keine Rückschlüsse auf die Wettbewerbssituation zu.

Eigentumsverhältnisse

Die Verbundunternehmen und die Regionalversorger sind privatwirtschaftlich organisiert, was aber nicht heißt, daß sie nicht zu einem erheblichen Teil im öffentlichen Eigentum stehen. Insbesondere Länder und Kommunen besitzen Kapitalanteile an Stromversorgungsunternehmen und über Mehrfachstimmrechte häufig erhebliche Einflußmöglichkeiten.[719] Neben den fast ausschließlich im kommunalen Besitz stehenden Stadtwerken sind nahezu alle Verbund- und Regionalunternehmen gemischtwirtschaftlich organisiert. Aufgrund der diversen Verflechtungen der Unternehmen untereinander läßt sich der exakte Staatsanteil kaum bestimmen. Bedenkt man, daß 67 Prozent der nutzbaren Stromabgabe aus gemischtwirtschaftlichen Unternehmen stammen, 20 Prozent aus Unternehmen der öffentlichen Hand und 13 Prozent aus privaten Unternehmen,[720] kann man von einer gemischtwirtschaftlichen Elektrizitätswirtschaft mit hohem Anteil der Kommunen und Länder sprechen. Das Bundeswirtschaftsministerium nimmt an, daß etwa zwei Drittel der Kapitalanteile der gesamten Elektrizitätswirtschaft von Ländern und Kommunen gehalten werden.

Kompetenzen der Regulierungsinstitution

Die Regulierung der Elektrizitätswirtschaft in Deutschland wird teilweise vom Bundeswirtschaftsminister[721] und teilweise von den Bundesländern, die die Fachaufsichtsbehörden für die Versorgungsunternehmen darstellen, durchgeführt. Die energierechtliche Gesetzgebungskompetenz liegt beim Bund, die praktische Umsetzung bei den Ländern.[722] Die Politik hat damit nicht nur die Gestaltungskompetenz, was die Institutionalisierung einer Regulierungsbehörde betrifft, sondern

719 Vgl. z.B. Kumkar (1995) und Müller/Stahl (1996), S. 279.

720 Vgl. Dietze (1998), S. 22. Ristau (1997), S. 76 beziffert den Anteil der gemischtwirtschaftlichen Unternehmen an der Stromabgabe auf 68 Prozent, den der öffentlichen Unternehmen auf 19 Prozent. Ebenso Vogl/Gößl/Feldmeier (1997), S. 25f. Die International Energy Agency (1998a), S. 98 veranschlagt den Anteil der privaten Stromerzeugung auf 22 Prozent, den gemischtwirtschaftlicher Unternehmen nur auf 59 Prozent. Dies mag daran liegen, daß diese Quelle ein Unternehmen als vollständig privat einstuft, wenn mindestens 75 Prozent der Anteile von Privaten gehalten werden.

721 Die Verantwortung für die Atomsicherheit liegt allerdings beim Umweltministerium; für Forschung und Entwicklung in der Energiebranche ist das Ministerium für Forschung und Technologie zuständig. Vgl. International Energy Agency (1996e), S. 151.

722 Vgl. Lang (1993), S. 7.

führt die Regulierung auch in konkreten Einzelsituationen selbst durch. Eine eigenständige unabhängige Regulierungsbehörde existiert nicht. Diskrepanzen zwischen politischen Vorgaben und der Umsetzung der Regulierung können nur durch die Mitwirkung der Bürokratie bei der Entscheidungsvorbereitung und -umsetzung zustande kommen. Abweichende Meinungen einer Regulierungsbehörde, die den politischen Vorgaben entgegenstehen und zu einer politisch nicht gewollten Umsetzung der Regulierungsvorgaben führen, können daher nicht entstehen. Allerdings kann die Bürokratie ihrerseits von Interessengruppen beeinflußt werden und einen Regulierungsprozeß vorantreiben oder ihn verzögern.

Bis Anfang 1998 galt bezüglich der Regulierung der Elektrizitätswirtschaft das Energiewirtschaftsgesetz von 1935. Das Ziel der Fachaufsicht war eine ausreichende unterbrechungsfreie und preiswürdige Versorgung mit Elektrizität.[723] Die Marktzutrittsregulierungen umfaßten eine weitgehende Zulassungskontrolle für neue Elektrizitätsversorgungsunternehmen, eine Investitionskontrolle, die Abnahmepflicht der Netzbetreiber für Strom aus regenerativen Energien und eine Mißbrauchsaufsicht des Kartellamtes bei Durchleitungsverweigerungen[724]. Bezüglich der Preis- und Qualitätsregulierung existierte eine kostenorientierte Preisaufsicht, die allerdings seit 1982 nur noch für die Tarifkunden galt[725], und es gab Mindestpreise für die Einspeisung von Strom aus regenerativen Energien. Außerdem unterlagen die verhandelten Strompreise für Sondervertragskunden der Mißbrauchsaufsicht des Kartellamtes. Für alle Endversorger galt eine allgemeine Anschluß- und Versorgungspflicht.[726]

Seit dem 29. April 1998 ist das neue Energiewirtschaftsgesetz in Kraft[727] und löst damit das Energiewirtschaftsgesetz von 1935 ab. Zum Betreiben von Energieversorgungseinrichtungen bedarf es weiterhin der Genehmigung durch die jeweiligen Landesbehörden (Energieaufsichtsbehörde des jeweiligen Landeswirtschaftsministeriums). Diese sollen die Genehmigung in der Regel erteilen, wenn nicht personelle, technische oder wirtschaftliche Gegebenheiten dagegen sprechen. Sie können eine Genehmigung jedoch verweigern, wenn „die beantragte Versorgungstätigkeit zu ungünstigeren Versorgungsbedingungen für die betroffenen Abnehmer

723 Vgl. Lang (1993), S. 7.

724 Von 1990 an war es unter restriktiven Bedingungen möglich, Strom auch von anderen Produzenten zu beziehen und Durchleitungsrechte zu erhalten. Vgl. International Energy Agency (1994), S. 213.

725 Vgl. Lang (1993), S. 7f.

726 Vgl. Eickhof/Kreikenbaum (1998), S. 671.

727 Der Bundesrat hat dem Gesetz zwar nicht zugestimmt, die Bundesregierung hielt es aber auch nicht für zustimmungspflichtig. Auch eine Normenkontrollklage einiger Bundesländer würde es nicht außer Kraft setzen. Vgl. Eickhof/Kreikenbaum (1998), S. 667.

insgesamt führen würde oder sich für das verbleibende Gebiet des bisherigen Versorgers erhebliche Nachteile ergeben würden"[728]. Mit diesem Passus können die Behörden relativ leicht neuen Versorgern die Genehmigung verweigern.[729]

Insgesamt wird durch das neue Energiewirtschaftsgesetz der Marktzutritt dahingehend verändert, daß die behördliche Zulassungskontrolle eingeschränkt, die Investitionskontrolle aufgehoben, die Durchleitung allgemein etabliert und die Abnahmepflicht der Netzbetreiber für Strom aus regenerativen Energiequellen etwas begrenzt wird. In bezug auf die Preis- und Qualitätsregulierung ist lediglich die Genehmigungspflicht der Netzzugangstarife hinzugekommen.[730] Die staatliche Regulierung hat damit vom Umfang her abgenommen.[731]

Die allgemeinen Tarife und Versorgungsbedingungen werden ebenso wie die Zulässigkeit und Bemessung der Konzessionsabgaben an die Gemeinden vom Bundeswirtschaftsminister mit Zustimmung des Bundesrats geregelt. Für die Durchleitungsentgelte wurde eine Vereinbarung zwischen dem Bundesverband der Deutschen Industrie, dem Verband der Industriellen Energie- und Kraftwirtschaft und der Vereinigung Deutscher Elektrizitätswerke getroffen,[732] die grundsätzlich die Probleme einer Regulierungsbehörde bezüglich der Informationsasymmetrien vermeiden kann, jedoch mit der Festlegung von entfernungsabhängigen Durchleitungsentgelten nicht dem ökonomischen Prinzip folgte. Denn der Strom muß nicht tatsächlich den vertraglich vereinbarten Weg transportiert werden, sondern jeder Kunde wird in der Regel aus dem nächstgelegenen Kraftwerk versorgt, unabhängig davon, mit welchem Anbieter er einen Vertrag geschlossen hat.[733] Weil dadurch die Entfernung in der Verbändevereinbarung übergewichtet wurde, verteuerte sich billigerer ausländischer Strom stark. Die Verbände rechtfertigten eine solche Entfernungsabhängigkeit der Tarife – die allerdings nur das Hochspan-

---

728 Gesetz zur Neuregelung des Energiewirtschaftsrechts vom 24.4.1998, §2 Abs. 2, Satz 2.

729 Dieser Ansicht sind auch Eickhof/Kreikenbaum (1998), die befürchten, daß etablierte Versorger mit dem Hinweis auf verschlechterte Versorgungsbedingungen den Eintritt neuer Unternehmen blockieren. Die Energieaufsichtsbehörden könnten zudem kaum ex ante beurteilen, wie sich der Markt im Wettbewerb entwickelt und welche Konsequenzen das für die Verbraucher im einzelnen hat. Vgl. Eickhof/Kreikenbaum (1998), S. 674. Die Überprüfung des Aufnahmeantrags eines neuen Anbieters erfordert zudem stets eine Kontrolle der Tätigkeit aller vorhandenen Anbieter.

730 Vgl. Eickhof/Kreikenbaum (1998), S. 671.

731 Mit dem neuen Stromeinspeisungsgesetz ist allerdings eine Phase der wieder zunehmenden Regulierungsdichte unter der Regierung Schröder eingeleitet worden.

732 Siehe zum Inhalt der Verbändevereinbarung Perner/Riechmann (1998), S. 51ff.

733 Vgl. Eickhof/Kreikenbaum (1998), S. 676 und Eickhof (1998), S. 24. Siehe auch Student (1998), S. 212 und Drasko/Drillisch/Hensing u.a. (1998), S. 301f.

nungsnetz und Entfernungen über 100 km betrafen – damit, daß sie einen sicheren Netzbetrieb gewährleisten müßten. Dafür sei es wichtig, daß Einspeisung und Entnahme räumlich gleichmäßig verteilt seien. Das Netz funktioniere um so stabiler, je verbrauchsnäher die Kraftwerke angesiedelt seien. Der entfernungsabhängige Anteil erfülle eine Lenkungsfunktion, indem er wirtschaftliche Anreize schaffe, den Strom verbrauchsnah zu erzeugen.[734] Die Verbände wählten für Deutschland damit eine andere Lösung als das skandinavische Modell, das die Einspeise- und Entnahmeentgelte nach Regionen differenziert und auf diese Weise die Netzstabilität gewährleisten will.

Die Neuauflage der im Herbst 1999 ausgelaufenen Verbändevereinbarung, die zum 1. Januar 2000 in Kraft trat und bis Ende 2001 gelten soll, wurde dahingehend modifiziert, daß das Durchleitungsentgelt jetzt zwei Komponenten enthält. Zum einen soll für die Netznutzung ein transaktionsunabhängiges Entgelt von allen Nutzern – Einspeisern und Entnehmern – entrichtet werden. Damit soll der Zugang zur Nutzung der Netze abgegolten werden. Die zweite Komponente ist das sogenannte Transportentgelt, das entfernungsunabhängig innerhalb zweier Handelszonen erhoben wird. An den Schnittstellen der Zonen und an den Kuppelstellen der deutschen Netze von und zum Ausland wird ein zusätzliches Entgelt von 0,25 Pfennig je kWh fällig.[735] Die Teilung des deutschen Netzes in zwei Zonen wurde sowohl vom Bundeskartellamt als auch von der Europäische Kommission kritisiert. Mit den Fusionen einiger der großen Energieversorgungsunternehmen wurden die Handelszonen aber ohnehin in Frage gestellt, da sich die Fusionspartner jeweils in unterschiedlichen Handelszonen befanden.

Da auf die Einführung einer neuen Regulierungsbehörde (etwa nach dem Vorbild der Telekommunikationsbehörde) verzichtet wurde, bleibt die Regulierung weiterhin in der Hand der Politik und kann von politischen Entscheidungen dominiert werden.[736] Die Aufhebung des kartellrechtlichen Ausnahmebereichs führt allerdings zu einem zunehmenden Einfluß des unabhängigen Kartellamtes.

---

734 Vgl. Vereinigung Deutscher Elektrizitätswerke (1998a).

735 Vgl. Vereinigung Deutscher Elektrizitätswerke (1999a).

736 Generell hat die Bundesregierung aber nie einen großen Einfluß auf die Regulierung der Elektrizitätswirtschaft gehabt. Vgl. Newbery (1994), S. 17. Sie setzt zwar die ordnungspolitischen Rahmenbedingungen, greift aber weit weniger aktiv in das Geschehen ein als Regierungen in anderen Staaten. Vgl. auch Henney (1992), S. 31. Wie weit sich dies mit der neuen Bundesregierung ändert, ist bisher noch nicht vollständig absehbar. Da sich die energiepolitischen Ansichten der neuen Regierung aber grundlegend von denen der alten Bundesregierung unterscheiden – z.B. ist in den Koalitionsverhandlungen der Ausstieg

Wettbewerb

Trotz der Vielzahl der in der Elektrizitätswirtschaft tätigen Unternehmen und des relativ geringen horizontalen Integrationsgrades konnte von Wettbewerb in Deutschland bis zum Inkrafttreten des neuen Energiewirtschaftsgesetzes keine Rede sein. Da das Gesetz gegen Wettbewerbsbeschränkungen die Demarkationsabkommen der Versorgungsunternehmen untereinander und die Ausschließlichkeitsklauseln in Konzessionsverträgen mit den Gemeinden ausdrücklich zuließ,[737] bestand ein System vieler neben- und miteinander operierender Versorgungsunternehmen, die ihre Gebiete (rechtlich zulässig) gegeneinander abgegrenzt hatten. Wettbewerb gab es nicht.

Seit 1980 hatten zwar gebietsfremde und unabhängige Erzeuger ein begrenztes Netzzugangsrecht,[738] das einen, wenn auch begrenzten Durchleitungstatbestand auf der Grundlage einer Verbändevereinbarung einführte. Auf diese Weise wird die Einspeisung regenerativer Energien staatlich unterstützt. Tatsächlich wurde Strom jedoch in so untergeordneten Größenordnungen durch fremde Netze geleitet, daß dies für die Frage nach dem Wettbewerb zu vernachlässigen ist. Die industrielle Eigenproduktion, die unbeschränkt möglich ist, kann in begrenztem Maße als wettbewerbliches Element bezeichnet werden, da bei zu hohen Preisen der Versorgungsunternehmen die Eigenproduktion rentabel wird. Das gemischtwirtschaftliche Eigentum mit der Intransparenz der Interessen der einzelnen Marktteilnehmer und die schwache Position privater Anteilseigner gegenüber dem Management und dem kommunalen Eigentümer schwächen außerdem die Möglichkeit für Wettbewerb in der deutschen Elektrizitätswirtschaft.[739]

Mit dem neuen Energiewirtschaftsgesetz sollte Wettbewerb in der Elektrizitätsversorgung ermöglicht und möglichst auch hergestellt werden. Wichtigste Neuerung ist daher der Zugang zum Versorgungsnetz, der ein potentielles Wettbewerbshemmnis darstellt. Generell wurde der „verhandelte Netzzugang"[740] eingeführt. D.h. jeder Netzbetreiber muß Dritten diskriminierungsfrei Zugang zum Netz zur Durchleitung von Strom an Endkunden oder Weiterverteiler gewähren; die Durchleitungsentgelte und andere Bestandteile des Durchleitungsvertrags

---

aus der Atomenergie beschlossen worden – , ist es möglich, daß die neue Regierung ihre Gestaltungsspielräume stärker nutzen wird.

737 Die Elektrizitätswirtschaft konnte diese Regelung 1957 bei den Beratungen zum Gesetz gegen Wettbewerbsbeschränkungen erfolgreich durchsetzen. Vgl. Eickhof (1985), S. 12f.

738 Vgl. Kumkar/Neu (1997), S. 12f.

739 Vgl. International Energy Agency (1994), S. 208.

740 Vgl. Gesetz zur Neuregelung des Energiewirtschaftsrechts vom 24.4.1998, §5.

müssen zwischen dem Netzbetreiber und dem Stromanbieter, der das Netz nutzen will, frei ausgehandelt werden.[741] Sollte es zur „Gewährleistung wirksamen Wettbewerbs erforderlich“[742] sein, kann der Bundeswirtschaftsminister „mit Zustimmung des Bundesrates die Gestaltung der Verträge [...] regeln und Kriterien zur Bestimmung von Durchleitungsentgelten festlegen“[743]. Damit verzichtet das deutsche Gesetz auf eine stufenweise Einführung von Wettbewerb (zunächst für Großkunden, später für kleinere Abnehmer), wie sie nach der europäischen Richtlinie möglich gewesen wäre, und öffnet sofort den gesamten Markt für Wettbewerb.

Bis zum Jahr 2005 ist für Endversorger allerdings das Alleinkäufersystem zulässig, bei dem keine Durchleitung fremden Stroms stattfindet, ein Endkunde aber indirekt Strom von einem billigeren Anbieter beziehen kann, indem er den Alleinkäufer verpflichtet, Strom des anderen Anbieters in entsprechenden Mengen zu kaufen und an den Endkunden abzugeben. Die Differenz zwischen den Preisen des Alleinkäufers und dem Preis des alternativen Anbieters zuzüglich des Netznutzungstarifs wird dem Kunden vom Anbieter des billigen Stroms erstattet.[744]

Um trotz der vertikal integrierten Versorgungsunternehmen in Deutschland Wettbewerb etablieren zu können, sind die Unternehmen verpflichtet, für die drei Bereiche Erzeugung, Übertragung und Verteilung jeweils eine getrennte Rechnungslegung vorzunehmen. Außerdem muß der Betrieb des Hochspannungsnetzes organisatorisch von den anderen Bereichen getrennt werden. Gleichzeitig mit diesen Neuerungen werden die kartellrechtlichen Ausnahmen für die Elektrizitätswirtschaft aufgehoben, also der Gebietsschutz beseitigt. Demarkationsverträge und Konzessionsverträge, die die Ausschließlichkeit garantieren, sind demnach nicht mehr zulässig.

Den Elektrizitätsversorgungsunternehmen wird eine Hintertür gelassen, dem Wettbewerb zur Zeit noch auszuweichen, indem als Zweck des Gesetzes in §1 eine „möglichst sichere, preisgünstige und umweltverträgliche leitungsgebundene Versorgung mit Elektrizität [...] im Interesse der Allgemeinheit“[745] genannt wird. Solange die Unternehmen sich auf die Gefährdung eines dieser Ziele berufen können, bleibt es ihnen unbenommen, die Durchleitung fremden Stroms zu ver-

---

741 Seit dem 1. Januar 1999 kann die Durchleitung im Sinne § 19 Abs. 1 GWB grundsätzlich von jedem, auch von Privatkunden, eingeklagt werden.

742 Gesetz zur Neuregelung des Energiewirtschaftsrechts vom 24.4.1998, §6 Abs. 2.

743 Gesetz zur Neuregelung des Energiewirtschaftsrechts vom 24.4.1998, §6 Abs. 2.

744 Anträge für den Status eines Alleinkäufers wurden bisher in Bayern flächendeckend gestellt, in den anderen Bundesländern jedoch kaum.

745 Gesetz zur Neuregelung des Energiewirtschaftsrechts vom 24.4.1998, §1.

weigern und so den Wettbewerb auszuschließen. Juristisch können sie kaum zur Durchleitung gezwungen werden, wenn schon der Hinweis auf zu geringe Kapazitäten ein Ablehnungsgrund sein kann. Ausländischen Anbietern muß bis 2006 nur dann die Durchleitung eingeräumt werden, wenn auch im Ursprungsland des ausländischen Anbieters eine Versorgung des fraglichen Kunden durch Dritte möglich wäre.

Die vorübergehende Einführung des Alleinkäufersystems gewährt den Versorgungsunternehmen ebenfalls Vorteile gegenüber potentiellen Konkurrenten. Die großen Versorger betonen zwar, daß die Genehmigung des Alleinkäuferstatus an strenge Bedingungen geknüpft ist.[746] Würde das Alleinkäufersystem aber die gleiche oder eine ähnliche Wettbewerbssituation herstellen wie ein freier Netzzugang, so hätte man auf diese von der Elektrizitätswirtschaft geforderte Alternative auch verzichten können. Tatsächlich werden viele Durchleitungswünsche zurückgenommen, weil der bisherige Anbieter in Verhandlungen mit seinem Kunden tritt und seinen Strom diesem Kunden ebenfalls günstiger anbietet.

Mittlerweile gibt es in Deutschland zwei Strombörsen, die European Energy Exchange (EEX) in Frankfurt, deren Teilhaber unter anderem die großen deutschen Energieproduzenten sind, und die Leipzig Power Exchange (LPX) mit der skandinavischen Strombörse NordPool, der Stadt Leipzig, dem Freistaat Sachsen und der Landesbank Sachsen als Anteilseigner. Die Leipziger Börse hat den Handel auf einem Spotmarkt am 14. Juni 2000 begonnen, die Frankfurter Börse im August 2000. Inzwischen gibt es an beiden Börsen auch einen Terminhandel.[747]

5.2.7.2 Politökonomische Analyse des neuen Energiewirtschaftsgesetzes

In eine Kategorisierung Konfliktdemokratie – Konsensdemokratie läßt sich das deutsche politische System nur schwer einordnen. Grundsätzlich ist das Regierungssystem als Konfliktdemokratie angelegt. Im Laufe der Geschichte der Bundesrepublik hat sich die Idee der Gesellschaftsverträge auf allen Ebenen (nationaler, sektoraler oder unternehmensinterner Art) allerdings immer stärker durchgesetzt. Ein gesellschaftlicher Grundkonsens und eine Kooperation aller beteiligten Akteure wird inzwischen als politisch wünschenswert betrachtet.[748] Wichtige Entscheidungen kann die Regierung nicht mehr allein mit Hilfe des Parlaments

---

746 Siehe z.B. den Standpunkt von Hans-Dieter Harig, Vorstandsvorsitzender der PreussenElektra in Hannover in o.V. (1998b), S. 16.

747 Vgl. o.V. (1999a), o.V. (2000a) und Finsterbusch (2000).

748 Lewington/Weisheimer (1995, S. 282) bezeichnen es gar als gute Tradition deutscher politischer Ökonomie, selbst bei Handlungen privater Unternehmen gesellschaftliche Interessen in den Vordergrund zu stellen.

treffen, sondern muß sich in der Regel vorher mit der betroffenen Wirtschaft, den Gewerkschaften und Verbrauchern, aber bedingt durch die föderale Struktur Deutschlands auch mit Länderverwaltungen und der Bundesratsmehrheit abstimmen.[749]

Über eine Reform des Energiewirtschaftsrechts wurde schon seit den siebziger Jahren diskutiert. Bereits 1965 hatte Gröner beispielsweise den Netzzugang für alle Stromerzeuger gefordert.[750] Die Monopolkommission kritisierte 1976 die Organisation der Elektrizitätswirtschaft ebenso wie Emmerich 1978 in einem Gutachten für die niedersächsische Landesregierung.[751] Bis zum Beginn der neunziger Jahre waren die tatsächlichen Veränderungen im Energiewirtschaftsrecht aber zu vernachlässigen.[752]

Die Bundesregierung setzte 1988 eine Deregulierungskommission ein, die die Potentiale einer Umstrukturierung und Deregulierung auch für die Elektrizitätswirtschaft untersuchen sollte. Deren Ergebnisse, aber auch der starke Druck des Umweltministeriums, von Ländern und Umweltschützern, die dafür gesorgt hatten, daß das Thema Energiesparen in den Vordergrund der Energiepolitik rückte, führten dazu, daß eine Neuregelung des Energiewirtschaftsgesetzes angestrebt wurde[753]. Dieses Vorhaben mußte der Wirtschaftsminister im März 1994 allerdings wieder aufgeben. Vor allem die Kommunen, die den Wegfall der lukrativen Konzessionsabgaben fürchteten, erklärten ihren Widerstand gegen das geplante neue Gesetz. Die SPD-Mehrheit im Bundesrat unterstützte die Kommunen und signalisierte ebenfalls Ablehnung, so daß die Bundesregierung beschloß, die Neuregelung zu verschieben und eine parallele Gesetzgebung mit der EU, bei deren Reformen die Bundesregierung für eine weitgehende Liberalisierung eintrat, zu forcieren.[754] Allerdings war zu diesem Zeitpunkt nicht einmal die Regierung selbst geschlossen für eine Umgestaltung. Das Finanzministerium sah die Kommunalfinanzierung ohne die Konzessionsabgabe als gefährdet an, das Innenministerium äußerte verfassungsrechtliche Bedenken gegen einen Eingriff in das kommunale Wegerecht und das Kanzleramt fürchtete ein neues Streitthema.[755] Die Energiekonsensgespräche, die 1993 und 1995 mit allen wichtigen Akteuren aus Politik

---

749 Vgl. Schreiber/Woolcock (1991), S. 29 und Abromeit (1990), S. 77.
750 Siehe Gröner (1965).
751 Siehe Monopolkommission (1976) und Emmerich (1978).
752 Vgl. McGowan (1993). S. 27.
753 Vgl. Mez (1997), S. 248f. und Kumkar/Neu (1997), S. 159f.
754 Vgl. Mez (1997), S. 250f. Vgl. auch International Energy Agency (1994), S. 208: „There has been no significant progress towards introducing competition, though the government has developed proposals for doing so.“
755 Vgl. o.V. (1994).

und Wirtschaft stattfanden, verdeutlichen, daß Entscheidungen in diesem Bereich nicht vom Bundestag allein getroffen werden können. Die Gespräche führten aber zu keinem nennenswerten Ergebnis.[756]

1997 verabschiedete die Regierung schließlich eine Reform des Energiewirtschaftsrechts auf der Basis der Vorgaben der EU, die im November 1997 vom Bundestag verabschiedet wurde und am 29. April 1998 in Kraft trat. Der Gesetzentwurf wurde, wie einige Jahre zuvor, vor allem von SPD und Grünen, den Kommunalvertretern und Umweltschutzgruppen kritisiert. Die SPD trat besonders für eine ökologisch orientierte Regulierung ein, die die Stellung der Kommunen stärkt und Investitionen und Endverbraucherpreise stärker kontrolliert.[757] Das Alleinkäufersystem als Übergangsregelung wurde gegen den erklärten Willen des Wirtschaftsministers als Zugeständnis an die Kommunen eingeführt.[758]

Insgesamt standen die Bundesregierung, das Bundeskartellamt[759] und die stromverbrauchende Industrie in der Frage der Deregulierung der Elektrizitätswirtschaft einer ganzen Schar unterschiedlichster Gruppen von Deregulierungsgegnern gegenüber. Die Bundesregierung hatte ideologische Gründe für ihr Drängen auf Wettbewerb in der Elektrizitätswirtschaft, da sie sich eine effizientere, d.h. in erster Linie kostengünstigere Versorgung mit Strom versprach.[760] Die stromverbrauchende Industrie erhoffte sich von einer Umstrukturierung niedrigere Strompreise. Vor allem die Montan- und Chemieindustrie drängte auf sinkende Strompreise, um ihre Wettbewerbsfähigkeit nicht zu gefährden.[761] Der Verband der Industriellen Energie- und Kraftwirtschaft (VIK), der die energieverbrauchende und

---

756 Vgl. auch International Energy Agency (1998a), S. 21.

757 Vgl. Eickhof (1998), S. 20, Gröner (1997), S. 277f., Schulz (1995), S. 221f. und Kumkar/Neu (1997), S. 161f.

758 Vgl. o.V. (1997). Vor allem die SPD hatte sich für eine solche, allerdings noch weitergehende Lösung stark gemacht. Vgl. Jung (1997). Zur Durchsetzung des Alleinabnehmersystems im Bundestag trug aber im wesentlichen die CSU-Landesgruppe bei, die damit die Regionen gegenüber den großen überregionalen Elektrizitätsunternehmen stärken wollte. Vgl. Lang (1999), S. 226.

759 Das Kartellamt hatte bereits in einigen Entscheidungen seine Unterstützung für verstärkten Wettbewerb signalisiert. Vgl. International Energy Agency (1994), S. 216.

760 Vorholz (1996) spricht von einem „Deregulierungswahn" des Wirtschaftsministers. Die jüngsten Debatten um eine Revidierung des Energiewirtschaftsgesetzes nach dem Regierungswechsel im Herbst 1998 belegen, daß die ideologische Ausrichtung der damaligen Bundesregierung zugunsten von wettbewerblichen Strukturen für die Durchführung der Deregulierung nicht unerheblich war.

761 Vgl. Dietze (1998), S. 13f. und Rinne (1998), S. 15. „Der Deutsche Industrie- und Handelstag (DIHT) sprach von einem überfälligen Durchbruch zu einem funktionsfähigen Wettbewerb auf den Strom- und Gasmärkten." o.V. (1996).

eigenerzeugende Industrie vertritt, begrüßte ausdrücklich die Abschaffung der Demarkations- und Konzessionsverträge. Vehement stritt er für den Abbau von wettbewerbshemmenden Vergünstigungen für bestimmte Erzeugungsarten. Vor allem die Kraft-Wärme-Kopplung, deren Förderung weithin gefordert wurde und wird, sei schon so ausgereift und wettbewerbsfähig, daß ein Schutz dieser Erzeugungsart ökonomisch unsinnig sei. Dennoch akzeptiert der VIK eine steuerliche Begünstigung von regenerativen Energien.[762]

Der Bundesverband der Energie-Abnehmer (VEA) als Organisation der Sondervertragskunden der öffentlichen Elektrizitätsversorgung kritisierte an dem Gesetzentwurf der Bundesregierung, daß ein gesetzlicher Durchleitungstatbestand fehlt, und warnte vor langwierigen Gerichtsverfahren zur Klärung der Durchleitungsbefugnisse,[763] unterstützte das grundsätzliche Ziel der Einführung von Wettbewerb aber ebenso ausdrücklich wie der Bundesverband der Deutschen Industrie (BDI).

Deregulierungsgegner waren vor allem die Stromproduzenten und die Elektrizitätsverteiler samt ihrer Aktionäre. Der Wettbewerb bedrohte die bislang sicheren Monopolgewinne. So sprach sich die Vereinigung Deutscher Elektrizitätswerke (VDEW), die Vertretung der Mitglieder der öffentlichen Stromversorgung, zunächst gegen die Neuregelung aus. Als nach der europäischen Stromrichtlinie ein wettbewerbsorientiertes neues deutsches Energiegesetz nicht mehr zu vermeiden war, plädierte die VDEW für Übergangsfristen bei der Marktöffnung, die die Risiken des Umbruchs für die Stromwirtschaft verringern könnten.[764] Seit dem Inkrafttreten des neuen Energiewirtschaftsgesetzes gibt sich die VDEW zwar ausgesprochen wettbewerbsfreundlich, kämpft aber weiterhin gegen ungleiche und für deutsche Stromversorger nachteilige Ausgangsbedingungen im Wettbewerb, unter anderem gegen sogenannte politische Sonderlasten, die die deutsche Elektrizitätswirtschaft im Vergleich zu ihren europäischen Nachbarn tragen müsse. Vor allem fordert die VDEW, die Rahmenbedingungen hinsichtlich des Umweltschutzes auf europäischer Ebene zu harmonisieren und die Elektrizitätsunternehmen der Länder, die ihre Strommärkte bereits vollständig geöffnet hätten, nicht länger zu benachteiligen:

> „Der Wettbewerb im europäischen Binnenmarkt für Strom beginnt am 19. Februar 1999 mit einer wettbewerbsverzerrenden Schlagseite. Die unterschiedlichen Marktöffnungen in den einzelnen Staaten benachtei-

---

762 Vgl. beispielsweise Verband der Industriellen Energie- und Kraftwirtschaft (1999).
763 Vgl. Bundesverband der Energie-Abnehmer (1999) und Kumkar/Neu (1997), S. 183.
764 Vgl. Klinger (1997).

> ligen massiv jene Länder, die wie Finnland, Großbritannien, Schweden und Deutschland ganz auf Wettbewerb gesetzt und ihre Strommärkte vollständig geöffnet haben."[765]

Von der Bundesregierung fordert die VDEW, das Stromeinspeisungsgesetz, mit dem erneuerbare Energien auf Kosten der deutschen Stromversorger subventioniert würden, zu ändern und Ökosteuern auf Strom oder den geplanten Ausstieg aus der kostengünstigen Kernenergie zu unterlassen. Das Bundeskartellamt solle zudem seine eher regional orientierte Fusionskontrolle überdenken.[766]

Die Deutsche Verbundgesellschaft (DVG), die die Verbundunternehmen vertritt, äußerte sich zum Wettbewerb in der Elektrizitätswirtschaft hingegen schon 1996 grundsätzlich positiv. Die Verbundunternehmen ebenso wie die Regionalunternehmen unterstützten „die diskriminierungsfreie Öffnung ungeteilten Wettbewerbs auf allen Ebenen der Versorgung."[767] Allerdings wehren sich die Verbund- und Regionalunternehmen gegen befristete Wegerechte für die Versorgung der Endverbraucher in den Gemeinden und gegen eine eventuelle Zwangsüberlassung der zur Versorgung notwendigen örtlichen Verteilungsanlagen, falls eine Gemeinde einen anderen Versorger wählt. Die Verwirklichung dieser Forderungen würde den Verbund- und Regionalunternehmen auch in Zukunft den Betrieb der Leitungsnetze auf dem Gebiet der Kommunen sichern, konnte letztlich aber nicht durchgesetzt werden.[768] Darüber hinaus erheben die Verbund- und Regionalunternehmen die gleichen Forderungen an die politischen Entscheidungsträger im Bund und auf europäischer Ebene wie die VDEW.

Der Verband kommunaler Unternehmen (VKU) vertritt die Interessen der kommunalen Wirtschaft in der Energie- und Wasserversorgung, Entsorgung, Telekommunikation und im Umweltschutz. In seiner Eigenschaft als Vertretung der

---

765 Klinger (1999).

766 Vgl. Vereinigung Deutscher Elektrizitätswerke (1998a) und (1998b).

767 Arbeitsgemeinschaft regionaler Energieversorgungsunternehmen e.V. und Deutsche Verbundgesellschaft e.V. (1996), S. 1.

768 Das neue Energiewirtschaftsgesetz hat die Regelungen des Gesetzentwurfs in diesem Punkt unverändert übernommen: „Verträge von Energieversorgungsunternehmen mit Gemeinden über die Nutzung öffentlicher Verkehrswege für die Verlegung und den Betrieb von Leitungen zur Durchführung der allgemeinen Versorgung nach §10 Abs. 1 Satz 1 im Gemeindegebiet dürfen höchstens für eine Laufzeit von 20 Jahren abgeschlossen werden. Werden solche Verträge nach ihrem Ablauf nicht verlängert, so ist das bisher versorgende Unternehmen verpflichtet, seine für die allgemeine Versorgung im Gemeindegebiet notwendigen Verteilungsanlagen dem neuen Energieversorgungsunternehmen gegen Zahlung einer wirtschaftlich angemessenen Vergütung zu überlassen." Gesetz zur Neuregelung des Energiewirtschaftsrechts vom 24.4.1998, § 13 Abs. 2.

kommunalen Stromversorger – der Stadt- und Gemeindewerke – war der VKU an der Aushandlung der bisherigen Verbändevereinbarungen nicht beteiligt, konnte jedoch ebenso wie die Deutsche Verbundgesellschaft (DVG) und die Arbeitsgemeinschaft regionaler Energieversorgungsunternehmen (ARE) auf die jüngste Verbändevereinbarung Einfluß nehmen, die bis September 1999 verhandelt wurde und zum 1.1.2000 in Kraft trat. Der VKU als Verband zur Vertretung der Gemeinden, die eigene Stadtwerke besitzen, sprach sich entschieden gegen die Neuregelung und die Einführung von Wettbewerb aus.[769] Die Gemeinden fürchteten den Wegfall der lukrativen Konzessionsabgaben und den Wegfall der Möglichkeit, ihre defizitären kommunalen Gesellschaften aus den Gewinnen der Elektrizitätsverteilung zu subventionieren. In ihrer Argumentation verweisen die Kommunen allerdings eher auf steigende Strompreise für kleine Verbraucher und die Gefahr für die kommunale Selbstverwaltung.[770] Die Gemeinden verlangten die Beibehaltung des Gebietsschutzes für die Stromversorgung oder zumindest die unbefristete Möglichkeit eines Alleinabnehmerstatus und ein Verbot für den Bau von Direktleitungen zu einzelnen Kunden, die die Monopolstellung der Stadtwerke bei der Verteilung von Strom gefährden würde.

Das Bemühen der SPD um eine ökologisch orientierte Regulierung und den Schutz der kommunalen Stadt- und Gemeindewerke setzte sich nach dem Regierungswechsel 1998 fort. Die Konzessionsabgabenverordnung wurde zugunsten der Kommunen geändert, um deren Einnahmequelle zu sichern. Mit der Reform des Energieeinspeisungsgesetzes, das erneuerbare Energieformen nun stärker als bisher fördert, wird vor allem Kraft-Wärme-Kopplungsanlagen, die besonders im Bereich der kommunalen Stromerzeugung eingesetzt werden, durch steuerliche Vergünstigungen Vorrang vor anderen Erzeugungsarten gewährt. Außerdem hat die Bundesregierung sich für die Bevorzugung der dezentralen Stromerzeugung aus Kraft-Wärme-Kopplung in der neuen Verbändevereinbarung eingesetzt und denkt darüber hinaus im Einklang mit den Kommunalvertretern an eine Quote, die langfristig die Kraft-Wärme-Kopplung als Energieerzeugungsform sichern soll.[771]

Eine gewichtige Stimme gegen die Deregulierung erhoben auch die Bundesländer, die die zustimmungspflichtigen Teile des Energiewirtschaftsgesetzes im Bundesrat hätten zu Fall bringen können. Die Länder erhalten die Lizenzgebüh-

---

769 Siehe hierzu z.B. Kumkar/Neu (1997), S. 175ff.

770 „Der Deutsche Städtetag ist davon überzeugt, daß jetzt die Energiepreise für Verbraucher insbesondere auf dem Lande steigen werden und daß die kommunale Selbstverwaltung ausgehöhlt wird." o.V. (1996). Zu den Argumenten des Verbandes der kommunalen Unternehmen siehe auch Kumkar (1997b), S. 321.

771 Vgl. Bundesregierung (1999) und Verband kommunaler Unternehmen (1999).

ren, die die Stromversorgungsunternehmen abführen müssen, und besitzen nicht unwesentliche Anteile an vielen Verteilerunternehmen. Ein weitgehender Schutz der Elektrizitätswirtschaft vor Wettbewerb wäre ihnen daher sehr recht. Sie befinden sich allerdings in einem Dilemma zwischen ihrer Rolle als Eigentümer und ihrer Verantwortung gegenüber ihren Bürgern als Konsumenten von Strom. Die Länder sind außerdem die Regulierungsbehörden für die Elektrizitätswirtschaft. Die öffentlichen Institutionen und Bürokratien, die mit der Regulierung befaßt sind,[772] wenden sich tendenziell gegen einen Abbau der Regulierung, da dies ihren Tätigkeitsbereich beschneiden würde. Außerdem hatten auch die Lieferanten von Vorprodukten der Stromindustrie wie Kraftwerksbauer und die Kohleindustrie, Beschäftigte, Gewerkschaften, bevorzugte Kunden sowie Politiker, die in den Aufsichtsräten der Stromversorger sitzen, ein Eigeninteresse an der Fortführung der bisherigen Regulierung der Elektrizitätswirtschaft.[773]

Nach der Verabschiedung der EU-Stromrichtlinie konnte sich die deutsche Elektrizitätswirtschaft nicht länger gegen ein neues Energiewirtschaftsgesetz sperren, versuchte aber, zahlreiche Änderungen zu ihren Gunsten durchzusetzen. So forderte sie erfolgreich die Abschaffung von Sonderlasten, die sie im Gegensatz zu ausländischen Konkurrenten tragen mußte (Konzessionsabgaben, Umweltschutz- und Sicherheitsauflagen, hohe Einspeisungsentgelte für regenerative Energien)[774] und konnte sich gegen den Third Party Access (TPA) wehren[775]. Das Durchleitungsgebot war im ursprünglichen Entwurf des Wirtschaftsministeriums noch enthalten gewesen.[776]

Zwar gibt es auch gegenwärtig noch Versuche seitens einiger Kommunen, den Wettbewerb auf dem Strommarkt zu begrenzen.[777] Auch wenn solche Vorschläge vor allem in der Bundestagsfraktion der SPD auf Sympathie stoßen, ist nicht zu erwarten, daß die schon erfolgte Öffnung vom Gesetzgeber wieder zurückgenommen wird. Ein solcher Schritt, die Wahlfreiheit der Konsumenten wieder einzuschränken, wäre politisch nicht durchsetzbar.

---

772 In der Regel sind diese bei den Wirtschafts- oder Energieministerien der Länder angesiedelt.

773 Vgl. Ewers (1992), S. 72.

774 Vgl. Dietze (1998), S. 13.

775 Siehe hierzu Cahn von Seelen (1996), S. 430.

776 Vgl. Schürmann (1996).

777 Vgl. o.V. (1999b) und o.V. (1999c).

Erklärungsmöglichkeiten der Regulierungstheorien

Die Diskussion um das neue Energiewirtschaftsgesetz zeigt, daß die politische Lösung letztlich in einem Ringen der verschiedenen Interessengruppen zustande kam. Das Verhalten jeder dieser Gruppen läßt sich mit einer Regulierungstheorie begründen, das Zusammenspiel der einzelnen Komponenten ist aber am ehesten mit der Interest-Group-Theorie zu erklären. Für die Bundesregierung spielten ideologische Gründe im Sinne der Public-Interest-Theorie eine Rolle. Während aber beispielsweise in England die Regierung Thatcher ideologisch motivierte Deregulierungspolitik betrieb, hat die Ideologie kaum konkreten Einfluß auf die praktische Politik in Deutschland gehabt. Dies zeigt schon die Tatsache, daß die meisten Regulierungen in einer politisch von CDU und CSU dominierten Zeit entstanden, wenngleich es während der SPD-dominierten Zeit im Gegensatz zu anderen Ländern auch keine Deregulierungsbestrebungen gab.[778] Durch den Zwang, Konsens zwischen den beteiligten Entscheidungsträgern herzustellen, reiben sich ideologische Motive sehr schnell auf.

Bis zum Beginn der neunziger Jahre konnte man in Deutschland keine Deregulierung im öffentlichen Interesse zur Erlangung von Wählerstimmen finden. Im Gegenteil, es lassen sich diverse Bereiche finden, in denen nicht dereguliert wurde, obwohl die Potentiale für Wohlfahrtsgewinne schon bekannt waren.[779] Gründe dafür sind ebenso wie in der Frage des ideologischen Einflusses der föderalistische Staatsaufbau und der starke Einfluß von Verwaltung, Interessengruppen und Parteien in Deutschland.[780] Zunehmend setzt sich aber in der Bevölkerung die Ansicht vom Nutzen der Deregulierung durch. Die Gruppe der Konsumenten entwickelt zwar nur eine latente Nachfrage nach Deregulierung,[781] weil die Vorteile in jeder einzelnen Branche für die Konsumenten nicht so groß sind, daß sie

778 Vgl. Nienhaus (1990), S. 112ff.

779 Die ökonomische Diskussion hatte in Deutschland allerdings erst mit zeitlicher Verzögerung vor allem gegenüber den Vereinigten Staaten gegen Ende der siebziger Jahre eingesetzt (vgl. Nienhaus (1990), S. 105) und erreichte erst in den neunziger Jahren ihren Höhepunkt. Siehe z.B. Deregulierungskommission (1991) oder Soltwedel (1993). Noch 1988 schrieben beispielsweise Hirsch und Zeppernick: „Es gibt bisher im Bereich der Wirtschaftspolitik kaum Verständnis für die Notwendigkeit der Deregulierung, geschweige denn eine durchsetzungsfähige Lobby. Die geringe öffentliche Sensibilität für Deregulierungsfragen dürfte nicht zuletzt auch damit zu tun haben, daß eine umfassende Gegenüberstellung der Vor- und Nachteile einzelner Deregulierungsschritte bisher fehlt [...]. Die Nachteile der Regulierung hingegen werden – auch wegen ihrer breiten Streuung über die gesamte Volkswirtschaft hin – kaum wahrgenommen bzw. sind oft unbekannt." Hirsch/Zeppernick (1988), S. 159.

780 Vgl. Benz (1995), S. 64.

781 Vgl. Nienhaus (1990), S. 131.

sich wirksam organisieren würden. Trotzdem bestehen hier für Politiker Möglichkeiten, mit dem Angebot von Deregulierung Wählerstimmen zu gewinnen. Zunächst wird in solchen Bereichen dereguliert, in denen es keine mächtigen Deregulierungsgegner gibt, die finanziellen oder wirtschaftlichen Druck ausüben könnten. Wächst die (Konsumenten-)Gruppe der Regulierungsgegner weiter an und organisiert sich, werden auch weitere Bereiche dereguliert. Die Gruppe der Verbraucher kann zwar kaum wirksamen ökonomischen Druck auf die Regulierungsinstitution ausüben, in ihrer Eigenschaft als Wähler können die Verbraucher aber Einfluß über den politischen Prozeß nehmen.

Die Bürokratietheorie erklärt das Verhalten der Länderregierungen als Regulierungsbehörden. Sie sind zum einen auf Einnahmen bedacht, die ihnen aus Lizenzgebühren zufließen, zum anderen streben sie den Erhalt der Regulierung in ihrer ursprünglichen Form an. Die Länderverwaltungen haben entscheidend dafür gesorgt, daß nicht in der ursprünglich geplanten Form dereguliert werden konnte. Da in der Bundesverwaltung keine direkte Prozeßregulierung stattfindet, brauchte die Bundesregierung keine Proteste aus der eigenen Verwaltung zu befürchten.

Die Interest-Group-Theorie verknüpft die Anliegen aller am Regulierungsprozeß Beteiligten. Dabei ist die zentrale Regulierungsbehörde in Deutschland nicht die unabhängige Institution, die die einzelnen Interessen zum Ausgleich bringt, sondern hat als Bundesregierung auch eigene Interessen. Bis zur notwendigen Umsetzung der EU-Richtlinie bestand ein Regulierungsgleichgewicht, das die Regierung nicht durch ihre Vorstellungen einer Reform der Struktur der Elektrizitätswirtschaft kippen konnte. Neue Gruppen, die als Nachfrager nach Deregulierung auftreten konnten, gewannen nicht an Einfluß. Für die Telekommunikation und die elektronischen Medien haben die neuen technischen Möglichkeiten in Deutschland zu einem Entstehen solcher Gruppen geführt, für die Elektrizitätswirtschaft gilt dies aber nicht. Neue Anbieter traten hier nicht auf dem Markt auf, und die bestehenden Anbieter wehrten sich gegen Deregulierungsbestrebungen.[782] Das Regulierungsgleichgewicht ist erst durch den Druck des EU-Binnenmarktes und die fortschreitenden Bestrebungen der Europäische Kommission zur Regelungsvereinheitlichung gestört worden. Durch diesen äußeren Druck verbesserte sich die Position der Bundesregierung im Geflecht der Interessengruppen.[783] Es gab Rechtsvorschriften und Maßnahmen der EU, die unmittelbar die Umsetzung in nationales Recht verlangten und die deutsche Politik zum Handeln zwangen.

---

782 Siehe z.B. Köppel (1993), der die Sicht der Elektrizitätswirtschaft vertritt.

783 Diese Hoffnung der Bundesregierung äußerte der zuständige Ministerialrat im Bundesministerium für Wirtschaft, Martin Cronenberg, explizit im Vorfeld des Gesetzgebungsverfahrens. Vgl. Cronenberg (1997), S. 19.

Außerdem konnte die Regierung damit argumentieren, daß nationale Unternehmen nicht diskriminiert werden sollten und die Politik dadurch indirekt zum Handeln und zur Deregulierung gezwungen würde.[784] Damit stärkte die Bundesregierung ihre Durchsetzungsmacht und konnte ihre Interessen – wenn auch mit Einschränkungen – verwirklichen. Eine Rolle mag außerdem die deutsche Einheit mit ihren außergewöhnlichen finanziellen Belastungen gespielt haben. In diesem Zusammenhang war es möglich, grundsätzlich über eine neue Verteilung von Aufgaben nachzudenken.[785]

In Deutschland haben also externe Faktoren außerhalb des deutschen Regulierungssystems die wichtigste Rolle beim Zustandekommen der Deregulierung gespielt. Zwar setzen sich allmählich auch ökonomische Argumente innerhalb von Regulierungsbehörden und Verwaltung gegen die Interessen der regulierten Industrien durch, ohne den massiven außenpolitischen (bzw. europäischen) Druck hätten sie aber vermutlich kaum Realisierungschancen gehabt.

5.2.7.3 Würdigung der deutschen Reformen

Nachdem sich die großen Energieversorger Mitte 1998 noch gegen den offenen Strommarkt sperrten und noch im Juni 1999 13 Städte mittels eines Eilantrages das neue Energiewirtschaftsgesetz zu Fall bringen wollten,[786] ist der Wettbewerb in der Endverbraucherversorgung der Privatkunden im Sommer 1999 durch den Berliner Stromhändler Ares Energie AG angestoßen worden, der seit Mitte Juni über eine westdeutsche Supermarktkette Stromverträge vertreibt. Seit Anfang August 1999 beteiligen sich alle großen Versorger, zum Teil über Tochtergesellschaften, am Wettbewerb um Verträge mit Privatkunden. Die Strompreise sind seitdem spürbar gesunken, obwohl bisher nur wenige Kunden tatsächlich ihren Anbieter gewechselt haben.[787] Damit hat sich der Endverbraucherwettbewerb in der deutschen Elektrizitätswirtschaft durchgesetzt. Nach ersten Gerichtsentscheidungen und mit der neuen Verbändevereinbarung wird es aller Voraussicht nach weniger Durchleitungsverweigerungen geben, da alle Netzbetreiber als Stromproduzenten und -versorger ein Interesse daran haben, ihrerseits fremde Netze in Anspruch zu nehmen. Eine Regulierungsbehörde könnte die Durchleitung zudem auch nicht wirksamer erzwingen. Netznutzungsregeln müssen zwangsläufig unvollständig sein, weil der optimale Preis für die Übertragung von Strom nicht ex

784 Vgl. Basedow (1991), S. 375.

785 Vgl. Benz (1995), S. 64.

786 Siehe z.B. Sauga (1998) und o.V. (1999c).

787 Die Wechselquote liegt für industrielle und gewerbliche Kunden bei 10 Prozent, für private Haushalte bei 2 bis 3 Prozent. Vgl. Meller (2000).

ante für jede Lastflußsituation berechnet werden kann. Auch ein Regulierer könnte lediglich Regeln für die Preisbildung festlegen, will er die dezentralen privaten Informationen auf dem Markt zum Tragen kommen lassen und die Entwicklung effizienter Institutionen nicht behindern.[788] Die deutsche Lösung einer Verbändevereinbarung zur Regelung der Preisbildung hat also keine Nachteile gegenüber einer Regulierungsbehörde, zumal deren Entscheidungen vor Gerichten anfechtbar wären.[789]

Es bestehen zudem schon Überlegungen seitens der Verbundunternehmen, ihre Netze vollständig auszugliedern und deren Betrieb einem gemeinsamen Betreiber zu übertragen. Die Vermutung des Vorstandsvorsitzenden der Energie Baden-Württemberg AG im Oktober 1998, daß der deutsche Strommarkt innerhalb von zwei Jahren der am meisten liberalisierte der ganzen Welt sein würde,[790] hat sich damit schneller als erwartet bewahrheitet.

Damit ist der Strommarkt in Deutschland zu einem normalen Markt ohne Ausnahmeregeln und Wettbewerbshemmnisse geworden. Wohl wird der Marktzutritt von Stromerzeugern weiterhin qualitativ reguliert. Dies scheint in Anbetracht der notwendigen Versorgungssicherheit angebracht und behindert den Wettbewerb nicht. Die hohe vertikale Integration von Erzeugung, Übertragung und Verteilung hat sich ebenfalls nicht als Wettbewerbshemmnis erwiesen. Im Gegenteil, die einzelnen Verbundunternehmen haben ein größeres Interesse an einem Zugang zum gesamten deutschen (bzw. europäischen) Übertragungsnetz als an einer kurzfristigen Durchleitungsverweigerung. Die – im Gegensatz beispielsweise zu England oder Norwegen – recht große Anzahl an Stromproduzenten gewährleistet von Anfang an Wettbewerb.

5.3 Analyse des Zusammenhangs zwischen Deregulierung und politischer Ökonomie in der Elektrizitätswirtschaft

5.3.1 Folgen der Deregulierung für die Struktur der Elektrizitätswirtschaft

Die wettbewerblichen Umstrukturierungen in der amerikanischen und den europäischen Elektrizitätswirtschaften haben zu wesentlichen Änderungen der horizontalen und vertikalen Struktur der Unternehmen dieser Branche und zu einigen Änderungen der Regulierungsstruktur geführt. War die vertikale Integration zwi-

---

788 Siehe Kumkar (2000a).

789 Für weitere Argumente gegen eine sektorale Regulierungsbehörde für Strom siehe Kumkar (2000b) und Bonde (2001a).

790 Vgl. o.V. (1998a).

schen Erzeugung und Übertragung vor den Umstrukturierungen in nahezu allen betrachteten Ländern sehr hoch,[791] so stellt sich die Situation nach den Umstrukturierungen gemischter dar.

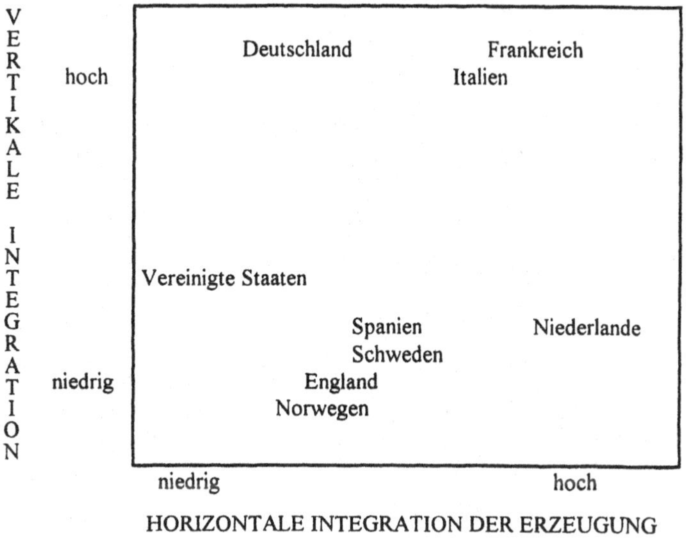

Abbildung 5.1 a Integration von Erzeugung und Übertragung II

Mit Ausnahme von Deutschland, Frankreich und Italien haben alle betrachteten Länder die Stromerzeugung und die Übertragung desintegriert.[792] Italien und Frankreich haben bislang ihre nahezu vollständig vertikal und horizontal integrierten Elektrizitätswirtschaften weitgehend konserviert. In Deutschland wurde – unter anderem aus rechtlichen Gründen – auf eine vertikale Desintegration verzichtet, aber der Netzzugang für Dritte gewährleistet. Bei der horizontalen Integration der Erzeugung zeigt sich eine Tendenz dahingehend, daß Länder mit ursprünglich niedriger horizontaler Integration ihre Erzeugungsunternehmen stärker integrieren, um sich im Wettbewerb zu behaupten, während England seine zuvor hochintegrierte Stromerzeugung entflochten hat und Frankreich und Italien zumindest einige vom ehemaligen Monopolisten unabhängige Erzeuger zulassen. Der hohe horizontale Integrationsgrad der niederländischen Stromerzeugung wird

791 Vgl. *Abbildung 3.3a.*

792 In den Niederlanden waren diese Bereiche allerdings schon vorher desintegriert.

von den verantwortlichen Politikern gern mit der geringen Größe des Landes erklärt, in dem nur ein Unternehmen international wettbewerbsfähig sein könne. Betrachtet man nur den niederländischen Markt für Elektrizität mit heimischen und ausländischen Anbietern, wäre eine solche Begründung möglicherweise ökonomisch zu rechtfertigen. In einem europaweiten Wettbewerb der Stromerzeuger haben die niederländischen Erzeuger ihrerseits aber auch die Möglichkeit, Strom zu exportieren und in anderen Ländern anzubieten.

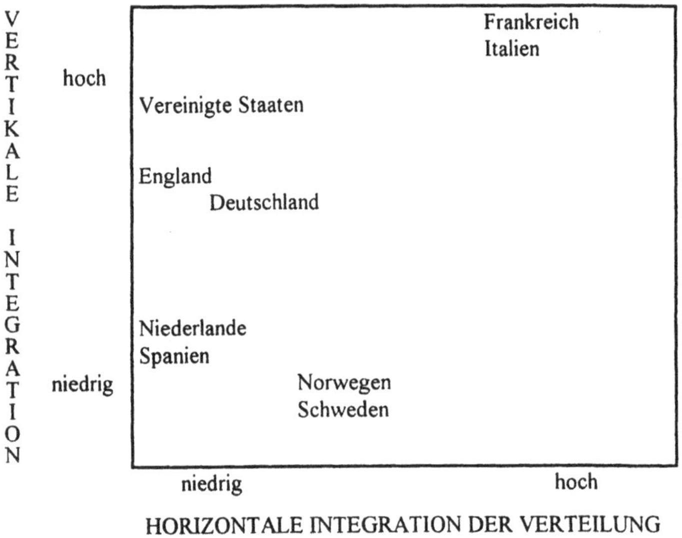

Abbildung 5.1 b Integration von Übertragung und physischer Verteilung

In der Elektrizitätsverteilung ist ebenfalls eine leichte Tendenz zu stärkerer horizontaler Integration zu beobachten, die vor allem auf eine Konsolidierung der hohen Zahl an Verteilungsunternehmen zum Zwecke einer besseren Wettbewerbsposition zurückzuführen ist. Für die Entwicklung der vertikalen Integration von Übertragung und physischer Stromverteilung lassen sich so eindeutige Aussagen nicht treffen. In einigen Ländern läßt sich eine vertikale Desintegration von Übertragung und Verteilung beobachten, in England hingegen nimmt die Integration nach der Deregulierung zu. Zu erklären ist dies damit, daß die Integration von Übertragung und physischer Verteilung in einem wettbewerblichen System mit Endverbraucherwettbewerb, in dem der Stromhandel unabhängig von der physischen Belieferung stattfindet, keine große Rolle mehr spielt. Sofern die physische Verteilung nicht horizontal integriert ist, sondern, wie in England, viele Verteilungsunternehmen das Übertragungsnetz gemeinsam besitzen, hat dies für die Funktionsfähigkeit des Wettbewerbs keine negativen Folgen.

Auf die Entscheidungsfreiheiten der Regulierungsbehörden hat die Umstrukturierung der Elektrizitätswirtschaft in den verschiedenen Ländern unterschiedlich großen Einfluß genommen. Die beiden Länder Deutschland und Schweden, in denen zwar der Staat die Regulierungsentscheidungen trifft, dabei aber die betroffenen Unternehmen und gesellschaftlichen Gruppen einbezieht, haben an dieser institutionellen Struktur nichts geändert. In Frankreich und Italien ist die Regulierung nach wie vor von der Regierung abhängig. Spanien, England und Norwegen haben im Zuge der Deregulierung unabhängige Regulierungsbehörden, wie sie in den Vereinigten Staaten schon bestanden, geschaffen. Eine Bewegung in entgegengesetzter Richtung ist wieder in den Niederlanden festzustellen. Während sich die Elektrizitätswirtschaft vor den Reformen im wesentlichen selbst reguliert hat, hat die Regierung im Zuge der Umstrukturierung auch die Regulierungskompetenzen an sich gezogen.

weitgehende Abhängigkeit	Beteiligung der Elektrizitätswirtschaft bzw. anderer gesellschaftl. Gruppen an staatlichen Entscheidungen	weitgehende Unabhängigkeit
Frankreich Italien	Schweden Deutschland Niederlande	Vereinigte Staaten England Spanien Norwegen

Tabelle 5.1 Abhängigkeit der Regulierungsinstitutionen von politischen Vorgaben II

Die Eigentumsstruktur hat sich nur in England entscheidend geändert. Aus dem Staatsmonopol in der Erzeugung und den staatlichen Verteilerunternehmen sind private Erzeuger und weitgehend private Verteiler geworden. Ansonsten haben die Eigentumsverhältnisse die Umstrukturierungen unbeschadet überstanden. Frankreich schützt sein Staatsmonopol bisher noch vor Endverbraucherwettbewerb. Italien hält sich zwar an die Europäische Stromrichtlinie. Mangelnde politische Durchsetzungsfähigkeit hat aber bislang verhindert, daß eine nicht vollständig von der Regierung abhängige Regulierungsinstitution tätig werden könnte. In den Niederlanden, Norwegen und Schweden herrscht zwar öffentliches Eigentum vor; in diesen Ländern befinden sich die Unternehmen aber häufig im Besitz von Provinzen und Kommunen, so daß – mit Ausnahme der niederländischen Elektrizitätserzeugung – eine relativ pluralistische Struktur vorherrscht, die dem Wettbewerb ebensowenig entgegensteht wie die gemischtwirtschaftlichen Organisationsweisen der deutschen und spanischen Elektrizitätswirtschaften.

WETTBEWERBSSTRUKTUR

EIGENTUM	kein Wettbewerb	Wettbewerb in der Erzeugung, Übertragungsnetzbetreiber als Single Buyer	Verteiler wählen ihren Anbieter	Wettbewerb um private Endverbraucher
Privat			Vereinigte Staaten Spanien*	England Deutschland Schweden
Öffentlich		Frankreich* Italien*	Niederlande*	Norwegen

* Die Länder haben im Einklang mit der EU-Richtlinie den Endverbrauchermarkt für bestimmte Großverbraucher geöffnet.

Abbildung 5.2 Eigentums- und Wettbewerbsstruktur in der Elektrizitätswirtschaft nach den Umstrukturierungen

Wie Abbildung 5.2 zeigt, haben England, Deutschland, Schweden und Norwegen mittlerweile ihre Strommärkte vollständig dem Wettbewerb geöffnet. In England ist das Stufenmodell inzwischen abgeschlossen. Deutschland hat im Zuge der Umsetzung der europäischen Stromrichtlinie auf eine stufenweise Einführung von Wettbewerb ganz verzichtet und den Markt 1998 für alle Verbraucher geöffnet. Norwegen hat mit der Einführung des wettbewerblichen Poolmarktes 1991 allen Verbrauchern die Möglichkeit gegeben, am Wettbewerb teilzunehmen; Schweden ermöglicht dies nach einer Übergangszeit, in der Versorgungsunternehmen noch Monopolkonzessionen für kleine Haushaltskunden besaßen, seit 1999. Die Niederlande und Spanien nehmen derzeit noch die von der Europäischen Union eingeräumte Stufenregelung in Anspruch, wollen ihren Markt aber in absehbarer Zeit auch für alle Kunden öffnen. In den Vereinigten Staaten bestehen in einigen Bundesstaaten schon Regelungen, den Stromkunden den direkten Zugang zum Markt eröffnen, in der Mehrzahl der Bundesstaaten existieren aber weiterhin regionale Verteilungsmonopole. Frankreich und Italien werden nicht darum herumkommen, spätestens in einigen Jahren ihre Strommärkte ganz zu öffnen. Italien wird seinen Markt für Elektrizität nach dem von der EU festgelegten Zeitplan stufenweise dem Wettbewerb öffnen. In Frankreich ist die Entwicklung derzeit noch nicht absehbar. Zu vermuten ist, daß sich die französische Elektrizitätswirtschaft über kurz oder lang dem Wettbewerb um die Endverbraucher stellen muß.

5.3.2 Erklärungsgehalt der positiven Theorien der Regulierung

Die Betrachtung der Auswirkungen der Umstrukturierungen in den Elektrizitätswirtschaften der verschiedenen Länder zeigt, daß ein gewisser Angleichungsprozeß nur in dem Ausmaß stattfindet, in dem die Märkte für Wettbewerb geöffnet werden. Das bisherige Ergebnis der Umstrukturierungen in den einzelnen Ländern ist dabei offensichtlich weit weniger von der Ausgangslage der Industrie geprägt, als man zunächst annehmen könnte. England und Frankreich hatten beispielsweise ähnlich strukturierte Elektrizitätswirtschaften, die Entwicklung verlief jedoch vollkommen unterschiedlich, weil die politischen Ideen in beiden Ländern gänzlich verschieden waren. Im Vergleich zwischen England und Deutschland hingegen zeigt sich, daß auch mit sehr unterschiedlichen Ausgangssituationen ähnlich Ergebnisse erreicht werden konnten. Zwar war es in England durch das Staatseigentum an der Elektrizitätswirtschaft möglich, den Sektor vertikal zu entflechten und fast vollständig zu privatisieren, für die Einführung von Wettbewerb war das aber nicht so entscheidend. Eine vertikale Entflechtung ließ sich in Deutschland kaum verwirklichen; die Organisation der Elektrizitätswirtschaft mit vergleichsweise großem privatem Anteil verhindert dies. Eine vollständige Privatisierung scheitert zudem meist an den Besitzanteilen der Länder und Kommunen. Der Zentralstaat hat hier keine Möglichkeit, Länder und Kommunen zum Verkauf ihrer Anteile zu zwingen. Dennoch konnte sich auch in Deutschland Wettbewerb etablieren. Dadurch, daß die Gesamtstruktur der deutschen Elektrizitätswirtschaft eher dezentral ist und genügend ausreichend große Unternehmen existieren, die sich im Wettbewerb behaupten können, kann die Elektrizitätswirtschaft in Deutschland vermutlich auch mit weniger Regulierungseingriffen auskommen als die Branche in England, wo wegen der geringen Zahl von Stromproduzenten mit Marktmacht eine größere Kollusionsgefahr besteht. So unterschiedlich also die Ausgangslage in den beiden Ländern war, bot sie doch sowohl in England als auch in Deutschland die Möglichkeit, Wettbewerb einzuführen.

Die Einführung von Wettbewerb in der Elektrizitätswirtschaft in vielen europäischen Ländern mag zum großen Teil auf dem Zwang seitens der Europäischen Union beruhen. Der politökonomische Willensbildungs- und Entscheidungsprozeß dort ist nicht mit dem in den einzelnen Ländern zu vergleichen, weil die Europäische Kommission nicht vom Volk gewählt wird und – zumindest bis in die jüngste Vergangenheit – kaum Forderungen von Interessengruppen berücksichtigen muß, allerdings die Vorstellungen der nationalen Regierungen. Zudem lag der Europäischen Kommission mehr daran, Regeln zu vereinheitlichen als Wettbewerb einzuführen. Die Deregulierung kann aber nicht ausschließlich mit dem EU-Druck erklärt werden. Norwegen, das der EU nicht angehört, England und Schweden haben wesentlich vor dem Inkrafttreten der europäischen Stromrichtlinie Wettbewerb in ihren Elektrizitätswirtschaften eingeführt. In allen betrachteten Ländern, die Endverbraucherwettbewerb eingeführt haben, spielt die Public-Interest-Theorie eine Rolle zur Erklärung des Regulierungsumschwungs, wenn auch in unterschiedlichem Maße. In England, den Niederlanden und Spanien orientierte sich die Regulierung zu Beginn der Umstrukturierungen jeweils an Gemeinwohlzielen. Dabei stand in England die Idee der Privatisierung im Vordergrund, während die Niederlande und Spanien ihre Energieversorgung effizienter gestalten wollten. Letztlich setzte die britische Regierung mit Unterstützung des Parlaments die Deregulierung in England und Wales durch, so daß die Congressional-Dominance-Theorie hier Anwendung finden kann.[793] In Spanien spielten verschiedene Interessengruppen ebenso wie die Ziele der Bürokratie eine größere Rolle. Der Wettbewerb wurde schließlich wie auch in den Niederlanden wesentlich auf den Druck der EU hin eingeführt. In Norwegen und Schweden erklärt die Public-Interest-Theorie die Deregulierung der Elektrizitätswirtschaft vollständig, auch wenn der Prozeß in Schweden durch den EU-Druck beschleunigt wurde. Die Diskussion um die Einführung von Wettbewerb in der Elektrizitätswirtschaft wurde in Deutschland ebenfalls von Gemeinwohlzielen der Regierung angestoßen. Zur Umsetzung hat aber wesentlich der EU-Druck beigetragen, der das Gleichgewicht der Interessengruppen zugunsten der Vorstellungen der Regierung verschoben hat.

In den Vereinigten Staaten ist die Deregulierung ebenfalls von den Public-Interest-Zielen der Regulierungsbehörde FERC angestoßen worden. Im politischen Entscheidungsprozeß spielten Interessengruppen später eine wesentliche Rolle. Auf der Ebene der Einzelstaaten sind die Gemeinwohlziele nicht sehr stark ausgeprägt, hier beruhen wettbewerbliche Umstrukturierungen auf der Machtverschiebung zwischen den verschiedenen Interessengruppen und den Interessen der einzelstaatlichen Bürokratie zugunsten einer Marktöffnung. Damit ist aber auch ein Regulierungsumschwung infolge der Stromkrise in Kalifornien in vielen Bundesstaaten denkbar.

Die Public-Interest-Theorie kann insgesamt die Einleitung von wettbewerblichen Reformen in vielen Staaten zumindest teilweise erklären. Die Erkenntnis, daß in

---

793 Durch die weitgehende Gestaltungsfreiheit der englischen Regierung konnte diese ihre Interessen konsequent verfolgen und durchsetzen. Die britische Regierung muß lediglich die Mehrheit des Unterhauses hinter sich bringen und hat dann einen nahezu unbegrenzten Handlungsspielraum, der auch zu tiefgreifenden Strukturbrüchen führen kann, während beispielsweise in Deutschland stärkere verfassungsmäßige und andere rechtliche Schranken bestehen, die eine größere Kontinuität gewährleisten. Vgl. Sturm/Wilks/Ortwein/ Müller (1998), S. 5f.

der Elektrizitätswirtschaft keine natürlichen Monopole in der Erzeugung (mehr) bestehen und der Stromhandel von der physischen Verteilung getrennt und damit ebenfalls wettbewerblich organisiert werden kann, hat sich schließlich international durchgesetzt. Nur in Frankreich und Italien hinkt der Erkenntnisprozeß noch hinter den anderen untersuchten Ländern hinterher. Die politischen Entscheidungsprozesse in Frankreich sind zwar von der Idee des Gemeinwohls geprägt, dieses Gemeinwohl wird aber bisher noch als am besten mit dem „service public", also einer starken öffentlichen Wirtschaft, erreichbar angesehen. Diese Sichtweise wird sich, zumindest was die französische Elektrizitätswirtschaft betrifft, vermutlich in absehbarer Zeit ändern, nachdem Frankreich zugunsten der Möglichkeit des Exports seines Atomstroms auf die Single-Buyer-Lösung verzichten hat und seinen Markt weiter öffnen muß. Lediglich in Italien scheint das öffentliche Interesse im Sinne der Public-Interest-Theorie gar keine Rolle zu spielen. Der Regulierungsprozeß und Regulierungswandel vollzieht sich im Ausbalancieren der verschiedenen Interessen durch die Regierung. Dabei sind das Parlament und die Bürokratie die entscheidenden, weil mächtigsten Interessengruppen. Der Regulierungsprozeß ist damit im wesentlichen von den Eigeninteressen der Politiker geprägt.

Interessengruppen spielen in vielen Ländern eine Rolle für die Umsetzung von Deregulierungsbestrebungen. Konnte die britische Regierung an den meisten Interessengruppen weitgehend vorbei agieren, da die Gegner des Wettbewerbs in der Elektrizitätswirtschaft wenig durchsetzungsfähig waren, so gab es in den Vereinigten Staaten, Spanien, Italien und Deutschland mächtige Interessengruppen, die die Deregulierung zum Teil verzögerten, zum Teil aber auch unterstützten und damit vorantrieben. In den Niederlanden und den skandinavischen Ländern Norwegen und Schweden scheinen Interessengruppen allerdings keinen großen Einfluß gehabt zu haben, obwohl die Elektrizitätswirtschaft in den Niederlanden versucht hat, die Vorstellungen der Regierung bezüglich der Integration der Branche zu umgehen. Der Einfluß von Interessengruppen in Frankreich läßt sich schwer direkt feststellen, da die Unterstützung für die französischen Staatsbetriebe in der Bevölkerung und den Interessengruppen weit verbreitet ist und damit kein Anlaß bestand, gegen die Pläne der Regierung zu protestieren. Lediglich die Interessenvertreter der EdF versuchten, Einfluß zu nehmen, um die Monopolmacht der EdF zu erhalten. Dies geschah jedoch stärker durch einen informellen Konsultationsprozeß auf der Ebene der Bürokratie und nicht in der öffentlichen politischen Diskussion.

Insgesamt haben die verschiedenen Interessengruppen zwar in den meisten Ländern eine nicht zu unterschätzende Rolle bei der Gestaltung der Umstrukturierung der Elektrizitätswirtschaft gespielt. Den Anstoß für die Diskussion um die Deregulierung gaben sie jedoch in keinem Land. Sie konnten lediglich den politischen Vorstellungen von der Überlegenheit einer wettbewerblichen Elektrizitätswirtschaft zum Durchbruch verhelfen bzw. die Durchsetzung verzögern und die Ausgestaltung der neuen Struktur in ihrem Sinne beeinflussen.

Die Bürokratietheorie hat weniger Erklärungswert für die Umgestaltung der Elektrizitätswirtschaft in Europa, als man bei regierungs- und damit verwaltungsabhängigen Regulierungsbehörden annehmen könnte. Dies mag daran liegen, daß die Bürokratietheorie eher Beharrungstendenzen als Veränderungen erklären kann. Die Einführung von Wettbewerb in der Elektrizitätswirtschaft bedeutet zugleich einen Abbau von laufenden diskretionären Regulierungsentscheidungen. Dies nimmt den verantwortlichen Behörden Gestaltungsspielräume und damit Macht. Es wäre also zu erwarten gewesen, daß sich die Bürokratie stärker gegen die Umstrukturierungen sperrt. Offenbar ist dies aber nur in Italien – und bezeichnenderweise in den Vereinigten Staaten, wo es weitgehend unabhängige Regulierungsbehörden gibt – anzutreffen. Viele andere Mitgliedsländer der Europäischen Union konnten mit Hilfe des Drucks der Europäischen Stromrichtlinie ihre Bürokratie für die Umgestaltungen gewinnen.

Es kann insgesamt nicht davon ausgegangen werden, daß es unter den positiven Theorien der Regulierung eine Theorie gibt, die die Regulierungssituation in den Ländern der EU – im inernationalen Vergleich eher homogene Staaten – erschöpfend erklären könnte. Die Public-Interest-Theorie erklärt zwar die Einführung von Wettbewerb in einigen Ländern sehr gut, in anderen jedoch nur am Rande oder gar nicht. Eine umfassende Theorie muß mindestens in der Lage sein, die Staats- und Gesellschaftsstruktur des jeweiligen Landes zu berücksichtigen. Solange eine solche Theorie aber nicht existiert, wird jeweils die Theorie die Regulierungssituation eines Landes am besten erklären können, die das politische System des Staates erfassen kann. Ein System mit einer starken Regierung wie in Großbritannien wird eher von der Congressional-Dominance-Theorie erfaßt, ein stärker auf Konsens gegründetes System, das auf das Ausbalancieren der verschiedenen Interessen bedacht ist, läßt sich eher mit der Interest-Group-Theorie erklären.

6 Ausblick

Die vorliegende Arbeit hat sich damit beschäftigt, die Gründe für die Deregulierung der Elektrizitätswirtschaft in den einzelnen untersuchten Staaten darzulegen und den Deregulierungsprozeß unter politökonomischen Aspekten zu erklären. Es hat sich gezeigt, daß mehrere Faktoren für das Zustandekommen von Deregulierung entscheidend sind. Dabei kann die ökonomische Determinante als Voraussetzung für Deregulierung angesehen werden. Deregulierung findet nur statt, wenn politische Entscheidungsträger davon überzeugt sind, daß eine marktkonforme Gestaltung der Elektrizitätswirtschaft mit den positiven Wirkungen des Wettbewerbs die effizienteste Organisationsform dieser Branche ist. Zumindest müssen ökonomische Argumente wie die Aussicht auf Privatisierungserlöse, die zur Senkung von Staatsschulden verwendet werden können, vorhanden sein. Solche – dominierenden – Argumente werden dann häufig mit dem Wettbewerbsargument verknüpft, da der Wettbewerb mit seinen disziplinierenden Wirkungen Preissenkungen für die Verbraucher verspricht. Die Aussicht auf Preissenkungen ist für die Bevölkerung eines Landes in der Regel attraktiver – weil mit direkten monetären Wirkungen verbunden – als die Aussicht auf sinkende Staatsschulden, so daß sie eher bereit ist, Deregulierung aus Wettbewerbsgründen zu unterstützen. Unabhängig davon, ob Privatisierungserlöse bei der Deregulierung der Elektrizitätswirtschaft in einem Land zu erwarten sind, spielen Effizienzargumente eine nicht unerhebliche Rolle für die Durchsetzung von Deregulierung.

Die ökonomische Determinante ist allerdings lediglich eine notwendige, jedoch noch keine hinreichende Bedingung für Deregulierung. Die Untersuchung der Deregulierungsprozesse der verschiedenen Länder konnte kein einheitliches Bild des Deregulierungsablaufs ergeben. Auch in Staaten, deren Regierungen in gleichem Ausmaß die ökonomische Notwendigkeit einer Umstrukturierung der Elektrizitätswirtschaft erkannten, verlief die Entwicklung dieses Sektors sehr unterschiedlich. Ökonomische Effizienzargumente lassen sich offensichtlich nur dann durchsetzen, wenn die entsprechenden Rahmenbedingungen gegeben sind. Das normative Wissen, daß Deregulierung ökonomisch sinnvoll ist, bewirkt allein noch nicht deren tatsächliche Umsetzung. Selbst wenn sich eine Regierung an Effizienzgesichtspunkten orientiert, müssen die institutionellen Strukturen für die Verfolgung dieser Politik gegeben sein. Diese institutionellen Strukturen, die die Umsetzungsmöglichkeiten von Deregulierungsvorhaben in der Elektrizitätswirtschaft determinieren, bestehen aus den drei Komponenten

- Struktur des politischen Entscheidungsprozesses
- Historischer Kontext und
- Normen und Werte.

Die detaillierte Betrachtung der Situation verschiedener Länder in Kapitel 5 macht deutlich, welche institutionellen Strukturen Deregulierung erleichtern bzw. welche Strukturen diese erschweren. Die Struktur des politischen Entscheidungsprozesses hängt vom politischen System eines Landes ab. Ein Regierungssystem, das der aktuellen Regierung weitgehende Handlungsvollmachten gibt, fördert auch Politikumschwünge. Die britische Regierung konnte auf diese Weise die Umstrukturierung der englischen und walisischen Elektrizitätswirtschaft ohne wesentliche Gegenwehr vornehmen.

Anders stellte sich die Situation in einem auf Kooperation und Verhandlungen ausgerichteten politischen System wie in Deutschland dar. Auch die deutsche Bundesregierung plante die Einführung von Wettbewerb in der Stromwirtschaft. Ohne den Rückenwind aus Brüssel mit dem Zwang, die Europäische Stromrichtlinie in nationales Recht umzusetzen, wäre die Regierung vermutlich aber mit ihrem Vorhaben an den mächtigen Interessengruppen aus der regulierten Industrie und den Gemeinden als Eigentümer vieler Stadtwerke, die von der Opposition über den Bundesrat unterstützt wurden, gescheitert.

Nicht nur die Bedingungen der politischen Entscheidungsfindung spielen eine Rolle für den Erfolg von Deregulierung, sondern auch die historische Ausgangssituation; d.h. die Struktur der Elektrizitätswirtschaft, wie sie vor den Deregulierungsbestrebungen vorlag, darf nicht vernachlässigt werden. Die Struktur der Elektrizitätswirtschaft eines Landes determiniert ebenfalls die Möglichkeiten für die Einführung von Wettbewerb in einer ehemals monopolistisch organisierten Branche. Besonders die Eigentumsverhältnisse geben Anhaltspunkte dafür, inwiefern eine Regierung ihre Ziele ohne nennenswerten Widerstand von Unternehmen der betroffenen Industrie verwirklichen kann. Staatsbesitz erlaubt einer Regierung weitgehendere Gestaltungsmöglichkeiten. Selbst wenn sich die Elektrizitätswirtschaft eines Landes nicht in der Hand des Zentralstaates, sondern weitgehend in kommunalem Besitz befindet, kann in einem Land, dessen Politik sich auf allen Ebenen generell an Effizienzzielen orientiert, Deregulierung verwirklicht werden, wie das schwedische Beispiel zeigt. Andererseits kommt man in einem Land mit privatwirtschaftlicher Organisation der Elektrizitätswirtschaft wie in Deutschland nicht darum herum, die betroffene Branche einzubeziehen, und ist daher auch dem Einfluß dieser Interessengruppe ausgesetzt.

Das Ausmaß der horizontalen und vertikalen Integration der Elektrizitätswirtschaft eines Landes vor einer Umstrukturierung spielt keine große Rolle für die Möglichkeit der Einführung von Wettbewerb. Länder mit gleicher oder ähnlicher Organisationsstruktur der Stromversorgungsindustrie verfolgen zum Teil völlig unterschiedliche Strategien, was die wettbewerbliche Öffnung des Marktes betrifft. Eine vollständige Konvergenz der Organisationsstrukturen ist weder innerhalb der europäischen Union noch mit anderen europäischen Ländern oder den Vereinigten Staaten von Amerika zu erwarten. Auch wenn sich der Wettbewerb in allen diesen Ländern durchsetzen wird, bleibt das Ausmaß der horizontalen und vertikalen Integration der Elektrizitätswirtschaft wie bisher sehr unterschiedlich – wenn auch gegenüber der Ausgangssituation verändert. Das liegt daran, daß wettbewerbliche Strukturen in der Elektrizitätswirtschaft nicht ohne Regulierung sichergestellt werden können. Eine bloße Verringerung der Regulierung ließe in der Tat erwarten, daß die Strukturen in den unterschiedlichen Ländern sich einander angleichen. Da die Strukturen aber unterschiedlich bleiben werden, ist es auch nicht nötig, die Institutionen in allen Ländern zu vereinheitlichen. Reguliert wird in den EU-Staaten auf sehr unterschiedliche Weise, auch wenn inzwischen 14 der 15 Mitgliedsländer Regulierungsbehörden eingesetzt haben. Ein zwingendes Argument für eine eigenständige deutsche Regulierungsbehörde – über das Kartellamt hinaus – gibt es damit nicht. Solche Vereinheitlichungen würden keineswegs zu gleichen Bedingungen in der europäischen Stromwirtschaft führen.

Im Gegensatz zur horizontalen und vertikalen Organisationsstruktur ist das Ausmaß der Abhängigkeit der Regulierungsentscheidungen von politischen Prozessen ein wichtiges Kriterium für die Wahrscheinlichkeit von wettbewerblichen Umstrukturierungen. Nur die Vereinigten Staaten von Amerika hatten eine unabhängige Regulierungsbehörde. Auch dort ist der Einfluß von Partikularinteressen im Deregulierungsprozeß erkennbar. Die Deregulierung der amerikanischen Stromwirtschaft konnte dennoch eingeleitet werden, weil die bundesstaatliche Regulierungsbehörde FERC als unabhängiges Gremium den Wettbewerb vorantrieb und nicht auf politische Entscheidungsprozesse Rücksicht nehmen mußte.

Die dritte Komponente der institutionellen Voraussetzungen bilden die Traditionen und Werte eines Landes, die wettbewerbsfreundlich oder wettbewerbsbehindernd wirken können. Wenn die Bevölkerung eines Landes grundsätzlich der ökonomischen Effizienz gegenüber aufgeschlossen ist und den Wettbewerb als für die Gesellschaft positiv ansieht, wie dies in Norwegen und vor allem Schweden der Fall war, ist die Durchsetzung von Deregulierungsmaßnahmen leichter möglich als in einem Land wie Frankreich mit seiner zentralistischen politischen Organisation und der Idee eines „service public" als ökonomisch effizienter Marktform.

Die Diskussion der drei Strukturkomponenten hat gezeigt, daß diese nicht unabhängig voneinander zu betrachten sind, sondern sich zum Teil gegenseitig bedingen. Beispielsweise läßt eine privatwirtschaftliche Eigentumsstruktur Raum für mächtige Interessengruppen aus der regulierten Industrie, die aber nur dann wirklich Einfluß ausüben können, wenn ihre Mitwirkung am politischen Entscheidungsprozeß vom politischen System intendiert ist. Nur die gleichzeitige Einbeziehung aller institutioneller Faktoren kann zu Aussagen über den Erfolg von Deregulierungsbestrebungen führen.

Für die zukünftigen Chancen von Deregulierungsvorhaben in demokratischen Ländern kann die allgemeine Prognose abgegeben werden, daß sie langfristig den politischen Prozeß erfolgreich bestehen werden, sofern nachweisbar ist, daß sie ökonomisch effizient sind. Der jeweilige Zeitpunkt der Umstrukturierung verschiedener Branchen hängt dabei maßgeblich von den Eigenschaften der Branchen und der Plausibilität von Effizienzargumenten ab. Die Verzögerung der Deregulierung der Elektrizitätswirtschaft gegenüber anderen Branchen liegt in der Erfordernis eines koordinierten Systems der Erzeuger, Netzbetreiber und Verteiler, dessen effiziente wettbewerbliche Gestaltungsmöglichkeiten auch innerhalb der ökonomischen Fachwelt lange diskutiert wurden. Dieser Prozeß ist zum Teil noch immer nicht abgeschlossen. Auf der anderen Seite hat gerade die Notwendigkeit der technischen Koordination in der Stromwirtschaft eine Vereinheitlichung der wettbewerblichen Rahmenbedingungen in der Europäischen Union bewirkt. Der Prozeß der europäischen Integration konnte der Deregulierung in vielen Ländern Europas auf diese Weise zum Erfolg verhelfen. Zu behaupten, daß eine Deregulierung aufgrund der erheblichen politischen Einflußnahme von Interessengruppen auf nationaler Ebene nicht durchführbar sei, wäre dennoch zu verallgemeinernd. Einige Staaten, deren institutionelle Strukturen den Regulierungsumbruch begünstigten, belegen das Gegenteil. Zudem darf die Abtretung von Handlungskompetenzen an eine übergeordnete Politikebene nicht als Allheilmittel gegen den hemmenden Einfluß von nationalen Interessengruppen angesehen werden. Man mag die derzeitigen Erfolge der Brüsseler Bürokratie preisen; spätestens wenn die Europäische Kommission gegenüber Gremien wie dem europäischen Parlament voll verantwortlich wird, werden sich auch auf europäischer Ebene Interessengruppen etablieren und ihren Einfluß in Straßburg und Brüssel geltend machen können.

Unabhängig von den Integrationsbestrebungen der Europäischen Union können sich langfristig aber auch Länder, deren institutionelle Bedingungen ungünstig für die Umsetzung von Deregulierungsvorhaben sind, dem internationalen Deregulierungstrend nicht entziehen. Mit den Vorreiterstaaten Großbritannien, Norwegen und Schweden ist eine Situation entstanden, die die meisten anderen europäischen Staaten über kurz oder lang zum Handeln zwingt, zum einen aus Gründen der internationalen Wettbewerbsfähigkeit, zum anderen um die Erfolgschancen bei

Wahlen zu erhöhen. Das bedeutet, daß auch diese Länder langfristig ihre Normvorstellungen an wettbewerbskonforme Normen anpassen werden.

Weder die ökonomische normative Theorie noch einzelne politökonomisch fundierte Theorien können den Deregulierungsprozeß allein erklären. Es bedarf ihrer Kombination und der Einbeziehung von unterschiedlichen institutionellen Voraussetzungen der einzelnen Länder. Diese institutionellen Strukturen erweisen sich trotz der im weltweiten Vergleich verhältnismäßig ähnlichen kulturellen Traditionen innerhalb Europas und in den Vereinigten Staaten von Amerika als ausgesprochen unterschiedlich. Damit wird klar, daß es nicht *eine* Theorie der Deregulierung geben kann, die in der Lage ist, Deregulierungsprozesse in unterschiedlichen Volkswirtschaften zu erklären. Die verschiedenen Theorieansätze können jeweils in dem Umfang Erklärungen für Deregulierung bieten, wie sie die jeweiligen Strukturmerkmale eines Landes erfassen können.

Literaturverzeichnis

Abromeit, Heidrun (1990), Government-Industry Relations in West Germany, in: Chick, Martin (Hrsg.), Governments, Industries and Markets, Aspects of Government-Industry Relations in the UK, Japan, West Germany and the USA since 1945, Aldershot, S. 61-83.

Alario, Juan (1994), The West European Electricity Sector. Historical Evolution and Prospects, in: Cahiers BEI, Vol. 22, S. 26-46.

Amundsen, Eirik S.; Lars Bergman und Bo Andersson (1998), Competition and Prices on the Emerging Nordic Electricity Market, Stockholm.

Andersson, Bo und Lars Bergman (1995), Market Structure and the Price of Electricity: An Ex Ante Analysis of the Deregulated Swedish Electricity Market, in: The Energy Journal, Vol. 16, No. 2, S. 97-109.

Andrikopoulos, Andreas A. und Andriana S. Vlachou (1993), The Structure and Efficiency of the Publicly Owned Electric Power Industry of Greece, in: The Journal of Energy and Development, Vol. 19, No. 1, S. 57-79.

Arbeitsgemeinschaft regionaler Energieversorgungsunternehmen e.V. und Deutsche Verbundgesellschaft e.V. (Hrsg.) (1996), Liberalisierung des deutschen Energiemarktes: Stellungnahme zum Gesetzentwurf des BMWi. am 25. Januar, Hannover.

Arentsen, Maarten J.; Rolf W. Künneke und H.C. Moll (1997), The Dutch Electricity Reform: Reorganisation by Negotiation, in: Midttun, Atle (Hrsg.), European Electricity Systems in Transition. Comparative Analysis of Policy and Regulation in Western Europe, Oxford, S. 167-196.

Armstrong, Mark; Simon Cowan und John Vickers (1994), Regulatory Reform: Economic Analysis and British Experience, Cambridge, Mass., und London.

Atkinson, Scott E. und J. Kerkvliet (1986), Measuring the Multilateral Allocation of Rents: Wyoming Low Sulphur Coal, in: Rand Journal of Economics, Vol. 17, S. 416-430.

Atkinson, Scott E. und Robert Halvorsen (1984), Parametric Efficiency Tests, Economies of Scale, and Input Demand in U.S. Electric Power Generation, in: International Economic Review, Vol. 25, No. 3, S. 647-662.

Atkinson, Scott E. und Robert Halvorsen (1986), The Relative Efficiency of Public and Private Firms in a Regulated Environment: The Case of US Electric Utilities, in: Journal of Public Economics, Vol. 29, S. 281-294.

Averch, Harvey und Leland L. Johnson (1962), Behavior of the Firm under Regulatory Constraint, in: American Economic Review, Vol. 52, S. 1052-1069.

Bailey, Elizabeth E. und Ann F. Friedlaender (1982), Market Structure and Multiproduct Industries, in: Journal of Economic Literature, Vol. 20, S. 1024-1048.

Bain, Joe S. (1969), Survival-Ability as a Test of Efficiency, in: American Economic Review, Vol. 59, S. 99-104.

Bartelt, Guido (1989), Regulatorische Marktinterventionen – Ansätze zu einer Theorie regulatorischer Marktinterventionen als Grundlage zur Beurteilung ihrer Effizienz, St. Gallen.

Basedow, Jürgen (1991), Deregulierung – ein Muß im EG-Binnenmarkt, in: Wirtschaftsdienst, Vol. 71, S. 370-376.

Baughman, Martin L. (1998), Investing in Transmission Facilities – Why, by Whom, for Whom, in: Chao, Hung-po und Hillard G. Huntington (Hrsg.), Designing Competitive Electricity Markets, Boston, Dordrecht und London, S. 131-140.

Baumol, William J. und Alvin K. Klevorick (1970), Input Choices and Rate-of-Return Regulation: An Overview of the Discussion, in: The Bell Journal of Economics, Vol. 1, S. 162-190.

Baumol, William J.; John C. Panzar und Robert D. Willig (1988), Contestable Markets and the Theory of Industry Structure, 2. Auflage, New York.

Baur, Jürgen F. und Markus Moraing (1994), Rechtliche Probleme einer Deregulierung der Elektrizitätswirtschaft, Baden-Baden.

Becker, Gary S. (1976), Comment, in: The Journal of Law and Economics, Vol. 19, S. 245-248.

Becker, Gary S. (1983), A Theory of Competition among Pressure Groups for Political Influence, in: The Quarterly Journal of Economics, Vol. 98, S. 371-400.

Becker, Gary S. (1985), Public Policies, Pressure Groups, and Dead Weight Costs, in: Journal of Public Economics, Vol. 28, S. 329-347.

Benz, Angelika (1995), Regulierung, Deregulierung und Reregulierung – Staatsentlastung?, in: Beck, Joachim; Angelika Benz; Friedrich W. Bolay u.a., Arbeitender Staat. Studien zur Regulierung und Verwaltung, Baden-Baden, S. 45-73.

Bergman, Lars und Bo Andersson (1995), The „New" Electricity Market in Sweden: Competition and Prices, in: Olsen, Ole Jess (Hrsg.), Competiton in the Electricity Supply Industry. Experience from Europe and the United States, Kopenhagen, S. 155-170.

Berlin, Edward; Charles J. Cicchetti und William J. Gillen (1976), Restructuring the Electric Power Industry, in: Shaker, William H. (Hrsg.), Electric Power Reform: The Alternatives for Michigan, Ann Arbor, S. 231-235.

Bernstein, Marver H. (1955), Regulating Business by Independent Commission, Princeton.

Berry, William W. (1982), The Case for Competition in the Electric Utility Industry, in: Public Utilities Fortnightly, 16. September 1982, S. 13-20.

Besanko, David Alan (1982), Regulatory Pricing in the Presence of Asymmetric Information, Ann Arbor.

Betancourt, Roger R. und John H. Y. Edwards (1987), Economies of Scale and the Load Factor in Electricity Generation, in: The Review of Economics and Statistics, Vol 69, S. 551-556.

Bickenbach, Frank (1999), Regulierung und Wettbewerb im Bereich der Netzinfrastrukturen: Begründung, Regeln und Institutionen, Kiel.

Blair, Tony (1995), Labor Threatens REC Incentives, entnommen aus einer Rede von Tony Blair auf der IPPR/CRI/UNISON Utilities Conference in London am 16. Mai 1995, in: Public Utilities Fortnightly, 15. Juni 1995, S. 37.

Blankart, Charles B. (1998), Öffentliche Finanzen in der Demokratie, 3. Auflage, München.

Boadway, Robin und David Wildasin (1984), Public Sector Economics, Boston.

Bögelein, Margareta (1990), Ordnungspolitische Ausnahmebereiche. Marktwirtschaftliche Legitimation und wirtschaftspolitische Konsequenzen, Wiesbaden.

Bolle, Friedel (1990), Wettbewerb und Kooperation in der Elektrizitätswirtschaft: Neuere Entwicklungen in den USA, München.

Bonde, Bettina (2001a), Behörden im Dienste des Marktes. Zur Rolle der Regulierer, in: Frankfurter Allgemeine Zeitung vom 7. April 2001.

Bonde, Bettina (2001b), Finnlands Wirtschaft verlangt nach mehr Kernenergie, in: Frankfurter Allgemeine Zeitung vom 29. Januar 2001.

Borcherding, Thomas E.; Werner W. Pommerehne und Friedrich Schneider (1982), Comparing the Efficiency of Private and Public Production: The Evidence from Five Countries, in: Zeitschrift für Nationalökonomie/Journal of Economics, Supplement 2, S. 127-156.

Brennan, Timothy J.; Karen L. Palmer; Raymond J. Kopp u.a. (1996), A Shock to the System. Restructuring America's Electricity Industry, Washington, D.C.

Breton, Albert und Ronald Wintrobe (1975), The Equilibrium Size of a Budget-maximizing Bureau: A Note on Niskanen's Theory of Bureaucracy, in: Journal of Political Economy, Vol. 83, S. 195-207.

Buchanan, James M. und Gordon Tullock (1975), Polluter's Profits and Political Response: Direct Controls versus Taxes, in: American Economic Review, Vol. 65, S. 139-147.

Bundesregierung (1999), Eckpunkte zur Sicherung und zum weiteren Ausbau der umweltfreundlichen Kraft-Wärme-Kopplung im liberalisierten Energiemarkt. Pressemitteilung der Bundesregierung vom 8. November 1999, Berlin.

Bundesverband der Energie-Abnehmer (1999), „Ohne Müller kein freier Markt", Pressemitteilung des Bundesverbandes der Energie-Abnehmer am 11. August 1999, Hannover.

Burger, Christina (1997), Marktversagen bei Gesundheitsgütern. Ein Überblick mit besonderer Berücksichtigung der medizinischen Prävention, in: Jahrbuch für Wirtschaftswissenschaften, Vol. 48, S. 89-112.

Burness, H. Stuart; W. David Montgomery und James P. Quirk (1980), Capital Contracting and the Regulated Firm, in: American Economic Review, Vol. 70, S. 342-354.

Burns, Philip und Thomas G. Weyman-Jones (1996), Cost Functions and Cost Efficiency in Electricity Distribution: A Stochastic Frontier Approach, in: Bulletin of Economic Research, Vol. 48, No. 1, S. 41-64.

Cahn von Seelen, Udo (1996), Aktuelle Situation der regionalen Energieversorgung, in: Energiewirtschaftliche Tagesfragen, Vol. 46, Heft 7, S. 428-431.

Cantner, Uwe; Horst Hanusch und Georg Westermann (1995), Effizienz, öffentlicher Auftrag und Deregulierung. Die Berücksichtigung nicht-marktfähiger Outputs mit Hilfe der DEA, in: Jahrbücher für Nationalökonomie und Statistik, Vol. 214, Nr. 3, S. 257-274.

Caudill, Steven B.; Bae-Geun Im und David L. Kaserman (1993), Modelling Regulatory Behavior: The Economic Theory of Regulation Versus Alternative Theories and Simple Rules of Thumb, in: Journal of Regulatory Economics, Vol. 5, S. 251-262.

Chao, Hung-po und Hillard G. Huntington (Hrsg.) (1998), Designing Competitive Electricity Markets, Boston, Dordrecht und London.

Chiang, Alpha C. (1984), Fundamental Methods of Mathematical Economics, 3. Auflage, Singapore.

Christensen, Laurits R. und William H. Greene (1976), Economies of Scale in U.S. Electric Power Generation, in: Journal of Political Economy, Vol. 84, No. 4, S. 655-676.

Christensen, Laurits R. und William H. Greene (1978), An Econometric Assessment of Cost Savings from Coordination in U.S. Electric Power Generation, in: Land Economics, Vol. 54, No. 2, S. 139-155.

Clapham, Ronald (1991), Strukturen und Prozesse in der Industriegesellschaft, in: Bundeszentrale für politische Bildung (Hrsg.), Grundwissen Politik, Bonn, S. 89-161.

Coase, Ronald H. (1937), The Nature of the Firm, in: Economica, Vol. 4, S. 386-405.

Courville, Léon (1974), Regulation and Efficiency in the Electric Utility Industry, in: The Bell Journal of Economics, Vol. 4, S. 53-74.

Cowing, Thomas G. (1974), Technical Change and Scale Economies in an Engineering Production Function: The Case of Steam Electric Power, in: Journal of Industrial Economics, Vol. 23, No. 2, S. 135-152.

Cowing, Thomas G. und V. Kerry Smith (1978), The Estimation of a Production Technology: A Survey of Econometric Analyses of Steam-Electric Generation, in: Land Economics, Vol. 54, No. 2, S. 156-186.

Crew, Michael A. und Charles K. Rowley (1989), Feasibility of Deregulation: A Public Choice Analysis, in: Crew, Michael A. (Hrsg.), Deregulation and Diversification of Utilities, Boston, Dordrecht und London, S. 5-20.

Crew, Michael A. und Paul R. Kleindorfer (1986), The Economics of Public Utility Regulation, Basingstoke und London.

Cronenberg, Martin (1997), Veränderungen des Energierechtsrahmens – Elektrizitätsbinnenmarktrichtlinie und Energierechtsgesetz, in: Baur, Jürgen F. (Hrsg.), Energiewirtschaft zwischen Wettbewerb und öffentlichen Aufgaben, Baden-Baden, S. 19-30.

Dale, L.A. (1996), Kriterien im britischen Verbundsystem. Auswirkungen der Deregulierung, in: Energiewirtschaftliche Tagesfragen, Vol. 46, Heft 11, S. 712-716.

De Alessi, Louis (1969), Some Implications of Property Rights for Government Investment Choices, in: American Economic Review, Vol. 59, S. 13-24.

de Braekeleer, Frans und Joop Hartog (1992), Regulation of Electricity Prices in Belgium and the Netherlands, Amsterdam.

de Paoli, Luigi (1996), Italian Energy Policy: From Planning to an (Imperfect) Market, in: McGowan, Francis (Hrsg.), European Energy Policies in a Changing Environment, Heidelberg, S. 88-129.

Deacon, Robert T. (1977), Private Choice and Collective Outcomes: Evidence from Public Sector Demand Analysis, in: National Tax Journal, Vol. 30, S. 371-386.

den Hertog, Johan (1996), The Policy of Deregulation in The Netherlands, in: European Economic Review, Vol. 40, S. 979-987.

Department of Energy (1988), Privatising Electricity, Cm 322, HMSO, London.

Deregulierungskommission (1991), Marktöffnung und Wettbewerb, Stuttgart.

Derthick, Martha und Paul J. Quirk (1985), The Politics of Deregulation, Washington, D.C.

Dhrymes, Phoebus J. und Mordecai Kurz (1964), Techology and Scale in Electricity Generation, in: Econometrica, Vol. 32, No. 3, S. 287-315.

Dietze, Matthias (1998), Europarecht und nationale Regulierung des deutschen Elektrizitätsmarktes. Europarechtliche Regelungssperre für den nationalen Gesetzgeber?, Frankfurt a. M., Berlin, Bern u.a.

Dnes, Antony W.; Devendra G. Kodwani; Jonathan S. Seaton und Douglas Wood (1998), The Regulation of the United Kingdom Electricity Industry: An Event Study of Price-Capping Measures, in: Journal of Regulatory Economics, Vol. 13, S. 207-225.

Donges, Juergen B. (1985), Marktversagen und Staatsversagen. Was überwiegt?, in: Zeitschrift für Wirtschaftspolitik, Vol. 34, Nr. 2, S. 121-130.

Drasko, Peter; Jens Drillisch; Ingo Hensing u.a. (1998), Konzentration und Wettbewerb in der deutschen Energiewirtschaft, München.

Duncombe, William; Jerry Miner und John Ruggiero (1997), Empirical Evaluation of Bureaucratic Models of Inefficiency, in: Public Choice, Vol. 93, S. 1-18.

Eckert, Ross D. (1973), On the Incentives of Regulators: The Case of Taxicabs, in: Public Choice, Vol. 14, S. 83-99.

Eftekhari, Hossein (1989), Vertical Integration and Power Generation, University of Wisconsin, River Falls.

Eickhof, Norbert (1985), Anmerkungen zur Regulierungstheorie, Bamberg.

Eickhof, Norbert (1986), Staatliche Regulierung zwischen Marktversagen und Gruppeninteressen. Ein Beitrag zur Weiterentwicklung der Regulierungstheorie, in: Jahrbuch für neue politische Ökonomie, Vol. 5, S. 122-139.

Eickhof, Norbert (1993), Zur Legitimation ordnungspolitischer Ausnahmeregelungen, in: ORDO. Jahrbuch für die Ordnung von Wirtschaft und Gesellschaft, Vol. 44, S. 203-222.

Eickhof, Norbert (1995), Marktversagen, Wettbewerbsversagen, staatliche Regulierung und wettbewerbspolitische Bereichsausnahmen – Zur normativen und positiven Theorie ordnungspolitischer Ausnahmeregelungen, Volkswirtschaftliche Diskussionsbeiträge, Nr. 5, Universität Potsdam.

Eickhof, Norbert (1998), Die Neuregelung des Energiewirtschaftsrechts, in: Wirtschaftsdienst, Vol. 78, Nr. 1, S. 18-25.

Eickhof, Norbert und Dieter Kreikenbaum (1998), Die Liberalisierung der Märkte für leitungsgebundene Energien, in: Wirtschaft und Wettbewerb, Vol. 48, Nr. 7-8, S. 666-677.

Einhorn, Michael A. (1994), From Regulation to Competition: New Frontiers in Electricity Markets, Boston, Dordrecht und London.

Eisner, Marc Allen (1993), Regulatory Politics in Transition, Baltimore und London.

Eiß, Harald; Rudolf Lukes; Hartmut Pick und Walter Schulz (1990), Die Ordnung des Elektrizitätsmarktes in der Europäischen Gemeinschaft, München.

Emmerich, Volker (1978), Ist der kartellrechtliche Ausnahmebereich für die leitungsgebundene Versorgungswirtschaft wettbewerbspolitisch gerechtgertigt?, Hannover.

ENEL (1998), Interim Report for the Half Year 1998, Rom.

ENEL (1999), Enel – Group – Organization – Production, http://www.enel.it/home_eng/group/organizz/f-produzione7_nj.htm am 20. Mai 1999.

Energy Information Administration (1996), The Changing Structure of the Electric Power Industry: An Update, Washington, D.C.

Energy Information Administration (1997), Electricity Reform Abroad and U.S. Investment, Washington, D.C.

Energy Information Administration (1999a), Country Analysis Briefs, diverse Länder, http://www.eia.doe.gov/emeu/cabs/contents.html am 5. Oktober 1999.

Energy Information Administration (1999b), Italy, http://www.eia.doe.gov/emeu/cabs/italy.html am 28. September 1999.

Energy Information Administration (1999c), The Comprehensive Electricity Competition Act: A Comparison of Model Results, Washington, D.C.

Energy Information Administration (1999d), United States of America, http://www.eia.doe.gov/emeu/cabs/usa.html am 17. Mai 1999.

Energy Information Administration (2000a), Norway, http://www.eia.doe.gov/emeu/cabs/norway.html am 11. Juni 2000.

Energy Information Administration (2000b), Status of State Electric Industry Restructuring Activity as of May 2000, http://www.eia.doe.gov/cneaf/electricity/chg_str/regmap.html am 11. Juni 2000.

Energy Information Administration (2000c), United Kingdom, http://www.eia.doe.gov/emeu/cabs/uk.html am 11. Juni 2000.

Erlei, Mathias; Martin Leschke und Dirk Sauerland (1999), Neue Institutionenökonomik, Stuttgart.

Europäische Kommission (1998), Die Wettbewerbspolitik der Europäischen Gemeinschaft. XXVII. Bericht über die Wettbewerbspolitik 1997, Luxemburg.

Evans, Lewis und Steven Garber (1988), Public Utility Regulators Are Only Human: A Positive Theory of Rational Constraints, in: American Economic Review, Vol. 78, No. 3, S. 444-462.

Ewers, Hans-Jürgen (1992), Deregulation in the Electricity Sector, in: Hope, Einar und Steinar Strøm (Hrsg.), Energy Markets and Environmental Issues: A European Perspective, Oslo, S. 65-74.

Färe, Rolf; Shawna Grosskopf und J. Logan (1985), The Relative Performance of Publicly-Owned and Privately-Owned Electric Utilities, in: Journal of Public Economics, Vol. 26, S. 89-106.

Filer, John E.; Robert S. Herren; Daniel R. Hollas und Paul K. Zebe (1984), Impact of Regulation on Vertical Integration in the Electric Industry, in: Review of Industrial Organization, Vol. 1, No. 1, S. 216-231.

Filippini, Massimo (1996), Economies of Scale and Utilisation in the Swiss Electric Power Distribution Industry, in: Applied Economics, Vol. 28, S. 543-550.

Filippini, Massimo (1998), Are Municipal Electricity Distribution Utilities Natural Monopolies?, in: Annals of Public and Cooperative Economics, Vol. 69, No. 2, S. 157-174.

Finder, Alan Eliot (1985), Empirical Tests of Cost Subadditivity in the Investor-owned Electric Utility Industry, Indiana University.

Finon, Dominique (1995), La diversification des modèles d'organisation des industries électriques dans le monde: Une mise en perspective, in: Revue de l'Énergie, No. 46 (465), S. 3-15.

Finon, Dominique (1996), French Energy Policy: the Effectiveness and Limitations of Colbertism, in: McGowan, Francis (Hrsg.), European Energy Policies in a Changing Environment, Heidelberg, S. 21-56.

Finsinger, Jörg (1991), Wettbewerb und Regulierung, München.

Finsterbusch, Stephan (2000), Die Leipziger Börse wird Strom in Deutschland billiger machen, in: Frankfurter Allgemeine Zeitung vom 10. Mai 2000.

Fraquelli, Giovanni und Davide Vannoni (1996), Regulation and Total Productivity in Electricity: A Comparison Between Italy, Germany and France, in: Deutsches Institut für Wirtschaftsforschung (Hrsg.), Vierteljahreshefte zur Wirtschaftsforschung, Vol. 65, Nr. 4, Special Issue The Regulation of Utilities, S. 512-524.

Frey, Bruno S. (1991), Public Choice, in: Wirtschaftswissenschaftliches Studium, Vol. 20, S. 492-496.

Fritsch, Michael (1993), Markt, Marktversagen und die Evaluation technologiepolitischer Förderprogramme, Freiberg.

Fritsch, Michael; Thomas Wein und Hans-Jürgen Ewers (1999), Marktversagen und Wirtschaftspolitik. Mikroökonomische Grundlagen staatlichen Handelns, 3. Auflage, München.

Froning, Sabine (1998a), Länderbericht/Niederlande, http://www.strom.de/sw_lb_nl.htm am 30. Novemver 1999.

Froning, Sabine (1998b), Pioniere des Wettbewerbs. Die Liberalisierung der Stromwirtschaft in Großbritannien kommt zügig voran, in: Standpunkt. Eine Zeitschrift zu Energie- und Umweltfragen der Siemens AG, Bereich Energieerzeugung, Vol. 11, Nr. 1, S. 12-15.

Froning, Sabine (1999), Italien – Staatskonzern ENEL macht Platz für den Wettbewerb, http://www.strom.de/sw_lb_it.htm am 30. November 1999.

Fuhr, Joseph P., Jr. (1990), Vertical Integration and Regulation in the Electric Utility Industry, in: Journal of Economic Issues, Vol. 24, No. 1, S. 173-187.

Galatin, Malcolm (1968), Economies of Scale and Technological Change in Thermal Power Generation, Amsterdam.

George, Kenneth D.; Caroline Joll und E. L. Lynk (1992), Industrial Organisation. Competition, Growth and Structural Change, 4. Auflage, London und New York.

Gesetz zur Neuregelung des Energiewirtschaftsrechts vom 24.4.1998, Bundesgesetzblatt Teil I, S. 730-736.

Gilbert, Richard J. und Edward P. Kahn (1996), Competition and Institutional Change in U.S. Electric Power Regulation, in: Gilbert, Richard J. und Edward P. Kahn (Hrsg.), International Comparisons of Electricity Regulation, Cambridge, S. 179-230.

Gilsdorf, Keith (1990), Vertical Integration in the Electric Utility Industry, Lincoln, Nebraska.

Gilsdorf, Keith (1994), Vertical Integration Efficiencies and Electric Utilities: A Cost Complementarity perspective, in: The Quarterly Review of Economics and Finance, Vol. 34, No. 3, S. 261-282.

Gilsdorf, Keith (1995), Testing for Subadditivity of Vertically Integrated Electric Utilities, in: Southern Economic Journal, Vol. 62, No. 1, S. 126-138.

Goldberg, Victor P. (1982), Peltzman on Regulation and Politics, in: Public Choice, Vol. 39, S. 291-297.

Gormley, William T., Jr. (1983), The Politics of Public Utility Regulation, Pittsburgh.

Grassini, Franco A. (1997), An Attempt to End Monopoly: the Privatisation of the UK Electricity Industry, in: Baldassarri, Mario; Alfredo Macchiati und Diego Piacentino (Hrsg.), The Privatization of Public Utilities. The Case of Italy, Suffolk, S. 99-118.

Grawe, Joachim (1988), Ein gemeinsamer Strommarkt in der EG aus der Sicht der Energieversorgungsunternehmen, in: Lukes, Rudolf (Hrsg.), Ein EWG-Binnenmarkt für Elektrizität – Realität oder Utopie, Köln u.a., S. 165-175.

Green, Richard (1999), The Electricity Contract Market in England and Wales, in: The Journal of Industrial Economics, Vol. 47, No. 1, S. 107-124.

Green, Richard und David Newbery (1993), The Regulation of the Gas Industry: Lessons from Electricity, in: Fiscal Studies, Vol. 14, No. 2, S. 37-52.

Green, Richard und David M. Newbery (1997), Competition in the Electricity Industry in England and Wales, in: Oxford Review of Economic Policy, Vol. 13, No. 1, S. 27-46.

Gröner, Helmut (1965), Ordnungspolitik in der Elektrizitätswirtschaft, in: ORDO. Jahrbuch für die Ordnung von Wirtschaft und Gesellschaft, Stuttgart, Vol. 16, S. 333-412.

Gröner, Helmut (1997), Die Energiepolitik im ordnungspolitischen Zwiespalt, in: ORDO. Jahrbuch für die Ordnung von Wirtschaft und Gesellschaft, Stuttgart, Vol. 48, S. 269-284.

Grossekettler, Heinz (1989), Deregulierung und Privatisierung. Erscheinungsformen, Legitimationskriterien und politische Verhaltenstendenzen, in: Wirtschaftswissenschaftliches Studium, Vol. 18, Nr. 10, S. 437-445.

Grüne, Michael (1997), Subventionen in der Demokratie: Analytische Grundlagen einer Subventionsordnung, Frankfurt a.M., Berlin, Bern u.a.

Hägg, P. Göran T. (1997), Theories on the Economics of Regulation: A Survey of the Literature from a European Perspective, in: Europan Journal of Law and Economics, Vol. 4, S. 337-370.

Hannah, L. (1979), Electricity before Nationalisation: A Study of the Development of Electricity Supply in Britain to 1948, London.

Hannah, L. (1982), Engineers, Managers and Politicians: The First Fiveteen Years of Nationalised Electricity Supply in Britain, London.

Hartwich, Hans-Hermann (1991), Mitwirkung gesellschaftlicher Gruppen am Gesetzgebungsverfahren und an der wirtschaftspolitischen Willensbildung, in: Fasbender, Karl; Manfred Holthus und Eberhard Thiel (Hrsg.), Elemente der sozialen Marktwirtschaft. Wirtschaftliche und rechtliche Rahmenbedingungen – Transformationsmöglichkeiten, Hamburg, S. 155-168.

Hay, Donald A. und Guy S. Liu (1997), The Efficiency of Firms: What Difference does Competition Make?, in: The Economic Journal, Vol. 107, S. 597-617.

Hayashi, Paul M; James Yeoung-Jia Goo und WM. Clif Chamberlain (1997), Vertical Economies: The Case of U.S. Electric Utility Industry, 1983-87, in: Southern Economic Journal, Vol. 63, No. 3, S. 710-725.

Henderson, J. Stephen (1985), Cost Estimation for Vertically Integrated Firms: The Case of Electricity, in: Crew, Michael A. (Hrsg.), Analysing the Impact of Regulatory Change in Public Utilities, Lexington, Mass., und Toronto, S. 75-94.

Henney, Alex (1992), The Electricity Supply Industries of Eleven West European Countries. Structure, Politics and Programmes, London.

Herring, E. Pendleton (1936), Public Administration and the Public Interest, New York.

High, Jack (1990), Can Rents Run Uphill?: A Note on the Theory of Regulation, in: Public Choice, Vol. 65, S. 229-237.

Hirsch, Wolfgang und Ralf Zeppernick (1988), Deregulierung: Argumente für eine Politik der Deregulierung, in: Wirtschaftswissenschaftliches Studium, Vol. 17, Nr. 4, S. 157-163.

Hirshleifer, Jack (1976), Comment, in: The Journal of Law and Economics, Vol. 19, S. 241-244.

Hjalmarsson, Lennart (1993), From Club-Regulation to Market Competition in the Scandinavian Electricity Supply Industry, Göteborg.

Hjalmarsson, Lennart (1996), From Club-Regulation to Market Competition in the Scandinavian Electricity Supply Industry, in: Gilbert, Richard J. und Edward P. Kahn (Hrsg.), International Comparisons of Electricity Regulation, Cambridge, S. 126-177.

Hnida, Ullrich (1998), Wettbewerb in der Energiewirtschaft erfordert neue Technologien, in: Handelsblatt vom 21. Oktober 1998.

Hollas, Daniel R. und Robert Stanley Herren (1982), An Estimation of the Deadweight and X-Efficiency Losses in the Municipal Electric Industry, in: Journal of Economics and Business, Vol. 34, S. 269-281.

Hood, Christopher (1994), Explaining Economic Policy Reversals, Buckingham, Philadelphia.

Hope, Einar (1996), Energiemärkte und Wettbewerbspolitik, in: Kruse, Jörn und Otto G. Mayer (Hrsg.), Aktuelle Probleme der Wettbewerbs- und Wirtschaftsplitik, Baden-Baden, S. 177-194.

Hope, Einar; Linda Rud und Balbir Singh (1993), Märkte für Elektrizität: Die ökonomische Reform des norwegischen Elektrizitätssektors, in: Zeitschrift für Energiewirtschaft, Vol. 17, Nr. 1, S. 29-46.

Hope, Einar; Linda Rud und Balbir Singh (1995), Markets for Electricity: Economic Reform of the Norwegian Electricity Industry, in: Olsen, Ole Jess (Hrsg.), Competition in the Electricity Supply Industry. Experience from Europe and the United States, Kopenhagen, S. 69-106.

Hoppmann, Erich (1966), Das Konzept der optimalen Wettbewerbsintensität, in: Jahrbücher für Nationalökonomie und Statistik, Vol. 179, S. 286-323.

Horwitz, Robert Britt (1989), The Irony of Regulatory Reform. The Deregulation of American Telecommunications, New York und Oxford.

Howes, J. (1992), The Politics of Electric Power Deregulation, in: Regulation, Vol. 15, S. 17-20.

Huettner, David A. und John H. Landon (1978), Electric Utilities: Scale Economies and Diseconomies, in: Southern Economic Journal, Vol. 44, S. 883-912.

International Energy Agency (1985), Electricity in IEA Countries. Issues and Outlook, Paris.

International Energy Agency (1994), Electricity Supply Industry. Structure, Ownership and Regulation in OECD Countries, Paris.

International Energy Agency (1996a), Energy Policies of IEA Countries. France 1996 Review, Paris.

International Energy Agency (1996b), Energy Policies of IEA Countries. Spain 1996 Review, Paris.

International Energy Agency (1996c), Energy Policies of IEA Countries. Sweden 1996 Review, Paris.

International Energy Agency (1996d), Energy Policies of IEA Countries. The Netherlands: 1996 Review, Paris.

International Energy Agency (1996e), The Role of IEA Governments in Energy. 1996 Update, Paris.

International Energy Agency (1997), Energy Policies of IEA Countries. Norway 1997 Review, Paris.

International Energy Agency (1998a), Energy Policies of IEA Countries. Germany 1998 Review, Paris.

International Energy Agency (1998b), Energy Policies of IEA Countries. The United Kingdom 1998 Review, Paris.

International Energy Agency (1998c), Energy Policies of IEA Countries. The United States 1998 Review, Paris.

Issing, Otmar (1987), Staatliche Regulierung: Marktversagen versus Staatsversagen, in: Volkswirtschaftliche Korrespondenz der Adolf-Weber-Stiftung, Vol. 26, Nr. 1.

Jäger, R. Bernd (1993), Gemeinwohl, Gruppen- und Eigeninteresse: Die gradualistische Ordnungspolitik in der deutschen Telekommunikation. Eine Fallstudie im Lichte der Positiven Theorie staatlicher Regulierung und Deregulierung, Köln.

Jarrell, Gregg A. (1978), The Demand for State Regulation of the Electric Utility Industry, in: The Journal of Law and Economics, Vo. 21, S. 269-295.

Jordon, William A. (1970), Airline Regulation in America: Effects and Imperfections, Baltimore.

Jordon, William A. (1972), Producer Protection, Prior Market Structure and the Effects of Government Regulation, in: The Journal of Law and Economics, Vol. 15, S. 151-176.

Joskow, Paul L. (1974), Inflation and Environmental Concern: Structural Change in the Process of Public Utility Price Regulation, in: The Journal of Law and Economics, Vol. 17, S. 291-327.

Joskow, Paul L. (1985), Vertical Integration and Long-term Contracts: The Case of Coal-burning Electric Generating Plants, in: Journal of Law, Economics, and Organization, Vol. 1, No. 1, S. 33-80.

Joskow, Paul L. (1987), Productivity Growth and Technical Change in the Generation of Electricity, in: The Energy Journal, Vol. 8, No. 1, S. 17-38.

Joskow, Paul L. (1995), Competition in the U.S. Electric Power Sector: Some Recent Developments, in: Olsen, Ole Jess (Hrsg.), Competition in the Electricity Supply Industry. Experience from Europe and the United States, Kopenhagen, S. 17-67.

Joskow, Paul L. (1996a), Comment on Matthew W. White, Power Struggles: Explaining Deregulatory Reform in Electricity Markets, in: Brookings Papers on Economic Activity. Microeconomics, Washington, D.C., S. 251-267.

Joskow, Paul L. (1996b), Introducing Competition into Regulated Network Industries: From Hierarchies to Markets in Electricity, in: Industrial and Corporate Change, Vol. 5, Nr. 2, S. 341-382.

Joskow, Paul L. (1998), Restructuring, Competition and Regulatory Reform in the U.S. Electricity Sector, in: Chao, Hung-po und Hillard G. Huntington (Hrsg.), Designing Competitive Electricity Markets, Boston, Dordrecht und London, S. 11-31.

Joskow, Paul L. und Richard Schmalensee (1985), Markets for Power. An Analysis of Electric Utility Deregulation, Cambridge, Mass., und London.

Joskow, Paul L. und Roger C. Noll (1981), Regulation in Theory and Practice: An Overview, in: Fromm, Gary (Hrsg.), Studies in Public Regulation, Cambridge, Mass., und London, S. 1-65.

Jung, Volker (1997), SPD: Neuorientierung statt Strukturbruch, in: Handelsblatt vom 23. September 1997.

Jurewitz, John L. (1988), Deregulation of Electricity: A View from Utility Management, in: Contemporary Policy Issues, Vol. 6, No. 3. S. 25-41.

Kahn, Alfred E. (1988), The Economics of Regulation. Principles and Institutions, Vol. II, Cambridge, Mass., und London.

Kahn, Edward (1998), Introducing Competition to the Electricity Industry in Spain: The Role of Initial Conditions, in: Utilities Policy, Vol. 7, S. 15-22.

Kalt, Joseph P. (1981), The Economics and Politics of Oil Price Regulation. Federal Policy in the Post-Embargo Era, Cambridge, Mass., und London.

Kalt, Joseph P. und Mark A. Zupan (1984), Capture and Ideology in the Economic Theory of Politics, in: The American Economic Review, Vol. 74, S. 279-300.

Karlson, Stephen H. (1986), Multiple-Output Production and Pricing in Electric Utilities, in: Southern Economic Journal, Vol. 53, S. 73-86.

Kaserman, David L. und John W. Mayo (1991), The Measurement of Vertical Economies and the Efficient Structure of the Electric Utility Industry, in: The Journal of Industrial Economics, Vol. 39, No. 5, S. 483-502.

Kasperk, Garnet (1997), Deregulierung und Privatisierung des Elektrizitätssektors in Entwicklungsländern, Baden-Baden.

Kau, James B. und Paul H. Rubin (1979), Self-Interest, Ideology, and Logrolling in Congressional Voting, in: The Journal of Law and Economics, Vol. 22, S. 365-384.

Keeler, Theodore E. (1984), Theories of Regulation and the Deregulation Movement, in: Public Choice, Vol. 44, S. 103-145.

Kirsch, Guy (1993), Neue politische Ökonomie, 3. Auflage, Düsseldorf.

Kitch, Edmund W.; Marc Isaacson und Daniel Kasper (1971), The Regulation of Taxicabs in Chicago, in: The Journal of Law and Economics, Vol. 14, S. 285-350.

Klinger, Heinz (1997), Stromversorger auf Wettbewerbskurs, Pressemitteilung der Vereinigung Deutscher Elektrizitätswerke zum Jahreswechsel 1997/98, Frankfurt a.M.

Klinger, Heinz (1999), VDEW zur Liberalisierung der EU-Strommärkte: Strombinnenmarkt mit Schlagseite, Energiepolitische Stellungnahme der Vereinigung Deutscher Elektrizitätswerke am 19. Februar 1999, Frankfurt a.M.

Klopfer, Thomas und Walter Schulz (1993), Märkte für Strom. Internationale Erfahrungen und Übertragbarkeit auf Deutschland, München.

Klump, Rainer (1992), Einführung in die Wirtschaftspolitik, 2. Auflage, München.

Koh, Dong-Soo; Sanford V. Berg und Lawrence W. Kenny (1996), A Comparison of Costs in Privately Owned and Publicly Owned Electric Utilities: The Role of Scale, in: Land Economics, Vol. 72, No. 1, S. 56-65.

Köppel, Matthias (1993), Deregulierung in der Elektrizitätswirtschaft – die positiven Wirkungen werden überschätzt, in: Heilemann, Ullrich; Paul Klemmer und Klaus Löbbe (Hrsg.), Empirische Wirtschaftsforschung und wirtschaftspolitische Beratung, Essen, S. 131-146.

Koutsoyiannis, Anne (1981), Modern Microeconomics, 2. Auflage, London und Basingstoke.

Krautmann, Anthony C. und John L. Solow (1988), Economies of Scale in Nuclear Power Generation, in: Southern Economic Journal, Vol. 55, No. 1, S. 70-85.

Kruse, Jörn (1985), Ökonomie der Monopolregulierung, Göttingen.

Kruse, Jörn (1997), Vertikale Integration als Wettbewerbsproblem, in: Kruse, Jörn; Kurt Stockmann und Lothar Vollmer (Hrsg.), Wettbewerbspolitik im Spannungsfeld nationaler und internationaler Kartellrechtsordnungen, Baden-Baden, S. 247-270.

Ksoll, Markus (1998), Ansätze zur Beurteilung unterschiedlicher Netzzugangs- und Durchleitungsregeln in der Elektrizitätswirtschaft, Universität Potsdam, Diskussionsbeitrag Nr. 23/1998.

Kumbhakar, Subal C. und Lennart Hjalmarsson (1998), Relative Performance of Public and Private Ownership Under Yardstick Competition: Electricity Retail Distribution, in: European Economic Review, Vol. 42, S. 97-122.

Kumkar, Lars (1994), Die Umstrukturierung des Elektrizitätssektors in Großbritannien, in: Die Weltwirtschaft, Heft 2, S. 93-112.

Kumkar, Lars (1995), Widerstände und Spannungen auf dem Weg zum europäischen Binnenmarkt für Elektrizität, in: Die Weltwirtschaft, Heft 4, S. 444-470.

Kumkar, Lars (1996), Wege zum Wettbewerb in der Stromversorgung – Das Beispiel Kalifornien, in: Die Weltwirtschaft, S. 219-235.

Kumkar, Lars (1997a), Die U.S.-Elektrizitätswirtschaft im Umbruch: Regulierung und Wettbewerb in Kalifornien, in: Zeitschrift für Energiewirtschaft, Vol. 21, Nr. 2, S. 93-121.

Kumkar, Lars (1997b), Wettbewerb auf den Strommärkten? – Zur deutschen Umsetzung der Stromrichtlinie und den Auswirkungen auf kommunale Versorgungsunternehmen und regenerative Energien, in: Die Weltwirtschaft, S. 308-337.

Kumkar, Lars (1998a), Liberalisierung und Re-Regulierung der Elektrizitätswirtschaft in Skandinavien, Kieler Arbeitspapier Nr. 884, Kiel.

Kumkar, Lars (1998b), Privatwirtschaftliche Koordinierungsstrukturen in vertikal strukturierten Industrien: Eine Analyse der Stromwirtschaft auf der Grundlage der neuen Institutionenökonomik, Kiel.

Kumkar, Lars (2000a), Wettbewerbsorientierte Reformen der Stromwirtschaft. Eine institutionenökonomische Analyse, Tübingen.

Kumkar, Lars (2000b), Zur institutionellen Ausgestaltung der Strommarktregulierung: Brauchen wir eine eigenständige Regulierungsbehörde für den Stromtransport?, Kiel.

Kumkar, Lars (2001), Strommarktliberalisierung in Kalifornien: Schlägt das Pendel zurück?, Kiel.

Kumkar, Lars und Axel D. Neu (1997), Nach beschlossener Marktöffnung auch Wettbewerb in der Elektrizitätswirtschaft? Status Quo und Perspektiven in Deutschland und Europa, Kiel.

Künneke, Rolf W. (1995), The Dutch Struggle for a Stable Institutional Framework in the Electricity Market, in: Olsen, Ole Jess (Hrsg.), Competition in the Electricity Supply Industry. Experience from Europe and the United States, Kopenhagen, S. 181-206.

Kurz, Rudi (1986), Entwicklung und gegenwärtiger Stand der Deregulierungsdiskussion, in: Deregulierung als ordnungs- und prozeßpolitische Aufgabe, Beihefte der Konjunkturpolitik. Zeitschrift für angewandte Wirtschaftsforschung, Nr. 32, S. 41-58.

Kwoka, John E., Jr. (1996), Power Structure. Ownership, Integration, and Competition in the U.S. Electricity Industry, Boston, Dordrecht und London.

La Porta, Rafael; Florencio Lopez-de-Silanes; Andrei Shleifer und Robert Vishny (1998), The Quality of Government, NBER Working Paper No. 6727, Cambridge, Mass.

Laffont, Jean-Jacques (1994), The new Economics of Regulation Ten Years After, in: Econometrica, Vol. 62, No. 3, S. 507-537.

Laffont, Jean-Jacques (1996), The French Electricity Industry, in: Gilbert, Richard J. und Edward P. Kahn (Hrsg.), International Comparisons of Electricity Regulation, Cambridge, S. 406-456.

Lammers, Gudrun (1992), Zur Regulierung der Elektrizitätswirtschaft: Theoretische Ansätze und die Praxis in ausgewählten Mitgliedsländern der Europäischen Gemeinschaft, Idstein.

Lamprecht, Franz (1997), Stromwettbewerb und innovative Techniken. Tendenzen in den Niederlanden, in: Energiewirtschaftliche Tagesfragen, Vol. 47, Nr. 6, S. 359-361.

Landon, John H. (1983), Theories of Vertical Integration and their Application to the Electric Utility Industry, in: The Antitrust Bulletin, S. 101-130.

Landon, John H. und David A. Huettner (1976), Restructuring the Electric Utility Industry: A Modest Proposal, in: Shaker, William H. (Hrsg.), Electric Power Reform: The Alternatives for Michigan, Ann Arbor, S. 217-229.

Lang, Günter (1993), Neuordnung der energierechtlichen Rahmenbedingungen und Kommunalisierung der Elektrizitätsversorgung, Universität Augsburg.

Lang, Volker (1999), Die Regulierung der deutschen Stromwirtschaft. Eine föderalismustheoretische Analyse, Frankfurt a.M.

Lee, Byung-Joo (1995), Separability Test for the Electricity Supply Industry, in: Journal of Applied Econometrics, Vol. 10, S. 49-60.

Lehner, Franz (1981), Einführung in die neue politische Ökonomie, Königstein/Ts.

Leibenstein, Harvey (1966), Allocative Efficiency vs. 'X-Efficiency', in: American Economic Review, Vol. 56, No. 1, S. 392-415.

Levine, Michael E. (1989), Comments and Discussion, in: Brookings Papers on Economic Activity: Microeconomics, S. 42-48.

Levine, Michael E. und Jennifer L. Forrence (1990), Regulatory Capture, Public Interest, and the Public Agenda: Toward a Synthesis, in: Journal of Law, Economics, and Organization, Vol. 6, Special Issue, S. 167-198.

Lewington, Ilka und Martin Weisheimer (1995), Zur Regulierung in der deutschen Elektrizitätswirtschaft – eine Analyse anhand neuer ökonomischer Ansätze und praktischer Erfahrungen, in: Zeitschrift für Energiewirtschaft, Vol. 19, Heft 4, S. 277-285.

Lhermitte, P. und P. Caillé (1979), Marginal Cost Pricing in a Random Future as Applied to the Tariff for Electrical Energy by Electricité de France, in: Trebing, Harry M. (Hrsg.), Essays on Public Utility Pricing and Regulation, East Lansing, Michigan, 3. Auflage, S. 99-121.

Ling, Suilin (1964), Economies of Scale in the Steam-electric Power Generating Industry, Amsterdam.

Littlechild, Stephen C. (1996), Privatisation, Competition and Regulation in the Scottish Electricity Industry, in: Scottish Journal of Political Economy, Vol. 43, No. 1, S. 1-15.

Lo Passo, Francesco und Alfredo Macchiati (1997), Privatization and the Ownership Structure of Public Utilities, in: Baldassarri, Mario; Alfredo Macchiati und Diego Piacentino (Hrsg.), The Privatization of Public Utilities. The Case of Italy, Suffolk, S. 51-69.

Lomax, K. S. (1952), Cost Curves for Electricity Generation, in: Economica, Vol. 19, S. 193-197.

Lukes, Rudolf (1979), Die Reformdiskussion zur wettbewerblichen Regelung der leitungsgebundenen Versorgungswirtschaft, insbesondere der Elektrizitätswirtschaft, in: Lukes, Rudolf (Hrsg.), Geschlossene Versorgungsgebiete, Versorgungssicherheit oder Wettbewerb, Köln, Berlin, Bonn u.a., S. 65-101.

Mac Avoy, Paul W. (1971), The Regulation-Induced Shortage of Natural Gas, in: The Journal of Law and Economics, Vol. 14, S. 167-199.

Maennig, Wolfgang und Carsten Thies (1998), Markt- und Wettbewerbsversagen bei der Errichtung von Güterverkehrszentren, in: Zeitschrift für Verkehrswissenschaft, Vol. 69, Nr. 1, S. 1-22.

Maloney, Michael T. und Robert E. McCormick (1982), A Positive Theory of Environmental Quality Regulation, in: Journal of Law and Economics, Vol. 25, S. 99-123.

Marino, Anthony M. und Joseph Sicilian (1988), The Incentive for Conservation Investment in Regulated Utilities, in: Journal of Environmental Economics and Management, Juni 1988, S. 173-188.

Martin, Stephen (1988), Industrial Economics: Economic Analysis and Public Policy, New York.

Märtz, Thomas (1990), Interessengruppen und Gruppeninteressen in der Demokratie, Frankfurt a.M. u.a.

Marvel, Howard P. (1977), Factory Regulation: A Reinterpretation of Early English Experience, in: Journal of Law and Economics, Vol. 20, S. 379-402.

Mather, Neil (1976), If Generation is Deregulated, Publicly Owned Distribution Systems May Be Viable, in: Shaker, William H. (Hrsg.), Electric Power Reform: The Alternatives for Michigan, Ann Arbor, S. 243-246.

Mayo, John W. (1984), Multiproduct Monopoly, Regulation, and Firm Costs, in: Southern Economic Journal, Vol. 51, S. 208-218.

McCormick, Robert E. und Robert D. Tollison (1981), Politicians, Legislation, and the Economy. An Inquiry into the Interest-Group Theory of Government, Boston, Den Haag und London.

McGowan, Francis (1993), The Struggle for Power in Europe. Competition and Regulation in the EC Electricity Industry, London.

McGowan, Francis (1996), Ideology and Expediency in British Energy Policy, in: McGowan, Francis (Hrsg.), European Energy Policies in a Changing Environment, Heidelberg, S. 130-164.

Meller, Eberhard (2000), Haushaltskunden um vier Milliarden DM entlastet. Der Wettbewerb im deutschen Strommarkt ist voll entbrannt, in: Handelsblatt vom 31. Mai 2000.

Menges, Roland und Katja Barzantny (1997), Die Liberalisierung der Strommärkte in Norwegen und Schweden, in: Zeitschrift für Energiewirtschaft, Vol. 21, Nr. 1, S. 39-56.

Mestmäcker, Ernst-Joachim (1984), Recht und ökonomisches Gesetz: Über die Grenzen von Staat, Gesellschaft und Privatautonomie, 2. Auflage, Baden-Baden.

Mestmäcker, Ernst-Joachim (1990), Marktzugang und Monopolmißbrauch auf deregulierten Märkten, in: Baur, Jürgen F.; Klaus J. Hopt und K. Peter Mailänder (Hrsg.), Festschrift für Ernst Steindorff zum 70. Geburtstag am 13. März 1990, Berlin und New York, S. 1045-1064.

Mez, Lutz (1997), The German Electricity Reform Attempts: Reforming Co-optive Networks, in: Midttun, Atle (Hrsg.), European Electricity Systems in Transition. A Comparative Analysis of Policy and Regulation in Western Europe, Oxford, S. 231-252.

Mez, Lutz; Atle Midttun und Steve Thomas (1997), Restructuring Electricity Systems in Transition, in: Midttun, Atle (Hrsg.), European Electricity Systems in Transition. A Comparative Analysis of Policy and Regulation in Western Europe, Oxford, S. 3-12.

Midttun, Atle (1997), The Norwegian, Swedish and Finnish Reforms: Competitive Public Capitalism and the Emergence of the Nordic Internal Market, in: Midttun, Atle (Hrsg.), European Electricity Systems in Transition. A Comparative Analysis of Policy and Regulation in Western Europe, Oxford, S. 89-130.

Migué, Jean-Luc und Gérard Bélanger (1974), Toward a General Theory of Managerial Discretion, in: Public Choice, Vol. 17, S. 27-43.

Mitchell, Edward J. (1979), The Basis of Congressional Energy Policy, in: Texas Law Review, Vol. 57, S. 591-613.

Mitnick, Barry M. (1980), The Political Economy of Regulation. Creating, Designing, and Removing Regulatory Forms, New York.

Moe, Terry M. (1987), An Assessment of the Positive Theory of 'Congressional Dominance', in: Legislative Studies Quarterly, Vol. 12, S. 475-520.

Moen, Jan und Jan Hamrin (1996), Regulation and Competition Without Privatization: Norway's Experience, in: The Electricity Journal, Vol. 9, No. 2, S. 37-45.

Monopolkommission (1976), Mehr Wettbewerb ist möglich. Hauptgutachten 1973/1975, Baden-Baden.

Moorhouse, John C. (1995), Competitive Markets for Electricity Generation, in: Cato Journal, Vol. 14, No. 3, S. 421-441.

Müller, Jürgen und Ingo Vogelsang (1979), Staatliche Regulierung. Regulated Industries in den USA und Gemeinwohlbindung in wettbewerblichen Ausnahmebereichen in der Bundesrepublik Deutschland, Baden-Baden.

Müller, Jürgen und Konrad Stahl (1996), Regulation of the Market for Electricity in the Federal Republic of Germany, in: Gilbert, Richard J. und Edward P. Kahn (Hrsg.), International Comparisons of Electricity Regulation, Cambridge, S. 277-311.

Müller, Leonhard (1998), Handbuch der Elektrizitätswirtschaft. Technische, wirtschaftliche und rechtliche Grundlagen, Berlin und Heidelberg.

Müller, Michael (1998), Stromhandel als neues Element im liberalisierten Markt, in: Energiewirtschaftliches Institut an der Universität Köln (Hrsg.), Energiehandel und Energiemärkte, München, S. 191-215.

Nelson, Randy A. (1984), Regulation, Capital Vintage, and Technical Change in the Electric Utility Industry, in: The Review of Economics and Statistics, Vol. 66, S. 59-69.

Nelson, Randy A. und Mark E. Wohar (1983), Regulation, Scale Economies, and Productivity in Steam-Electric Generation, in: International Economic Review, Vol. 24, No. 1, S. 57-79.

Nelson, Randy A. und Walter J. Primeaux, Jr. (1988), The Effects of Competition on Transmission and Distribution Costs in the Municipal Electric Industry, in: Land Economics, Vol. 64, S. 338-346.

Nerlove, Marc (1963), Returns to Scale in Electricity Supply, in: Christ, Carl (Hrsg.), Measurement in Economics, Stanford, S.167-198.

Newbery, David M. (1994), Regulatory Policies and Reform in the Electricity Supply Industry, DAE Working Paper No. 9421, Cambridge.

Newbery, David M. und Richard Green (1996), Regulation, Public Ownership and Privatisation of the English Electricity Industry, in: Gilbert, Richard J. und Edward P. Kahn (Hrsg.), International Comparisons of Electricity Regulation, Cambridge, S. 25-81.

Nienhaus, Volker (1990), Politische Ökonomie der Deregulierung, in: Oberender, Peter und Manfred E. Streit (Hrsg.), Soziale und ökologische Ordnungspolitik in der Marktwirtschaft, Baden-Baden, S. 103-136.

Niskanen, William A. (1971), Bureaucracy and Representative Government, Chicago.

Niskanen, William A. (1973), Bureaucracy: Servant or Master? Lessons from America, o. O.

Niskanen, William A. (1991), A Reflection on *Bureaucracy and Representative Government*, in: Blais, André und Stéphane Dion (Hrsg.), The Budget-Maximizing Bureaucrat. Appraisals and Evidence, Pittsburgh, S. 13-31.

Nivola, Pietro S. (1993), Verheddert oder fester Halt? Deregulierungspolitik im Energiesektor der Vereinigten Staaten, in: RWI-Mitteilungen, Vol. 44, S. 207-232.

Noll, Roger G. (1971), Reforming Regulation. An Evaluation of the Ash Council Proposals, Washington, D. C., S. 39.

Noll, Roger G. (1983), The Political Foundations of Regulatory Policy, in: Journal of Institutional and Theoretical Economics, Vol. 139, S. 377-404.

Noll, Roger G. (1985), Government Regulatory Behavior. A Multidisciplinary Survey and Synthesis, in: Noll, Roger G. (Hrsg.), Regulatory Policy and the Social Sciences, Berkeley, S. 9-63.

Noll, Roger G. (1989), Economic Perspectives on the Politics of Regulation, in: Schmalensee, Richard und Robert Willig (Hrsg.), Handbook of Industrial Organization, Vol. 2, North Holland, S. 1253-1287.

Noll, Roger G. (1996), The Economics and Politics of the Slowdown in Regulatory Reform, Brookings Discussion Papers in Domestic Economics, No. 1.

Noll, Roger G. und Bruce M. Owen (1983), The Political Economy of Deregulation. Interest Groups in the Regulatory Process, Washington und London.

Nowell, Clifford und Jason F. Shogren (1991), The Timing of a Rate Request by a Regulated Firm, in: Southern Economic Journal, Vol 57, No. 4, S. 1054-1060.

Nowell, Clifford und John Tschirhart (1993), Testing Theories of Regulatory Behavior, in: Review of Industrial Organization, Vol. 8, S. 653-668.

NUTEK (1996), Swedish Electricity Market 1996, Stockholm.

o.V. (1985), Privatisation. Everybody's Doing It, Differently, in: The Economist vom 21. Dezember 1985, S. 69-84.

o.V. (1994), Kritik an Liberalisierung bei Gas und Strom, in: Frankfurter Allgemeine Zeitung vom 4. März 1994.

o.V. (1996), Kabinett beschließt neues Energiewirtschaftsgesetz, in: Frankfurter Allgemeine Zeitung vom 24. Oktober 1996.

o.V. (1997), Das neue Energierecht soll Anfang nächsten Jahres in Kraft treten, in: Süddeutsche Zeitung vom 25. August 1997.

o.V. (1998a), Jeder kann bald den Strompreis aushandeln, in: Süddeutsche Zeitung vom 26. Oktober 1998.

o.V. (1998b), Wo neue Märkte enger werden, sind Kooperationen ein geeigneter Weg. Interview von Peter Heine mit Hans-Dieter Harig, Vorstandsvorsitzender der PreussenElektra in Hannover, in: Standpunkt. Eine Zeitschrift zu Energie- und Umweltfragen der Siemens AG, Bereich Energieerzeugung, Vol 11, Nr. 1, S. 16-17.

o.V. (1999a), In Leipzig wird von Mai 2000 an Strom an der Börse gehandelt, in: Frankfurter Allgemeine Zeitung vom 17. Dezember 1999.

o.V. (1999b), SPD will Strom-Wettbewerb einschränken, in: Frankfurter Allgemeine Zeitung vom 15. September 1999.

o.V. (1999c), Städte gegen Wettbewerb beim Strom, in: Süddeutsche Zeitung vom 2./3. Juni 1999.

o.V. (2000a), Deutsche Strombörsen starten im Sommer, in: Frankfurter Allgemeine Zeitung vom 10. Mai 2000.

o.V. (2000b), Die EU-Kommission will des Strommarkt beschleunigt liberalisieren, in: Frankfurter Allgemeine Zeitung vom 6. April 2000.

o.V. (2000c), Französische Strompolitik steht unter Druck, in: Frankfurter Allgemeine Zeitung vom 31. Mai 2000.

o.V. (2000d), Neuer Anlauf zur Öffnung der Strommärkte, in: Frankfurter Allgemeine Zeitung vom 17. Mai 2000.

o.V. (2000e), Spanien sorgt sich um Wettbewerb auf den Infrastrukturmärkten, in: Frankfurter Allgemeine Zeitung vom 30. Mai 2000.

o.V. (2001), Eine Energiekrise wie in Kalifornien droht den Deutschen nicht, in: Frankfurter Allgemeine Zeitung vom 22. Februar 2001.

Olson, Mancur (1965), The Logic of Collective Action, Cambridge, Mass.

Olson, Mary K. (1995), Regulatory Agency Discretion among Competing Industries: Inside the FDA, in: Journal of Law, Economics and Organization, Vol. 11, No. 2, S. 379-405.

Oren, Shmuel S. (1998), Authority and Responsibility of the ISO: Objectives, Options and Tradeoffs, in: Chao, Hung-po und Hillard G. Huntington (Hrsg.),

Designing Competitive Electricity Markets, Boston, Dordrecht und London, S. 79-95.

Orzechowski, William (1977), Economic Models of Bureaucracy: Survey, Extensions, and Evidence, in: Borcherding, Thomas E. (Hrsg.), Budgets and Bureaucrats: The Sources of Government Growth, Durham, NC., S. 229-259.

Ott, M. (1980), Bureaucracy, Monopoly, and the Demand for Municipal Services, in: Journal of Urban Economics, Vol. 8, S. 362-382.

Owen, Bruce M. und Ronald Braeutigam (1978), The Regulation Game. Strategic Use of the Administrative Process, Cambridge, Mass.

Pechman, Carl (1993), Regulating Power: The Economics of Electricity in the Information Age, Boston, Dordrecht und London.

Peltzman, Sam (1976), Toward a more General Theory of Regulation, in: Journal of Law and Economics, Vol. 19, S. 211-240.

Peltzman, Sam (1989), The Economic Theory of Regulation after a Decade of Deregulation, in: Brookings Papers on Economic Activity: Microeconomics, S. 1-41.

Penn, David W. (1995), How Likely is Long-Run Competition in Electricity Generation? Warning Signs, in: The Electricity Journal, Vol. 8, No. 1, S. 12-20.

Perl, Lewis J. (1982), The Current Economics of Electric Generation from Coal in the U.S. and Western Europe, Paper presented to the International Scientific Forum on Reassessing the World's Energy Prospects: The Critical Questions, Paris, 26. Oktober; zitiert nach Joskow/Schmalensee (1985).

Perner, Jens und Christoph Riechmann (1998), Netzzugang oder Durchleitung?, in: Zeitschrift für Energiewirtschaft, Vol. 22, Nr. 1, S. 41-57.

Pfaffenberger, Wolfgang (1993), Elektrizitätswirtschaft, München und Wien.

Pfaffenberger, Wolfgang (1994), Vergleich des Ordnungsrahmens der Stromversorgung in Deutschland und England, Oldenburg.

Pollit, Michael G. (1993), The Relative Performance of Publicly Owned and Privately Owned Electric Utilities: International Evidence, Oxford.

Pollit, Michael G. (1994), Technical Efficiency in Electric Power Plants, Faculty of Economics, Cambridge.

Pollitt, Michael G. (1995), Ownership and Performance in Electric Utilities: The International Evidence on Privatization and Efficiency, Oxford.

Pollitt, Michael G. (1999), A Survey of the Liberalisation of Public Enterprises in the UK since 1979, University of Cambridge.

Polo, Michele und Carlo Scarpa (1997), The Italian Electricity Sector Between Privatization and the Fear of Competition, in: Baldassarri, Mario; Alfredo Macchiati und Diego Piacentino (Hrsg.), The Privatization of Public Utilities. The Case of Italy, Suffolk, S. 143-175.

Pommerehne, Werner W. (1982), Empirische Ansätze zur Erfassung der Präferenzen für öffentliche Güter, in: Bombach, Gottfried; Bernhard Gahlen und Alfred E. Ott (Hrsg.), Möglichkeiten und Grenzen der Staatstätigkeit, Tübingen, S. 407-492.

Poole, Keith T. und Howard Rosenthal (1996), Are Legislators Ideologues or the Agents of Constituents?, In: European Economic Review, Vol. 40, S. 707-717.

Poppe, Marcelo und Lionel Cauret (1997), The French Electricity Regime, in: Midttun, Atle (Hrsg.), European Electricity Systems in Transition. A Comperative Analysis of Policy and Regulation in Western Europe, Oxford, S. 199-229.

Posner, Richard A. (1971), Taxation by Regulation, in: Bell Journal of Economics and Management Science, Vol. 2, S. 22-50.

Posner, Richard A. (1974), Theories of Economic Regulation, in: The Bell Journal of Economics and Management Science, Vol. 5, S. 335-358.

Primeaux, Walter J., Jr. (1975), A Reexamination of the Monopoly Market Structure for Electric Utilities, in: Phillips, Almarin (Hrsg.), Promoting Competition in Regulated Markets, Washington, D.C., S. 175-200.

Primeaux, Walter J., Jr. (1977), An Assessment of X-Efficiency Gained through Competition, in: The Review of Economics and Statistics, Vol. 59, S. 105-108.

Primeaux, Walter J., Jr. (1986), Direct Electric Utility Competition, New York.

Reich, Norbert (1984), Staatliche Regulierung zwischen Marktversagen und Politikversagen. Erfahrungen mit der amerikanischen Federal Trade Commission und ihre Bedeutung für die Entwicklung des Verbraucherschutzrechtes, Heidelberg.

Richtlinie 96/92/EG des Europäischen Parlaments und des Rates vom 19. Dezember 1996 betreffend gemeinsame Vorschriften für den Elektrizitätsbinnenmarkt (Amtsblatt EG Nr. L 27/20 vom 30. Januar 1997).

Rinne, Alexander (1998), Die Energiewirtschaft zwischen Wettbewerb und öffentlicher Aufgabe. Zugleich ein Beitrag zu Art. 90 Abs. 2 EGV, Baden-Baden.

Ristau, Herbert (1997), Kommunale Elektrizitätsversorgung in den neuen Bundesländern – unter besonderer Berücksichtigung von Umweltbelangen, Frankfurt a. M.

Roberts, Mark J. (1986), Economies of Density and Size in the Production and Delivery of Electric Power, in: Land Economics, Vol. 62, No. 4, S. 378-387.

Roppel, Ulrich (1979), Ökonomische Theorie der Bürokratie, Freiburg.

Röver, Andreas (1997), Netzwerkexternalitäten als Ursache für Marktversagen, Frankfurt a. M.

Salvanes, Kjell G. und Sigve Tjøtta (1994), Productivity Differences in Multiple Output Industries: An Empirical Application to Electricity Distribution, in: Journal of Productivity Analysis, Vol 5, No. 1, S. 23-43.

Salvanes, Kjell G. und Sigve Tjøtta (1995), A Test for Natural Monopoly with Application to Electricity Distribution, Norwegian School of Economics and Business Administration, Bergen.

Sauga, Michael (1998), Wettbewerb...nein danke!, in: Focus, Nr. 33, S. 174-176.

Scarpa, Carlo (1994), Regulation as a Bargaining Process: Negotiation Over Price and Cost-reducing Investments, in: Oxford Economic Papers, Vol. 46, S. 357-365.

Schimmelpfennig, Jörg (1994), Theorien öffentlicher Unternehmen unter besonderer Berücksichtigung der institutionellen Arrangements, Münster und Hamburg.

Schmidt, Ingo (1999), Wettbewerbspolitik und Kartellrecht, 6. Auflage, Stuttgart.

Schmidtchen, Dieter und Christoph Bier (1997), Liberalisierte Strommärkte. Strategische Herausforderung für die Unternehmen und Konsequenzen für die Verbraucher, Tübingen.

Schmidt-Fischer, Peter-Paul (1981), Die wettbewerbliche Problematik geschlossener Versorgungsgebiete bei der leitungsgebundenen Energieversorgung – Möglichkeiten und Grenzen einer Intensivierung des Wettbewerbs am Beispiel der Elektrizitätswirtschaft, in: Zeitschrift für öffentliche und gemeinwirtschaftliche Unternehmen, Vol. 4, Nr. 2, S. 243-253.

Schneider, Friedrich und Hannes Schmatzer (1989), Theorie und Praxis von Privatisierung und Deregulierung am Beispiel Großbritanniens, Universität Linz.

Schreiber, Kristin und Stephen Woolcock (1991), Großbritannien, Deutschland und „1992": Grenzen der Deregulierung, in: Integration, Vol. 14, S. 21-32.

Schulz, Walter (1979), Ordnungsprobleme der Elektrizitätswirtschaft, München.

Schulz, Walter (1995), Restructuring the Electricity Market: A German View, in: Olsen, Ole Jess (Hrsg.), Competition in the Electricity Supply Industry. Experience from Europe and the United States, Kopenhagen, S. 207-228.

Schürmann, Heinz Jürgen (1996), Monopolkommission fordert eine Durchleitungsregelung, in: Handelsblatt vom 18. Dezember 1996.

Self, Peter (1993), Government by the Market? The Politics of Public Choice, Basingstoke und London.

Shaker, William H. (Hrsg.) (1976), Electric Power Reform: The Alternatives for Michigan, Ann Arbor.

Sharkey, William W. (1982), The Theory of Natural Monopoly, Cambridge, New York und Melbourne.

Shepherd, William G. (1967), What Does the Survivor Technique Show about Economies of Scale?, in: Southern Economic Journal, Vol. 36, S. 113-122.

Shepherd, William G. (1990), The Economics of Industrial Organization, 3. Auflage, Englewood Cliffs, New Jersey.

Shepherd, William G. (1997), The Economics of Industrial Organization. Analysis, Markets, Policies, 4. Auflage, Upper Saddle River, New Jersey.

Sing, Merrile (1987), Are Combination Gas and Electric Utilities Multiproduct Natural Monopolies?, in: The Review of Economics and Statistics, Vol. 69, S. 392-398.

Sivakumar, S. S. und B. Batavia (1995), Some Theoretical Issues Relating to Regulation: The Quasi Autonomous State, in: Indian Economic Review, Vol. 30, No. 1, S. 89-99.

Skeer, Jeffrey (1996), How is Electric Power Technology Development Affected by Growing Power Sector Competition?, in: International Energy Agency (Hrsg.), Competition and New Technology in the Electric Power Sector, Paris, S. 7-12.

Soltwedel, Rüdiger (1993), Deregulierung – Wachstumsstrategie zum Nulltarif, in: Walter, Norbert (Hrsg.), Weniger Staat – Mehr Markt. Wege aus der Krise, München und Landsberg a. Lech, S. 110-133.

Souter, David (1994), A Stakeholder Approach to Regulation, in: Corry, Dan; David Souter und Michael Waterson (Hrsg.), Regulating Our Utilities, London, S. 7-99.

Spann, Robert M. (1976), Restructuring the Electric Utility Industry: A Framework for Evaluating Public Policy Options in Electric Utilities, in: Shaker,

William H. (Hrsg.), Electric Power Reform: The Alternatives for Michigan, Ann Arbor, S. 247-263.

Spiller, Pablo T. (1990), Politicians, Interest Groups, and Regulators: A Multiple-Principals Agency Theory of Regulation, or „Let Them be Bribed“, in: Quarterly Journal of Law and Economics, Vol. 33, S. 65-101.

Spulber, Daniel F. und Robert A. Becker (1983), Regulatory Lag and Deregulation with Imperfectly Adjustable Capital, in: Journal of Economic Dynamics and Control, Vol. 6, S. 137-151.

Steunenberg, Bernard (1994), Regulatory Policymaking in a Parliamentary Setting, in: Jahrbuch für neue politische Ökonomie, Vol. 13, S. 36-57.

Steunenberg, Bernard (1996), Agent Discretion, Regulatory Policymaking, and Different Institutional Arrangements, in: Public Choice, Vol. 86, S. 309-339.

Stevenson, Rodney (1982), X-Inefficiency and Interfirm Rivalry: Evidence from the Electric Utility Industry, in: Land Economics, Vol. 58, No. 1, S. 52-66.

Stevenson, Rodney E. und David W. Penn (1995), Discretionary Evolution: Restructuring the Electric Utility Industry, in: Land Economics, Vol. 71, No. 3, S. 354-367.

Stewart, John F. (1979), Plant Size, Plant Factor, and the Shape of the Average Cost Function in Electric Power Generation: A Nonhomogeneous Capital Approach, in: The Bell Journal of Economics, Vol. 10, S. 549-565.

Stigler, George J. (1958), The Economies of Scale, in: Journal of Law and Economics, Vol. 1, S. 54-71.

Stigler, George J. (1971), The Theory of Economic Regulation, in: The Bell Journal of Economics and Management Science, Vol. 2, S. 3-21.

Stigler, George J. (1972), Economic Competition and Political Competition, in: Public Choice, Vol. 13, S. 91-106.

Stigler, George J. und Claire Friedland (1962), What can Regulators Regulate? The Case of Electricity, in: The Journal of Law and Economics, Vol. 5, October 1962, S. 1-16.

Student, Dietmar (1998), In neuem Licht, in: Managermagazin, Juni 1998, S. 210-222.

Sturbeck, Werner (2001), Kalifornien sitzt auf den Scherben verunglückter Deregulierung, in: Frankfurter Allgemeine Zeitung vom 23. April 2001.

Sturm, Roland; Stephen Wilks; Edmund Ortwein und Markus M. Müller (1998), Wettbewerbspolitik und die Regulierung der Elektrizitätswirtschaft in Großbritannien und Deutschland, London.

The Electricity Council (1987), Electricity Supply in the United Kingdom: A Chronology – From the Beginnings of the Industry to 31 December 1985, London.

Thomas, Steve (1997), The British Market Reform: A Centralistic Capitalist Approach, in: Midttun, Atle (Hrsg.), European Electricity Systems in Transition. A Comparative Analysis of Policy and Regulation in Western Europe, Oxford, S. 41-87.

Thompson, Herbert G.; David Alan Hovde; Louis Irwin u. a. (1996), Economies of Scale and Vertical Integration in the Investor-Owned Electric Utility Industry, Columbus, Ohio.

Tollison, Robert D. (1982), Rent Seeking: A Survey, in: Kyklos, Vol. 35, S. 575-602.

Tollison, Robert D. (1991), Regulation and Interest Groups, in: High, Jack (Hrsg.), Regulation. Economic Threory and History, Ann Arbor, S. 59-76.

Tschirhart, John (1995), Monopsony Power and the Existence of Natural Monopoly in Energy Utilities, in: Resource and Energy Economics, Vol. 17, S. 327-340.

Tullock, Gordon (1967), The Welfare Costs of Tariffs, Monopolies, and Theft, in: Western Economic Journal, Vol. 5, S. 224-232.

Tullock, Gordon (1984), A (Partial) Rehabilitation of the Public-Interest-Theory, in: Public Choice, Vol. 42, S. 89-99.

Turner, Richard (1995), The Future of Regulation of the Electricity Sector, in: Corry, Dan (Hrsg.), Regulating in the Public Interest: Looking to the Future, London, S. 85-99.

UNIPEDE (1997), Electricity Barometer. Overview 94/95 – Outlook 1996, http://www.unipede.org/statis/statis05.htm am 19. August 1997.

van den Doel, Hans und Ben van Velthoven (1993), Democracy and Welfare Economics, Cambridge.

Verband der Elektrizitätswirtschaft (2001), Niederlande wollen mehr Stromwettbewerb, http://www.strom.de/i_inhal1.htm am 28. Mai 2001

Verband der Industriellen Energie- und Kraftwirtschaft (1999), Die Positionen des VIK zu den aktuellen Themen aus Energie- und Umweltpolitik. VIK-Jahrespressekonferenz 1999 am 3. November 1999 in Berlin.

Verband kommunaler Unternehmen (1999), Stadtwerke fordern Abbau von Wettbewerbshemmnissen, Pressekonferenz des VKU am 2. November 1999 in München.

Vereinigung Deutscher Elektrizitätswerke (1996), VDEW-Jahresbericht 1996, Frankfurt.

Vereinigung Deutscher Elektrizitätswerke (1998a), VDEW-Pressekonferenz „Strompreise für die Industrie", Hannover Messe am 20. April 1998.

Vereinigung Deutscher Elektrizitätswerke (1998b), VDEW-Pressekonferenz „Aufbruch in den Wettbewerb", Bonn am 19. Mai 1998.

Vereinigung Deutscher Elektrizitätswerke (1999a), Gemeinsamens Kommuniqué zu den Eckpunkten einer weiterentwickelten Verbändevereinbarung über Kriterien zur Bestimmung von Netznutzungsentgelten für elektrische Energie vom 28. September 1999, http://www.strom.de/zf_sd_03.htm am 14. Oktober 1999.

Vereinigung Deutscher Elektrizitätswerke (1999b), Länderbericht/Schweden, http://www.strom.de/sw_lb_s.htm am 30. November 1999.

Vereinigung Deutscher Elektrizitätswerke (1999c), Länderbericht/Spanien, http://www.strom.de/sw_lb_e.htm am 30. Noverber 1999.

Vickers, John S. und George K. Yarrow (1988), Privatization: An Economic Analysis, Cambridge, Mass.

Vickers, John und George Yarrow (1991), Reform of the Electricity Supply Industry in Britain: An Assessment of the Development of Public Policy, in: European Economic Review, Vol. 35, S. 485-495.

Vogl, Reiner J.; Manfred M. Gößl und Gerhard M. Feldmeier (1997), Die Elektrizitätswirtschaft in der Bundesrepublik Deutschland. Wettbewerbsstruktur im Kontext europäischer Energiepolitik, Engelsbach, Frankfurt und St. Peter Port.

Vorholz, Fritz (1996), Die Mär vom Wettbewerb. Bonn und Brüssel wollen den Strommarkt liberalisieren. Doch die Reformen bleiben halbherzig., in: Die ZEIT vom 20. September 1996, S. 21.

Walker, J. A. (1996), The Influence of Privatisation on the Direction and Scale of R&D: Recent UK Experience, in: International Energy Agency (1996), Competition and New Techology in the Electric Power Sector, Paris, S. 69-76.

Walters, Lawrence C. und Ray R. Sudweeks (1996), Public Policy Analysis: The Next Generation of Theory, in: Journal of Socio-Economics, Vol. 25, No. 4, S. 425-452.

Watrin, Christian (1986), „Marktversagen" versus „Staatsversagen". Zur Rolle von Markt und Staat in einer freien Gesellschaft, Zürich.

Weingast, Barry R. (1984), The Congressional-Bureaucratic System: A Principal Agent Perspective (with Applications to the SEC), in: Public Choice, Vol. 44, S. 147-191.

Weingast, Barry R. und Mark J. Moran (1983), Bureaucratic Discretion or Congressional Control? Regulatory Policymaking by the Federal Trade Commission, in: Journal of Political Economy, Vol. 91, S. 765-800.

Weiss, Leonard W. (1975), Antitrust in the Electric Power Industry, in: Phillips, Almarin (Hrsg.), Promoting Competition in Regulated Markets, Washington, D.C., S. 135-173.

Weiss, Leonard W. (1976), The Possibilities for Competition in the Electric Power Industry, in: Shaker, William H. (Hrsg.), Electric Power Reform: The Alternatives for Michigan, Ann Arbor, S. 209-215.

Wellesen, Iris (1994), Institutionelle Neuerung und politischer Prozeß: Die Erklärung von Regeländerungen über den politischen Markt, Hamburg.

Werner, Michael (1988), Regulierung und Deregulierung des Verkehrssektors in der wirtschaftswissenschaftlichen Diskussion: Die Theorie der Regulierung, in: Zeitschrift für Verkehrswissenschaft, Vol. 59, S. 44-70 und 128-162.

White, Matthew W. (1996), Power Struggles: Explaining Deregulatory Reforms in Electricity Markets, in: Brookings Papers on Economic Activity. Microeconomics, Washington, D.C., S. 201-250.

Willers, Yves-Pierre und Walter Schulz (1992), Märkte für Industriestrom im internationalen Vergleich – Preise, Regulierung und innovative Vertragsformen, in: Zeitschrift für Energiewirtschaft, S. 151-173.

Williamson, Oliver E. (1974), The Economics of Discretionary Behavior: Managerial Objectives in a Theory of the Firm, 2. Auflage, London.

Williamson, Oliver E. (1985), The Economic Institutions of Capitalism: Firms, Markets, Relational Contracting, New York und London.

Wills, Hugh R. (1978), Estimation of a Vintage Capital Model for Electricity Generating, in: Review of Economic Studies, Vol. 45, S. 495-510.

Wilmowsky, Philipp Frhr. v. (1998), Die Durchleitung von Elektrizität im deutschen, europäischen und U.S.-amerikanischen Recht, Universität des Saarlandes, Saarbrücken.

Wink, Rüdiger (1995), Verkehrsinfrastrukturpolitik in der Marktwirtschaft. Eine institutionenökonomische Analyse, Berlin.

Wirths, Stefan (1998), Regulierung im Tarifabnehmerbereich der Elektrizitätswirtschaft. Effizienz und Revisionsbedarf, Frankfurt a. M.

Wolf, Dieter (1998), Die Liberalisierung der europäischen Energiemärkte, in: Betriebs-Berater, Heft 28/29, 16. Juli 1998, S. 1433-1437.

Zängl, Wolfgang (1989), Deutschlands Strom. Die Politik der Elektrifizierung von 1866 bis heute, Frankfurt und New York.

Zardkoohi, Asghar (1986), Competition in the Production of Electricity, in: Moorhouse, John C. (Hrsg.), Electric Power. Deregulation and the Public Interest, San Francisco, S. 63-95.

Zerbe, Richard O. und Nicole Urban (1988), Including the Public Interest in Theories of Regulation, in: Research in Law and Economics, Vol. 11, S. 1-23.

Zimmermann, Horst und Klaus-Dirk Henke (1994), Finanzwissenschaft. Eine Einführung in die Lehre von der öffentlichen Finanzwirtschaft, 7. Auflage, München.

FSC
www.fsc.org
MIX
Papier | Fördert
gute Waldnutzung
FSC® C083411

Kolibri 360 GmbH
Ferdinand-Jühlke-Straße 7
99095 Erfurt, Deutschland
produktsicherheit@kolibri360.de

Druck:
CPI Druckdienstleistungen GmbH
im Auftrag der
Kolibri 360 GmbH
Ferdinand-Jühlke-Str. 7
99095 Erfurt